야사총서와 『대동패림』의 문헌학적 고찰

권석창 權錫暢, Kwon Seokchang

경상국립대학교 국문학과와 한문학과를 졸업하고, 태동고전연구소에서 한학을 수학했다. 한국학중앙연구원 한국학대학원 고문헌관리학과에서 서지학을 공부하며, 박사를 받았다. 주요 논문으로는 「조선시대 변무록 연구」와 「『점필재김선생문도첨간변파록』의 간행과 문인록」, 「황준량의 욱양서원 출향과 『금계선생변무록』의 간행 배경에 대한 고찰」이 있다. 현재는 한양대학교 동아시아문화연구소에서 연구원으로 재직하고 있다.

야사총서와 『대동패림』의 문헌학적 고찰

초판1쇄 발행 2024년 3월 27일

지은이 권석창
펴낸이 홍종화

주간　　조승연
편집·디자인　오경희·조정화·오성현·신나래
　　　　　박선주·정성희
관리　박정대

펴낸곳 민속원
창업 홍기원
출판등록 제1990-000045호
주소 서울 마포구 토정로 25길 41(대흥동 337-25)
전화 02) 804-3320, 805-3320, 806-3320(代)
팩스 02) 802-3346
이메일 minsok1@chollian.net, minsokwon@naver.com
홈페이지 www.minsokwon.com

ISBN　978-89-285-1968-2
SET　978-89-285-0419-0　94380

ⓒ 권석창, 2024
ⓒ 민속원, 2024, Printed in Seoul, Korea

이 책은 저작권법에 의해 보호를 받는 저작물이므로 무단전재와 복제를 금지하며,
이 책의 전부 또는 일부를 이용하려면 반드시 저작권자와 출판사의 서면동의를 받아야 합니다.

한양대학교 동아시아문화연구소
동아시아문화연구총서 6

야사총서와 『대동패림』의
문헌학적 고찰

권석창

민속원

머리말

2017년 여름 박사수료 상태였던 나는 국외소재 한국 문헌 조사차 지도 교수님을 비롯한 팀원들과 함께 일본 정가당문고靜嘉堂文庫를 방문했다. 그때까지 외국은 한 번도 나가보지 못한 촌놈인 나로서는 외국을 접할 수 있고, 국외에 소장된 우리 문헌을 직접 실견實見할 수 있는 일석이조一石二鳥의 기회였다.

정가당문고에 소장된 여러 문헌을 보며, 모든 책이 저마다 가치를 갖고 있었지만, 그중 단연 내 눈길을 끌었던 것은 125책이나 되는 거질巨帙의 『대동패림大東稗林』이었다. 이제껏 한 번 듣지도 보지도, 존재조차 알지 못했던 책이었지만, 개인이 이렇게 많은 양의 책을 직접 구성하고 편찬했다는 사실이 놀라웠다. 더구나 야사野史를 수록하고 있다는 점 역시 평소 역사歷史 그 중 특히 미시사微視史에 관심이 많았던 나에게는 매우 흥미롭게 다가왔다. 그때 이를 눈치채신 지도 교수님의 제안이 있었고, 그렇게 나의 박사논문 주제는 『대동패림』으로 결정되었다.

사실 그 이전까지 박사논문을 준비하기 위해 여러 가지 주제를 살펴보았지만, 흥미로운 주제를 찾지 못하고, 매번 다른 주제만 찾아다녔다. 그러던 차에 우연처럼 『대동패림』을 통해 기존에 익숙히 들어 알고 있던 야사부터 난생 처음 들어보는 제목의 야사까지 여러 이야기를 만날 수 있었다. 이런 익숙하고도 낯선 이야기들이 『대동패림』에 모이기까지의 과정이 궁금했고, 이에 연구를 시작하게 되었다.

기존에도 야사나 야사총서野史叢書에 관한 연구가 진행되었지만, 초기에 학계에 소개하기 위해 쓴 해제 이후 연구가 진행되지 않은 경우도 있었고,

야사총서에 수록된 개별 야사를 중심으로 연구가 진행되기도 했다. 그러나 현존하는 야사총서에 대해서도 전혀 연구되지 않은 부분도 있었으며, 야사총서 간의 내용 비교나 영향 관계에 대해서는 언급되지 않은 부분이 있었다. 이 책에서 중점적으로 다루고 있는 『대동패림』은 그 이전, 이후의 야사총서를 잇는 교량적 역할을 하는 동시에 『한고관외사寒皐觀外史』와 『아주잡록鴉洲雜錄』, 『청구패설靑丘稗說』 등 기존 야사총서를 모아 재구성하여 발전시키는 역할을 했다. 따라서 기존에 미진했던 연구에 대해 살펴보기에 적합한 연구 대상이라 할 수 있다. 이에 『대동패림』을 중심에 두고, 그 전후 시기의 야사총서를 정리하여 『대동야승大東野乘』부터 『패림稗林』에 이르기까지 18~19세기에 편찬된 야사총서 7종을 정리하여 박사논문을 작성하게 되었다.

　박사 학위를 받으며, 작은 결실을 보았지만, 박사논문에서 기술한 것보다 앞으로 연구를 통해 더 보완해야 할 부분이 많기에 더욱 노력해야겠다고 다짐한다. 박사 학위를 받은 이후 5년의 행보가 그 사람이 진정한 학자學者가 될지, 그저 그런 연구자로 남을지를 결정한다는 학부 시절 은사恩師님의 말이 더욱 생각나는 요즘이다. 몇 년 후에 되돌아봤을 때, 나는 나 자신을 어떻게 생각할까?

　이 책이 출간되기까지 많은 분들의 도움이 있었다. 먼저 갈피를 잡지 못해 헤매던 나에게 이정표가 되어주신 지도 교수님인 옥영정 교수님께 감사한 마음을 전한다. 그리고 여러모로 부족한 학위논문을 정성스럽게 심사해주신 전경목, 안대회, 신익철, 박성호 교수님께도 감사하다. 또한 부족한 논문이 책으로 출판될 수 있는 기회를 주신 조선 후기 야사총서 DB 구축팀의 이승수 교수님과 든든한 동료들, 아울러 논문을 지금처럼 깔끔한 모습으로 다듬어주신 민속원에게도 역시 감사의 인사를 전한다.

2024년
권석창 배상.

목차
Contents

머리말 • 4
참고문헌 • 326
찾아보기 • 331

제1장 서론 ·· 9
  1. 연구목적 _ 11
  2. 선행 연구 검토 및 연구 방법 _ 13

제2장 야사의 개념과 야사총서의 시대적 전개 ············· 23
  1. 야사의 정의 _ 25
  2. 야사의 주제에 따른 범주 _ 39
  3. 야사총서의 시대적 전개 _ 71

제3장 18~19세기 야사총서 편찬 양상 ······················· 81
  1. 『대동야승大東野乘』_ 85
  2. 『아주잡록鵝洲雜錄』_ 90
  3. 『청구패설靑丘稗說』_ 98
  4. 『한고관외사寒皐觀外史』·『창가루외사倉可樓外史』_ 105
  5. 『대동패림大東稗林』_ 114
  6. 『패림稗林』_ 122
  7. 야사총서에서 『대동패림大東稗林』의 위상位相 _ 127

제4장 「대동패림大東稗林」과 다른 야사총서 간의 상호 관련성 분석 ·········· 131

1. 「대동야승大東野乘」과 「대동패림大東稗林」 대조 _ 133
2. 「아주잡록鵝洲雜錄」과 「대동패림大東稗林」 대조 _ 143
3. 「청구패설靑丘稗說」과 「대동패림大東稗林」 대조 _ 153
4. 「한고관외사寒皐觀外史」·「창가루외사倉可樓外史」와 「대동패림大東稗林」 대조 _ 162
5. 「패림稗林」과 「대동패림大東稗林」 대조 _ 180
6. 상호 관련 야사의 분석적 접근 _ 202

제5장 「대동패림大東稗林」의 집일학적輯佚學的 접근接近 ·········· 221

1. 「한고관외사寒皐觀外史」의 보완補完 _ 223
2. 「대동패림大東稗林」의 보완補完 _ 229

제6장 결론 ·········· 253

부록 ·········· 261

1. 야사총서 내 야사 수록 여부 비교 _ 262
2. 「대동야승大東野乘」의 구성 _ 284
3. 「아주잡록鵝洲雜錄」(경도대본)의 구성 _ 287
4. 「청구패설靑丘稗說」의 구성 _ 292
5. 「한고관외사寒皐觀外史」의 구성 _ 314
6. 「창가루외사倉可樓外史」의 구성 _ 317
7. 「대동패림大東稗林」의 구성 _ 318
8. 「패림稗林」의 구성 _ 321

제1장

서론

1. 연구목적
2. 선행 연구 검토 및 연구 방법

1. 연구목적

초기의 역사에 관한 연구는 관찬사서官撰史書를 중심으로 진행되었고, 이는 거시사적巨視史的 관점觀點에서 역사를 이해하는 데 효과적이었다. 그러나 역사를 하나의 관점으로만 바라본다면, 이는 치우친 관점에 경도傾倒될 수 있다. 따라서 역사나 사건을 바라볼 때, 다양한 관점을 가진다면 보다 객관적으로 대상을 이해하는 데 도움이 될 수 있을 것이다. 이러한 다양한 시점을 엿볼 수 있는 대표적인 저술로는 개인이 주체가 되어 저술한 사찬사서私撰史書, 일명 야사野史를 들 수 있다.

역사歷史의 기원을 파악하기는 쉽지 않으나, 『시경詩經』「용풍鄘風·정지방중定之方中」에 대한 『모전毛傳』의 해석에서 아홉 가지 재능을 전하고 있는데,[1] 여기에서 갑골甲骨·금문金文을 통해 상대上代 기록의 원초적 형태에 대해 알 수 있다. 중국사학사를 통관하자면, 제일 처음은 『춘추春秋』의 시대라 할 수 있다. 『춘추』는 노나라의 역사를 담고 있는, 선진시대先秦時代의 대표적인 역사서로 B.C 722년(노 은공 원년)부터 B.C 481년(노 애공 14년)까지 12대 242년간의 기록으로, 현재 남아 있는 『춘추』는 공자孔子가 그의 제자들과 함께 정리한 것이다. 『예기禮記』「옥조玉藻」를 살펴보면, "행동을 하면 좌사左史가 기록하고, 발언하면 우사右史가 기록한다"[2]는 구절이 있는데, 우사의 기록은 『상서尙書』가 되었으며, 좌사의 기록은 『춘추』로 이어지게 된다. 공자는 비록 사관史官이 아닌 개인이었지만, 왕자王者의 도道와 시詩가 사라진 뒤에 역사서가 생겨난 상황에서 『춘추』에 포폄을 가하게 되었다.[3] 이는 주왕조의 봉건 질서와 예악 문화가 동요하고, 하극상의 풍조로 가득한

---

[1] 『毛詩正義』 卷3, 「定之方中」. "建國必卜之, 故建邦能命龜, 田能施命, 作器能銘, 使能造命, 升高能賦, 師旅能誓, 山川能說, 喪紀能誄, 祭祀能語. 君子能此九者, 可謂有德音, 可以爲大夫."

[2] 『禮記』 「玉藻」. "動則左史書之, 言則右史書之."

[3] 『孟子』 「離婁下」. "孟子曰, '王者之迹熄而詩亡. 詩亡然後春秋作. 晉之乘, 楚之檮杌, 魯之春秋, 一也. 其事則齊桓晉文, 其文則史.' 孔子曰, '其義則丘竊取之矣.'"

변동기에서 당시 시대 흐름에 따른 부득이한 선택이었다고 할 수 있다.[4] 이렇듯 국가가 잘 다스려지고 있을 때는 국가가 역사서를 정리, 완성하였지만, 위태로운 시기에는 제대로 된 역사서를 남기지 못하는 경우도 있는데, 이에 따라 개인이 역사서를 편찬하는 주체가 되기도 했다. 이렇듯 혼란기의 역사는 개인이 지은 기록을 통해 살펴볼 수밖에 없는데, 이 책에서 살펴보고자 하는 야사 역시 국가가 아닌 개인에 의해 발생한 역사 기록이다.

19세기의 야사총서野史叢書인 『한고관외사寒皐觀外史』를 편찬한 김려金鑢는 야사의 종조宗祖를 『춘추좌씨전春秋左氏傳』, 『전국책戰國策』, 『국어國語』 등으로 보고 있는데,[5] 이는 야사의 연원이 유구悠久하며, 이에 대한 인식이 있었음을 의미한다.

우리나라의 야사 저작으로는 신라 시대 김대문金大問의 『계림잡전鷄林雜傳』, 『화랑세기花郎世記』, 최치원崔致遠의 『신라수이전新羅殊異傳』 등을, 고려 시대 박인량朴寅亮의 『고금록古今錄』, 이제현李齊賢의 『역옹패설櫟翁稗說』, 일연一然의 『삼국유사三國遺事』 등을 들 수 있다. 그리고 조선 전기에는 『용재총화慵齋叢話』, 『필원잡기筆苑雜記』, 『추강냉화秋江冷話』, 『소문쇄록謏聞瑣錄』, 『사재척언思齋摭言』, 『패관잡기稗官雜記』 등이 있다.[6] 조선 후기에 이르면서, 야사에 대한 관심도는 높아졌고, 그에 따라 야사가 대거 출현하게 되었다. 이에 따라 야사를 구해 읽는 수요도 많았지만, 대개 필사본筆寫本으로 유통되었기 때문에 구하기도 어려웠고, 유통 과정에서 오류가 발생할 우려도 있었다.[7] 이 때문에 여러 개별 야사를 정리해야 할 필요가 있었고, 이에 조선 후기에 성립된 야사총서의 출현은 필연적이라 할 수 있다. 대표적인 야사총서로는 『소대수언昭代粹言』, 『대동야승大東野乘』, 『아주잡록鵝洲雜錄』,

---

[4] 溝口雄三·丸山松幸·池田知久, 김석근·김용천·박규태 옮김, 「史學」, 『중국사상문화사전』, 민족문화문고, 2003, 649~670쪽.
[5] 『藫庭遺稿』卷11 「題矣鯖瑣語卷後」. "自妓以降, 內外史失其職而史漸熄, 不得不徵于野史. 如春秋左氏傳, 國語, 戰國策是已. 此卽後世野史之祖也."
[6] 안대회, 「조선후기 야사총서 편찬의 의미와 과정」, 『민족문화』 15집, 1992, 131~132쪽.
[7] 안대회, 「『패림』과 조선후기 야사총서의 발달」, 『남명학연구』 20집, 2005, 301~302쪽.

『청구패설靑丘稗說』, 『한고관외사寒皐觀外史』, 『창가루외사倉可樓外史』, 『대동패림大東稗林』, 『패림稗林』, 『광사廣史』 등이 있다. 그런데 야사는 16~18세기에서야 하나의 장르로 자리 잡게 되었고,[8] 그 이전까지는 제대로 분류되지 못했다. 현재도 야사는 '개인이 작성한 역사 기록'이라는 기본적인 정의는 있으나, 그 분류에 관해서는 연구자의 시각에 따라 동일한 책을 두고, 한편에서는 야사에 포함하기도 하고, 다른 한편에서는 제외하기도 한다.[9] 이처럼 야사총서는 개념 정립이나 현전본에 대한 구체적인 실태조사 등이 이뤄지지 않고 있고, 기존 연구에서조차도 야사총서의 개념이나 범주, 각 책들의 서지적 특성을 규명, 연계하여 밝혀낸 것이 드물었다. 따라서 이 책에서는 야사총서의 개념을 세우는 측면에서 조사, 연구를 진행하며, 현전본의 가치, 실태, 계통 등을 분석하는 데 역점을 두고자 한다.

2. 선행 연구 검토 및 연구 방법

현존하는 야사에 관련한 연구를 살펴보면, 야사총서 자체에 관한 연구보다는 개별 야사나 야사 발생의 역사적 배경에 관한 연구가 많다. 또한, 개별 야사를 대상으로 한 경우도 각 야사에 수록된 내용의 비교를 통해, 선본善本을 찾아내거나, 문학적 측면에서 분석된 연구가 대부분이다. 이 책에서는 개별 야사에 대한 연구를 일일이 열거하기보다는 야사총서와 야사의 발생에 대한 논의를 다룬 선행 연구를 중심으로 살펴보고자 한다.

먼저 야사총서란 개념이 언급된 연구로는 스에마쓰 야스카즈末松保和의 『청구사초靑丘史草』에 수록된 「이조의 야사총서에 대해서李朝の野史の叢書に

---

[8] 이태진, 「조선시대 야사 발달의 추이와 성격」, 『사학논총 : 우인 김용덕박사 정년기념』, 1988, 105~118쪽.
[9] 야사의 정의와 주제에 따른 범주에 대해서는 2장에서 논의할 것이다.

ついて」¹⁰를 들 수 있다. 이 글은 조선의 야사총서에 대해 정리하며, 개별 야사총서에 대한 간략한 해제를 수록하였고, 「야사총서소수서목野史叢書所收書目」을 통해 10종의 야사총서¹¹에 수록된 개별 야사 수록 여부를 제시하였다. 스에마쓰 야스카즈의 글은 국내에 번역되어 『야사총서野史叢書의 총체적總體的 연구硏究』¹²를 통해 소개되었다. 이 책은 대부분 김근수金根洙가 쓴 각 야사총서의 해제를 수록하였고, 기존 스에마쓰 야스카즈의 「야사총서소수서목」 내 야사의 서명이 히라가나 오십음五十音 순서로 나열되어 있던 것을, 가나다 순서로 바꾸어 수록하였다. 또한, 19종¹³의 야사총서에 대한 「한국야사총서소수서목韓國野史叢書所收書目」도 수록하고 있으며, 「이명동서일람표異名同書一覽表」를 첨부하여 서명이 다름으로 인한 분류 오류를 피할 수 있게 하였다. 그리고 『야사총서野史叢書의 개별적個別的 연구硏究』¹⁴에서는 19종의 야사총서 수록 야사 목록과 『공사문견록公私聞見錄』,¹⁵ 『용천담적기龍泉談寂記』, 『음애일기陰厓日記』, 『갑진만록甲辰漫錄』의 4종의 야사가 포함되어 있는 야사총서 사이의 내용 대교對校, 개별 야사 9종에 대한 해설을 수록하였다.

이들 연구는 근대에 야사총서라는 개념을 대중에게 소개하고, 실제적인 예시를 통해 연구자에게 기본적인 토대를 제공했다는 측면에서 큰 의의가 있다. 다만, 제시한 소수서목 대조에 오류가 있는 사례도 있으며, 해제 등을

---

10 末松保和, 「李朝の野史の叢書について」, 『靑丘史草』, 笠井出版印刷社, 1966, 235~365쪽.
11 스에마쓰 야스카즈가 제시한 10종의 야사총서는 다음과 같다. 『소대수언(昭代粹言)』, 『아주잡록(鵝洲雜錄)』, 『대동패림(大東稗林)』, 『대동야승(大東野乘)』, 『광사(廣史)』, 『설해(說海)』, 『휘총(彙叢)』, 『총사(叢史)』, 『동야수언(東野粹言)』, 『동사록(東史錄)』.
12 영신아카데미 한국학연구소 편, 『야사총서의 총체적 연구』, 永信아카데미 한국학연구소, 1976.
13 『야사총서의 총체적 연구』에서는 『아주잡록』 4종을 개별 종수로 계산하여, 19종으로 설정하였으나, 서명을 중심으로 생각한다면 16종이다. 그 가운데 스에마쓰 야스카즈가 제시한 10종을 제외한 6종은 다음과 같다. 『청구패설(靑丘稗說)』, 『청운잡총(靑韻襍叢)』, 『야승(野乘)』, 『창가루외사(倉可樓外史)』, 『한고관외사(寒皐觀外史)』, 『패림(稗林)』.
14 영신아카데미 한국학연구소 편, 『야사총서의 개별적 연구』, 영신아카데미 한국학연구소, 1973.
15 문헌에 따라 서명을 '東平尉公私聞見錄', '公私聞錄', '公私見聞' 등으로 기재하고 있는 경우도 있다. 여기서는 '公私聞見錄'으로 통일한다. 아래도 이와 같다.

기재하면서도 소장처에 대한 정보는 누락하거나, 서지사항을 기재하지 않는 등 기본적 정보 제공 측면에서 미흡한 점이 보인다.

본격적인 야사에 관한 연구는 이태진[16]에 의해서 시작되었다. 이태진은 조선시대 역사서 발달 과정에서 야사가 16~18세기에 독립된 부문으로 성립되었다는 것과 야사의 성립과 발전이 붕당정치라는 시대적 배경에 영향을 받았음을 이야기하였다. 이 연구는 야사의 발달을 거시적 관점에서 전반적으로 살펴보고 있다는 점에서 큰 의의가 있으나, 초기 연구인 만큼 구체적인 내용분석까지는 미치지 못했다.

야사총서의 전반을 다룬 연구로는 안대회(1992)[17]를 들 수 있다. 안대회(1992)는 조선 후기 야사 저술 동기와 현황을 분석하고, 18~19세기 야사총서 편찬 동기 및 과정을 여러 선현의 기록을 통해 점검했으며, 현존 야사총서를 세 가지 계통으로 나누고, 특히 김려의 영향을 받은 야사총서 간의 상호 관계에 대해 살펴보았다. 이 논문은 야사총서의 전반을 이해하는데 매우 유용한 연구이다.

개별 야사총서에 대한 연구는 다음과 같다.

『대동야승』에 대한 연구로는 이강옥,[18] 이혜림[19]을 들 수 있다. 이강옥은 『대동야승』을 조선 초·중기의 다양한 잡록을 포함한 집합체로 보고, 문학의 정립과 관련한 근본적인 논의를 야기하는 여러 작품이 포함되어 있다고 했다. 또한 『대동야승』에 수록된 작품들이 당시에 어떤 위치에 있었고, 서사문학에서 어떠한 역할을 했었는지 밝혀야 한다고 했다. 이혜림은 『대동야승』을 『조선왕조실록』, 『연려실기술』, 『성호사설』, 『택리지』와 함께 문헌 평가의 대상으로 선정하였다. 이는 『대동야승』을 야사총서의 대표로 선

---

[16] 이태진, 앞의 논문, 105~118쪽.
[17] 안대회, 앞의 논문, 1992, 129~155쪽.
[18] 이강옥, 「조선초·중기 일화의 형성과 변모과정 연구: 『대동야승』 소재 자료를 중심으로」, 서울대학교 박사학위논문, 1993.
[19] 이혜림, 「조선조 문헌의 평가를 위한 비교연구」, 이화여자대학교 석사학위논문, 1999.

정한 것으로, 정사인『조선왕조실록』, 통사형 야사인『연려실기술』과의 차이점에 대해 살펴보았다. 그러나 이는『대동야승』에 수록된 개별 야사에 중점을 둔 연구로,『대동야승』을 중심으로 고찰한 것은 아니었다. 그 밖에도『대동야승』소재의 미술,[20] 조각,[21] 음악,[22] 문화콘텐츠 방안[23]에 관련한 주제에 관한 연구들이 있었다.

『한고관외사』에 대한 연구로는 신상필(2005)[24]을 들 수 있다. 신상필(2005)은 조선 전기에 흥성한 필기 내에 속해 있던 야사가 조선 중기에 사화史禍와 전란戰亂을 거치며 더욱 풍부하게 저술되었고, 조선 후기에는 야사총서로 산출되기에 이르렀다고 기술했다. 특히『한고관외사』에 수록된 김려의 제후문題後文에 주목하여, 야사 편찬의 자세와 필기에 대한 의식을 살펴보았다. 그 결과『한고관외사』가 단순히 이전의 야사만 모은 것이 아니라, 김려가 견문과 당파적 입장에서 야기된 야사의 오류와 편견을 밝히고, 개별 야사의 역사적·문화적 가치를 가늠하여 독자들에게 올바른 야사 독법과 역사 이해를 돕고 있다고 기술하였다. 이 논문은 제후문에 집중한 나머지, 실질적으로 김려가 추구한 야사의 구체적 실상에 대해서는 살피지 못했다.

『창가루외사』에 대한 연구로는 정형우(1971a),[25] 허경진(2008)[26]을 들 수 있다. 정형우(1971a)는 기존에『증보문헌비고增補文獻備考』,『고선책보古鮮冊譜』, 「이조의 야사총서에 대하여」 등에서『창가루외사』에 대한 기록이 극히 단편적인데, 이는 실물을 접하기 어려웠던 사정 때문이라 생각했다. 이 때문에『창가루외사』의 편목 구성을 소개함으로써 후고後考에 도움을 주고자

---

[20] 정병모,「『대동야승』과 미술;『대동야승』과 회화」,『강좌미술사』5집, 1993, 21~49쪽.
[21] 이인영,「『대동야승』과 미술;『대동야승』과 조각」,『강좌미술사』5집, 1993, 5~20쪽.
[22] 김길운,「조선전기 상류계층의 음악향유 양상에 관한 연구 :『대동야승』에 基하여」,『예술논문집』18집, 2004, 105~127쪽.
[23] 함복희,「『대동야승』의 문화콘텐츠화 방안 연구」,『어문논집』73집, 2018, 87~129쪽.
[24] 신상필,「조선조 野史의 전개와『한고관외사』의 위상」,『대동한문학』22집, 2005, 203~231쪽.
[25] 정형우,「『창가루외사』의 편목」,『사학회지』17·18합집, 1971a, 223~226쪽.
[26] 허경진,「『창가루외사』의 편찬 의도와 내용에 대하여」,『인문과학』41집, 2008, 27~54쪽.

했다. 이에 따라 『창가루외사』가 7종의 야사로 구성되었다는 점과 편찬 시기, 현존본에 대한 정보를 기재했다. 이 논문은 초기 연구로서 『창가루외사』를 학계에 소개했다는 점에서 의의가 있다. 허경진(2008)은 『창가루외사』의 기본적 서지사항과 구성, 찬자인 김려의 생애, 수록된 야사의 내용을 권별로 소개하고 있다. 또한, 『창가루외사』의 구성을 통해 김려가 『창가루외사』를 편찬하게 된 동기가 계축옥사癸丑獄事 때 억울하게 목숨을 잃은 7대조 김제남金悌男의 신원伸寃과 집안의 명예를 회복하기 위해 5대조인 김군석金君錫의 『동각산록東閣散錄』을 중심으로 도움이 되는 자료들을 모아 정리하였음을 언급했다.[27]

『대동패림』에 대한 연구로는 안대회(1991)[28]를 들 수 있다. 안대회(1991)는 영인본 『대동패림』 해제에서 『대동패림』의 편찬자가 심노숭沈魯崇임을 밝히고 있으며, 그 편찬 과정을 기술하였다. 또한, 다른 야사총서와의 비교를 통해서 그 영향 관계에 대해 고구考究하였다. 또한, 이 논문은 기존 연구에서 이의철李宜哲로 추정했던 『대동패림』의 편찬자가 심노숭임을 밝혀내고, 소개했다는 점에서 의의가 있다.

『패림』에 대한 연구로는 안대회(2005),[29] 윤호진[30]을 들 수 있다. 안대회(2005)는 『패림』이 조선 후기 마지막 단계의 야사총서로, 김려의 『한고관외사』·『창가루외사』 계통의 야사총서군野史叢書群에 속한다고 분석했다. 그리고 『패림』이 주로 『대동패림』을 전사轉寫하고, 일부는 『아주잡록』을 참고했으며, 『정종기사』나 『순조기사』, 『아아록』과 같은 독자적인 기록을 수록

---

[27] 허경진, 「『창가루외사』 해제」, 『연세대학교 중앙도서관 소장 고서해제』 Ⅳ, 평민사, 2005에서도 『창가루외사』에 대해 소개하고 있다. 전체적인 맥락은 동일하기에 여기서는 허경진(2008)만을 언급하였다. 내용 가운데 편찬 의도에 대한 고구(考究)는 허경진(2008)이, 각 권의 내용에 대한 설명은 해제에서 더 상세하게 기술되어 있다.
[28] 안대회, 「대동패림(大東稗林)에 대하여」, 『정가당본(靜嘉堂本) 대동패림(大東稗林)』 1권, 국학자료원, 1991, 1~14쪽.
[29] 안대회, 앞의 논문, 2005, 299~328쪽.
[30] 윤호진, 「『패림』의 구성과 그 가치」, 『열상고전연구』 22권, 2005, 211~232쪽.

하고 있음을 이야기했다. 마지막에는 「『패림』 비교목록」을 첨부하여, 『패림』에 수록된 개별 야사가 『한고관외사』, 『창가루외사』, 『대동패림』에 수록되어 있는지를 제시했다. 이 논문에서는 『미암일기』나 『공사문견록』의 예시를 통해 목록상에서 함께 수록하고 있는 야사일지라도, 실상은 발췌했거나 다른 판본을 필사한 사례가 있으므로 상세한 분석이 필요함을 강조했다.

윤호진은 4대 야사총서로 『대동야승』, 『한고관외사』, 『대동패림』, 『패림』을 선정하고, 『패림』을 중심으로 다른 야사총서와의 비교를 통해, 『대동패림』과 가장 밀접한 연관이 있으며, 『대동야승』과는 관련성이 적다는 점을 이야기했다. 그리고 『패림』이 다른 야사총서에 비해 독자적으로 수록하고 있는 야사가 많다는 점을 들어, 역대 야사총서 중 현전하는 가장 방대하고, 자료의 충실도가 높은 야사총서임을 말했다. 이 논문에서는 야사총서에 공통으로 수록하고 있는 야사와 단독으로 수록하고 있는 야사에 대해 서명을 중심으로 비교한 것으로 보이는데, 그 내용 중 오류가 있어서 재고찰이 필요할 듯하다.[31]

야사총서 간의 비교에 중점을 둔 서지학적 연구는 정형우(1971b)[32]가 있다. 이 연구는 『대동패림』과 『패림』, 『대동야승』 3종의 소수서목을 상호대조 하는 것을 목표로 논문을 전개했으나, 서명 비교를 통해 공통된 서명이 22종 있음을 제시하고, 『대동패림』은 실물을 확인할 수 없다는 이유로, 『패림』과 『대동야승』만을 비교했다. 초기의 연구로 당시에 확인할 수 있는 자료를 통한 분석을 제시한 것에는 의의가 있으나, 논문 내용이 상세하지 않고, 피상적인 언급에 그친 점이 미흡했다고 할 수 있다.

---

[31] 예를 들어 『대동패림』에만 수록되어 있는 야사로 『매계총서(梅溪叢序)』를 제시했는데, 실상은 『한고관외사』에도 『소문쇄록』에 부기(附記)되어 수록되어 있다. 또한, 『패림』에만 수록되어 있는 야사로 『퇴우만필(退憂漫筆)』, 『현주회은록(玄洲懷恩錄)』을 제시했는데, 『퇴우만필』은 『한고관외사』의 『곡운잡록(谷雲雜錄)』에, 『현주회은록』은 『한고관외사』와 『대동패림』의 『월정만필(月汀漫筆)』에 부기되어 있다.

[32] 정형우, 「『패림』과 『대동야승』의 이동(異同) - 소수서목 상호비교 - 」, 『圖書館學』 2집, 1971b, 79~102쪽.

이처럼 야사총서에 관한 연구는 진행되었으나, 초기에 학계에 소개하기 위해 쓴 해제 이후 연구가 전혀 진행되지 않은 경우도 있었고, 수록된 각 야사의 서명에 중점을 두고 연구가 진행되기도 했다. 그러나 야사의 분류에 대한 연구나 원문서지적原文書誌的 관점觀點에서 각 야사총서 간의 내용적 비교, 영향 관계에 대해서는 더 논의될 여지가 남아있는 것으로 보인다. 이에 따라 이 책에서는 야사의 형성과 발달, 야사총서의 성립을 다루며, 이를 통해 야사가 조선 후기에 정리되어 유통되는 과정에서 지식인들 간의 영향 관계와 지식의 교류 및 전승, 변형, 수합 등을 여러 방면에서 살펴보고자 한다.

이에 따라 이 책에서는 다음과 같은 방식으로 연구를 진행하고자 한다. 먼저 연구 대상의 확정으로, 현재 학계에는 야사총서가 16종 소개되어 있다.[33] 이 16종 가운데 『설해說海』, 『총사叢史』, 『휘총彙叢』은 이미 없어졌고, 『광사』와 『동야수언東野粹言』, 『청운잡총靑韻襍叢』은 영본零本이며, 『동사록東史錄』은 완질본이나 4책으로 그 수량이 적다. 다행히 영본인 경우라도 소수서목所收書目이 남아있기 때문에 그 규모를 파악하는 데는 문제가 없을 것이나, 야사총서 실물을 확인할 수 없기 때문에 지난 연구성과를 검증 없이 받아들여야 할 수밖에 없다. 따라서 혹시 모를 연구의 오류를 그대로 전승할 수 있는 우려가 있다. 그러므로 이 책의 연구 대상은 국내 주요 도서관 및 대학교 등에 소장되어 실물을 접할 수 있는 야사총서를 최우선으로 하였다. 이는 실물을 확인하여 오류를 줄이는 것이 잘못된 정보를 전달하는 것보다 더 중요하기 때문이다. 또한, 야사총서가 여러 야사가 집적된 결과물이며, 그 발생이 야사 정리의 필요성에 기인한 것이기 때문에 규모와 내용 측면에서 가장 융성한 발달을 이룬 18~19세기의 야사총서류 서적에 집중하여 연구를 진행하고자 한다. 그 결과 선정된 야사총서는 『대동야승』·『아주잡록』·

---

[33] 16종의 야사총서는 김근수에 의해 소개된 것으로, 기존에 스에마쓰 야스카즈가 소개한 10종의 야사총서에 자신이 접한 6종의 야사총서를 추가하여 소수서목을 제시하였다.

『청구패설』·『한고관외사』·『창가루외사』·『대동패림』·『패림』의 7종이며, 수록된 개별 야사는 345종이다. 특히 이 가운데 당시 각 야사총서의 영향을 받아 완성하였으며, 이후의 야사총서에도 영향을 미친 심노숭沈魯崇의 『대동패림』에 중점을 두어 살펴보고자 한다.

다만, 야사의 특성상 필사본 형태로 유통되는 사례가 많았고, 현재 완질본보다는 영본으로 소장되어 있는 사례가 종종 있었으며, 동일한 서명을 가진 야사총서 간에도 수록하고 있는 야사에는 차이가 있는 경우도 있었다. 이 경우는 비록 영본이라도 동일한 서명의 총서가 있다면 역시 비교대상으로 삼았다. 또한, 『아주잡록』의 경우 4종이 확인되는데, 이 중 일본 경도대학교 소장본은 다른 소장본에 비해 서적의 책 수는 적으나, 편찬자인 홍중인洪重寅의 인장印章이 날인되어 있다. 이 때문에 가장 초기의 저작 형태를 살펴볼 수 있다고 생각되어 이를 중심으로 다른 『아주잡록』에 수록된 야사를 수합하여 연구 대상으로 삼았다.

제2장에서는 야사의 개념과 야사총서의 시대적 전개에 대해 살펴보고자 한다.[34] 야사의 개념은 크게 정의와 주제에 따른 범주로 나누어 살펴보겠다. 야사의 정의는 기존 사료의 기록 및 개별 야사에 대한 기존 연구자들의 용어 사용, 실제 야사총서에 수록된 야사의 유형을 통해 살펴볼 것이며, 주제에 따른 범주는 기존에 야사를 분류한 문체를 중심으로, 중국 서목, 조선시대 서목, 현대 서목에서 보이는 야사의 분류로 나누어 살펴볼 것이다. 야사총서의 시대적 전개는 조선시대 야사가 시작된 15세기 전후한 시기부터 19세기 야사총서가 성립된 시기까지의 과정을 각 세기별로 살펴보고자 한다.

제3장에서는 18~19세기 야사총서 편찬 양상을 살펴보기 위해 『대동야승』부터 『패림』에 이르는 7종의 야사총서에 대해 각 야사총서별 발생 배경과

---

[34] 이 글은 야사총서에 중점을 두었으나, 그 성립 과정을 논의하기 위해서는 그 구성요소가 되는 야사를 언급하지 않을 수 없다. 따라서 논문의 상당한 부분이 야사를 중심으로 진행될 것이나, 이 또한 야사총서에 대한 연구의 일환이라 할 수 있다.

편찬자 등을 중심으로 각 야사총서의 특징을 살펴보고, 그 과정에서 『대동패림』이 야사총서에서 갖는 위상에 대해 논의하고자 한다.

제4장은 『대동패림』을 중심으로, 각 야사총서와 구성 체제와 내용을 비교 대조하고자 한다. 이를 통해 『대동패림』과 다른 야사총서들의 영향 관계에 대해서 심층적으로 파악할 수 있을 것이다. 더불어 『소문쇄록』을 통해 각 야사총서에 따른 야사의 수록 형태의 변화와 실제 교정 사례에 대해 살펴볼 것이다.

제5장은 『대동패림』의 집일학적輯佚學的 접근接近으로, 현재 남아있는 야사총서의 구성과 관계를 통해 『대동패림』을 중심으로, 야사총서에서 결락缺落된 문헌을 보완補完하여 원형原形을 구성할 방안에 대해 하나의 가능성을 제시하고자 한다.

제 2 장

야사의 개념과
야사총서의 시대적 전개

1. 야사의 정의
2. 야사의 주제에 따른 범주
3. 야사총서의 시대적 전개

1. 야사의 정의

우리나라에서 야사라는 용어가 언제부터 사용되었는지 정확한 시기는 알기 어렵다. 다만, 15~16세기에 출현한 야사인 『패관잡기』나 『필원잡기』의 서문序文을 살펴보면, 야사는 소설小說 · 유사遺史 · 필담筆談 등으로 불렸다.[1] 또한 관찬의 실록을 제외하고, 당대의 역사를 개인이 정리하는 것은 금기시했기 때문에 개인이 쓴 역사서는 야사라는 용어는 쓰이기 어려웠고, 대신 '잡기雜記' · '일록日錄' · '야승野乘' · '시정비時政非' · '기문記聞' · '야언野言' · '언행록言行錄' · '일기日記' 등으로 불렸다.[2]

현재의 연구에서 야사는 비공식적인 역사기술이며, 관찬의 정사正史와 대칭되는 개념으로, 개인이 저술한 역사서로 규정하고 있다.[3] 안예선은 이러한 의미에 더하여, 정사가 미처 기술하지 못한, 혹은 의도적으로 기록하지 않은 역사의 공백을 보완補史하려는 의식에서 시작된 것으로 보았다.[4] 안대회(1992)는 더 넓은 범주에서 야사는 이른바 개인의 역사기술, 패관소설稗官小說, 시화詩話, 야담野談, 철리哲理를 담은 산문, 일기 등등 온갖 잡박한 기록을 포함하고 있으며, 조선시대는 그러한 기록을 모두 야사나 패관잡기(소설)의 범주로 간주하고 이해했다고 했다.[5] 이처럼 학계에서의 공통된 인식은 있겠지만, 무엇보다 당시 어떻게 생각되었는지에 대한 고찰은 필요할 것이다. 앞에서 살펴본 바와 같이 야사는 그 명칭 이외에도 다양한 이칭異

---

[1] 정만조, 「『연려실기술(燃藜室記述)』의 편찬체재(編纂體裁)에 대한 재고찰」, 『한국학논총』 17집, 1994, 59쪽.
[2] 김경수, 「조선후기 『국조편년(國朝編年)』을 통해 본 당대사(當代史) 의식(意識)」, 『역사와 담론』 25집, 1998, 104쪽.
[3] 김경수, 위의 논문, 104쪽.
  김근수, 「청구패설(靑丘稗說)」, 『야사총서의 총체적 연구』, 영신아카데미 한국학연구소, 1976, 21쪽.
  안대회, 「조선후기 야사총서 편찬의 의미와 과정」, 『민족문화』 15집, 1992, 131쪽.
  안예선, 「송대(宋代) 문인의 야사(野史) 편찬 배경 고찰」, 『중국어문논총』 46집, 2010, 275쪽.
  이태진, 「조선시대 야사 발달의 추이와 성격」, 『사학논총: 우인 김용덕박사 정년기념』, 1988, 105쪽.
[4] 안예선, 위의 논문, 275쪽.
[5] 안대회, 앞의 논문, 1992, 131쪽.

稱으로 불렸다. 따라서 단순히 '야사'만으로 그 정의를 파악하기는 어려울 것이다. 따라서 기본적으로 기존에 야사가 『조선왕조실록朝鮮王朝實錄』에서 어떤 의미로 인식되었는지를 살펴본 뒤, 현대의 연구자들이 사용하는 야사의 이칭이 갖는 야사 용어의 적합성, 실제 야사총서에 수록된 야사들을 통해 '야사'의 실증적 의미등에 대해 여러 방면에 걸쳐 야사의 정의를 살펴보고자 한다.

1) 『조선왕조실록』을 통해 본 야사의 정의

야사란 명칭은 조선 초기이래 관찬사서로 대표되는 실록에 많이 보인다. 이에 따라 야사의 의미를 『조선왕조실록』을 중심으로 살펴보고자 한다. 먼저 『연산군일기燕山君日記』권10 1495년(연산군 원년) 11월 14일 기사를 보면, 고려시대에는 야사가 존재했으나, 조선시대에 들어와 폐지되었다는 기록이 있다.[6] 조선 전기의 야사에 대한 금압적禁壓的 상황狀況을 보여주는 것인데, 그렇다면 실록에서 이야기하는 야사란 무엇일까? 실록에서 가장 먼저 보이는 야사에 대한 기록은 『세종실록世宗實錄』에서 찾을 수 있다.

> 임금이 말하기를, "옛날에 야사野史가 있었으니, 그 뜻이 어떠한 것인가?"하니, 황희黃喜가 아뢰기를, "이른바 야사란 것은 사관이 기록한 것을 말하는 것이 아니고, **뜻있는 선비가 산야山野에 있으면서 들은 바를 측면側面에서 기록한 것입니다.**"하였다.[7]

이처럼 조선 전기에 보이는 야사에 대한 정의는 뜻있는 선비가 재야에서 보고 들은 것을 기술하는 것이다. 현대 우리가 생각하는 가장 기본적인 야

---

[6] 『燕山君日記』1년(1495) 11월 14일 1번째 기사. "檢討官李寬曰, '高麗有野史, 至我朝始廢.'"
[7] 『世宗實錄』13년(1431) 11월 5일 1번째 기사. "上曰, '古有野史, 其義何如?' 喜曰, '所謂野史, 非謂史官也. 有志之士, 處於山野, 旁記所聞.'"

사의 정의이다. 그런데 『세조실록世祖實錄』에서는 김신민金新民은 다른 의미로 야사를 사용하고 있다.

> 전 행상호군 김신민이 상언하기를, …(중략)… 여섯째는 외사外史를 세우는 일입니다. 기록하는 임무는 중대합니다. 시사時事의 기록을 관장하고 후세後世에 경계를 드리워, 사람들이 착한 일을 하는 데 힘쓰게 하고 감히 그릇된 일을 하지 못하게 하는 것이니, 이 때문에 **옛적에는 야사가 있어서 외사外事를 기록하였으니**, 대개 안팎이 한결같이 하여서 장래에 전신傳信하려 함이었습니다. …(중략)… 마땅히 야사의 법을 의방하여 신진新進의 권지權知로서 연소年少하며 기백氣魄이 날카로우며 성정이 곧아 아부하지 않으며 문벌에 허물이 없는 자를 본관의 취재取才하여 뽑는 법식에 따라 이조吏曹에 보고하면 팔도에 채워 보내어 각각 도내의 일을 관장하게 하고, 내사가 결缺하면 외사에 관통한 이를 차례로 보충하며, 무릇 관찰사, 수령과 대소별상大小別常의 불법한 일을 보고 듣는 대로 예조禮曹에 곧바로 올리면 춘추관春秋館에 이문移文하여서 고열考閱에 대비하면, 심히 편리하고 이익함이 될 것입니다. …(중략)… 빌건대 외사를 세워서 사심士心을 격려하소서.⁸

외사外史의 설립을 건의하면서, 예전에 야사가 외부의 일을 기록했으니, 지금 신진의 인재를 뽑아 그들을 팔도에 보내 도내의 일을 관장하게 하자는 것이었다. 『세종실록』에서의 야사의 뜻과 이어서 생각한다면, 뜻있는 선비가 스스로 들은 바를 기록했던 것을 모방하여, 이제는 조정에서 직접 신진을 뽑아 보내 팔도에서 있었던 일을 기재하게 하자는 것이다. 이러한 논의는 『예종실록睿宗實錄』에서 더욱 명확히 드러난다.

---

8 『世祖實錄』11년(1465) 3월 26일 3번째 기사. "前行上護軍金新民上言曰：…(中略)… 六曰立外史, 載筆之任重矣. 掌記時事, 垂戒後世, 使人人勉於爲善, 而不敢爲非者, 以此古有野史, 以記外事, 蓋欲使内外爲一, 而傳信於將來也. …(中略)… 宜倣野史之法, 以新進權知, 年少氣銳, 直情不阿, 門地無咎者, 本館依式取才, 望報吏曹, 充差八道, 各掌道內之事, 內事缺則外貫次補, 凡觀察使守令大小別常不法之事, 隨所見聞, 直呈禮曹, 移春秋館, 以備考閱, 甚爲便益. …(中略)… 乞立外史, 激勵士心."

대교 양수사楊守泗가 아뢰기를, …(중략)… 무릇 사관이 외방의 일을 알지 못하여, 효자, 열부 및 수령의 장부臧否와 풍속의 미악美惡 같은 것을 혹은 다 기록하지 못하는 수가 있는데, 예전에는 동경東京, 서경西京의 사록司錄이 있었으나 이 법은 다시 세우기 어려우니, 청컨대 **제도諸道의 수령관 및 계수관, 교수로 하여금 야사를 짓게 하소서.**[9]

세조대의 김신민이 신진을 선발하여 보내자고 했던 것을, 양수사는 새로운 사람을 뽑아 내려보내는 대신 지방관이 직접 효자, 열부 및 수령의 품평品評, 풍속의 선악 같은 지방의 역사인 야사를 작성하게 하자는 것이었다. 마찬가지로 연산군대에도 도사都事나 수령, 교수에게 사관의 소임을 겸직하게 하여 지방의 역사를 기록하게 하도록 건의했다.[10] 그러나 이러한 논의는 지방관이 사관의 소임을 맡게 되더라도 혹시 탐오貪汚의 죄를 짓는 자가 있으면, 결국 직필直筆을 얻지 못하게 될 것이라는 우려가 있었다.[11]

이상에서 본다면, 연산군 대까지 실록에서 야사는 개인이 들은 바를 기록한다는 기본 의미를 갖는 동시에 '야野'의 의미를 지방으로 생각하여 지방에서 일어나는 일, 곧 지방의 역사에 대한 기록의 성격이 더 강했음을 알 수 있다.

그러나 『중종실록中宗實錄』에서 야사의 의미가 본격적으로 국사國史와 대칭되는 개인이 지은 역사서의 의미를 갖게 된다.

시강관 서후徐厚가 아뢰기를, "중국은 국사가 갖추어지지 않더라도 문헌

---

[9] 『睿宗實錄』 1년(1469) 8월 16일 3번째 기사. "待敎楊守泗啓 '……一, 凡史官不諳外方之事, 如孝子·烈婦及守令臧否, 風俗美惡, 或不悉記. 古有東西京司錄, 此法難以復立, 請令諸道首領官及界首官·敎授, 撰野史.'"

[10] 『燕山君日記』 1년(1495) 11월 14일 1번째 기사. "檢討官李寬曰, '…(中略)… 今有春秋館, 但記朝政. 若草野善惡之迹, 泯滅無傳. 臣意以爲, 擇都事及文臣守令·敎授, 兼帶春秋以遣何如?'"

[11] 『燕山君日記』 1년(1495) 11월 14일 1번째 기사. "世謙曰, '野史之法古也. 今欲復立, 意雖善矣, 勢有所難. 夫史者, 所以記善惡, 不失其實, 以取信來世者也. 今雖以都事·守令兼之, 所患者直筆難得也. 今世之士, 號爲正大, 職帶春秋者, 亦或有以貪汚被罪者, 況其他乎?'"

하는 사람이 많으므로 야사에도 상세히 실려 있으나, 우리 나라에서는 국사에 서 사실이 빠지면 후세에서 어떻게 알겠습니까? (후략)…"12

이는 역사 기록의 누락漏落에 대한 우려를 나타낸 것으로, 이렇게 달라진 야사의 의미는 『선조실록宣祖實錄』에서 보다 분명하게 나타난다. 춘추관에 서 전란戰亂으로 『승정원일기承政院日記』가 산실散失된 일에 대한 보완책으 로, 당시에 사관을 지냈던 사람의 기억하는 바를 제출하게 해서 내용의 두 서頭緖를 갖추려 했다. 하지만 생존해 있더라도 이미 20년이란 세월이 흘렀 기 때문에 기억해서 추록追錄하기 어려울 것이라 생각했다. 이에 따라 또 하나의 방안으로, 다음과 같이 야사의 활용을 건의했다.

춘추관이 아뢰기를, "…(중략)… 비록 사관이 아니더라도 산림山林에서 뜻 을 가진 선비가 들은 것을 기록하여 사사로이 야사를 만든 것이 있을 것 같으 면 또한 아울러 각 도 감사에게 알려서 단단히 봉함하여 사관史館에 보고하게 할 것이며, …(중략)… 경성의 경우는 한성부가 오부에 알리고 지방의 경우는 각각 그 지방 수령들이 널리 찾아서 얻는 대로 올려보낼 것을 승전을 받들어 시행하는 것이 어떻겠습니까?"하니, 답하기를, "기억을 추록하면 반드시 사실 을 잃을 폐단이 있을 것이니 관계된 바가 가볍지 않다. 야사도 역시 신빙하기 어려운 것이니 아울러 참작해서 시행하라."하였다.13

이처럼 역사를 보완하는 목적을 위해 야사를 활용할 것을 결정했으나, 사료史料로서의 신빙성은 확신할 수 없으므로, 그 점을 참작하여 이용하게

---

12 『中宗實錄』 15년(1520) 10월 25일 1번째 기사. "侍講官徐厚曰, '中原則國史雖不備, 文獻之人多在, 故野史亦詳載矣, 我國則國史若漏其實, 後世何以知之? (後略)…"
13 『宣祖實錄』 28년(1595) 2월 15일 6번째 기사. "春秋館啓曰, '…(中略)… 雖非史官, 而如有林下有志 之士, 隨其所聞, 私爲野史者, 亦益加知委各道監司, 堅封申報史館, …(中略)… 京則漢城府知委五部, 外則各其守令, 廣加搜訪, 隨所得上送事, 捧承傳施行何如?' 答曰, '記憶追錄, 必有失實之弊, 所關非輕. 野史亦難憑信, 竝參酌施行.'"

했다. 이후에도 야사의 의미 역시 앞의 기록에서 거론했던 바와 크게 다르지 않은데, 개인의 기록으로 국승에 대칭되는 개념14이나 사관을 지낸 사람들이 쓴 글15을 야사로 지칭하기도 했다.

『영조실록英祖實錄』에서도 야사를 언급한 부분이 있는데, 같은 날 『승정원일기』 기사에서는 야사로 언급했던 단어가 다르게 표현되어 있다.

> 임금이 진달하라고 명하였다. 한림 김한철金漢喆이 말하기를,
> "신이 **야사에서 보았는데**, '중종 기묘년 9월에 중종께서 문묘文廟에서 작헌례를 마치고 명륜당에 나아가, 동지사同知事 윤탁尹倬, 대사성 김식金湜, 사성司成 이득전李得全, 이조정랑 정옥형鄭玉亨을 앞으로 나오게 하여……'"16

> 김한철이 아뢰기를, "과연 있습니다만, **이것은 국사에 실린 것이 아닌 데다 간행한 글도 아니기** 때문에 감히 경솔하게 진달하지 못하겠습니다."
> 하였다. 상이 이르기를, "승지가 이미 운을 뗐으니 그 대략을 진달하라."
> 하니, 김한철이 아뢰기를, "중종조 기묘년 9월에 상이 문묘에 작헌례를 올린 다음 명륜당에 나아가 동지경연사 윤탁, 대사성 김식, 사성 이득전, 이조정랑 정옥형을 나아오게 하여……"17

이에 따르면, 야사는 곧 국가 기록이 아니며, 간행되지 않은 글이라는 의미이다. 야사가 민간에서 필사로 작성되는 글이라는 것으로, 대다수의 야

---

14 『宣祖實錄』37년(1604) 3월 19일 4번째 기사. "成均館生員曹明勗等疏, '…(前略) 臣等伏念, 五賢之言行事迹, 上有國乘, 下有野史, 聖明固已洞燭, 而信其爲人矣. (後略)…'"

15 『仁祖實錄』19년(1641) 5월 7일 1번째 기사. "春秋館啓曰 : ……'論八道監司, 令收取各邑曾經史官人家藏史草及野史上送.'"

16 『英祖實錄』9년(1733) 2월 8일 3번째 기사. "上命陳之, 翰林金漢喆曰 : '臣於野史中見之, 中廟己卯九月, 上酌獻文廟訖, 御明倫堂, 進同知事尹倬, 大司成金湜, 司成李得全, 吏曹正郞丁玉亨……'"

17 『承政院日記』영조 9년(1733) 2월 8일 3번째 기사. "金漢喆曰, '果有之. 此非國乘所載, 且非印行文字, 故不敢輕有仰達矣.' 上曰, '承宣旣已發口, 陳達其大略, 可也.' 漢喆曰, '中廟朝己酉九月, 上酌獻文廟訖, 御明倫堂, 進同知事尹倬, 大司成金湜, 司成李得全, 吏曹正郞丁玉亨……'"

사가 필사본임을 반영하는 것이다.[18] 한편 『일성록日省錄』에는 정조가 직접 야사를 열람했다는 기록이 있는데,

> 일찍이 **야사**를 보니 영릉英陵때 구양수歐陽脩와 소식蘇軾의 수간手柬을 편람했다는 말이 있던데, 지금 '수권'이라는 이름을 붙인 것도 우러러 계술繼述하려는 뜻이다.[19]

이 글에 해당하는 세종에 관한 이야기는 『필원잡기』에 등장하여, 정조가 언급한 야사는 『필원잡기』임을 알 수 있다. 당시 『필원잡기』는 필사본으로 야사총서에 수록되기도 했지만, 목판본으로 간행되어 있는 상황이었음을 감안한다면, 야사의 의미에서 국사가 아닌 개인의 기록이란 의미가 더 일반적이었음을 추정할 수 있다.[20]

2) 연구자들의 야사 분류에 따른 정의

야사는 앞에서 언급했던 바와 같이, 서명書名에 직접적으로 쓰이지 않았고, 실제 서명에 쓰였던 명칭은 '○○잡록雜錄'이나 '○○만록漫錄', '○○잡기雜記', '○○일기日記', '○○만필漫筆'과 같은 형태였다. 따라서 서명으로 볼 때는 야사총서에 수록된 야사를 아우를 수 있는 공통점이나 성격을 찾을 수 없다. 현재 야사총서에 수록된 야사는 연구자에 따라 잡록雜錄, 필기筆記, 패설稗說 등으로 다양한 명칭으로 부르며 분류하고 있는데, 각 연구자의 주관에 따라 붙인 것이라 생각된다. 이에 따라 이러한 용어들이 실제 기존

---

[18] 『日省錄』 正祖 9년(1785) 11월 9일 기사. "福源曰, 野史所錄, 旣非刊行文字, 則拔之似好矣."
[19] 『日省錄』 正祖 22년(1798) 4월 19일 기사. "嘗見野史, 英陵朝有歐蘇手柬便覽之語, 今以手圈名者, 亦仰述之意也."
[20] 그 외에도 『조선왕조실록』과 『일성록』 등에서 국승(國乘)과 야사(野史)를 병칭(竝稱)하는 기사가 다수 수록되어 있어서 이전부터 관용적인 표현으로 많이 쓰였던 것으로 추정된다.

사료에서는 어떠한 의미로 사용되었으며, 연구자들에게 어떻게 이해되고 있는지 살펴봄으로써 야사의 정의에 대해 생각해 보고자 한다.

잡록이란 용어를 『조선왕조실록』에서 찾으면,[21]

> 신 김종서金宗瑞 등은 …(中略)… 신 등이 다같이 천박한 재질로서 외람하게도 융중隆重하신 부탁을 받고, 혹은 패관稗官의 잡록을 채택하기도 하고, 비부秘府의 고장故藏을 들추어서 3년간 노고를 다하여 드디어 일대의 역사를 완성하였습니다.[22]

라는 기록이 있는데, 김종서가 『고려사』를 바치며, 『고려사』를 편찬하는 과정에서 패관의 잡록을 채택하였다는 것이다. 이를 통해 민간의 풍설風說이나 소문所聞이란 의미로 사용되었던 것으로 생각된다.[23]

기존 연구에서 야사를 잡록으로 명명命名한 사례는 다음과 같다.[24] 정출헌[25]은 조선 초기의 야사인『필원잡기』와『용재총화』,『추강냉화』를 잡록으로 보고, 연구를 진행하였는데, 잡록으로 명칭한 이유에 대해서는 별다른 언급이 없었다. 현혜경[26] 역시 16세기의 야사인『음애일기』,『용천담적기』,『견한잡록』을 잡록의 예로 제시하며,『음애일기』는 야사의 성격을 지니며

---

[21] 관찬 사료에서 야사의 서명에 주로 쓰인 용어들을 찾았을 때, 야사에 비해 언급된 사례가 극히 적음을 알 수 있다. 문집 등에 수록된 사례에서도 서명이나 글자 그대로의 의미로 사용된 경우가 많았다.
[22] 『文宗實錄』 1년(1451) 8월 25일 1번째 기사. "臣宗瑞等 …(中略)… 臣等俱以譾才, 叨承隆寄, 採稗官之雜錄, 發秘府之故藏, 祗竭三載之勞勒成一代之史."
[23] 그 외에도『숙종실록보궐정오(肅宗實錄補闕正誤)』36년(1710) 9월 28일 2번째 기사에서는 나양좌(羅良佐)가 지은 잡록이 있으나 진실을 잃은 말이 많아 사람들이 취하지 않았다는 기록이 있다.
[24] 실제 야사 서명에서 잡록이 나타난 사례는『견한잡록(遣閑雜錄)』,『명촌잡록(明村雜錄)』,『난중잡록(亂中雜錄)』,『동계잡록(東溪雜錄)』,『상촌잡록(象村雜錄)』,『속잡록(續雜錄)』,『운암잡록(雲巖雜錄)』,『학림잡록(鶴林雜錄)』,『한구잡록(寒臞雜錄)』,『해동잡록(海東雜錄)』 등이 있다.
[25] 정출헌, 「조선전기 잡록과『추강냉화』, 남효온의 깊은 슬픔과 시대정신」, 『민족문학사연구』 54권, 143~183쪽.
[26] 현혜경, 「16세기 잡록 연구 -『음애일기』,『용천담적기』『견한잡록』을 대상으로 -」, 『한국고전연구』 6집, 59~92쪽.

비판적 성격을 드러내고 있고, 『용천담적기』는 『용재총화』를 이어 필기류와 패설류 서사체를 서술하고 있으며, 『견한잡록』은 개인적인 기록인 필기의 성격을 지니고 있다고 했다. 이로 미뤄볼 때, 잡록은 야사, 필기, 패설 등의 한가지 성격으로 규정하기 어려운 잡박한 내용을 담고 있으므로 이를 반영하여 이름했던 것으로 보인다.

다음으로 필기란 용어를 『조선왕조실록』에서 찾으면, 『역대필기歷代筆記』[27]나 『연거필기燕居筆記』[28] 등의 서명을 언급할 때, 주로 사용되었으나, 특정 성격의 글을 지칭하는 용례로 사용되지는 않았던 것으로 보인다.

기존 연구에서 야사를 필기로 명명한 사례는 다음과 같다. 이래종[29]은 『청파극담靑坡劇談』을 분석하는 과정에서 이 책 안에 야사나 시화, 변증의 글이 함께 섞여 있으나, 패설에 해당하는 일화逸話나 시화詩話가 다수에 해당하므로, 패설류 필기로 규정하고 있음을 이야기하였다. 그리고 『청파극담』의 저자인 이륙李陸(1438~1498)이 살았던 15세기에는 야사의 저술을 금기시하였기 때문에 야사는 16세기 후반에야 등장할 수 있었다고 했다.[30] 임완혁[31] 역시 『용재총화』나 『필원잡기』등을 필기라는 넓은 범주로 설정해두고, 사대부가 조정의 관료이자 개인적으로는 독서인으로서 생활을 영위하기 위해 여러 방면의 지식이 요구되기 때문에, 주변에 벌어지는 일에 대한 인문학적·정치적 관심을 글로 표현하여 필기가 생겨났다고 했다. 그러나 필기의 본원적 성격이 16세기 이후 일화, 야사, 변증문, 시화가 각각 발전적으로 분화될 수 있는 내적 근거가 되었다고 하여, '필기'를 다른 장르의 상위 개념

---

[27] 『世宗實錄』 17년(1435) 8월 24일 1번째 기사.
[28] 『肅宗實錄』 43년(1717) 5월 5일 3번째 기사.
[29] 이래종, 「『청파극담』의 문헌적 검토」, 『대동한문학』 34집, 2011, 213~234쪽.
[30] 그러나 실제 『조선왕조실록』 등을 살펴보면, 이미 조선 초기부터 야사라는 용어를 사용하고 있는 것을 볼 때, 이에 대한 인식이 있었음을 알 수 있으므로, 야사의 등장을 16세기 후반으로 설정하는 것에는 무리가 있을 것으로 보인다.
자세한 사항은 '2장'의 '3. 야사총서의 시대적 전개'에서 살펴보겠다.
[31] 임완혁, 「조선전기 필기의 전통과 패설」, 『대동한문학』 24집, 2006, 69~108쪽.

으로 두되, 종합적인 성격으로서 야사와는 구분을 두고 있음을 알 수 있다. 다음으로 패설이란 용어를 『조선왕조실록』에서 찾으면,

> 더구나 현재 천조天朝가 소방小邦 보기를 일가一家와 같이 여기고 국승國乘과 패설稗說 같은 소방의 서적이 중국에 많이 들어가서 소방의 사적事迹을 환히 볼 수 있을 것입니다.[32]

라는 기록이 있는데, 이는 이정귀李廷龜가 정응태丁應泰의 주본奏本에 대해 지은 주문奏文으로, 여기서 국승과 패설을 병칭하면서 앞에서 살펴보았던 '야사'의 의미와 유사하게 쓰였음을 알 수 있다. 한편 다른 의미로 쓰인 사례로는,

> 1소의 거자 시권 가운데에는 서포패설西浦稗說로써 두서頭序를 삼았다고 합니다. 서포西浦는 곧 근래 재신宰臣의 호號이고, 패설稗說이란 곧 만필漫筆한 소설小說의 종류이니, 이러한 격식 외에 효잡淆雜한 글을 엄중하게 금단을 더하지 않는다면, 과장科場을 엄중히 하더라도 뒷날의 폐단을 막을 수 없게 될 것입니다.[33]

라는 기록이 있는데, 이는 사간원에서 문과에 입격한 시권에 대해 상고하여 뺄 것을 논핵하는 과정에서 나온 말로, 패설을 붓이 가는대로 쓴 격식에 맞지 않는 글을 뜻하였다. 그 외에도 민간의 항담巷談[34]이나 골계滑稽와 같

---

[32] 『宣祖實錄』 31년(1598) 10월 21일 2번째 기사. "況玆者, 天朝之視小邦如一家, 小邦書籍如國家[乘]稗說, 多入於中國, 小邦事迹斑斑可見."
[33] 『肅宗實錄』 36년(1710) 5월 21일 3번째 기사. "而一所入格擧子試券中, 有以西浦稗說, 爲頭說云. 西浦, 卽近來宰臣之號, 而稗說, 卽漫筆小說之類也, 如許格外淆雜之文, 若不痛加禁斷, 則無以嚴科場而杜後弊."
[34] 『英祖實錄』 47년(1771) 6월 6일 1번째 기사. "啓禧曰 『通紀』, 三人各著書成, 在正德年間, 而臣聞麗末奸人, 亡入中國, 挾憾誣罔, 轉相襲訛, 以至此等文字之傳播. 而旣自列聖朝, 屢控大邦, 辨雪光明. 若夫稗說之雜出者, 元不足數矣.'"

은 부류의 익살스러운 글[35] 등을 의미하는 용어로 사용되었다.

기존 연구에서 야사를 패설로 명명한 사례는 다음과 같다. 김준형[36]은 패설을 『역옹패설』의 예에 따라 잡박하게 쓰여진 글을 총칭하는 것으로 이야기하며, 이 때문에 야사와는 그 유래가 구분되지만, 실제 조선시대에 사용된 용례를 살펴보면 패설을 야사로 이해한 경우가 있다고 하여 명확히 구분하여 사용하지는 않았다고 했다.[37] 윤정희[38] 역시 『역옹패설』을 예로 들어 패관의 소설도 아니면서, 박잡지문駁雜之文이고, 실속이 없고 비천한 것을 기록한 것이라는 의미를 모두 포괄할 수 있는 용어로 패설을 이야기했다. 그리고 패설을 정확히 분석하기 위해 개별기사를 하위장르로 구분하여 고찰할 필요성을 이야기하며, 서사와 교술이 혼재된 패설의 특징에 따라 전기傳奇, 야담, 시화, 야사와 기타 논증적 기사로 구분했다. 그리고 패설의 주된 내용 중 하나로 야사를 거론하며, 『용천담적기』 40화 가운데 23화가 야사에 해당하여 상당량을 차지함을 언급했다. 이 역시 다른 연구자들과 마찬가지로 하위 분류에 여러 장르를 두고, 상위 개념으로 패설을 설정한 연구라 할 수 있다.

그 밖에도 정만조(1994)[39]는 현재 야사로 손꼽히는 『필원잡기』와 『용재총화』가 17세기 이후에야 비로소 야사로 분류되었고, 그 이전에는 소설이나 유사遺事, 필담筆談 등으로 불리웠음을 이야기하며, 16세기까지는 야사보다는 필기나 소설이란 용어가 주로 사용되었을 것으로 추측하였다. 실제 '소설'은 『패관잡기』내의 기사를 통해 조선초 사용되었던 용어로 보인다. 어숙권魚叔權은 서거정의 저작뿐만 아니라 『용재총화』, 『필원잡기』, 『추강냉화』,

---

[35] 『日省錄』 正祖 10년(1786) 6월 26일. "慶尙監司 鄭昌順狀啓, '淸河縣監 秦敏恭, 發怒於今番殿最之居中, 投呈解狀, 托以身病, 或稱山居漁樵之樂, 或引稗說滑稽之談, 語無倫脊, 意在慍懟.'"
[36] 김준형, 『한국패설문학연구』, 보고사, 2004, 24~25쪽.
[37] 한편 임완혁, 앞의 논문, 104쪽에서는 패설(稗說)을 '웃음'이란 주제를 전면에 내세우며, 민간에서 형성된 이야기를 기록하고 향유하는 풍토에서 형성된 것으로 정의하기도 했다.
[38] 윤정희, 「『용천담적기』 연구」, 동아대학교 석사학위논문, 2001.
[39] 정만조, 앞의 논문, 1994, 53~85쪽.

『소문쇄록』 등을 소설로 지칭했다.[40] 같은 맥락에서 「용천담적기서龍泉談寂記序」에서 『용천담적기』를 패관소설로 지칭하고 있는 사례도 있다.[41] 그러나 서거정은 패관소설이라는 용어를 「태평한화골계전서太平閑話滑稽傳序」[42]에서 수록된 내용을 지칭하는 데 사용하고 있으므로, 소설은 글의 성격보다는 말 그대로 '소소한 이야기'나 '보잘것없는 작은 이야기' 정도로 이해되며, 글의 형태에 주안하여 사용되었을 것으로 추정된다.

이상과 같이 사료나 야사 내의 기록, 연구자들의 분류에 따라 야사와 함께 쓰이는 여러 용어들에 대해 살펴보았다. 대개의 경우 기록 내의 용어들은 각기 다른 의미로 사용되며, 명확히 야사를 포괄하거나 대체할 수 있다고 판단하기 어려웠으며, 연구자들의 분류에서는 야사를 하위 개념으로 두고, 상위 개념에 자신이 설정한 용어를 두고 있었다. 그러나 생각해야 할 점은 연구자들이 설정한 용어에 해당하는 야사 대부분이 고려시대나 조선 초기의 야사를 지칭하고 있다는 점이다. 이는 초기 야사의 복합적 성격을 감안했을 때, 어떤 한 용어가 대표성을 갖고 후대의 야사까지 포괄할 수 있을지 쉽게 판단할 수 없다고 할 수 있다. 야사는 개인이 역사적 기록이라는 특징으로 인해, 다른 장르들과 명확히 구분될 수 있으나, 또한 동시에 이러한 특징 때문에 다른 장르들을 포괄하는 개념으로 보기도 어렵다. 다만, 기존 사료의 예시를 통해 다른 용어들에 비해 명확한 성격을 가진 개념이라 할 수 있다. 다음 장에서는 실제 야사총서 내에 수록된 야사의 성격을 통해, 야사를 어떻게 정의해야 할지 살펴보고자 한다.

---

[40] 『稗官雜記』, "東國少小說. 唯高麗李大諫仁老破閑集, 崔拙翁淹補閑集, 李益齋齊賢櫟翁稗說. 本朝姜仁齋希顔養花小錄, 徐四佳居正太平閑話·筆苑雜記·東人詩話, 姜晉山希孟村談解頤, 金東峯時習金鰲新話, 李靑坡劇談, 成虛白堂俔慵齋叢話, 南秋江孝溫六臣傳·秋江冷語, 曹梅溪偉梅溪叢話, 崔校理溥漂海記, 鄭海平眉壽閑中啓齒, 金沖庵淨濟州風土記, 曹適庵伸謏聞瑣錄, 行于世."

[41] 『龍泉談寂記』, 「龍泉談寂記序」. "或曰'稗官小說, 亦足資辯博而綴遺缺, 職編摩者之所必採, 豈能終秘以自私耶.' 余曰'不暇也. 置諸巾笥, 俾吾子孫, 有以知吾今日歷落艱辛之態, 而寓其勸焉則可也已.'"

[42] 『太平閑話滑稽傳』, 「太平閑話滑稽傳序」. "大抵裒輯稗官小說·閭巷鄙語, 非有關於世敎, 徒爲滑稽之捷徑耳."

3) 수록 야사를 통해 본 야사총서의 정의

18~19세기로 갈수록 일정한 기준과 체계를 갖춘 야사총서가 등장하게 되는데, 이는 다른 장르에서도 동일하게 나타나는 현상으로, 야사는 점차 다른 시화나 야담 등과 구분되었다. 시화는 시詩라는 매개를 중심으로 했는데, 홍만종洪萬宗(1643~1725)은 시화만을 대상으로 삼아 1712년에 『시화총림詩話叢林』을 편찬했다. 『시화총림』은 수록 대상인 24종 중 『성수시화惺叟詩話』·『제호시화霽湖詩話』·『청창연담晴窓軟談』·『종남총지終南叢志』·『호곡만필壺谷漫筆』·『수촌만록水村漫錄』·『현호쇄담玄湖瑣談』 등 7종의 전문 시화집을 제외한 나머지 17종은 모두 필기 가운데 시화만을 골라내어 수록한 것이다.[43] 또한 17~18세기에 필기의 체제와 패설의 허구적 요소를 갖춘 야담이 등장하게 되는데,[44] 이를 기반으로 『계서야담溪西野談』, 『청구야담靑丘野談』, 『동야휘집東野彙集』 등과 같은 개별 저술로 편찬되었다. 특히 『동야휘집』은 야담집에 있어서 일종의 규범을 마련한 문헌이었다.[45] 이에 따라 야사 역시 역사적 사실에 근간을 두고 있다는 점에서 다른 소화나 야담과는 구분할 수 있게 되었다.

그러나 실제 야사총서에 수록된 야사는 그 성격에 따른 분화가 있기 이전의 초기 저작들도 포함하고 있기 때문에, 그 복합적인 성격을 유지하게 되었다. 야사는 그 의미가 시대에 따라 변화·발전했음에도 야사총서는 야사총서가 형성된 당대만을 대변하는 것이 아닌 그 이전시대까지 아울러야 하기 때문에 복합적인 성격을 유지할 수 밖에 없었던 것이다.

이러한 야사총서 내 야사의 취사取捨에 대해 심층적으로 고민했던 이가 『한고관외사』와 『창가루외사』를 편찬한 김려로, 그는 야담이나 소화를 비

---

[43] 신상필, 앞의 논문, 2005, 214쪽.
[44] 김준형, 앞의 책, 371쪽.
[45] 조동일, 『한국문학통사』 3, 지식산업사, 2007, 477~509쪽.

롯하여 기사의 성격이 잡다한 것을 배제하려는 의도를 숨기지 않고 적극적으로 드러냈다. 이러한 고민의 흔적은 그의 문집인 『담정유고』에 수록된 제후문에서 엿볼 수 있다.

> 패관소설은 거칠고 괴상하며, 비루하고 속되며, 불경不經한 이야기들이 많은데, 이른바 외사外史家 역시 마찬가지다. …(중략)… 더구나 우리나라 사람은 사건을 기록하는 기사紀事의 글에 익숙하지 않아 간혹 야사라는 이름으로 불리는 것에 패관마냥 거칠고 괴상하며, 소설마냥 비루하고 속된 것이 있다. 형편이 이러하니 독자들이 왜 싫증을 내지 않겠는가? 일단 저작자에게 잘못이 있다고 하겠다. 그렇다고 해서 야사에 싫증을 내는 자는 더더욱 잘못이다. 사금砂金을 캐는 자는 하루 종일 모래 몇 백말을 일어야만 겨우 콩알만한 크기의 황금을 얻고는 비할데 없는 보배를 갖게 되었다고 자랑한다. 더구나 한 아름 되는 가래나무가 몇 자쯤 썩었다고 하여 훌륭한 목수가 짜증을 내고 버리는 법이 있던가?[46]

이렇듯 김려는 야사를 패관소설과 차별화하여 이해하고, 패관소설을 거칠고 괴상하며 비루하고, 속되며, 불경한 이야기가 많으므로, 사료로서 인정하지 않았다. 또한 야사총서를 편찬하며, 사가史家로서의 입장을 견지하여 전래되는 야사에 엄격한 기준을 적용하였다. 시화인 『학산초담鶴山樵談』이 야사총서에 포함된 것 역시 시화이면서 야사를 겸한 저작임을 감안한 평가였다.[47] 그 결과 사실에 근거한 사료를 위주로 야사총서에 수록되었던 것이다.[48] 이 때문에 김려의 야사총서에는 야사뿐만 아니라 시화나 잡록,

---

[46] 『藫庭遺藁』 卷11, 「題思齋摭言卷後」. "稗官小說多荒怪鄙俗不經之談, 而所謂外史家亦然. …(中略)… 況東人不嫺於紀事之文, 間或以野史名者, 或如稗官家之荒怪, 或如小說家之鄙俚. 夫如是, 讀者烏得不厭之 然作之者固過矣, 厭之者益過矣. 譬如採金者, 終日淘沙幾百斗, 纔得眞金荳子大, 自以爲絕寶. 矧乎杞梓連抱之木, 而有數尺之朽, 良工豈厭而棄之哉!"

[47] 『藫庭遺藁』 卷11, 「題鶴山樵談卷後」. "今見其所著鶴山樵談一書, 即詩話而兼野史者也. 評論精敏, 品藻公明, 鑿鑿無一不中窾者."

[48] 안대회, 앞의 논문, 2005, 319~320쪽.

악부, 연행록 등 다양한 성격의 글이 혼재하게 되었다고 할 수 있다. 이러한 영향은 『대동패림』에도 이어져 『대동패림』 역시 시화를 총집한 『시화휘편詩話彙編』을 수록하고 있으며, 김려의 야사총서에는 수록되어 있지 않은 『양천변별기良賤辨別記』와 같은 고문서 입안立案까지 수록하고 있다. 이 또한 형식보다는 사료적 가치를 감안한 야사 선별에 의한 결과라 할 수 있다.

이렇듯 야사는 개인이 기술한 역사적 기록으로서, 역사에 근간한다는 기본적인 정의를 가졌음에도 실제 분류에 임해서는 단순히 정의할 수 없는 측면이 있다. 따라서 야사총서에 있어서 야사의 정의는 개인이 저술한 역사적 사실에 근간을 둔 기록물로서, 시대와 저자에 따라서는 개인의 신변잡기나 시화, 일기, 고문서 등 여러 종류의 잡박한 기록까지 포괄하는 넓은 범주에서 논의되어야 할 것이다.

2. 야사의 주제에 따른 범주

야사의 범주에 대해서는 여러 가지 논의가 있는데, 먼저 고려시대 최자崔滋(1188~1260)의 『보한집』을 살펴보면 다음과 같다.

> 지금 이 책은 감히 **문장文章**으로서 나라의 위엄을 더하려는 것이 아니며, 또 **성조盛朝의 유사遺事**를 찬술하고 기록하려는 것도 아니다. 다만 하찮은 재주雕篆가 남아서, **우스운 이야기笑語**의 재료로 편집하였다. 그러므로 책의 마지막 편에, 음란하고 기괴한 일淫怪事을 몇 단락을 수록하여 (후략)…[49]

여기서 『보한집』이 시화집詩話集임을 감안한다면, 문장은 시화를 의미한

---

[49] 『補閑集』, "今此書, 非敢以文章增廣國華, 又非撰錄盛朝遺事, 姑集雕篆之餘, 以資笑語. 故於末篇, 紀數段淫怪事, (後略)…."

다는 것을 알 수 있고, 성조의 유사는 역사적 기록인 야사, 우스운 이야기는 소화로 생각하여, 크게 글의 성격을 3가지로 분류하고 있음을 알 수 있다. 역시 마찬가지로 이제현李齊賢(1287~1367)의 『역옹패설』에서도 이러한 분류를 엿볼 수 있다.

    손님이 역옹櫟翁에게 말하기를, "그대가 기술한 이 책의 전집에는 **조종祖宗의 먼 세계世系와 이름난 공경公卿의 언행**도 또한 자못 많이 기재되었는데 도리어 **골계滑稽의 말**로 끝을 맺고, 후집의 기술에는 경사經史를 논강論講한 것은 얼마 없고, 다 **장구章句를 꾸미고 아로새긴 것**뿐이니, 어째서 그렇게 특별한 조수操守함이 없는가. 이것이 어찌 단아한 선비와 씩씩한 대장부가 해야 할 일이겠는가"라고 하였다.[50]

여기서는 조종의 먼 세계와 이름난 공경의 언행은 야사를 의미하고, 골계의 말은 소화를 뜻하며, 장구를 꾸미고 아로새긴 것은 시화에 해당한다. 『역옹패설』은 이 3종류의 글을 모은 종합 문헌이라 할 수 있다.[51] 이러한 문체 분류는 조선 초기 서거정徐居正(1420~1488)에 이르러, 각 문체에 따라 각기 하나의 문헌으로 편찬하였는데, 야사에 대해서는 『필원잡기』, 시화는 『동인시화東人詩話』, 소화는 『태평한화골계전太平閑話滑稽傳』을 저술하였다. 이렇듯 야사는 고려시대까지 적합한 분류 없이 그 성격과 특징에 대한 인식은 있었지만, 조선시대에 접어들면서, 종합적 성격을 가진 저술이 글의 성격에 따라 분류되기 시작한 것이다.

현대의 중국에서는 야사를 필기류筆記類에 포함시키고 있다. 필기류는 크게 소설고사류小說故事類, 역사쇄문류歷史瑣聞類, 고거변증류考據辨證類로 구분[52]하고 있는데, 이 가운데 역사쇄문류가 야사에 해당한다. 역사쇄문류는

---

50 『櫟翁稗說』. "客謂櫟翁曰, 子之前所錄, 述祖宗世系之遠, 名公卿言行頗亦載其間, 而乃以滑稽之語終焉. 後所錄其出入經史者無幾, 餘皆雕篆章句而已, 何其無特操耶? 豈端士壯夫所宜爲也."
51 이래종, 「'필기'의 개념에 관한 몇몇 문제에 대하여」, 『대동한문학』 8집, 1996, 156쪽.

주로 역사 자료의 성격을 가진 기록물들을 포함하는 것이다. 정사의 빠진 부분을 보충할 수 있는 문헌들로 조정의 전고나 역사 사건의 전말, 실존 인물의 언행 등이 속하며, 주로 역사학의 대상이다. 이렇듯 야사를 필기의 하위범주로 생각하고 있는 것이다. 국내에도 그에 동의하는 연구가 있다.[53] 임형택과 신상필의 경우는 모두 필기를 야사, 시화, 소화로 분류하였다.[54] 그리고 임완혁은 필기를 일화逸話, 야사, 시화, 변증문辨證文[55]으로 분류하였다. 이래종은 이를 더 세분하여 필기를 패설류,[56] 야사류, 시화류, 변증류,[57] 종합류[58]의 5종류로 분류하였다.

그리고 야사를 잡기雜記의 하위 분류로 생각하는 연구도 있다.[59] 김준형은 잡기라는 대분류 아래에 필기, 패설, 시화, 야사, 야담의 5개의 소분류로 나눴다. 그리고 패설의 목적이 웃음에 있다고 기술하였는데, 이를 통해 김준형은 패설과 소화를 유사한 개념으로 보았음을 알 수 있다.

한편, 이태진은 야사에 대한 명확한 분류는 제시하지 않았지만, 수록류隨

---

[52] 劉葉秋, 『歷代筆記槪述』, 木鐸出版社, 1980, 4쪽.
[53] 신상필, 앞의 논문, 2005, 205쪽.
이래종, 앞의 논문, 1996, 160쪽.
임완혁, 「조선전기 필기연구」, 성균관대학교 석사학위논문, 1991, 38~44쪽.
임형택, 「이조전기의 사대부문학」, 『한국문학사의 시각』, 창작과 비평사, 1984, 414~418쪽.
[54] 임형택, 위의 논문, 415쪽에서는 필기가 문인 학자의 서재에서 형성된 것일 뿐 아니라, 사대부의 생활 의식을 바탕으로 하고 있는데, 반해 패설은 민간에 돌아다니는 이야기를 듣고 기록한 것으로 생각하여, 둘을 구분하였다. 그러나 민간의 이야기가 문인의 관심을 끌어 필기류 기록에 뒤섞인 사례로 인해 문인의 필기이면서도 패설의 범주에 속하는 글이 나타나게 되어 필기·패설을 내용면에서 야사와 시화, 소화로 구분했다.
[55] 이래종, 앞의 논문, 1996, 156쪽에서는 조선 중기 이후로 경전(經典)이나 사서(史書) 또는 사물(事物) 등에 대해 변증(辨證)한 방대한 필기들이 새롭게 추가되는 양상을 보인다고 했다.
[56] 이래종, 위의 논문, 160쪽에서는 중국 필기에서 소설고사류와 같은 의미로, 패관소설과 같이 역사 인물의 일화나 민간의 허구적 설화를 포괄하는 것으로 생각했다.
[57] 이래종, 위의 논문, 161쪽에서는 중국 필기에서 고거변증류와 같은 의미로, 경전의 훈고나 역사의 진위 등을 변증한 것과 기타 사물의 명칭이나 본질 등을 논한 것이라 보았다. 대표적인 예로 이수광(李睟光)의 『지봉유설(芝峯類說)』이나 이규경(李圭景)의 『오주연문장전산고(五洲衍文長箋散稿)』를 들었다.
[58] 이래종, 위의 논문, 161쪽에서 종합적 성격을 지니고 있는 필기집을 분류하기 위하여 설정한 유형이다. 대표적인 경우로 이제현의 『역옹패설』을 꼽았다.
[59] 김준형, 『한국패설문학연구』, 보고사, 2004.

錄類를 토대로 야사가 발전하였다고 주장했다. 수록이야말로 야사의 가장 기본적인 형태이며, 수록이 축적됨에 따라 곧 야사가 새로운 형식으로 발전하게 되었다는 것이다.[60] 정만조 역시 야사의 분류에 대한 언급은 없었으나, 16세기에 등장한 야사들의 초기 형태는 단편적인 기록을 모아놓은 필기소설 내지 수록류의 형태로 보았다. 이에 따라 그 내용이 신변잡기에서부터 후일 조정의 정치에 관련된 사건 경위나 인물에 대한 소개 및 평가로 되어 있었기 때문에 일정한 체제는 갖추지 못했다고 했다.[61]

위의 분류들을 살펴보면, 야사를 넓은 의미에서 여러 잡박한 글을 포괄하는 범주에서 보기도 했고, 필기나 잡기류의 하위 분류로 생각하기도 했다. 그러나 공통되면서도 가장 기본적인 개념은 '역사'와 관련되었다는 점에서 다른 분류와 차별성을 갖게 된다는 점이다. 비록 개별 분류가 아닌 필기나 잡기의 하위 항목으로 분류되지만, 연구자들의 인식에서 다른 류들과 엄격히 구분되는 역사적 성격을 가진 기록물로서 자리매김하고 있다고 할 수 있다.

다음에서는 야사가 실제 서목에서 어떻게 분류되어 인식되고 있는지를 중국 서목, 조선시대 서목, 현대 서목의 세 가지 측면에서 살펴보고자 한다.

1) 중국 서목 분류에서의 야사

중국에서 야사라는 용어는 9세기 말인 당唐의 소종昭宗 때 공사중목公沙仲穆이 편찬한 『태화야사太和野史』에서 처음 서명으로 사용되었다. 당대에 야사에 대한 인식을 엿볼 수 있는 문헌은 유지기劉知機의 『사통史通』이 있다. 유지기는 당나라의 사학자로, 그가 저술한 『사통』은 중국의 사학 이론과 사학 비평의 고전으로 일컬어지는 책이다. 크게 내편內篇 10권 36편과

---

[60] 이태진, 앞의 논문, 1988, 110쪽.
[61] 정만조, 앞의 논문, 1994, 64쪽.

외편外篇 10권 13편으로 구성되어 있는데, 내편에서는 사서史書의 체계를 논술하였고, 외편에서는 역대 사서의 연혁과 그 득실에 대해 비평했다. 이 중 내편의 「육가六家」와 「이체二體」에서 정사에 대해 설명하고 있는데, 육가는 상서가尙書家·춘추가春秋家·좌전가左傳家·국어가國語家·사기가史記家·한서가漢書家이며, 이 가운데 후대의 역사서에 영향을 미쳤던 이체는 『좌전左傳』과 『한서漢書』였다. 그 외의 역사서에 관해 설명한 편으로는 「잡술雜述」이 있는데, 정사를 제외한 잡사雜史에 관한 서술은 이 편이 유일하다.[62] 총 열 가지 범주의 역사서에 대해 그 성격과 해당하는 서적을 예시로 들었는데, 이는 다음의 표와 같다.

〈표 2-1〉 『사통』 「잡술」 내 역사서 범주와 해당 서적

범주	성격	해당 서적
偏記	저자가 살던 당대를 기록하면서 한 왕조에 대한 기록을 끝마치지 못한 역사.	『楚漢春秋』(陸賈), 『山陽公載記』(樂資), 『晉安帝記』(王韶), 『梁後略』(姚最)
小錄	자신이 알고 있는 대상만 논한 짧은 기록.	『戴氏名士』(戴逵), 『漢末英雄記』(王粲), 『懷舊志』(盧世南), 『知己傳』(盧子行)
逸事	이전의 역사서에서 빠트린 사실을 보완한 기록.	『汲塚紀年』(和嶠), 『西京雜記』(葛洪), 『瑣語』(顧協), 『拾遺』(謝綽)
瑣言	街談巷說을 모은 기록.	『世說新語』(劉義慶), 『語林』(裴榮期), 『宋齊語錄』(孔思尙), 『談藪』(陽玠松)
郡書	지방의 뛰어난 인물에 대한 기록.	『陳留耆舊』(圈稱), 『汝南先賢』(周斐), 『益部耆舊』(陳壽), 『會稽典錄』(虞預)
家史	집안의 선조 업적에 대해 후손에게 남긴 기록.	『家牒』(揚雄), 『世傳』(殷敬), 『孫氏譜記』, 『陸宗系歷』
別傳	선행으로 모범이 되는 사람들의 사례를 모은 기록.	『列女傳』(劉向), 『逸民傳』(嵇康), 『忠臣傳』(梁元), 『孝子傳』(徐廣)
雜記	괴이한 사물과 이상한 이야기를 모은 기록.	『志怪』(祖台), 『搜神記』(干寶), 『幽明』(劉義慶), 『異苑』(劉敬叔)
地理書	각 지역마다의 物産과 風俗에 대한 기록.	『荊州記』(盛弘之), 『華陽風志』(常璩), 『三秦記』(辛氏), 『湘中記』(羅含)
都邑簿	제왕의 발생지나 역대 황제의 옛 수도 등 그 경영을 시작하는 제도에 대한 기록.	『關中記』(潘岳), 『洛陽記』(陸機), 『三輔黃圖簿』, 『建康宮殿簿』

---

[62] 유지기, 오항녕 역, 『史通』, 역사비평사, 2012.

이들 열 가지 범주는 개인의 기록으로 자신의 견문을 자유롭게 기록한다는 점에서 모두 공통점이 있으며, 이 가운데 편기偏記, 소록小錄, 일사逸事가 현재 야사의 범주에 포함된다고 할 수 있다. 그 외에도 쇄언瑣言, 사가家史, 별전別傳, 잡기雜記 등도 야사와 함께 야사총서에 수록되어 있는 경우도 있다. 위의 「잡술」의 내용을 통해 볼 때, 당대唐代의 야사는 사부史部 잡사류雜史類로 분류할 수 있는데, 이는 기록의 목적이 저자의 보사補史 의식意識을 바탕에 두었기 때문이다.

야사라는 용어가 본격적으로 사용된 것은 송대宋代에 이르러서이다. 송대에도 야사라는 용어는 용곤龍袞의 『강남야사江南野史』처럼 서명으로 사용되기도 했지만, 일반적으로는 필기류 저작, 그 중 조정과 관련된 사건이나 사대부 일화와 같이 역사적 사건과 인물의 기록을 가리켰다.[63] 송대의 야사는 일부를 제외하고는 『직재서록해제直齋書錄解題』나 『군재독서지郡齋讀書志』에서 자부子部 소설류小說類로 분류되었는데, 이는 당대와 같은 보사 의식보다는 자신의 견문과 관점을 우선시하여 저술했기 때문이다. 송대 야사의 편찬 배경은 먼저 개인적 은원恩怨의 표출을 들 수 있는데, 당쟁을 겪으면서 세력을 잃고 중앙에서 밀려난 지식인이 상대 당파의 흠이 될 수 있는 일화를 야사로 기록하였기 때문이다. 이는 『사고전서四庫全書』 편수관編修官의 언급에도 드러나는데,

> 개인의 기록은 송대와 명대, 2대가 가장 많다. 송인과 명인은 의론하기를 좋아했는데, 의론이 다르면 문호가 생기고, 문호가 나뉘면 파벌이 생긴다. 파벌이 생기면 은원을 맺게 되는데, 은원을 맺고 나서 뜻을 얻으면 조정에서 서로 배척하며, 뜻을 얻지 못하면 글로 보복한다.[64]

---

[63] 송대 야사의 편찬 배경에 대해서는 주로 안예선, 앞의 논문, 2010, 275~298쪽을 참고하여 작성하였다.
[64] 『四庫全書總目』「史部總敍」. "私家記載, 惟宋明兩代爲多. 蓋宋明人皆好議論, 議論異則門戶分, 門戶分則朋黨立. 朋黨立則恩怨結, 恩怨旣結, 得志則排擠於朝廷, 不得志則以筆墨相報復."

고 하여, 송대 야사의 성행이 당쟁에 연관되어 있음을 밝히고 있다. 대부분의 관료가 연루되었던 신구당 간의 당쟁에서는 구법당의 영수인 사마광司馬光이 신법을 주장한 왕안석王安石에 대해 기록하며, 그의 선악을 가리지 않고 그대로 기록했다고 했고, 구법당 인사였던 범진范鎭은 자신의 저서인 『동재기사東齋記事』에서 의도적으로 신법과 상반되는 사건을 기록했다고 평가되었다. 『동재기사』는 원우당고元祐黨錮 시기에 금서조치를 당하였다가 남송南宋 이후에야 다시 유통되었다. 이에 대해 왕안석을 추종하는 문인들은 신당 인사들에게 유리한 기록을 남기고, 왕안석의 정적政敵에 대해 비판적인 기록을 남겼다. 『사고전서』에서는 송대 야사 중 많은 부분에 대해 저자가 자신의 사적 감정으로 공정치 못한 기록을 남겼음을 지적하고 있다.

송대 야사 편찬의 또 다른 이유로는 관찬사서에 대한 불신을 들 수 있다. 『신종실록神宗實錄』의 경우 처음 원우년간元祐年間에 편찬될 때는 사마광의 일기와 잡록을 주로 채택했으나, 이후 소성년간紹聖年間에 신당이 정권을 잡았을 때는 왕안석의 일기를 채택하며 그 서술의 방향도 달라졌는데, 이러한 개인 기록의 당파성이 실록까지 영향을 미치게 된 것이다. 염자약閻自若의 『당말범문록唐末汎聞錄』에 대한 기록을 보면

> 건덕연간 왕부王溥의 『오대사五代史』가 지어지자, 자약의 부친이 그것을 보고 자약에게 "당말의 일은 모두 내가 직접 겪은 것으로 역사 기록과 다른 것이 많다."며, 자신이 보고 들은 이야기를 들려주며 자약에게 기록하게 했다.[65]

이렇듯 관의 기록이 자신의 경험과 다르자, 자신의 경험을 근거로 한 것이 사실이므로, 이를 기록해야 한다고 했다. 관찬의 사서가 공정하고 사실적이

---

[65] 『郡齋讀書志校證』 卷6「唐末汎聞錄」. "乾德中王溥五代史成, 自若之父觀之, 謂自若曰'唐末之事, 皆吾耳目所及, 與史冊異者多矣.' 因話見聞故事, 命自若志之."

지 못했기 때문에 개인이 자신의 경험을 기록으로 남기게 된 것이다. 이처럼 야사는 관찬사서가 공정하지 못하고, 집권 세력의 이해관계에 따라 좌우될 때, 객관적 입장에서 균형감을 유지하게 하는 역할을 했다.

송대 야사 편찬의 배경으로 당시 정치에 대한 비판을 들 수 있다. 야사는 비교적 다른 사람에게 공개하지 않는 사적인 기록이었기 때문에 현실정치에 대한 비판을 기탄없이 할 수 있었고, 당시 집권자가 숨기고자 하는 사실을 기록하기도 했다. 그러나 동시에 같은 이유에서 송대 문인들은 자신의 야사를 공개하기를 꺼려했다. 이 때문에 1144년(소흥 14)에는 진회秦檜가 고종高宗에게 야사의 위험성에 대해 간언하여, 고종이 야사 편찬을 금하게 했고, 이후 1145년(소흥 15), 1150년(소흥 20), 1202년(가태 2) 등 총 네 차례에 걸쳐 야사 편찬을 금지하는 법령을 반포하였다.

명대明代의 경우 서목 분류에 야사를 포함시켰는데, 이는 당대에 야사가 잡사류, 송대에는 소설가류에 포함되었던 것에 비하면 야사에 대한 인식이 발전했음을 알 수 있는 사례이다.

명대 중기의 유명한 문인 장서가인 고유高儒는 자신이 소장한 2,100여종 1만여권의 장서를 4부로 나누고, 그 아래 93개문으로 세분하여 『백천서지 百川書志』 20권을 편찬했다. 그는 사지史志 가운데 '야사'를 문으로 설정하고 있다. 그는 여기에 『삼국지통속연의三國志通俗演義』와 『충의수호전忠義水滸傳』 2종을 수록하였다. 이는 역사서보다는 문학작품에 가깝지만, 고유는 『삼국지통속연의』의 해제에서 "정사에 근거하고 있고, 소설을 채용하였으며, 문사文辭를 입증하고, 좋은 것을 숭상하고, 크게 속되지도 성하지도 않다. 쉽게 볼 수도 구할 수도 있으며, 비록 사마천 같은 고색창연한 문장은 아니나, 해학적인 맛을 전하고, 백년의 역사를 서술하고, 만사萬事를 포괄하고 있다고 생각한다"[66]고 하며, 사지에 포함시켰다. 정통 목록에서는 이러한 통

---

[66] 高儒, 『百川書志』 卷六. "據正史, 採小說, 證文辭, 通好尙, 非俗非虛. 易觀易入, 非史氏蒼古之文, 去瞽傳詼諧之氣, 陳敘百年, 該括萬事."

속 문학작품을 사부에 수록하지 않고, 만약 수록했다 하더라도 자부에 분류했을 것이다.[67] 이를 통해 볼 때, 야사를 하나의 문으로 설정하는 시도는 있었으나, 어디까지나 자의적인 분류에 의한 것이지, 당시의 다른 이들이 공감하여 하나의 문으로 인정하기에는 어려움이 있었을 것으로 보인다.

야사는 청대淸代에 접어들면서, 강희년간康熙年間 이후 강력한 금압책이 시행되면서 명맥이 끊어지다시피 쇠퇴하게 된다.[68]

청대에는 당시까지 전수된 모든 전적을 총망라한다는 취지에서 『사고전서』를 편찬하면서, 궁중의 장본藏本뿐 아니라, 각 지방에서 소장하고 있는 서책까지 광범위하게 수집하였다. 『사고전서』에 수록된 책은 3,458종 79,582권에 이르렀으며, 경사자집經史子集의 4부 분류체계로 편집되었다. 이 과정에서 청 왕조에 맞지 않는 서적을 소각하거나 판목을 불태우는 등의 탄압이 이뤄지기도 했고, 수록된 책 중에서도 부분적으로 수정한 것도 있다. 그러나 모든 전적을 총망라했다는 관점에서 분류가 시도되었고, 이로 인해 야사에 대한 분류도 함께 이뤄졌다. 『사고전서』의 편수관들은 기존 사부와 자부로 분류되었던 야사에 대해 구분하였는데, 이는 잡사류와 소설가류의 서문을 통해 살펴볼 수 있다.

「잡사」의 항목은 『수서隋書』에서 시작되었다. 실린 전적이 이미 번잡하여 조목별로 나누기 어려우니, 뜻에 따라 여러 문체와 여러 이름을 널리 포괄하여 취하였다. …(중략)… 역사서라는 이름을 하고 있으니, 그 속에 기재된 사건은 소설과 다르다. 책을 저술함에 있어서 체재가 있으니 어찌 구분이 없을 수 있겠는가? …(중략)… **대저 사건이 묘당廟堂에 관련되어 있거나, 말이 군국軍國과 관련된 것을 (잡사류로) 취하였다.** 간혹 다만 한 가지 사건의 시말만을 갖추고, 한 대 전체를 엮은 것이 아닌 것도 있고, 혹은 다만 한 시기의 견문이

---

[67] 余慶蓉·王晉卿 共著, 南台祐·宋日基 共譯, 『中國目錄學思想史』, 태일사, 2009, 244~248쪽.
[68] 정만조, 앞의 논문, 1994, 53~85쪽.

거나 한 집안의 사사로운 기록인 것도 있다. …(중략)… **신기하고 괴이한 것을 말하는 것과 조롱하고 비웃는 것에 도움이 되는 것, 골목의 소문, 패관을 기술한 것은 따로 잡가와 소설가에 두었다.**[69]

잡사雜事를 기록한 책은 소설과 잡사雜史가 가장 혼동되기 쉬우며, 여러 사람의 저록에서도 종종 뒤섞여있다. 이제 **조정과 군국에 대한 일을 기술한 것은 잡사로 분류하고, 거리의 한담이나 사장詞章이나 사소한 일들은 모두 소설가류로 소속시킨다.**[70]

이처럼 조정과 연관된 중차대한 일로, 체계적, 공식적 서술에 충실한 것은 잡사류로 분류하고, 이와 달리 체계를 갖추지 못하고, 견문에 의거하여 정확성과 객관성을 보장할 수 없는 개인의 기록은 자부의 잡가류와 소설가류로 분류하였다. 이와 같은 분류 원칙에 의하면, 『사고전서』에서 자부의 잡가 · 소설가류로 귀속된 저작이 '야사'에 해당한다고 할 수 있다.[71][72]

현대 중국의 야사는 각 시대별로 총서나 개별서 형태로 정리하여 소개되어 있다. 예를 들면, 『중국야사집성 · 속편中國野史集成 · 續編』,[73] 『명대야사총서明代野史叢書』,[74] 『청대야사총서淸代野史叢書』,[75] 『명청야사총서明淸野

---

[69] 『四庫全書總目』史部「雜史類」序. "'雜史'之目, 肇於『隋書』. 蓋載籍旣繁, 難於條析, 義取乎兼包衆體, 宏括殊名. …(中略)… 然旣系史名, 事味小說. 著書有體, 焉可無分? …(中略)… 大抵取其事系廟堂, 語關軍國. 或但其一事之始末, 非一代之全編, 或但迹一時之見聞, 只一家之私記. …(中略)… 若夫語神怪, 供詼嘲, 里巷瑣言, 稗官所述, 則別有「雜家」 · 「小說家」存焉."
[70] 『四庫全書總目』子部「小說家類」雜事下 後案. "記錄雜事之書, 小說與雜史最易相涌, 諸家著錄亦往往牽混. 今以述朝政軍國者入雜史, 其參以裏巷閑談, 詞章細故者則均隷此門."
[71] 안예선, 앞의 논문, 2010, 278쪽.
[72] 안대회, 앞의 논문, 1992, 131쪽, 각주6번에서는 조선의 야사에 포괄되는 서적이 중국의 『사고전서』에서 사부(史部)의 별사(別史), 잡사(雜史) 및 전기(傳記)와 자부(子部) 잡가류(雜家類)와 자부(子部) 소설가류(小說家類)에 속하는 저술이 포함된다고 했다.
[73] 『중국야사집성』, 파촉서사, 1993. 총 51책으로 구성되어 있다. 선진시대부터 청말까지 다양한 야사를 수록하고 있다.; 『중국야사집성속편』, 巴蜀書社, 2000. 총 30책으로 구성되어 있으며, 상고(上古)부터 민국초(民國初)까지 『중국야사집성』에 미수록되었던 야사를 수록하고 있다.
[74] 『명대야사총서』, 북경고적출판사, 2002. 총 11책으로 구성되어 있다. 수록된 야사로는 『동림본말(東林本末)』, 『촉벽(蜀碧)』, 『열황소지(烈皇小識)』, 『갑신전신록(甲申傳信錄)』, 『호구여생기(虎口

史叢書』,[76] 『청대야사淸代野史』[77] 등이 있다. 또한 야사에 대한 연구도 꾸준히 진행되고 있는데, 주로 명·청시대에 집중되어 있다. 야사총서에 대한 직접적인 연구는 없으나, 중국사학사에서 정사와 야사의 구분에 대해 논의한 연구,[78] 청나라 말기 야사에 관한 연구,[79] 명·청시대의 야사관野史觀에 관한 연구,[80] 『흠정사고전서총목』를 통해 명·청대 야사의 문체관文體觀에 대해 살펴본 연구[81] 등이 있어 야사의 분류보다는 야사의 성격을 중심으로 야사 연구가 진행되고 있음을 알 수 있다.

餘生紀)』, 『복사기략(复社紀略)』, 『삼조야기(三朝野記)』, 『태존록기변(汰存錄紀辯)』 등이 있는데, 책마다 적게는 2종에서 많게는 13종의 야사가 수록되어 있다.

[75] 『청대야사총서』, 북경고적출판사, 1999. 총 8책으로 구성되어 있다. 수록된 야사로는 『청조흥망사(淸朝興亡史)』, 『청말실록(淸末實錄)』, 『매일재필승(梅邃齋筆乘)』, 『청광서제외전(淸光緒帝外傳)』, 『이홍장사략(李鴻章事略)』, 『서하각야승(栖霞閣野乘)』, 『태평천국전기(太平天國戰記)』, 『탐관오리전(貪官汚吏傳)』, 『강옹건간문자지옥(康雍乾間文字之獄)』 등이 있는데, 책마다 적게는 7종에서 많게는 13종의 야사가 수록되어 있다.

[76] 『명청야사총서』, 문진출판사, 2020. 앞의 『명대야사총서』, 『청대야사총서』와 내용의 차이는 크게 없으나, 다른 출판사에서 재간행하였다.

[77] 『청대야사』, 중국인민대학출판사, 2012.

[78] 陳力, 「中國史學史上的正史與野史」, 『사천대학학보』(철학사회과학판), 1999, 62~70쪽.

[79] 李娜, 「晚淸野史初探 - 以戊戌變法爲中心 - 」, 서북민족대학 석사학위논문, 2005. 이 논문에서는 청나라 말기는 중국 봉건사회의 야사 발전 과정의 마지막 단계로서 이 기간 동안 정치, 경제, 문화 등 여러 분야를 불문하고 초기와 중기와는 다른 많은 새로운 문제와 새로운 정세를 겪었음을 이야기했다. 그리고 이를 연구 하기 위해서 야사 자료를 숙달할 필요가 있음을 강조했다. 특히 1898년 개혁운동을 중심으로 청나라 말기의 야사에 대해 논의하였는데, 야사의 기원, 함축 및 형성 및 발전 과정 등 기본적 사항을 비롯하여, 청나라 말 야사의 존재에 대한 역사적 배경과 그 발전 맥락, 가치, 특징 및 기존 문제에 대해 심층적으로 소개했다. 마지막으로 무술변법(戊戌變法)의 야사 기록을 중심으로 무술변법 야사의 정보, 유형, 가치와 특징을 분석하였다.

[80] 胡偉, 「明淸之際的野史觀初探」, 화중사범대학 석사학위논문, 2016. 이 논문에 따르면 중국의 야사는 선진시대(先秦時代)에 발아하여 명·청시대의 대관에 이르기까지 점진적을 발전해 왔고, 특히 야사관은 명·청시대에서 뚜렷한 특징을 갖게 되었다. 명·청대 야사의 발전은 명나라 중기부터 시작되어 청나라 중기 이후 쇠퇴하였다가 청나라 말기에 다시 활성화되었다. 야사는 저자의 생각을 표현하는데, 저자마다 경험과 생각이 다르므로, 사건에 대한 이해도 다르고, 글에 표현된 관점도 매우 다르게 나타난다. 명·청대 야사의 창작관은 주로 정사의 부족한 부분을 보충하고, 역사를 기록하여 명확히 하는 데 있었는데, 명·청시대에 일부 학자들은 야사의 가치를 심하게 비판했으나, 다른 학자들은 역사적 자료로서 사용해야 한다고 주장하기도 했다. 또한 명·청대의 야사의 서문과 발문을 통해 명·청대 야사의 보급 주체와 방법을 파악할 수 있는데, 야사의 보급은 학술교류를 촉진하였고, 학자들은 이를 바탕으로 역사작품을 창작할 수 있었다.

[81] 溫馨, 「從≪欽定四庫全書總目≫看明淸野史的文體觀念」, 『광서과기사범학원학보』 32권 2기, 2017, 51~54쪽.

2) 조선시대 서목 분류에서의 야사[82]

본 장에서는 조선시대 서목에 수록된 야사총서에 관해 살펴보고자 한다. 선정한 서목은 17세기부터 20세기까지의 서목으로, 『해동문헌총록』, 『연려실기술』, 『홍씨독서록』, 『증보문헌비고』 4종을 선정하였으며, 더불어 외국인의 시각에서의 야사 분류를 살펴보기 위해 모리스 꾸랑의 『한국서지』를 추가로 검토하였다. 검토 방법은 5종의 서목에 수록된 서적 중 이 책의 연구 대상인 18~19세기 야사총서에 수록된 야사 345종의 수록 여부와 수록되어 있다면, 그 분류된 유형에 대한 검토이다.

(1) 『해동문헌총록』 내 야사류 서적 검토

『해동문헌총록』은 경와敬窩 김휴金烋(1597~1638)가 쓴 우리나라 최초의 도서해제 서목이다. 정확한 편찬 시기는 알 수 없지만, 서문의 작성연대가 1637년(仁祖 15)이므로, 그 무렵에 완성한 것으로 추정된다. 서문을 살펴보면, 1616년(光海君 8)에 김휴가 스승인 여헌旅軒 장현광張顯光을 찾아뵈었을 때, 중국의 『문헌통고文獻通考』 「경적고經籍考」를 처음 보았는데, 이때 장현광이 "동국東國 사람이면서 동국의 문헌을 알지 않으면 안 된다"고 전제하고, "그대는 박식하고 재량이 있으며, 그대가 살고있는 주변 지역이 병화를 면하여 온전한 서적이 많이 있을 것이니, 조사하고 수집하여 기록으로 남긴다면 우리나라 문헌을 밝힐 수 있고, 또 고증 자료로 활용할 수 있을 것이다. 그렇게 되면 그 공이 옛사람 못지않을 것이다."[83]고 하자, 이를 계기로

---

[82] '2) 조선시대 서목 분류에서의 야사'와 '3) 현대 서목 분류에서의 야사'에서는 야사총서 수록 야사 중 『아주잡록』과 『청구패설』에 수록된 문집류 서적은 제외하고 비교하였다. 문집류가 포함될 경우, 상당수가 집부로 분류되어 일부 야사총서의 경향성으로 인해 편향된 결과가 도출될 수 있기 때문이다.

[83] 『海東文獻總錄』 序文. "歲丙辰冬, 余拜旅軒先生於遠堂, 先生出數卷書, 以示之曰, '此乃文獻通考經籍考也. 觀此一書, 可知古今文獻盛衰, 吾故就通考中, 抄出經籍所附, 卷以藏之矣. 但旣爲東方之人, 則東方文獻, 不可不知. 吾君頗有博記之才, 君所居近邑, 得免兵火. 書籍多有保完之處, 倘能聞見裒集,

이 책을 편찬하게 되었다고 한다. 조사 대상은 신라와 고려 및 조선 중기 인조 대까지의 유명한 문헌 670종이었고, 조사 지역은 낙동강 부근의 봉화奉化, 영주榮州, 문경聞慶, 예천醴泉, 예안禮安, 영양英陽, 안동安東, 상주尙州, 의성義城, 군위軍威, 구미龜尾 등이었다. 분류는 총 23류로, 어제시집御製詩集, 제가시문집諸家詩文集, 규수閨秀, 선귀仙鬼, 석가釋家, 경서류經書類, 사기류史記類, 예악류禮樂類, 병정류兵政類, 법전류法典類, 천문류天文類, 지리류地理類, 보첩류譜牒類, 감계류鑑誡類, 주해류註解類, 소학류小學類, 의약류醫藥類, 농상류農桑類, 중국시문찬술中國詩文撰述, 동국시문찬술東國詩文撰述, 중국동국시문합편中國東國詩文合編, 유가잡저술儒家雜著述, 제가잡저술諸家雜著述 등으로 되어 있다.

〈표 2-2〉『해동문헌총록』과 야사총서 공동 수록 야사 서적

서명	분류	해당 책
『海東文獻總錄』	史記類(一)	『編年通錄』, 『海東野言』
	史記類(二)	『癸甲日錄』, 『己卯黨籍錄』, 『戊午黨籍錄』, 『丙辰丁巳錄』
	史記類(三)	『東閣雜記』, 『桐溪漫話』, 『思齋摭言』, 『謏聞瑣錄』, 『松溪漫錄』, 『慵齋叢話』, 『靑坡劇談』, 『秋江冷話』, 『忠烈錄』, 『稗官雜記』, 『筆苑雜記』

〈표 2-2〉에서 확인되는 바와 같이 18~19세기 야사총서에 수록된 야사들은 『해동문헌총록』에서는 사기류에 포함되어 있다. 『해동문헌총록』 내의 분류가 비록 사부 분류에 따르지 않는 독자적인 분류를 사용하고 있다 하더라도, 명확히 역사서로 파악하고 있음을 알 수 있다.

『해동문헌총록』에 수록하고 있는 야사는 17종에 불과하나, 사기류에 수록된 문헌이 85종임을 감안한다면, 적지 않은 숫자임을 알 수 있다.[84] 또한,

---

繼此以述, 則文獻足徵博考是資, 其功當不讓於古人矣."
[84] 연구 대상인 개별 야사 345종을 시대별로 구분하면 다음과 같다. 15세기 이전 야사 9종, 16세기 야사 59종, 17세기 야사 164종, 18세기 야사 70종, 19세기 야사 9종, 시기 미상인 야사가 34종이다. 『해동문헌총록』에 수록된 야사는 15세기 이전 6종, 16세기 8종, 17세기 3종으로, 『해동문헌총

야사가 대개 필사본으로 유통되고 있으므로 접하기 어렵다는 점과 야사총서가 18~19세기까지의 야사를 수록하고 있으며, 17세기가 되어서야 야사의 집필이 활성화 되었다는 점, 조사 지역이 낙동강 부근의 경상북도 지역 일부라는 점을 고려한다면, 이 또한 시사하는 바가 적지 않을 것이다.

(2) 『연려실기술』 내 야사류 서적 검토

『연려실기술』은 이긍익李肯翊(1736~1806)이 기사본말체記事本末體로 편찬한 야사이다.[85] 원집에는 조선 태조부터 현종까지의 고사본말故事本末과 각 왕대별 활약한 상신相臣, 문신文臣, 명신名臣의 전기傳記를 덧붙였고, 속집에서는 그가 살았던 숙종 당대의 사건을 기재했으며, 별집에는 관직, 전례, 문예, 천문 등과 역대 고전 등의 문물제도를 정리하여 수록하고 있다. 이긍익은 자신이 쓴 의례義例에서 『연려실기술』을 사람들이 돌려보게 하고, 본문에는 여백을 두어 때마다 새로운 사실을 붙여나가는 방법을 취했다고 했다. 『연려실기술』은 각 기사마다 근거가 되는 문헌을 기재하여, 자신의 사견을 붙이지 않는 공정한 사관史觀을 견지하였다. 편찬 시기는 이긍익이 신지도新智島에서 42세 때부터 저술하기 시작하여 타계他界할 때까지 약 30년 동안에 걸쳐 완성하였다. 따라서 18세기 말부터 19세기 초까지의 기간동안 편찬되었음을 알 수 있다.

야사는 『연려실기술별집燃藜室記述別集』 권14 「문예전고文藝典故」의 야사류 항목에 수록되어 있다. 모두 153종으로, 서명과 저자를 기재하였고, 원문이 빠졌다는 의미의 '결缺'이나 저자와 관련된 사항 등을 부기附記하였다.

록』의 편찬 시기가 17세기 중엽임을 감안할 때도 적지 않은 수의 야사가 사기류에 포함되어 있음을 알 수 있다.
[85] 『연려실기술』은 필사본으로 유통되기도 했지만, 1911년 최남선(崔南善)이 주관한 광문회(光文會)에서 원집 24권, 별집 10권의 도합 34권으로, 1913년 고서간행회(古書刊行會)에서 원집 33권, 속집 7권, 별집 19권의 도합 59권으로 각각 간행하였다. 이 책에서 사용한 대본은 비교적 내용이 풍부한 고서간행회본이다.

〈표 2-3〉『연려실기술』과 야사총서 공통 수록 야사 서적

서명	분류	해당 책
『燃藜室記述別集·文藝典故』	野史類	『吾學錄』,『甲辰漫錄』,『江都錄』,『癸亥錄』,『癸甲錄』,『鰲谷漫筆』,『癸未記事』,『癸亥靖社錄』,『公私聞見錄』,『光海朝日記』,『괘一錄』,『己卯黨籍錄』,『畸翁漫筆』,『寄齋雜記』,『己丑記事』,『己丑錄』,『亂離日記』,『亂中雜錄』,『魯陵志』,[86]『東閣雜記』,『桐巢漫錄』,『明倫錄』,『聞昭漫錄』,『眉巖日記』,『丙子錄』,『丙辰丁巳錄』,『丙後漫錄』,『涪溪記聞』,『北遷日錄』,『師友名行錄』,『思齋摭言』,『象村雜錄』,『石潭日記』,『石幸語錄』,『宣廟朝聞』,『謏聞瑣錄』,『續雜錄』,『松溪漫錄』,『松窩雜說』,『壽春雜記』,『時政錄』,『瀋陽日記』,『延平日記』,『五山說林』,『梧陰雜說』,『傭齋叢話』,『龍泉談寂記』,『芸菴雜錄』,『月汀漫筆』,『柳川劄記』,『陸奉野史別錄』,『乙巳傳聞錄』,『陰崖日記』,『漢川日錄』,『逸史記聞』,『日月錄』,『紫巖柵中日錄』,[87]『紫海筆談』,『長貧居士胡錄』,『再造藩邦志』,『丁戊錄』,『朝野記聞』,『竹窓閑話』,『慈忠錄』,『青口靑話』,『靑皐日記』,『時聽漫錄』,『靑泉海遊錄』,『靑坡劇談』,『秋江冷話』,『澤里志』,『退溪言行錄』,『稗官雜記』,『楓巖輯話』,『筆苑雜記』,『荷潭破寂錄』,『寒泉堂記』,『海東樂府』,『海東野言』,『荒冤記事』

　연구 대상의 야사총서와 『연려실기술』의 야사류를 비교했을 때 공통으로 수록된 것이 79종이다. 79종 가운데는 『조야기문朝野記聞』과 같은 통사형 야사가 수록되어 있으며, 개별 야사 79종에는 포함되지 않았지만, 『연려실기술』의 야사류 목록에는 『대동야승』, 『소대수언』과 같은 야사총서가 수록되어 있다.[88] 전체 153종 가운데 반 이상의 개별 야사가 공통으로 수록되어 있으나, 『연려실기술』에서는 서명만 나열하였고, 야사의 선정 기준을 명시하지 않았다. 다만, 의례를 살펴보면 이긍익 스스로가 여러 야사를 채택하여 모아 『연려실기술』을 완성했다고 했고,[89] 본문에 수록한 기사의 출처 문헌으로 기재하고 있는 것을 통해 이긍익이 직접 접하거나 들은 문헌이자, 본문의 인용서목引用書目으로의 역할을 하고 있다고 볼 수 있다.[90]

---

[86] 『연려실기술』에서는 『노릉지(魯陵志)』라는 서명을 기재한 뒤, '개위장릉지(改爲壯陵誌)'라는 글을 부기하였다. 이에 따라 『노릉지』와 『장릉지(壯陵志)』를 통합하여 『노릉지』로 통일하여 살펴보았다.
[87] 『연려실기술』에는 서명이 '건주견문록(建州見聞錄)'으로 되어 있다. 『건주견문록』은 『청구패설』의 '자암책중일록(紫巖柵中日錄)'에 수록되어 있으므로, 이를 감안하여 포함시켰다.
[88] 19세기에 편찬된 『대동패림』에는 『연려실기술』이 '열조기사(列朝紀事)'라는 서명으로 수록되어 있다.
[89] 『燃藜室記述』「燃藜室記述義例」, "今余所編燃藜記述, 博採諸家野史而集成."
[90] 『연려실기술별집』권14 「문예전고」 야사류에 부기된 기록 중 '결(缺)'이란 내용이 있는데, 이를 통해 이긍익도 모든 책을 직접 접하지는 못했던 것으로 보인다.

(3) 『홍씨독서록』 내 야사류 서적 검토

『홍씨독서록』은 연천淵泉 홍석주洪奭周(1774~1842)가 1810년(순조 10)에 그가 섭렵한 전적 472종 16,000권에 관해 쓴 한중 고전의 기본서에 대한 분류순 도서해제목록이다. 이 책의 찬술 동기는 자신의 동생 홍길주洪吉周(1786~1841)가 자만하여 학문을 중도에 그칠까 염려하여 편찬한 것이라 하였으나, 실상은 일차적으로 홍씨 문중의 후학들을 염두에 두고, 궁극적으로 우리나라 후학들을 위한 학문 길잡이 성격의 선정도서해제목록을 편찬하려 했던 것으로 보인다. 『홍씨독서록』의 체계는 저자 스스로가 『사고전서간명목록四庫全書簡明目錄』을 모방하여 만들었다[91]고 밝히고 있으나, 이는 목록의 편성 체계에 국한된 것으로, 분류체계 측면에서는 차이가 있다. 특히 유서類序의 수록과 배치체제에서 『사고전서간명목록』보다는 『사고전서총목四庫全書總目』의 영향을 받은 것으로 보인다. 유서는 각 분류항목에 수록된 문헌에 대한 그 대요를 기재한 것으로, 분류의 이유와 주제 분야의 원류를 파악하는 데 도움이 된다.[92] 『홍씨독서록』에서는 사부를 사史, 야사野史, 보사裨史, 지志의 4문門으로 구분하고, 사 아래에 '편년지사編年之史', '기전지사紀傳之史', '별사別史'의 3목目을, 비사 아래에 '기언지서紀言之書', '기인지서紀人之書', '기사지서紀事之書'의 3목을, 지 아래에 '총지總志', '예의禮儀', '전법典法', '직방職方', '예문藝文'의 5목을 두었다. 야사를 별도의 문으로 설정하고 있는 부분에서 야사를 역사서의 한 부류로 인식하는 단계까지 이르렀음을 엿볼 수 있으나, 그 아래에 별도의 목을 두지 않았다는 점에서 아직 세부적인 분류까지는 나아가지 못했음을 알 수 있다. 이 때문에 홍석주 또한 사부의 마지막에 "대개 4문이나, 실상은 12목이다"[93]라고 기술하기도 했다.

---

91 『淵泉集』「年譜」, "庚午【先生三十七歲】……O作讀書錄, 先生錄平生所讀書籍之目, 分經史子集四部而論斷于下, 蓋倣於簡明目錄." 각주나 본문 가운데【 】내의 글은 小字雙行으로 기록된 내용을 기재한 것이다. 아래도 이와 같다.
92 홍석주 원저, 리상용 역주, 『역주 홍씨독서록』, 아세아문화사, 2012, 8~14쪽.
93 『洪氏讀書錄』史部. "右史部凡四門, 實十二目."

〈표 2-4〉 『홍씨독서록』과 야사총서 공통 수록 야사 서적

서명	분류	해당 책
『洪氏讀書錄』	史部 - 野史	『石潭日記』,[94] 『龍中雜錄』, 『再造藩邦志』, 『列朝紀事』[95]
	史部 - 禪史 - 紀事	『魯陵志』, 『懲志錄』
	子部 - 儒家	『退溪言行錄』
	子部 - 說家 - 論說	『慵齋叢話』
	子部 - 說家 - 記述	『公私聞見錄』

『홍씨독서록』에 수록된 문헌 중 연구 대상인 야사총서에 수록된 야사는 총 9종이며, 사부의 야사와 비사 중 기사紀事, 자부의 유가儒家와 설가說家 중 논설論說과 기술記述에 포함되어 있다. 홍석주의 분류 기준을 파악하기 위해서는 유서를 살펴볼 필요가 있다. 다음은 각각 야사, 비사, 유가, 설가의 유서이다.

옛날에는 역사를 전담하는 관원이 있어서 그 벼슬을 하는 자가 아니면 감히 역사를 짓지 못하였다. 그러나 태사공太史公이 형가荊軻의 전기를 지을 때 하무夏無의 말로써 입증하고, 장군 위청衛靑의 전기를 지을 때는 소건蘇建의 말로써 입증하였다. 참으로 일찍이 재야인在野人의 견문을 증거로 삼지 않은 것이 없다. 후세에 역사는 한 관료가 맡지 않고 관료도 또한 한 사람이 아니어서 애정과 증오로서 서로 낮추고 올리어 진실로 사람에게 신망받지 못하고 그 책이 비밀스럽게 감추어져서 얻어 볼 수가 없었다. 이에 **초야에 묻힌 널리 듣고 글을 잘 쓰는 사람이 비로소 집에서 스스로 역사를 지었다.** 공자가 "예가 사라지면 민간에서 구한다"고 하였으니, 나는 역사도 그렇다고 생각한다.[96]

---

[94] 『석담일기(石潭日記)』는 『홍씨독서록』에서 『경연일기(經筵日記)』란 서명으로 수록되어 있다. 이 책에서는 야사총서에 수록 서명에 따라, 『석담일기』로 통일하였다.

[95] 『열조기사』는 『홍씨독서록』에서 『연려실기술』이란 서명으로 수록되어 있다. 이 책에서는 『대동패림』 수록 서명에 따라, 『열조기사』로 통일하였다.

[96] 『洪氏讀書錄』 史部「野史」. "古者, 史有專官, 非其官, 則不敢爲史. 然太史公傳荊軻徵夏無, 且傳衛將軍靑徵蘇建. 固未嘗不徵野聞也. 後世, 史不一官, 官不一人, 以愛憎相低昻固不信於人, 而其書又秘, 不得見. 於是, 草野之博聞能言者, 始家自爲史. 子曰, '禮失而求諸野', 吾於史亦云."

비사裨史란 비사非史, 즉 역사는 아니지만, 역사를 보좌補佐할 수 있는 것을 말한다. 이를 구분하면 첫 번째는 기언紀言이요, 두 번째는 기인紀人이요, 세 번째는 기사紀事이다. 기사란 『춘추』와 같은 것을 말하며, 기인이란 『사기』의 열전列傳과 같은 것을 말하며, 기언이란 『서경書經』의 「모훈謨訓」, 「서고誓誥」와 같은 것을 말한다. 이 세 가지는 모두 역사인 동시에 역사가 아니다. 그러나 이 세 가지가 있으면, 또한 **역사를 보좌할 수 있으므로** 비사라 한다.[97]

유자儒者란 배워서 성인聖人이 되고자 하는 사람이다. 삼대三代 이전에 유자란 명칭이 없었으니, 유자가 없었던 것은 아니지만, 사람이면 모두 유자였기 때문이다. …(중략)… 후세로 내려감에 따라 유자의 도가 점차로 쇠퇴하여 장구章句를 분석하고, 문사를 다스리는 자를 유자라 하여 유속에서 유자를 서로 부끄럽고 병되이 여긴다. 어찌 유자의 죄만으로 돌리겠는가? 대저 유자란 천天, 지地, 인人의 도를 통달하고, 선왕의 인의仁義를 밝혀 안으로는 자신의 몸을 다스리고, 밖으로는 천하를 다스리는 자이니 반드시 천하와 국가를 다스리고자 한다면 유자가 아니면 안 되는 것이다.[98]

설가說家란 잡가雜家의 한 유파流派이다. 어떤 사람은 고금古今을 인증引證하기도 하고, 어떤 사람은 경사經史를 고증하기도 하는데, 원래 선비가 종종 해오던 일이다. 대개는 대강 섭렵하고 두루 읽어서 이야기 속에서 자료를 취하기만 하면 된다. 결국 일가一家의 말을 이루지 못했기 때문에 설가라고 하였다. 그 유목類目은 여섯 가지가 있는데, 첫째는 논설論說이요, 둘째는 기술記述이요, 셋째는 고증考證이요, 넷째는 평예評藝요, 다섯째는 유서類書요, 여섯째는 잡찬雜纂이다.[99]

---

[97] 『洪氏讀書錄』 史部 「裨史」. "裨史者, 非史也, 而可以有佐於史也. 一曰紀言, 二曰紀人, 三曰紀事. 紀事者, 春秋也, 紀人者, 史記之列傳也. 紀言者, 尚書之謨訓・誓誥也. 是三者, 皆史也, 非史也. 而有是三者, 則亦可以有佐於史, 故曰裨史."

[98] 『洪氏讀書錄』 子部 「儒家」. "儒者, 學爲聖人者也. 三代以上無儒名, 非無儒也, 夫人而皆儒也. …(中略)… 及其每下, 則儒之道浸衰, 而以柝章句. 治文辭者爲儒, 流俗以儒相詬病. 豈儒之罪哉? 夫儒者通天地人之道, 明先王之仁義, 內以治其身, 而外以經濟天下者也, 必欲爲天下國家, 非儒者不可."

위의 내용 중 야사의 유서에서 마지막 부분의 공자의 말을 인용하였는데, 이는 예가 사라져서 구할 수 없으면 민간에서 구하듯, 역사에 대한 기록이나 입증할 수 있는 근거가 없으면 이를 재야에서 구할 수밖에 없음을 이야기한 것으로 보인다. 야사에 분류된 『석담일기石潭日記』는 저자인 이이李珥가 명종明宗 원년末年부터 선조宣祖 신사년辛巳年(1581)까지 직접 관직 생활에서 겪은 일을 기재하고 있다. 홍석주는 당시의 정치 중대사 및 현사賢邪, 진퇴進退, 승부勝負 등을 『석담일기』가 담고 있으므로[100] 정사正史에서 다룰 수 없는 개인의 관점을 주목하여 선정한 것으로 추정된다. 그리고 『재조번방지再造藩邦志』와 『난중잡록亂中雜錄』은 각기 모두 임진왜란壬辰倭亂을 소재로 당시는 특수한 상황에서 사관이 역사를 기록할 수 없었기 때문에 이를 직접 겪은 사람의 상세한 기록을 포함시킨 것으로 보인다.[101] 또한, 『열조기사』의 경우는 이에 대한 홍석주의 해제에서 이 책을 취한 이유에 대해 본조에 정사가 없기 때문에[102] 수록하고 있음을 밝히고 있는데, 이는 야사 형성 배경의 일반적인 사유이다.[103] 그렇다면 비사에 수록된 『징비록懲毖錄』 역시 유성룡柳成龍이 임진왜란을 겪으며 체험한 기록임에도 비사에 포함시킨 이유는 무엇일까? 홍석주의 『징비록』에 대한 해제를 보면 그 이유를 추정할 수 있다.

---

[99] 『洪氏讀書錄』 子部 「說家」. "說家者, 亦雜家之流也. 或稱引古今, 或考證經史, 固往往儒者之所務. 然率涉譏戲謔, 取資於談說而已. 不能以成一家言. 故曰說家. 其類有六. 一曰論說, 二曰記述, 三曰攷[考]證, 四曰評藝, 五曰類事, 六曰雜纂."

[100] 『洪氏讀書錄』 史部 「野史」. "經筵日記五卷, 本朝栗谷李先生珥之所作也. 起明廟末年, 至宣廟辛巳而止. 皆先生立朝時也. 其書亦倣編年之體, 而於君德・時政之大者, 及賢邪・進退・勝負之際, 惓惓爲多."

[101] 『洪氏讀書錄』 史部 「野史」. "再造藩邦志□卷, 申炅之所作也. 其書記倭寇始末爲詳. 而名之曰再造藩邦者, 不敢忘顯皇帝之大德也."; 『洪氏讀書錄』 史部 「野史」. "亂中雜錄八卷, 續錄四卷, 趙慶男之所作也. 其書亦編年之體, 而續錄紀光海以後事爲多. 然其大旨, 則爲壬辰倭亂而作也."

[102] 『洪氏讀書錄』 史部 「野史」. "燃藜室記述□□, [李肯翔]之所作也. 訖于肅廟朝, 其□卷爲外編, 專錄朝廷典. 故其內編, 亦分類紀事略, 如袁樞紀事本末之體. 袁氏書與陳邦瞻宋元紀事本末・谷應泰明史紀事本末皆不錄. 獨取是書者, **本朝未有正史也**."

[103] 이에 대해서는 2장 3. 야사총서의 시대적 전개에서 다시 언급하겠다.

징비록 []권, 상국 유성룡이 지은 것으로, 모두 임진왜란 때의 일이다. …
(중략)… 사건의 서술이 상당히 소략하여 논자들이 그 잘못된 점을 비판한다.
**정유재란丁酉再亂 때의 직산대첩稷山大捷이 진실로 국가의 안전과 위험, 존립
과 멸망과 연계된 것인데도 그 사실을 완전히 배제하였는데 이 부분이 특히
이해하지 못할 점**이다. 그러나 재상 유성룡은 몸소 군중軍中에 있으면서 직접
체험한 것이 많으니 상고하고 믿을 만한 것 또한 적지 않다.[104]

바로 유성룡의 기록이 일부를 소략하게 기재하거나, 전체를 누락시키는
등의 역사적 기록으로서의 부족한 부분이 있다는 것이었다.[105] 그런데도 기
재되어 있는 역사적 사실의 중요성과 유성룡이 직접 체험한 일을 기술했다
는 점을 감안하여, 사부에 포함시켰다. 편명에서는 역사가 아닌 것으로, 이
야기했지만, 사부에 분류하여 역사 기록임을 인정한 것이다.

『퇴계언행록』은 자부의 유가에 포함되어 있는데, 『퇴계언행록』은 대개
정자와 주자의 어록과 같은 부류로, 퇴계의 학문이 주자를 종주를 삼았기
때문에[106] 유가로 분류한 것이다. 여기에서는 비록 역사적 사실이나 사건
등에 관한 내용은 찾아볼 수 없으나, 한 개인의 행적 또한 야사의 일종으로
분류되는 사례이다. 야사총서에는 『퇴계언행록』 외에도 『사우명행록師友名
行錄』이나 『사우연원록師友淵源錄』과 같은 개인의 약전略傳이나 일사逸事 등

---

[104] 『洪氏讀書錄』史部「裨史」. "懲毖錄[]卷, 柳相國成龍之所作也, 皆壬辰倭亂時事. …(中略)… 敍事頗
疏略, 議者又譏其爽誤. 如丁酉稷山之捷, 寔安危存亡之所繫, 而全沒其實, 尤不可曉. 然柳相身在行間
得之, 經歷者爲多, 其所可考信者亦未爲少也."
[105] 유성룡은 실제 『징비록』에서 직산전투에 대해 '가등청정 등이 직산에 이르렀다가 돌아갔다[淸正等
至稷山而還].'정도로 소략하게 언급하고 있다. 장준호, 「유성룡의 『징비록』 연구」, 서강대학교 박
사학위논문, 2017, 128~136쪽을 살펴보면, 『징비록』에 대해 긍정적으로 평가하고, 그에 대해 인용
한 문헌들과 관련된 인물들의 학맥과 당색은 대체로 퇴계학맥(退溪學脈)과 정치적으로는 영남(嶺
南)·기호남인(畿湖南人)이었고, 그에 반해 북인(北人)은 유성룡에 대해 주화오국(主和誤國)한 지
탄(指彈)의 대상이며, 서인(西人)에게는 좋은 계책을 자신에게 돌려 다른 사람의 공을 빼앗은 인물
로, 『징비록』은 그에 따른 부산물로 여겨졌음을 알 수 있다. 홍석주 또한 노론(老論)계열의 인물로
서, 남인이었던 유성룡에 대해 비판적인 시각이 일부 반영되었을 것으로 생각된다.
[106] 『洪氏讀書錄』子部「儒家」. "退陶言行錄二券, 李先生門人所記也. 蓋程朱語錄之類, 其分類編輯, 始於
[]而成於[], 其左則狀誌敍述祭告之文, 皆附焉. 先生之學 一宗朱子, 而以踐履爲主, 恒謙謙若不足."

이 수록되어 있다. 『용재총화』와 『공사문견록』은 각각 자부의 설가 중 논설과 기술에 포함되어 있다. 『용재총화』는 해당 해제에서도 보고 들은 내용을 기술하거나, 시문을 품평하여, 하나의 문체로 명명하지 못하기 때문에 서명도 총화叢話로 되어 있다고 했고,[107] 『공사문견록』은 기록한 내용이 모두 귀로 듣고 눈으로 본 것들로, 때때로 야사에 가까우나, 논의가 첨부되어 있다[108]고 했다. 각각 역사적 기록으로 보기에는 문체가 명확지 않거나, 개인적인 견해에 치우쳐 있어서 그 성격이 모호하기 때문에 이같이 분류했다는 것이다. 이처럼 『홍씨독서록』에서는 야사에 대한 인식 수준이 이전에 비해 나아졌고, 야사를 분류하는 기준 또한 점차 엄격해지고 있음을 알 수 있다.

(4) 『증보문헌비고』 내 야사류 서적 검토

『증보문헌비고』는 조선의 장고掌故를 모아 엮은 유서類書이다. 조선 중기까지 『문헌통고』를 활용해 중국의 장고를 활용했으나, 조선 후기 우리 장고 활용의 필요성에 의해 1770년(영조 46) 『동국문헌비고東國文獻備考』를 편찬 간행하였고, 1782년(정조 6) 이만운李萬運에게 편찬을 명하여, 1790년(정조 14)에 『증정문헌비고增訂文獻備考』를 편찬했다. 그 후 다시 이만운의 아들 이유준李儒準에 의하여 보완되어 1831년 『증수동국문헌비고增修東國文獻備考』가 만들어 졌고, 고종 황제가 1903년(光武 7)에 편찬을 명하여 1908년에 『증보문헌비고』가 간행되었다. 요컨대 조선 후기를 거치며, 증보 완성된 역사서라 할 수 있다. 이 가운데 「예문고藝文考」는 『증정문헌비고』가 편찬되며 명나라 왕기王圻의 『속문헌통고續文獻通考』에 따라 추가되었다. 「예문고」의 편찬에는 풍석楓石 서유구徐有榘(1764~1845)도 참여했던 것으로 보인다.

---

107 『洪氏讀書錄』, 子部 「說家」, "慵齋叢話11卷, 本朝成俔之所作也. 其書或記述聞見, 或評隲詩文, 不名一體, 故曰叢話."
108 『洪氏讀書錄』, 子部 「說家」, "公私聞見錄五卷, 鄭載崙之所作也. 鄭公孝廟儀賓也, 歿于肅廟中年, 所記皆耳目所逮, 往往亦近野史, 而參以論說. 其大旨皆依仁厚恭儉, 進可以匡君善俗, 退可以保身全家, 眞薄俗之砭石也."

「예문고」는 크게 9개로 분류되어 있는데, 「예문고」1은 역대서적歷代書籍, 「예문고」2는 역대저술歷代著述, 「예문고」3은 사기史記, 「예문고」4는 어제御製이다. 「예문고」5는 전적을 내용으로 분류하여 '유가류儒家類', '전장류典章類', '문장류文章類', '고실류故實類', '잡찬류雜纂類', '상위류象緯類', '여지류輿地類', '병가류兵家類', '자서류字書類', '초집류抄集類', '역설류譯舌類', '의가류醫家類', '농가류農家類', '석가류釋家類'의 14분야로 분류했다. 「예문고」6부터 「예문고」9는 문집류文集類이다. 각기 시기와 주제, 작자에 따라 분류되었음을 알 수 있다. 『증정문헌비고』는 현존하지 않으며, 1831년에 이를 증수하여 만들어진 『증수문헌비고』가 남아있다. 그 후 다시 이를 속찬하여 『증보문헌비고』를 만들었는데, 『증보문헌비고』의 편찬에도 「예문고」에는 당시 인쇄되었던 개화기의 전적은 전혀 보충되지 않았다. 결국 「예문고」 수록된 책은 1831년의 『증수문헌비고』체계와 동일하다고 볼 수 있다.

〈표 2-5〉 『증보문헌비고』와 야사총서 공통 수록 야사 서적

서명	분류		해당 책
『增補文獻備考』「藝文考」	3	史記	『編年通錄』
	5	儒家類	『退溪言行錄』
		文章類	『海東樂府』
		故實類	『看羊錄』, 『己卯薰籍錄』, 『魯陵志』, 『石潭日記』, 『列朝紀事』, 『再造藩邦志』, 『懲毖錄』
		雜纂類	『谿谷漫筆』, 『寄齋雜記』, 『北遷日錄』, 『思齋摭言』, 『辛壬紀年提要』, 『傭齋叢話』, 『月汀漫筆』, 『淸江瑣語』, 『睛聰軼談』, 『靑坡劇談』, 『秋江冷話』, 『擇里志』, 『筆苑雜記』, 『寒泉三官記』

『증보문헌비고』에 수록된 야사는 「예문고」3과 「예문고」5에 수록되어 있는데, 「예문고」3의 사기에는 『편년통록』1종이 수록되어 있고, 「예문고」5에는 유가류, 문장류, 고실류, 잡찬류의 4부문에 수록되어 있다. 이를 살펴보면, 「예문고」3은 역사서로 분류되었으나, 나머지는 역사보다는 각 야사의 성격에 따라 분류된 것으로 보인다. 그 가운데 가장 많은 비중을 차지한 것은 잡찬류로 총 24종 중 14종이 여기에 포함되었다. 그런데 『증보문헌비

고』의 잡찬류를 살펴보면, 일부지만 『구운몽九雲夢』과 같은 소설이 포함되어 있고, 『산학습유算學拾遺』, 『산학정의算學正義』 같은 수학서數學書도 포함되어 있다.[109] 성격이 다른 문헌들을 잡찬류로 분류한 것인데, 이로 미뤄볼 때, 국가 편찬서에서 야사류 분류에 대한 인식과 정의는 아직 정립되지 않았던 것으로 보인다.

(5) 『한국서지』 내 야사류 서적 검토

『한국서지』는 주한 프랑스공사관 통역관으로 부임한 모리스 꾸랑Maurice Courant(1865~1935)이 조선에 머물면서 『상정고금예문詳定古今禮文』부터 『한성순보漢城旬報』까지 총 3,821종의 문헌을 교회부敎誨部, 언어부言語部, 문묵부文墨部, 의범부儀範部, 사서부史書部, 기예부技藝部, 교문부敎門部, 교통부交通部의 9부로 나누어 정리한 책이다. 대한제국과 프랑스가 국교수립 후 1887년 프랑스 외교관인 빅또르 꼴렝 드 뿔랑시Victor collin de Plancy가 부임하고, 1890년 모리스 꾸랑이 그의 보좌관으로 임명되어 한국에 왔다. 뿔랑시는 한국에 있는 동안 상당량의 장서를 수집하여 1891년 11월 동양어학교로 송부하였는데, 이 과정에서 꾸랑은 뿔랑시의 장서를 검토하고 추가 도서를 수집하였으며, 개별 문헌해제 집필 및 취합과정을 거쳤다. 또한 『한국서지』를 실현하기 위해 꾸랑은 뿔랑시가 조언으로 제시해준 전거문헌을 비롯하여 서울의 프랑스 공사관에서 일하고 있는 한국의 선비들, 그리고 그가 서론에서 밝힌 서울의 교구장인 뮈뗄Mutel 주교의 도움을 받았다. 그리고 한국에 체류하는 동안 세책소, 사원의 서고, 개인 소장처 등을 모두 돌아다니면서 조사 및 설명을 달아 목록카드를 만들어 『한국서지』를 편찬하게 되었다. 『한국서지』 1~3권을 1894년~1897년에 간행하였으며, 그 후에도 새로 구입한 책들에 대한 해제작업을 진행하여 1901년에 『한국서지보유판韓

---

[109] 개별 야사만을 대상으로 했기 때문에 포함되지는 않았으나, 야사총서에 속하는 『창가루외사』는 고실류(故實類)에, 『설해(說海)』는 잡찬류(雜纂類)로 분류되어 있다.

國書誌補遺版』을 간행하였다.

〈표 2-6〉『한국서지』와 야사총서 공통 수록 야사 서적

서명	분류	해당 책
『韓國書誌』	文墨部 - 雜書類	『谿谷漫筆』, 『畸翁謾筆』, 『寄齋雜記』, 『東閣雜記』, 『梅溪叢話』, 『眉叟記言』, 『眉巖日記』, 『奉敎嚴辨錄』, 『洛溪記聞』, 『思齋摭言』, 『山中獨言』, 『石潭日記』, 『雪堅諛聞』, 『謏聞瑣錄』, 『松溪漫錄』, 『松窩雜說』, 『惺對說話』, 『五山說林』, 『梧陰雜記』, 『慵齋叢話』, 『龍泉談寂記』, 『愚得錄』, 『陰崖日記』, 『紫海筆談』, 『潜谷筆談』, 『淸江思齊錄』, 『晴牕軟談』, 『靑坡劇談』, 『秋江冷話』, 『退溪言行錄』, 『荷谷粹語』, 『荷潭破寂錄』
	史書部 - 東史類 - 일반역사	『編年通錄』
	史書部 - 東史類 - 王室의 族譜와 傳記	『魯陵志』
	史書部 - 東史類 - 個人 傳記와 族譜	『筆苑雜記』
	史書部 - 東史類 - 特殊史	『癸甲日錄』, 『己丑記事』, 『南漢日記』, 『戊午黨籍錄』, 『丙子錄』, 『丙辰丁巳錄』, 『辛壬紀年提要』, 『瀋陽日記』, 『再造藩邦志』, 『懲毖錄』
	史書部 - 東雜蹟類 - 行政文書, 記錄物 등	『稗官雜記』
	史書部 - 東雜蹟類 - 類書, 抄錄	『海東雜錄』
	史書部 - 地理類 - 紀行과 交流(한국)	『四郡考』, 『擇里志』
	文墨部(補遺) - 雜書類	『銀臺日記』
	史書部(補遺) - 東史類	『爛餘』, 『修書雜志』

『한국서지』와 야사총서 소수서목이 공통으로 수록하고 있는 야사는 52종으로, 크게 문묵부와 사서부의 2부에 수록되어 있다. 다만, 문묵부의 잡서류雜書類에 한정되어 있는 반면에, 사서부는 동사류東史類와 동잡적류東雜蹟類, 지리류地理類로 분류되어 있다.[110] 문묵부의 잡서류에는 어록語錄, 수상隨想 또는 수필隨筆 등이 수록되어 있다. 문묵부에는 소장처가 밝혀지지 않은 전적이 많아 기존의 도서목록이나 해제가 주 참고자료가 된 것으로 보인다.[111] 따라서 실제 문헌을 접하지 않았기 때문에 분류의 정확성에 대한 의

---

[110] 개별 야사만을 대상으로 했기 때문에 포함되지는 않았으나, 야사총서에 속하는 『소대수언』이 '문묵부(보유)(文墨部(補遺)) - 잡서류(雜書類)'로 분류되어 있다.

문점이 있을 수 있으나, 모리스 꾸랑의 기준에서 야사는 문학과 역사의 경계선에 있는 장르였음을 알 수 있다.

이처럼 야사총서에 수록된 야사가 조선 후기의 서목에서 어떻게 분류되어 있는지 살펴보았다. 물론 저자만의 관점을 통해 분류한 것이기 때문에, 한 사람의 시각을 벗어날 수 없다는 한계점을 갖는다. 그러나 각기 다른 시기와 관점을 통해 동일한 야사에 대한 인식의 변화를 살펴본다는 점에서 의미를 찾을 수 있을 것이다.

다음의 표는 5종의 서목에서 공통으로 수록된 야사 5종이다.[112]

〈표 2-7〉 서목과 야사총서 공통 수록 야사 5종 분류

서명 \ 서목명	『해동문헌총록』	『연려실기술』	『홍씨독서록』	『증보문헌비고』	『한국서지』
『용재총화』	史記類(三)	野史類	子部 - 說家 - 論說	雜纂類	文墨部 - 雜書類
『재조번방지』		野史類	史部 - 野史	故實類	史書部 - 東史類
『노릉지』		野史類	史部 - 稗史 - 紀事	故實類	史書部 - 東史類
『징비록』		野史類	史部 - 稗史 - 紀事	故實類	史書部 - 東史類
『퇴계언행록』		野史類	子部 - 儒家	儒家類	文墨部 - 雜書類

『용재총화』는 『해동문헌총록』과 『연려실기술』에서는 각기 사기류와 야사류로 분류되어 역사서로 평가되었다.[113] 그러나 『홍씨독서록』에서는 자부 설가 논설로, 『증보문헌비고』에서는 잡찬류로, 『한국서지』에서는 문묵부 잡서류로 분류되어 역사서보다는 문학서에 가까운 성격을 가진 것으로 파악되었다.

『재조번방지』는 『홍씨독서록』에서는 사부 야사류로, 『증보문헌비고』에

---

[111] 이희재, 「모리스 꾸랑과 『한국서지』에 관한 고찰」, 『논문집』 28집, 1988, 345쪽.
[112] 『용재총화』는 5종의 서목 모두에 수록되어 있고, 나머지 4종은 『해동문헌총록』을 제외한 4종의 서목에 수록되어 있다.
[113] 이하 『연려실기술』과 야사총서에 공통으로 수록하고 있는 야사들은 모두 야사류로 분류되었으므로 이에 대해서는 언급하지 않았다.

서는 고실류로, 『한국서지』에서는 사서부 동사류로 분류되어 다른 야사에 비해 역사서에 가까운 평가를 받았음을 알 수 있다.

『노릉지』와 『징비록』은 『홍씨독서록』에서 사부 비사 기사류로, 『증보문헌비고』와 『한국서지』에서 각각 고실류와 사서부 동사류로 분류되어 역시 역사서로 분류되었음을 알 수 있다.

『퇴계언행록』은 『홍씨독서록』과 『증보문헌비고』에서 유가류로, 『한국서지』에서 문묵부 잡서류로 분류되어 특이한 사례이나, 역사서로 평가하지는 않았던 듯하다.

이로 미뤄볼 때 서목 상의 분류에서 야사총서의 야사가 초기의 개인의 역사 기록이라는 단순한 분류에서 점차 그 성격에 따라 역사서와 문학서 등으로 점차 세분화되는 모습이 나타난다는 것을 알 수 있다.

3) 현대 서목 분류에서의 야사

다음으로 현대의 각 야사총서 소장처에서 야사를 어떻게 분류하고 있는지 살펴보려 한다. 이는 현대의 소장처에서의 분류를 통해 현대의 야사에 대한 인식을 살펴보기 위한 것이다.

〈표 2-8〉 현대 소장처별 야사총서의 사부분류

서명	소장처	분류
『大東野乘』[114]	경상대학교	·
	규장각	史部 - 雜史類 - 其他
	동국대학교	史部 - 雜史類
『鵝洲雜錄』	경도대학교	史部 - 雜史類
	국사편찬위원회	史部 - 雜史類

---

[114] 경상대학교 소장본과 동국대학교 소장본은 1909년 조선고서간행회(朝鮮古書刊行會)에서 간행한 신연활자본(新鉛活字本)이며, 규장각 소장본은 신연활자본의 저본이 되는 필사본(筆寫本)이다.

『靑丘稗說』	국회도서관	·
	장서각	子部 - 雜家類
	경기대학교	·
	존경각	史部 - 雜史類
	태동고전연구소	·
『寒皐觀外史』	장서각	史部 - 雜史類
	하버드대	
『倉可樓外史』	고려대	·
	연세대	史部 - 雜史類
『大東稗林』	정가당문고	叢書部[115]
『稗林』	영남대학교	
	연세대	史部 - 雜史類

이처럼 소장처에서 분류가 되어 있지 않은 경우도 있었으나, 분류가 이뤄진 경우에는 대개 야사총서를 사부의 잡사류에 포함시키고 있음을 알 수 있다. 야사는 현대 목록상의 분류 항목에 포함될 수 있는 대표성을 가지기에는 부족하지만, 정사가 아닌 개인의 역사적 기록이란 측면을 감안하여 분류된 것으로 추정된다.[116] 다만, 장서각에서는 『아주잡록』을 자부 잡가류로, 정가당문고靜嘉堂文庫에서는 『대동패림』을 총서부로 분류하고 있음을 알 수 있다. 『대동패림』을 사부四部 중 어디에도 수록하기 어렵다는 측면에서 구분한 것으로 보인다.

다음으로는 야사총서에 수록된 개별 야사들이 각 소장처에서 어떻게 분류되어 있는지 살펴보고자 한다. 야사총서는 18~19세기에 형성된 야사를 정리하기 위해 편찬되었기 때문에 목적이 뚜렷하지만, 개별 야사는 그 발생

---

[115] 국외소재문화재재단, 『일본 세이카도문고 소장 한국전적』, 서울, 국외소재문화재재단, 2018의 분류에 따랐다.
[116] 연세대학교 중앙도서관, 『(연세대학교중앙도서관) 고서목록』, 서울, 연세대학교 중앙도서관, 1977에서는 듀이(Dewey)의 십진분류표를 사용하여 역사(歷史) 아래에 야사(野史)를 하나의 분류로 두고 있다. 〈표 2-8〉에서는 다른 소장처들과 동일한 분류를 위해 홈페이지를 기준으로 사부분류법을 이용한 분류에 따랐다.

에 목적을 두지 않았기 때문에, 더 다양한 주제로 분류될 수 있다. 개별 야사의 분류를 파악함으로써 야사총서가 수록한 야사의 주제적 범주에 대해 살펴볼 수 있을 것이다.

개별 야사 분류 대상 소장처로는 국립중앙도서관, 규장각, 한국학중앙연구원 장서각(이하 장서각), 고려대학교, 연세대학교를 대상으로 했다. 이는 고문헌을 보유한 대표적인 기관 소장처와 야사를 다수 소장하고 있는 대학교를 중심으로 선정한 것이다. 그러나 국립중앙도서관과 고려대학교는 분류를 명시하지 않았기 때문에 제외하고, 나머지 세 곳의 소장처를 중심으로 조사하였다. 그리고 야사총서에 수록된 문헌이 현재 세 곳의 소장처에 수록되지 않은 사례도 있다. 이 경우는 18~19세기 당시의 야사가 현재까지 전해지지 않은 불가피한 경우이기 때문에, 이 또한 조사 대상에서 제외하였다.[117]

〈표 2-9〉 현대 소장처별 개별 야사의 사부분류

번호	서명 / 소장처	규장각	장서각	연세대학교[118]
1	看羊錄	集部 - 別集類	史部 - 地理類	集部 - 雜著類 史部 - 詔令奏議類
2	癸甲錄	史部 - 雜史類		
3	癸甲日錄	史部 - 雜史類		史部 - 雜史類
4	谿谷漫筆	集部 - 隨筆類	子部 - 雜家類	
5	公私聞見錄	史部 - 雜史類	史部 - 雜史類 子部 - 隨錄類	史部 - 雜史類
6	掛一錄	史部 - 雜史類		
7	構禍事蹟		史部 - 雜史類	
8	國朝名臣錄	史部 - 傳記類		
9	己卯八賢傳	史部 - 傳記類 史部 - 野乘類	史部 - 傳記類	史部 - 傳記類

[117] 소장되어 있으나 분류가 되어 있지 않은 경우는 '無'로 기재하고, 동일한 서명의 책을 여러 종 보유하고 있으나, 분류가 다를 경우는 모두 기재하였다. 분류는 부(部)와 류(類)까지의 큰 맥락에서 구분하였다.
[118] 연세대학교 소장 고문헌의 분류는 다른 소장처와 동일한 사부분류를 이용한 홈페이지의 분류를 적용하였다.

10	己巳錄	史部 - 雜史類		
11	己巳日記	史部 - 雜史類		
12	寄齋雜記	史部 - 雜史類	史部 - 雜史類	
13	己亥服制	史部 - 政法類		
14	爛餘	史部 - 雜史類		史部 - 編年類 史部 - 雜史類
15	亂中雜錄	史部 - 雜史類		
16	南漢日記	史部 - 雜史類	史部 - 雜史類	史部 - 雜史類
17	魯陵志	史部 - 地理類	史部 - 地理類	史部 - 雜史類 史部 - 地理類
18	丹巖漫錄	史部 - 雜史類 集部 - 隨筆類	史部 - 雜史類 子部 - 隨錄類	史部 - 雜史類
19	東閣散錄	史部 - 雜史類		
20	東閣雜記			史部 - 雜史類
21	東國歷代總目	史部 - 編年類 史部 - 別史類	史部 - 編年類	史部 - 編年類
22	桐巢漫錄	史部 - 雜史類 史部 - 野乘類	史部 - 雜史類	史部 - 雜史類
23	梅翁閒錄	史部 - 傳記類	子部 - 隨錄類	
24	明倫錄	史部 - 傳記類	史部 - 傳記類	
25	明村雜錄	集部 - 隨筆類		
26	戊戌辨誣錄	史部 - 詔令·奏議類		史部 - 雜史類 史部 - 詔令·奏議類
27	丙子錄	史部 - 雜史類	史部 - 雜史類	
28	奉敎嚴辨錄	史部 - 雜史類	史部 - 政書類	史部 - 雜史類
29	北遷日錄	史部 - 雜史類	史部 - 雜史類	
30	三寃記事	史部 - 傳記類		
31	石潭日記	史部 - 雜史類	史部 - 雜史類	無
32	璿源先系		史部 - 傳記類	子部 - 語錄類
33	雪壑謏聞			史部 - 雜史類
34	隨聞錄	史部 - 雜史類	子部 - 隨錄類	史部 - 雜史類
35	修書雜志	史部 - 詔令·奏議類	子部 - 隨錄類	史部 - 編年類
36	純祖記事			史部 - 編年類
37	辛壬紀年提要	史部 - 雜史類 史部 - 紀事本末類	史部 - 雜史類	史部 - 雜史類
38	瀋陽日記	史部 - 雜史類	史部 - 地理類	

제2장 야사의 개념과 야사총서의 시대적 전개 67

39	我我錄	史部 - 雜史類 史部 - 紀事本末類	史部 - 雜史類	史部 - 雜史類
40	陽坡年記	史部 - 傳記類	史部 - 傳記類	史部 - 傳記類
41	列朝紀事[119]	史部 - 紀事本末類	史部 - 紀事本末類	史部 - 紀事本末類
42	慵齋叢話	集部 - 隨筆類		
43	隱峯野史別錄	史部 - 雜史類		
44	李相國日記	史部 - 雜史類		
45	日月錄	史部 - 雜史類		
46	紫海筆談	集部 - 隨筆類		
47	莊陵謄錄	史部 - 政法類		
48	莊陵配食錄	史部 - 傳記類		
49	再造藩邦志	史部 - 雜史類		
50	正宗記事	史部 - 編年類		史部 - 編年類
51	朝野記聞	史部 - 雜史類 史部 - 紀事本末類	史部 - 雜史類	史部 - 雜史類
52	晉陽誌	史部 - 地理類	史部 - 地理類	
53	晉興君日記	史部 - 雜史類		
54	懲毖錄	史部 - 雜史類	史部 - 雜史類	
55	哲宗記事	史部 - 編年類		
56	清江瑣語	集部 - 隨筆類	子部 - 隨錄類	
57	靑泉海遊錄	史部 - 政法類	史部 - 地理類	史部 - 政法類
58	秋江冷話	集部 - 隨筆類		
59	春官誌	史部 - 職官類		
60	擇里志	史部 - 地理類	史部 - 地理類	史部 - 地理類
61	退溪言行錄	史部 - 傳記類 子部 - 儒家類	史部 - 傳記類 子部 - 儒家類	
62	楓巖輯話	史部 - 雜史類	史部 - 雜史類	
63	筆苑雜記			集部 - 隨筆類
64	荷潭破寂錄	集部 - 隨筆類	史部 - 雜史類	集部 - 隨筆類
65	鶴山樵談	集部 - 詩文評類		
66	海東樂府	集部 - 詞曲類		
67	海東野言	史部 - 雜史類		
68	海東雜錄	史部 - 雜史類		

---

[119] 『열조기사』는 야사총서 가운데 『대동패림』에만 수록되어 있는데, 『연려실기술』의 이본(異本)이다. 여기서는 『대동패림』에 따라 '열조기사'로 통일하였다.

69	海槎錄	史部 - 政法類		
70	憲宗記事	史部 - 編年類		史部 - 編年類
71	湖南節義錄	史部 - 傳記類	史部 - 傳記類	史部 - 雜史類
72	混定編錄	史部 - 雜史類		
73	黃江問答	史部 - 雜史類	史部 - 雜史類	史部 - 雜史類

위와 같이 총 73종의 개별 야사가 세 곳의 소장처에 소장되어 있음을 알 수 있다. 개별 야사를 가장 많이 소장하고 있는 곳은 규장각으로, 73종 중 67종을 소장하고 있었으며, 장서각과 연세대학교는 각각 36종, 32종을 소장하고 있었다. 개별 야사 중 일부는 소장처 한 곳에만 있는 등 비교가 힘든 예도 있었는데, 이는 야사가 주로 필사를 통해 전파되어 현재까지 남아있지 못했기 때문이다. 이 때문에 연구 대상군이 적다는 우려가 있을 수 있지만, 여기서는 개별 야사의 분류가 중심이 아닌, 야사총서 수록 야사들의 경향을 살펴보는 것이 그 목적이기 때문에 이를 감안하여 살펴보고자 한다.

먼저 개별 야사의 분류 중 사부로 분류된 사례가 많았는데, 그 중에서도 잡사류가 38종으로 가장 많은 비중을 차지했다. 『공사문견록』이나 『남한일기南漢日記』, 『단암만록丹巖漫錄』, 『동소만록桐巢漫錄』, 『신임기년제요辛壬紀年提要』, 『조야기문』, 『황강문답』 등은 세 소장처에 모두 소장되어 있으면서 사부 잡사류로 분류된 야사들이다. 그러나 한편으로 『공사문견록』은 장서각에서 자부의 수록류隨錄類로, 『단암만록』은 규장각에서는 집부 수필류隨筆類, 장서각에서는 자부 수록류로, 『동소만록』은 사부 야승류野乘類로, 『신임기년제요』와 『조야기문』은 규장각에서 사부 기사본말류紀事本末類로 분류하고 있는데, 야사의 복합적인 성격을 보여주는 사례라 할 수 있다. 또한, 각 소장처마다 서로 분류를 다르게 하는 사례로, 『간양록看羊錄』, 『수서잡지修書雜志』, 『청천해유록靑泉海遊錄』을 들 수 있다. 『간양록』은 강항姜沆(1567~1618)이 정유재란 때 왜적에게 포로가 되었을 때의 기록으로, 그의 문집인 『수은집睡隱集』의 별책別冊으로 간행되기도 했다. 그 내용은 적지에서 임금께 올린 「적중봉소賊中封疏」를 비롯하여 귀국 후에 올린 「예승정원계사詣承政院啓辭」, 적국에서의 환란생활의 시말을 기록한 「섭란사적涉亂事迹」 등이다. 규장각에서는 『간양록』을 집부 별집류로, 장서각은 사부 지리류로, 연세대는 집부 잡저류와 사부 조령·주의류로 분류하였는데, 규장각에서는 문집과 함께 간행되었다는 점을, 장서각은 일본에서의 생활을, 연세대는 내용 중 임금께 올리는 글이 대다수라는 점에 주안하여 분류하였던 것으로 보인다. 『청천해유록』은 신유한申維翰이 통신사通信使로서 일본에 다녀온 사행기록使行記錄으로, 이 역시 규장각과 연세대는 사신으로서 일본에 다녀왔다는 점에서 사부 정법류로, 장서각은 일본을 다녀온 기행문을 감안하여 사부 지리류로 분류한 것으로 보인다. 『수서잡지』는 이의철李宜哲이 관직생활 중 경험한 사실을 시기순으로 정리한 책으로, 장서각에서는 이의철이 자신의 경험을 기록했다는 점에서 자부 수록류로, 연세대는 그 편찬된 내용이 시기순임을 감안하여 사부 편년류로, 규장각은 내용 중 상소문上疏文이나 계문啓文, 전교傳敎 등을 수록하고 있다는 점에서 사부 조령·주의류로 분류한 것으로 보인다. 『무술변무록』은 조선이 왜적과 함께 중국을 침범하려 했다는 정응태의 무고誣告로 인해 명明에 변무해야 하는 입장에서 이정귀가 지은 글로, 명문名文으로 평가되어 필사 유포되는 과정에서 야사총서에도 실리게 된 것으로 보인다. 이러한 편찬 배경으로 인해 조령·주의류로 분류되었다. 그리고 사부 편년류編年類로 『정종기사正宗記事』, 『순조기사純祖記事』, 『헌종기사憲宗記事』, 『철종기사哲宗記事』의 4종이 있는데, 이는 모두 『패림』에 수록된 야사이다. 또한, 사부 전기류로 『국조명신록國朝名臣錄』, 『매옹한록梅翁閒錄』, 『삼원기사三寃記事』, 『양파년기陽坡年記』가 포함되어 있는데, 『매옹한록』은 장서각에서 수록류로 분류하기도 했다. 그 외에도 『택리지擇里志』는 사부 지리류, 『해동악부海東樂府』는 집부 사곡류, 『학산초담』은 집부 시문평류로 분류되어 다양한 분류의 야사가 야사총서에 포함되어 있음을 알 수 있다.

3. 야사총서의 시대적 전개

이 장에서는 조선시대 야사에 대한 인식이 시작된 15세기부터 야사총서가 형성된 19세기까지의 과정을 각 세기별로 나누어 살펴보고자 한다.

1) 15세기

우리나라의 야사 저작으로는 신라 시대 김대문의 『계림잡전』, 『화랑세기』, 최치원의 『신라수이전』 등을, 고려 시대 박인량의 『고금록』, 이제현의 『역옹패설』, 일연의 『삼국유사』 등을 들 수 있다. 그러나 고려와 조선의 왕조 교체기에 필화筆禍를 우려하여 자신의 저술을 없애는 일도 있었으며,[120] 건국 초기의 불안정성 속에서 체제의 안정성을 도모하기 위해 정사가 아닌 야사는 편찬되기 더욱 어려웠을 것이다.[121] 이 때문에 건국 초기에는 전 왕조에 대한 역사서와 창업기創業期의 기반을 다지기 위한 역사서 편찬이 주를 이루었다. 예를 들어 전 왕조의 역사를 다룬 것으로는 태종 때 권근權近 등은 단군조선檀君朝鮮에서 삼국시대까지의 역사를 정리하여 『동국사략東國史略』을 편찬했고, 1451년(문종 원년)에 정인지鄭麟趾 등이 『고려사』를 편찬했다. 그리고 1452년(문종 2)에는 정도전鄭道傳이 지은 『고려국사高麗國史』를 토대로 김종서 등이 찬술한 『고려사절요高麗史節要』를 편찬했다. 이후에도 1476년(성종 7)에 신숙주申叔舟, 노사신盧思愼 등이 『삼국사절요三國史節要』를 완성했으며, 1485년(성종 16)에 서거정 등이 『삼국사절요』와 『고려사절요』를 기초로 하여 『동국통감東國通鑑』을 편찬하였다.

또한 시가형식詩歌形式으로, 조선 초 역사 사건을 서술하기도 했는데, 명의 태조太祖 주원장朱元璋의 요청으로 권근이 지었다는 『응제시應製詩』나,

---

[120] 이우성, 「고려 이조의 역성혁명과 원천석」, 『한국의 역사상』, 창작과 비평, 1997, 208~209쪽.
[121] 김경수, 「조선전기 야사 편찬의 사학사적 고찰」, 『실학사상연구』 19·20집, 2001, 174쪽.

1436년(세종 18) 권제權踶 등이 단군조선에서 고려 말까지의 역사를 노래 형식으로 편찬한 『동국세년가東國世年歌』, 조선왕조의 창업과정을 노래한 『용비어천가龍飛御天歌』 등을 들 수 있다.

이같이 조선 전기에 편찬된 관찬 역사서는 군주君主와 신료臣僚가 역사서술의 주체로서, 통치이념의 정립과 민생안정 등에 중점을 두었다.[122]

그러나 창업기를 지나 성종조成宗朝 수성기守城期가 되면서, 비로소 서거정의 『필원잡기』와 성현의 『용재총화』가 저술되었다. 조선 후기의 야사 저자들이 주로 재야에 있었던 것과 달리 서거정과 성현은 훈구파 집권관료이며, 조정의 여러 편찬사업에도 직접 참가한 경력자들이었다. 이 두 책은 조선시대 야사의 시원始原으로 꼽히는데, 그 이유는 각 책의 서문과 발문에서 드러난다.

> **사관이 기록하지 아니한 조야의 한담**을 기록하여 볼거리에 대비하려고 한 것이니, 그 후세에 도움됨이 어찌 적겠는가……그 저술한 것이 모두 우리나라의 일을 찾아 모아서 위로는 조종祖宗의 신묘한 생각과 밝은 지혜로 창업하신 대덕大德을 찬술하였고, 아래로는 공경公卿과 어진 대부들의 도덕, 언행, 문장, 정사 등 모범이 될 만한 일에 미쳤으며, 국가의 전고와 촌락의 풍속에 이르기까지 세상 교화에 관계가 있는 것으로서 **국사에 실려 있지 않은 것을 갖추어 기록해서 빠짐이 없었다**……필담은 산림에서 듣고 본 것을 말한 것이요, 언행록은 명신의 실적을 기록한 것인데, 이 책은 이 둘을 겸한 것……[123]

무릇 우리 나라 문장의 세대에 따른 고하高下와 도읍都邑, 산천, 풍속의 미악이며, 성악聲樂, 복축卜祝, 서화書畫 등 여러 기예, 조정과 민간의 기쁘고 놀

---

[122] 韓永愚, 「조선초기의 역사서술과 역사인식」, 『한국학보』 3권2호, 1977, 2~61쪽.
[123] 『筆苑雜記』「筆苑雜記序」, "欲記史官之所不錄朝野之所閑談, 以備觀覽, 其有補於來世, 夫豈小哉?…… 其所著述, 皆博採吾東之事, 上述祖宗神思睿智創垂之大德, 下及公卿賢大夫道德言行文章政事之可爲模範者, 以至國家之典故閭巷風俗, 有關於世敎者, 國乘所不載者, 備錄無遺, …… 蓋筆談談林下之聞見, 言行錄錄名臣之實跡, 而是篇殆兼之……."

랍고 즐겁고 슬픈 일로, 담소에 도움이 되며, 심신을 즐겁게 하면서도 **국사에 갖추어지지 못한 것이 모두 실려 있다.**[124]

이처럼 『필원잡기』와 『용재총화』는 사관이 기록하지 못하거나, 국사에 실리지 않은 내용을 수록하고 있다는 점에서 야사의 시작을 열었다고 볼 수 있다. 하지만 『필원잡기』와 『용재총화』는 개인의 경험이나 풍문을 위주로 기록하였으며, 정치에 관한 부분은 사건의 경위 정도를 언급하는 데 그치며, 시간성과 역사성을 갖추지 못했다는 한계점이 있었다.[125] 이는 배용길 裵龍吉(1516~1599)이 언급한 바와 같이 조선 전기에 조정에서 꺼리는 사건 등에 대한 개인적인 역사기술을 꺼리는 풍조로, 등한한 이야기밖에 할 수 없었던 시대 상황을 반영한 것이라 할 수 있다.[126] 그러나 이를 계기로 점차 야사 저작들이 출현하게 되었고, 16세기에 사림파 계열 인사들이 야사 저술의 주체를 담당하였다.

2) 16세기

16세기 초에 편찬된 야사들의 공통점은 모두 단편적인 기록을 모아놓은 형태를 하고 있다는 점이다. 이는 야사의 저술의 주체인 사림파 인사들이 자신이 직접 경험했거나, 목격한 것, 전해 들은 것들을 평소에 단편으로 기록해 두었다가, 후일 이를 정리하여 야사로 편찬했기 때문이다. 그 내용은 대개 신변잡기부터 정치적 사건의 경위나 인물의 소개 및 평가 등 다양하게 수록하였다. 하지만 이러한 다양한 내용으로 인해 체제의 통일성은 갖출

---

[124] 『慵齋叢話』 「慵齋叢話跋」, "凡我國文章世代之高下, 都邑山川風俗尙之美惡, 曁乎聲樂卜祝書畵諸技, 朝野間喜愕娛悲, 可以資談笑, 怡心神, 國史所未備者悉載是編."
[125] 박인호, 「장서각 야사류의 소장 경위와 특징」, 『조선사연구』 13집, 2004, 156쪽.
[126] 『琴易堂集』 卷4, 「筆談小序」, "國朝禁私史, 有志於筆硯者, 事涉於朝廷則不敢書. 田野間閒說話, 時有錄之者, 如慵齋叢話, 筆苑雜記, 太平閒話, 秋江冷話, 謏聞瑣錄等書可見已, 至於三國遺事, 櫟翁稗說, 破閑集, 乃前朝文人所錄, 而所錄亦等閒, 則禁私史有自來遠矣."

수 없었다.[127] 이러한 측면에서 16세기 말에 저술된 허봉許篈(1551~1588)의 『해동야언海東野言』은 통사형通史形 야사로서 비체계적이었던 기존의 야사에서 벗어나, 조선 태조부터 명종 말년까지의 역사적 사실을 편년체編年體로 엮어 일정한 야사의 체제를 갖춘 개척적인 저술이라 할 수 있다. 선조 즉위 후의 역사는 허균許筠(1569~1618)이 형인 허봉을 이어 『해동야언별집海東野言別集』을 편찬하였다. 『해동야언』은 야사에서 필요한 기록을 발췌하여 인용하는 방식으로, 내용을 구성했는데, 인용한 기사의 전거를 충실히 제시하고, 인물 중심의 서술 방식을 도입하는 등의 체제상에 많은 진전이 있었다. 『해동야언』부터 역사서 형태의 야사가 나타났다고 볼 수 있다. 『해동야언별집』은 기존의 야사 형식으로 역사적 사건과 사실을 기록했을 뿐 아니라, 미주尾註를 통해 사평史評을 수록하고 있어서 『해동야언』과는 성격과 기술 방식에 차이가 있다.[128] 아래의 표는 『해동야언』에서 전거로 제시된 야사 22종의 목록이다.[129]

〈표 2-10〉 『해동야언』 인용서

순번	서명	순번	서명
1	『景賢錄』	12	『龍泉談寂記』
2	『東人詩話』	13	『柳子光傳』
3	『戊寅記聞』	14	『陰崖日記』
4	『丙辰丁巳錄』	15	『李世英日記』
5	『師友名行錄』	16	『彝尊錄』
6	『師友言行錄』	17	『靑坡劇談』

---

[127] 정만조, 앞의 논문, 1994, 64쪽.
[128] 기존에 『해동야언별집』의 저자는 허봉으로 알려졌으며, 마에마 쿄사쿠의 『고선책보』에서도 허봉을 저자로 파악하였다. 그러나 허경진, 『허균시연구(許筠詩硏究)』, 평민사, 1984의 부록에 「허균이 엮은 책들」이라는 제목으로 정리된 목록에 『해동야언별집』이 수록되어 허균의 저작임을 제기하였으며, 임미정, 「허균 편저의 현황과 과제」, 『어문연구』 47권 4호, 2019, 389~392쪽에서 이에 대한 더 자세한 내용을 다루었다.
[129] 기재 순서는 '가나다' 순으로 배열하였다.

7	『思齋撫言』	18	『秋江冷話』
8	『西征錄類編』	19	『忠敬公雜記』
9	『先君子前言往行錄』	20	『太平閒話』
10	『謏聞瑣錄』	21	『稗官雜記』
11	『慵齋叢話』	22	『筆苑雜記』

그러나 체제상의 진전이 있었음에도 아직 야사에 대한 금압적 분위기가 해소된 것은 아닌 듯한데, 그것을 보여주는 것이 다음의 『해동야언』에 수록된 후서後序이다.

> 고려시대 이상은 본래 믿을 만한 역사信史가 세상에 전하지만, 우리 본조에 들어와서는 200년간에 어찌 전언前言, 왕행往行을 알 수 있는 것이 없는가? 야사를 금함으로 이를 지었다는 것을 들을 수 없으니, 식자識者 등이 한스러워 하였다.

이에 따르면 16세기 말까지도 야사에 대한 금압적 분위기가 그다지 개선되지 않았던 것[130]으로, 16세기에는 개별 야사의 양적 팽창과 질적 전문화의 시도가 있었음에도 아직 인식상의 한계점이 존재했었음을 알 수 있다.

3) 17세기

16세기 후반부터 17세기에 이르면서 야사는 그 양이 대폭 증가하게 되었다. 이렇게 야사가 증가하게 된 것은 야사의 작자인 사림세력이 정치의 주축이 되어, 15세기의 사화史禍, 16세기의 왜란倭亂, 17세기의 호란胡亂 등을 겪으며 자신이 체험한 사건에 대한 기록을 남겨야 한다는 생각과 사림 간의 정치 활동에서 붕당朋黨이 형성되어, 그들 간의 권력 다툼이 심화되었기 때

---

[130] 이태진, 앞의 논문, 110쪽.

문이다. 17세기 당쟁黨爭으로 인해 발생한 야사를 예로 들면, 서인西人의 시각을 반영한 야사로 유계兪棨(1607~1664)의『여사제강麗史提綱』을 들 수 있으며, 이와 대조되는 시각으로 영남嶺南 남인南人의 시각을 반영한 홍여하洪汝河(1620~1674)가 지은『휘찬여사彙纂麗史』와『동국통감제강東國通鑑提綱』이 있다. 또한 임상덕林象德(1683~1719)은『동사회강東史會綱』을 지어 소론少論의 처지를 반영했고, 그 외에도 허목許穆(1595~1682)이 동인東人의 입장에서『동사東史』를 지었다.[131]

17세기 중엽에는 정도응鄭道應(1618~1667)이『소대수언』을 편찬하였는데, 이는 여러 야사들을 모아서 내용의 가감없이 그대로 편찬하는 총서형식 야사의 시초로 평가된다. 이는 편찬이란 관점으로 본다면, 단순히 채록한 것에 불과하여 낮게 평가할 수도 있겠지만, 야사를 시대순으로 배열하여 역사를 통사로 볼 수 있게 한 점이나 개별적으로 분산되어 있어서 구하기 힘든 야사를 한곳에 모아놓음으로써 이용하기 용이하게 했으며, 또한 그로 인해 이후 새로운 통사형 야사를 편찬할 수 있는 기반을 마련하였다는 점을 고려한다면, 그 의미가 크다 할 수 있다.[132]

『소대수언』의 소수서목은 현재 명확한 종수를 파악할 수 없는데, 현재 가장 많이 알려진 13종[133]과 스에마쓰 야스카즈가「이조의 야사총서에 대하여」에서 언급한『석담유사石潭遺事』1종[134]을 포함하여 파악한 14종을 제시하면 다음과 같다.

---

[131] 허준구,「「한고관외사제후」분석을 통해 본 김려의 야사편찬과 인식」,『석우 김민일박사 화갑기념 국어국문학논총』, 1997, 320쪽.
[132] 정만조, 앞의 논문, 1994, 66쪽.
[133] 12권 12책의 장서각본(K3-648)과 규장각본(奎12444)이 가장 널리 알려져 있다. 두 소장본에 수록된 서적 목차와 종수는 동일하다.
[134] 영신아카데미 한국학연구소 편,「소대수언」,『야사총서의 총체적 연구』, 영신아카데미 한국학연구소, 1976, 7쪽.

〈표 2-11〉『소대수언』 소수서목

순번	서명	순번	서명
1	『江都錄』	8	『洛溪記聞』
2	『癸甲日錄』	9	『石潭遺事』
3	『癸未記事』	10	『時政錄』
4	『己丑錄』	11	『紫海筆談』
5	『亂離日記』	12	『荷潭破寂錄』
6	『畝閣雜記』	13	『海東野言』
7	『丙子錄』	14	『海東野言別集』

이를 종합해 본다면, 『소대수언』은 왕조 개국부터 임진왜란까지 역사에 대한 통사는 『해동야언』과 『동각잡기』로 정리하였고, 선조부터 인조대까지의 주요 사건인 사림의 분당, 임진왜란, 정묘호란, 병자호란 등은 나머지 개별 야사를 통해 살피는 방식을 취했던 것으로 보인다.[135] 여기서 또 하나 주목할 점은 16세기에 나타난 통사형 야사 또한 개별 야사로 야사총서에 수록된다는 점이다.

『해동야언』과 『소대수언』의 출현은 그 이전까지 단순한 기록으로 존재하며, 성격이 모호했던 야사를 일정한 체제를 갖춘 편찬 형식으로 발전할 수 있게 했다. 이를 통해 야사는 역사서로서의 성격을 좀 더 확대할 수 있게 되었다.

4) 18세기

18세기에도 많은 야사가 편찬되었으며, 형식에 있어서는 이전 세기의 영향을 이어받아 통사형 야사와 야사총서의 형태로 나타났다.

먼저 통사형 야사부터 살펴보면, 17세기 후반부터 나타나기 시작하는데,

---

[135] 이태진, 앞의 논문, 113~114쪽.

윤영尹鍈(1612~1685)의 『대소잡기代嘯雜記』, 안정복安鼎福(1712~1791)의 『열조통기列朝通記』, 서문중徐文重(1634~1709)의 『조야기문』, 이성령李星齡(1632~?)의 『춘파일월록春坡日月錄』 등이 있다. 이들은 숙종대를 하한으로 하고 있으며, 경종 이후의 역사는 정쟁政爭의 격화로 통사 정리 대상에 포함시키지 못했던 것으로 보인다.

『소대수언』 다음에 이루어진 야사총서로는 편자 미상의 『대동야승』, 홍중인이 편찬한 『아주잡록』, 이장재의 『청구패설』 등이 편찬되었다.

18세기에 통사형 야사와 야사총서가 성행했던 이유는 관료와 사대부층의 필요 및 탕평책蕩平策을 추진하면서 일어난 정치적 여건의 변화 때문이다. 첫째, 관료의 입장에서 정무 수행과 정책 결정에 참고할 자료가 필요했다는 점, 둘째, 왕조의 장기적 존속으로 왕조 역사의 총괄적 정리의 계기가 되는, 정사의 편찬이 이뤄질 수 없었던 상황에서의 역사서의 필요성, 셋째, 이전에 중국사에는 정통하면서, 자국사에는 무지했던 것에 대해 자국사에 대한 관심을 두게 된 점 등을 들 수 있다.[136]

홍중인은 붕당이 생긴 이후, 기록이 편향성을 가지게 된 것을 탄식하며, 『아주잡록』을 편찬했다. 이러한 그의 경향성으로 볼 때 당론에 치우치지 않으려고 노력했던 것으로 보인다.[137] 그러나 『아주잡록』을 편찬하며, 남인 계열의 문헌을 다수 이용했기 때문에 남인의 입장을 중심으로 기술하였다는 평가를 받기도 한다. 다만, 『아주잡록』에서 주목할 점은 본문 중 자신의 안설按說을 붙여 비평을 가하기도 했다는 점이다. 이는 이전에 자신의 주장을 직접적으로 하지 않고, 기존에 있던 자료들을 자신의 역사적 시각에 맞춰 인용하고 정리하여 자신의 주장을 표현했던 것과 달리, 좀 더 적극적인 형태의 정리와 편찬 방식으로 나아가게 된 것이다. 이는 이후 김려의

---

[136] 정만조, 앞의 논문, 1994, 69~73쪽.
[137] 『星湖先生全集』 卷61, 「敎寧府都正洪公墓碣銘【幷序】」. "晚而悅書史, 矻矻不少倦, 所撰輯甚多. 嘗謂 '黨立之後, 記載偏頗.' 遂取舍於其間, 有 『鵝州錄』 三十卷."

『한고관외사』와 『창가루외사』의 제후문에서도 유사한 형태를 볼 수 있다.

5) 19세기

19세기에는 탕평 정치가 무너지고, 세도정치가 나타나게 되면서, 야사에서도 각 당의 의리 명분을 변호하려는 당론서들이 주로 편찬되었다. 이는 1894년에 소산관주인(蘇山館主人)이 『동소만록』을 필사하며 적은 발문에서도 볼 수 있다.

> 우리나라는 중엽 이후로는 야사와 패설이 허다하게 많이 생겨났으나, 모두 바름을 얻지 못했다. 대개 편당(偏黨)에 이끌리고, 구속되어 사건에 대해 직필(直筆)을 하지 못했으니, 이 때문에 나는 우리나라에는 믿을만한 역사(信史)가 없다고 생각한다.[138]

이처럼 야사가 당론에 이끌려서 편향성을 갖게 되는 것은 당시 일반적으로 나타나는 경향이었던 것으로 보인다. 그럼에도 한편에서는 관찬의 찬양 일변도의 역사서술에서 믿을 수 있는 자료는 야사뿐이라는 시각도 있었다.[139] 이에 따라 객관적 입장을 유지한 채 야사를 편찬한다는 것은 쉽지 않은 일이었는데, 앞에서 기술한 바와 같이 홍중인 역시 편향성을 지양했으나, 『아주잡록』 역시 편향성에서 벗어나긴 어려웠다. 19세기의 야사총서는 김려의 『한고관외사』와 『창가루외사』를 시작으로, 심노숭의 『대동패림』, 편자 미상의 『패림』 등이 편찬되었는데, 이들에게도 객관적 입장에서 야사총서를 편찬한다는 것은 항상 유념해 둬야 할 과제였다.

---

[138] 김동인, 「桐巢漫錄跋」, 『韓國野談史話集成』 1, 東國文化社, 1959. "我朝自中葉以後, 野史稗說許多其書, 而俱不得其正焉. 蓋爲其偏黨而牽綴焉, 拘束焉, 不能以直書其事. 余故曰我朝無信史也."

[139] 『智水拈筆』 「燭下斧影之說」. "我朝則『實錄』·『寶鑑』, 皆溢美而已, 無所考稽, 則取以傳後者, 惟野使耳. 捨此則吾安所適從也?"

역사는 천하의 공언公言이다. 당론이 있은 이래로 역사에는 공언이 없으니, 어찌 된 것인가? 붓을 잡은 이가 스스로 저울의 균형 같이 거울의 밝음처럼 하여 마음을 잡고, 지극히 공정하게 해야 동은 동대로, 서는 서대로 하는 것을 면할 수 있을 것인데, 하물며 여기에 미치지 못하고, 애초에 이런 마음도 없으니 어쩌겠는가?[140]

이는 김려가 『송와잡기』 말미에 남긴 제후문으로, 당론이 생겨난 이래로 역사에 공정성이 사라졌음을 개탄한 것이었다. 이러한 태도는 심노숭에게 보이는데, 김택영金澤榮은 심노숭에 대해 당론에 초연했던 사람으로 평가했다.[141] 그럼에도 실제 『대동패림』에 새로 추가된 대다수의 야사가 정치사적 내용을 벗어나지 않음으로써 편향성을 벗어날 수 없었다. 또한, 심노숭은 『대동패림』 내의 야사 편찬에 참여하여 더 적극적인 형태로 자신의 주장을 표출한 것으로 보인다.

이상의 시대에 따른 야사 흐름을 정리한다면, 15세기 서거정과 성현은 조선 전기 역사서 편찬에 참여하는 동시에 개인적으로도 야사를 편찬하여, 조선시대 야사의 시작을 열게 되었다. 이후 사림파가 정치의 주체가 되면서, 이들에 의해 야사는 질적 전문화와 양적 팽창을 맞이하게 되었고, 이후 크게 통사형 야사와 야사총서로 분화되어 편찬된다. 통사형 야사는 16세기 허봉의 『해동야언』을 시작으로 하며, 야사총서는 17세기 정도응의 『소대수언』을 시작으로 발전하게 된다. 그러나 18세기까지의 야사는 붕당정치와 밀접한 관계를 가지면서도 특정한 정파 변론의 일방성을 심하게 노출하지 않았다. 그러나 18세기 말엽 이후 특히 19세기에 들어와서는 당론의 영향을 받은 저술이 나타나게 되고, 이러한 야사의 편향성은 야사총서의 편찬에도 영향을 미치게 된다.

---

[140] 『藫庭遺藁』卷11,「題松窩雜記後」. "史者天下之公言也. 自有黨論以來, 史無公言, 何則? 操觚者, 自以爲秉心至公, 如衡之平, 如鏡之明, 猶不免乎東自東而西自西, 況其不及此而初無是心者乎?"
[141] 『金澤榮全集』「韓史綮」. "自跧源死後有沈魯崇者亦老黨人, 有文學能慷慨, 嘗以事反其黨論, 被禁錮, 旣以得赦, 然竟以布衣終焉."

제3장

18~19세기 야사총서 편찬 양상

1. 『대동야승大東野乘』
2. 『아주잡록鵝洲雜錄』
3. 『청구패설靑丘稗說』
4. 『한고관외사寒皐觀外史』·『창가루외사倉可樓外史』
5. 『대동패림大東稗林』
6. 『패림稗林』
7. 야사총서에서 『대동패림大東稗林』의 위상位相

이 장에서는 18~19세기 형성된 야사총서 7종의 편찬 양상을 편찬자, 편찬 시기, 소수서목 등 다양한 측면에서 살펴보려 한다.[1] 이 시기의 야사총서는 크게 세 가지 유형으로 분류할 수 있는데,[2] 첫 번째, 『대동야승』과 같이 이른 시기에 형성된 초기적 형태의 총서로,[3] 이 시기의 야사총서는 시중의 야사들을 모아 하나의 총서로 만드는 본연의 목적에 충실한 형태였다. 이는 초기적 형태였기 때문에 수록한 개별 야사의 내용까지는 검토가 미치지 못했고, 야사를 손쉽게 접하기 위한 목적이 강했던 것으로 보인다.

두 번째, 『아주잡록』이나 『청구패설』과 같은 형태의 야사총서로, 이 시기의 야사총서는 야사 수집의 확대기擴大期라 할 수 있다. 야사가 질적 전문화와 양적 팽창에 기반을 두고, 앞서 『대동야승』과 같은 야사총서의 형태와

---

[1] 명·청 이후 중국에서 일어난 총서의 편집 경향은 야사총서 뿐만 아니라, 『삼한총서(三韓叢書)』, 『소화총서(小華叢書)』와 같이 실학파의 총서 편찬이나, 『보만재총서(保晩齋叢書)』 등 개인 문집 편찬에도 영향을 미쳤다. 『증보문헌비고』 「예문지」 5 잡찬류에 『다산총서(茶山叢書)』가 수록된 것에서도 당시 총서 유행에 대해 엿볼 수 있다. 이러한 총서 가운데 특히 『소화총서』는 서형수(徐瀅修) 등이 문인들의 저작물을 사부(四部)로 나누어 모은 총서로, 미완본(未完本)이나 현재는 『오주연문장전산고』의 「소화총서변증설(小華叢書辨證說)」에 수록된 「소화총서의목(小華叢書擬目)」과 『임원십육지인용서목(林園十六志引用書目)』의 「소화총서목록(小華叢書目錄)」을 통해, 소수서목을 엿볼 수 있다. 그 중 별사(別史)(『소화총서목록』에는 사별(史別))에 「간양록(看羊錄)」(공통 수록), 『징비록』, 『재조번방지』(이상 『소화총서목록』에만 수록), 재적(載籍)에 『필원잡기』, 『계곡만필』(이상 공통 수록), 『청창연화』(「소화총서의목」에만 수록), 『청파극담』, 『용재총화』, 『패관잡기』, 『오산설림』, 『기옹만필(畸翁漫筆)』, 『송도기이(松都記異)』, 『청강시화(淸江詩話)』, 『후청쇄어(鯸鯖瑣語)』(이상 『소화총서목록』에만 수록) 등이 야사총서와 공통으로 수록하고 있다. 하지만, 일부 야사를 수록하고 있더라도 『소화총서』를 야사총서와 같은 성격으로 볼 수 없는 이유는 그 기획 의도에 있다. 서형수는 성대중(成大中)에게 보낸 「답성비서대중(答成秘書大中)」를 통해, 총서가 당시 유행하고 있는 소품(小品)과 맺고 있는 관련상을 언급했는데, 패사소품(稗史小品)을 엮은 것이 많음을 병폐로 들어 패사소품에 들지 않는 경사(經史)의 우익(羽翼)이 될 저작을 모은 총서를 편찬할 것을 기획했다. 따라서 사가(史家)의 입장을 중심으로 총서에 수록할 저작을 선별했던 야사총서 내에 『소화총서』를 함께 논의하기는 힘들 것이다. 이에 따라 이 책에서는 상기(上記)의 야사총서 7종만을 연구 대상으로 거론하였다(『소화총서』에 대한 자세한 사항은 김영진, 「조선 후기 실학파의 총서 편찬과 그 의미」, 『한국 한문학 연구』의 새 지평, 소명출판, 2005; 안대회, 「김려의 야사 정리와 『한고관외사』의 가치」, 『문헌과 해석』 39권, 2007, 136~159쪽 참조. 총서에 대한 전반적 사항은 김은슬, 「조선에 유입된 중국 총서의 서지학적 연구」, 한국학대학원 박사학위논문, 2021 참조).

[2] 안대회, 「조선후기 야사총서 편찬의 의미와 과정」, 『민족문화』 15집, 1992, 144~145쪽의 유형 구분을 참고하여 작성하였다.

[3] 『소대수언』 역시 초기적 상태의 야사총서에 해당한다.

통사형 야사로 정리가 일단락 된 것을 바탕으로, 개인의 단편적인 기록이나 문집에 수록된 기록 가운데 야사적 성격을 가진 기사를 발굴·수집함으로써 이전과 다른 차원에서 야사총서의 발전을 꾀하였다고 할 수 있다. 다만, 『아주잡록』과 『청구패설』이 수집에 중점을 둔 만큼, 정리면에서는 미흡했는데, 특히 『청구패설』은 가장家藏의 성격이 강했기 때문에 정리의 필요성이 더욱 적었을 것이라 추정된다.[4]

세 번째, 김려의 『한고관외사』, 『창가루외사』를 비롯하여 『대동패림』, 『패림』으로 이어지는 야사총서로, 김려의 야사 정리 작업의 영향을 받아 형성된 총서군叢書群[5]이다. 이 시기의 야사총서는 야사 수집의 정밀기精密期라 할 수 있다. 『아주잡록』과 『청구패설』이 수집을 기반으로 양적 팽창을 도모했던 것에 비해 이 시기의 야사총서는 질적 전문화에 더 관심을 기울였다고 할 수 있다. 먼저 『한고관외사』와 『창가루외사』를 편찬한 김려는 기존에 유행했던 야사를 선별하여 선본을 싣기 위한 작업을 진행했다.[6] 『대동패림』은 김려의 야사총서에 가장 먼저 영향을 받아, 이후 『패림』의 편찬에 영향을 미침으로써 김려의 야사총서군이 성립될 수 있는 계기를 마련하였다.

이 장에서는 유형과 시기의 순서에 따라 위의 야사총서 7종에 대해 구체적으로 살펴볼 것이다.

---

[4] 이에 대해서는 '3장. 3. 『청구패설(靑丘稗說)』'에서 구체적으로 살펴볼 것이다.
[5] 『광사』도 세 번째 유형에 해당하는데, 김려 계열의 야사총서에 기반을 두고, 여러 야사를 수록한 총서이다. 이 때문에 마에마 쿄사쿠는 『고선책보』에서 『광사』를 김려가 만년(晚年)에 완성하여 가장(家藏)한 또 다른 야사총서로 추정하였다(영신아카데미 한국학연구소 편, 「『창가루외사』, 『한고관외사』와 『광사』」, 『야사총서의 총체적 연구』, 永信아카데미 한국학연구소, 1976, 60쪽).
[6] 이에 대해서는 '3장. 4. 『한고관외사(寒皐觀外史)』·『창가루외사(倉可樓外史)』'에서 구체적으로 살펴볼 것이다.

1. 『대동야승大東野乘』

1) 편자와 편찬연대

『대동야승』은 조선시대 여러 저자의 야사, 일화, 소화, 만록, 수필 등의 저술을 모아 엮어 만든 야사총서이다. 편자와 편찬연대가 명확히 밝혀져 있지 않다. 다만, 『대동야승』에 수록된 『기축록속己丑錄續』은 본래 황혁黃赫(1551~1612)의 『기축록己丑錄』을 추가 보충한 것인데, 그 내용이 효종과 숙종 때의 일도 수록하고 있는 것으로 보아 숙종대 이후를 편찬 연도의 상한선으로 생각할 수 있다. 그리고 『연려실기술』「의례」에서

> 우리 동방의 야사는 거질巨帙로 편성編成된 경우가 많다. 그러나 『대동야승』, 『소대수언』같은 부류는 『설부說郛』처럼 여러 사람이 기록한 것을 모으기만 하였다. 그래서 산만하여 계통이 없고 또 중복된 말이 많아 열람하여 보기가 어렵다.[7]

와 같이 기술하고 있다. 『연려실기술』은 이긍익이 42세부터 저술하여 타계하기 전까지 약 30년에 걸쳐 완성한 책이므로, 『대동야승』은 최소한 『연려실기술』이 편찬되기 전인 18세기 중엽 이전이 편찬 연도의 하한선임을 알 수 있다. 따라서 『대동야승』은 18세기 영조와 정조 무렵에 편찬된 것으로 추정된다.

---

[7] 『燃藜室記述』「義例」. "吾東野史編成巨帙者多, 而大東野乘·昭代粹言之類, 裒輯諸家所錄, 若說郛, 散漫而語多重疊, 難於考閱."

2) 서지사항과 소수서목

『대동야승』은 크게 2종의 본이 있는데, 필사본인 규장각본(奎3654-v.1-72)[8] 과 신연활자본인 조선고서간행회본朝鮮古書刊行會本[9]이다. 조선고서간행회본은 규장각본을 대본臺本으로 1909~1911년에 조선고서간행회에서 13책으로 간행하였다. 그 후 1939년에는 『대동야승』을 『삼국유사』, 『연려실기술』과 함께 『조선야사전집朝鮮野史全集』이란 이름으로 간행하였다. 해방 이후에도 경희출판사慶喜出版社, 서울대학교 출판부 등에서도 조선고서간행회본을 대본으로 영인 및 간행하였으며, 민족문화추진회民族文化推進會에서는 이것을 1971~1975년에 걸쳐 국역하여 총 17권으로 간행하였다.

규장각본에는 「창혜치문蒼惠稚文」, 「양산세가조병직장서지인楊山世家趙秉稷藏書之印」이란 인기印記가 있는데, 이로 미뤄볼 때 본래 조병직趙秉稷(1833~1901)의 소장본임을 알 수 있다. 그러나 조병직의 생몰년을 감안할 때, 편찬자로 볼 수는 없을 것이다.[10]

다음으로 『대동야승』에 수록된 야사의 소수서목은 다음과 같이 62종[11]이다.[12]

---

[8] 규장각본의 서지사항은 다음과 같다. 編者未詳, 筆寫本, [刊寫地未詳] : [刊寫者未詳], [18世紀], 72卷72冊 : 四周單邊 牛郭 21.0×13.8cm, 有界, 10行20字, 註雙行, 無魚尾 ; 31.5×20.0cm.
[9] 현재 동국대학교에 零本이 소장되어 있는 것이 확인된다. 동국대본의 서지사항은 다음과 같다. 編者未詳, 新鉛活字本, 京城 : [朝鮮古書刊行會], 1909(明治 42), 2卷2冊(零本) : 無界, 13行28字, 註雙行, 無魚尾 ; 22.6×15.2cm.
[10] 조병직은 대한제국기에 외부대신, 의정부참정, 탁지부대신 등을 역임한 관료로, 그가 『대동야승』을 소장하게 된 계기에 대해서는 별도의 연구가 필요할 듯 하다.
[11] 김근수, 「대동야승」, 『야사총서의 총체적 연구』, 영신아카데미, 1976, 12쪽에서는 61종으로 기재하고 있다. 이는 『본조 선원보록(本朝 璿源寶錄)』 1권과 『홍익한북행일기(洪翼漢北行日記)』 1권의 2종을 포함한 결과로, 어디에 근거한 것인지는 알 수 없다.
[12] 기재 순서는 『대동야승』의 수록 권차가 아닌, 가나다 순으로 배열하려 한다. 이는 다른 야사총서와 비교했을 때, 동일한 문헌이 수록되어 있는지 여부를 찾기 용이하게 하기 위해서이다. 다른 야사총서의 소수서목 순서 역시 이와 같이 진행할 것이다.

〈표 3-1〉 『대동야승』 소수서목

순번	서명	순번	서명
1	『甲辰漫錄』	32	『延平日記』
2	『遣閑雜錄』	33	『五山說林草藁』
3	『癸甲日錄』	34	『栢陰雜記』
4	『癸未記事』	35	『慵齋叢話』
5	『癸亥靖社錄』	36	『龍泉談寂記』
6	『光海朝日記』	37	『雲巖雜錄』
7	『光海初喪錄』	38	『月汀漫筆』
8	『己卯錄別集』	39	『柳川劄記』
9	『己卯錄補遺』	40	『乙巳傳聞錄』
10	『己卯錄續集』	41	『陰崖日記』[13]
11	『畸翁漫筆』	42	『凝川日錄』
12	『寄齋史草』	43	『逸史記聞』
13	『寄齋雜記』	44	『紫海筆談』
14	『己丑錄』	45	『長貧居士胡撰』
15	『己丑錄續』	46	『再造藩邦志』
16	『亂中雜錄』	47	『丁戊錄』
17	『東閣雜記』	48	『竹窓閑話』
18	『默齋日記』	49	『淸江思齊錄』
19	『聞韶漫錄』	50	『淸江笑義』
20	『丙辰丁巳錄』	51	『淸江瑣語』[14]

13 『음애일기』 내에는 「여유종룡서(與柳從龍書)」, 「모우견안포초소칭병록편말(某偶見安陋樞所稱並錄篇末)」, 「계유홍문관청환삭유자광익대훈록소(癸酉弘文館請還削柳子光翊戴勳錄疏)」, 「상우당집발(尙友堂集跋)」, 「자찬지(自撰誌)」의 5종이 부기되어 있다. 이는 『청구패설』을 제외한 다른 야사총서에서도 동일한 형태로 나타나므로, 대표 서명인 『음애일기』 1종만을 기재하였다.

14 『대동야승』에는 서명이 '청강선생후청쇄어(淸江先生鰵鯖瑣語)'로 되어 있다. 다른 야사총서에는 서명이 『청강쇄어(鰵鯖瑣語)』로 되어 있는 경우도 있으나, 『청강사제록(淸江思齊錄)』, 『청강소총(淸江笑義)』, 『청강시화(淸江詩話)』 등과의 통일성을 위해 『청강쇄어』로 지칭하였다. 『대동야승』에서는 『청강쇄어』 내에 『청강사제록』, 『청강소총』, 『청강시화』의 3종이 부기되어 있다. 이는 앞서 살펴본 『음애일기』와 유사한 형태이나, 여기서는 3종을 개별 종수로 계산하였다. 그 이유는 『한고관외사』 등의 야사총서에서는 『청강사제록』을 별도의 야사로 분리하여 제후문(題後文)을 기재하는 등 명확히 구분하고 있기 때문이다. 따라서 『청강쇄어』를 『음애일기』의 사례와 같이 1종으로 계산할 경우, 별책 여부 등과 같은 각 야사총서에서의 구분을 드러낼 수 없으므로, 부득이하게 별개의 종으로 구분하였다. 아래도 이와 같다. 이처럼 야사가 부기된 경우는 책 후반부 〈부록〉의 각 야사 특이사항에서 '『●●●●』에 부기(附記)되어 있음'과 같은 형태로 기재하였다.

21	『涪溪記聞』	52	『淸江詩話』
22	『師友名行錄』	53	『靑皐日記』
23	『象村雜錄』	54	『靑坡劇談』
24	『石潭日記』	55	『秋江冷話』
25	『謏聞瑣錄』	56	『稗官雜記』
26	『續雜錄』	57	『筆苑雜記』
27	『松溪漫錄』	58	『荷潭破寂錄』
28	『松都記異』	59	『海東樂府』
29	『松窩雜設』[15]	60	『海東野言』
30	『時政錄』[16]	61	『海東雜錄』
31	『歷代要覽』	62	『混定編錄』

3) 다른 야사총서 소수서목과의 대조 및 『대동야승』의 특징[17]

『대동야승』과 다른 야사총서를 대조한 결과 『대동야승』에만 수록되어 있는 야사는 25종으로, 전체의 2/5정도가 다른 야사총서에는 없는 자료이다.[18] 이 때문에 마에마쿄사쿠前間恭作(1868~1941)는 『고선책보』에서

> 이 총서는 그렇게 사적史籍에 통효通曉하지 못한 사람에게 만연漫然히 집편 輯編된 듯하여 발췌본拔萃本이 있고, 「묵재일기默齋日記」와 같이 중복이 있고, 「해동잡록海東雜錄」과 같이 그 권차를 전도顚倒한 것이 있다. 단지 간과할 수 없는 특별히 우수한 점은 「기묘록보유己卯錄補遺」, 「기축록己丑錄」의 「추속록

---

[15] 문헌에 따라 서명을 '송와잡기(松窩雜記)', '송와잡록(松窩雜錄)'으로 기재하고 있는 경우도 있다. 여기서는 '송와잡설(松窩雜設)'로 통일한다.
[16] 『대동야승』에는 서명이 '시정비(時政非)'로 되어 있다.
[17] 3장에서는 서명을 중심으로 한 1차 대조를 진행할 것이며, 더욱 심층적인 구성체제와 내용 대조는 4장에서 진행할 것이다. 서명을 통한 수록 야사 대조는 지난 선행 연구에서도 이뤄진 바 있었다. 하지만, 종수 계산이나 부록으로 수록된 야사는 빠뜨리는 등의 오류가 있었기 때문에 기본적인 검증으로 시도하고자 한다.
[18] 『대동야승』에서 단독으로 수록하고 있는 25종은 '<표 3-1>'에서 색을 어둡게 하여 구분하였다. 아래도 이와 같다.

追錄錄」, 「해동잡록海東雜錄」, 「난중잡록亂中雜錄」, 「광해조일기光海朝日記」, 「웅천일록熊川日錄」, 「정무록丁戊錄」, 「일사기문逸事記聞」과 같이 남인, 북인의 손에 이루어진 귀중한 사료를 채록한 점이다. 이런 책들은 대부분이 그 뒤의 총서에도 수록되지 않은 것에 속한다.[19]

라고 했다. 현대에서 『대동야승』은 대표적인 야사총서로 손꼽힌다. 그러나 『연려실기술』「의례」나 『고선책보』의 기록을 통해 볼 때, 야사의 수집에 집중하여 그 수록된 야사의 양이 풍부하지만, 구성상에서 체계가 없고, 내용 면에서 중복되는 부분이 나타나 정리가 제대로 이뤄지지 않았다는 평가를 받았다. 심지어 마에마쿄사쿠는 편자에 대해 역사 서적에 대한 조예가 깊지 않다고 평가했다.

현재 조선고서간행회에 의해 간행되기 이전의 필사본은 규장각본이 유일할 정도로 사람들에게 유행하지 않았으며, 이 때문에 다른 야사총서 중 하나인 『패림』과 비교했을 때도 영향 관계가 가장 옅다고 평가될 정도였다.[20] 그러나 『대동야승』은 존재 자체에 의미가 있다. 『대동야승』에 수록된 야사 가운데 다른 야사총서에서는 확인할 수 없는 야사가 다수 존재하여, 이 때문에 『대동야승』을 통해서만 야사 연구를 진행할 수 있는 경우도 있다. 이처럼 당시에 유행하지 않고, 다른 야사총서에 영향을 미치지 않았기 때문에 독자적으로 수록하고 있는 야사가 있다는 점이 『대동야승』의 특징이자 개성이라 할 수 있다.

---

[19] 『古鮮冊譜』 第3冊 1305쪽.
[20] 윤호진, 앞의 논문, 227쪽.

2. 『아주잡록鵝洲雜錄』

1) 편자와 편찬연대

『아주잡록』은 홍중인洪重寅(1677~1752)이 선조 이후의 당쟁에 대한 사실과 비평을 각 문집과 야사 등 다양한 문헌에서 초록한 책이다. 특히 남인이 다수 희생되었던 1680년(숙종 6) 경신대출척庚申大黜陟에 대해 자세히 기재하고 있어서 『경신일록庚申日錄』이라 불리기도 한다. 그러나 남인의 문집에만 제한되지 않고, 남인 이외에도 북인, 노론, 소론 등의 문집에서도 다수 초록하였다. 성호星湖 이익李瀷이 지은 묘갈명墓碣銘에는 『아주잡록』의 책 수를 30권으로 기재하고 있는데,[21] 현존하는 책 수와 다르다.

편자인 홍중인의 자字는 양경亮卿, 호號는 화은花隱이며, 본관本貫은 풍산豐山이다. 조부는 현감縣監 홍주천洪柱天, 아버지는 퇴만당退晩堂 홍만조洪萬朝이며, 어머니는 증贈 참의參議 권전權瑱의 딸이다. 1713년(숙종 39) 성균관 진사가 되었고, 1721년(경종 1) 선릉참봉宣陵參奉에 제수되었는데, 얼마 후 사직하였다. 1728년(영조 4) 부친상을 마친 뒤, 통례원인의通禮院引儀에 제수되었고, 공조工曹와 의금부義禁府 낭관을 거쳐 진안현감鎭安縣監이 되었다. 이후 1741년(영조 17) 한산군수韓山郡守가 되었는데, 사직하고 천안군天安郡에 살았다. 정언正言을 지낸 아들 홍정보洪正輔의 공으로, 품계가 통정대부通政大夫로 오르고, 첨지중추부사僉知中樞府事와 돈녕부도정敦寧府都正을 지냈다.[22] 저서로 『대백록待百錄』이 있으며, 편찬서로는 『동방시화東方詩話』, 『사칠변증四七辨證』이 있다.

홍중인이 『아주잡록』의 편찬을 언제 시작했는지는 명확히 밝혀져 있지

---

[21] 『星湖先生全集』卷61「敦寧府都正洪公墓碣銘【幷序】」. "嘗謂'黨立之後, 記載偏頗.' 遂取舍於其間, 有 『鵝州錄』三十卷."
[22] 『星湖先生全集』卷61「敦寧府都正洪公墓碣銘【幷序】」.

않다.²³ 하지만 『아주잡록』 내 『사대부가거처士大夫可居處』를 통해 편찬을 마친 시기는 추정할 수 있다. 『사대부가거처』는 1751년 4월 이전에 완성된 『택리지』의 초고본으로, 이는 이중환이 그해 4월 초순에 쓴 발문으로 입증할 수 있다.²⁴ 그리고 『아주잡록』에 수록된 『사대부가거처』 뒷부분에는 홍중인이 지은 발문이 수록되어 있으므로, 홍중인이 직접 『사대부가거처』를 읽고 수록하였음을 알 수 있다.²⁵ 따라서 홍중인의 생몰년과 『사대부가거처』의 완성 시기를 고려했을 때, 『아주잡록』은 홍중인이 죽기 직전인 1751~1752년 무렵까지 지속적으로 편찬·보완되었음을 알 수 있다.²⁶

2) 서지사항과 소수서목

한국고전적종합목록시스템과 각 소장처 소장 한적목록을 살펴본 결과 주요하게 살펴볼 판본은 다음과 같다. 일본 경도대학본(カ-16 193637),²⁷ 국사편찬위원회본(KO B6B 167),²⁸ 국회도서관본(OD951.08-ㅎ257ㅇ),²⁹ 장서각본(K3-650)³⁰이다.³¹ 특히 경도대학본에는 홍중인의 소장인所藏印이 날인되어 있어

---

23 편찬 시기에 대해서는 「돈녕부도정홍공행장(敦寧府都正洪公行狀)」에 홍중인이 한산군수 재직시에 『아주잡록』을 편찬했다는 의견이 있다. 이에 따르면 최소 1741년 무렵에는 『아주잡록』 편찬에 착수했던 것으로 보인다.
24 『擇里志』, 「擇里志後跋」.
25 『아주잡록』 내에는 제목이 기재되어 있지 않으나, 임영걸, 「조선 후기 『택리지』의 읽기 방식 - 서발문 및 관련 저작을 중심으로」, 『어문연구』 172호, 2016, 275쪽에서는 연세대학교 학술정보원 국학자료실 칠리문고 소장 『택리지』(청구기호 42970)에 의거하여 「향거소지(鄕居小誌)」라는 제목을 붙였다.
26 안대회, 「이중환의 『택리지』 개정과 이본의 형성」, 『민족문화연구』 79호, 2018, 199~200쪽
27 경도대학본의 서지사항은 다음과 같다. 洪重寅(朝鮮) 編, 筆寫本, [刊寫地未詳] : [刊寫者未詳], [英祖年間], 29冊(零本, 冊30~32缺) : 無郭, 無絲欄, 半葉 10~13行字數不定 注雙行, 無魚尾 ; 29.0×19.4㎝.
28 국사편찬위원회본의 서지사항은 다음과 같다. 洪重寅(朝鮮) 編, 筆寫本, [刊寫地未詳] : [刊寫者未詳], 1932, 37冊 ; 27.0×19.5㎝.
29 국회도서관본의 서지사항은 다음과 같다. 洪重寅(朝鮮) 編, 筆寫本, [刊寫地未詳] : [刊寫者未詳], [朝鮮後期], 不分卷35冊 : 無郭, 無絲欄, 半葉 12行24字 注雙行, 無魚尾 ; 23.0×22.2㎝.
30 장서각본의 서지사항은 다음과 같다. 洪重寅(朝鮮) 編, 筆寫本, [刊寫地未詳] : [刊寫者未詳], [刊寫年未詳], 107卷47冊 : 無郭, 無絲欄, 半葉 10行24字 注雙行, 無魚尾 ; 30.2×14.8㎝.
31 그 외에도 대구 가톨릭대학교본(동911.0092-아77), 연세대학교본 I (고서(I) 951.508 아주잡), 연세

서, 더욱 주목할만하다. 다만 이 역시 총책수표시 부분에는 '공삼십이共三十二'라는 기록이 있어서, 32책이 완질完帙로 추정되는데 현존하는 책은 29책으로, 후반부 3책이 결락되어 있으므로, 이를 확인할 수 있다면『아주잡록』의 원형을 파악하는데 유용할 것이다. 4종의 『아주잡록』은 29책부터 많게는 47책까지 소장되어 있는데, 완질본完帙本이 아니라 결락된 부분이 있어 전체 내용을 파악할 수 없지만, 각 소장본마다 구성 또한 차이가 있는 경우도 있다. 이 때문에 권차나 책차를 중심으로 한 구성의 비교보다는 각 소장본의 수록된 문헌의 유무를 중심으로 살펴보는 것이 더 효율적일 것이다.

『아주잡록』에 수록된 야사의 소수서목은 다음과 같이 117종이다.[32]

〈표 3-2〉『아주잡록』소수서목

순번	서명	소장처	순번	서명	소장처
1	『江都錄』	全	60	『松窩雜說』	全
2	『庚申日錄』	國編, 國會	61	『市南集』	京都, 國編
3	『癸甲錄』	國編, 國會, 藏	62	『息庵遺稿』	國編
4	『癸甲日錄』	全	63	『愼獨齋集』	國編, 國會, 藏
5	『谿谷漫筆』	京都, 國編, 國會	64	『沈漁村行狀』	全
6	『孤山集』	京都, 國會, 藏	65	『野譚』	全
7	『公私聞見錄』	全	66	『藥泉集』	全
8	『觀海集』	國編	67	『良賤辨別記』	京都, 國會, 藏
9	『掛一錄』	京都, 國編, 藏	68	『禮訟』	全
10	『權判書縉家藏文字』	藏	69	『梧里集』	國編, 國會, 藏
11	『錦溪毀院收議』	京都, 國編	70	『吳獄顚末』	全
12	『己庚小報』	國編, 國會	71	『龍洲集』	京都, 國編, 藏

  대학교본Ⅱ(고서(우천) 541 0), 고궁박물관본 등이 있으나, 2책, 1책, 7책, 11책으로 다른 소장처에 비해 양이 적다. 이에 따라 전체의 규모를 파악하기 용이한 네 곳의 소장처 판본을 중심으로 살펴보았다.

[32] 각 소장본의 문헌 유무를 살펴보기 위해, 경도대학교본을 중심으로 『아주잡록』에 수록된 모든 야사의 서목을 제시하였다. 단, 각 소장본만이 가지고 있는 야사를 구분하기 위해 경도대학교본에 수록된 야사는 '京都'로, 국사편찬위원회본에 수록된 야사는 '國編'으로, 국회도서관본에 수록된 야사는 '國會'로, 장서각본에 수록된 야사는 '藏'으로, 4종 모두에 수록된 야사는 '全'으로 표시하였다.

13	『己巳錄』	國編, 國會	72	『牛溪年譜後說』	京都, 國會, 藏
14	『己巳日記』	國編, 國會	73	『牛溪集』	全
15	『畸菴集』	全	74	『愚潭集』	全
16	『寄齋史草』	全	75	『愚得錄』	京都, 國會, 藏
17	『己丑記事』	全	76	『愚得錄序』	國編
18	『己丑錄』	全	77	『愚伏集』	京都, 國編, 藏
19	『己丑獄事』	京都, 國編, 國會	78	『牛山集』	全
20	『羅金往復書』	全	79	『尤菴集』	全
21	『駱川尹公內戊疏』	全	80	『雲巖雜錄』	京都, 國會, 藏
22	『亂離日記』	全	81	『月沙集』	國編, 國會, 藏
23	『南溪集』	全	82	『栗谷集』	全
24	『南冥集』	全	83	『銀臺史綱』	全
25	『魯西遺稿』	全	84	『銀臺日記』	全
26	『鷺渚行狀』	國編, 國會	85	『隱峯野史別錄』	京都, 國會, 藏
27	『大菴集』	全	86	『二陵事蹟』	全
28	『東岡集』	京都, 國編, 藏	87	『日月錄』	全
29	『東皐集』	全	88	『接倭歷年考』	京都, 國編, 藏
30	『童蒙旅告』	全	89	『宗系辨誣』	全
31	『同春答懷川書』[33]	京都, 國編	90	『竹窓閑話』[34]	全
32	『同春集』	京都, 藏	91	『重峯集』	全
33	『忘憂堂集』	京都, 藏	92	『晉陽誌』	京都, 國編, 藏
34	『明谷集』	全	93	『晉興君日記』	京都, 國編, 藏
35	『明齋遺稿』	全	94	『懲毖錄』	國編
36	『明村雜錄』	全	95	『滄浪集』	全
37	『蔘堂集』	國編, 國會, 藏	96	『蒼雪齋集』	京都
38	『蔡齋集』	京都, 國編, 國會	97	『菁川日記』	京都, 國編, 藏
39	『夢囈』	全	98	『崔愼疏』	全
40	『撫松小說』	全	99	『秋浦黃公行狀』	京都, 國編
41	『戊戌讞讞錄』	京都, 國編, 藏	100	『春官誌』	國編, 國會, 藏
42	『聞韶漫錄』	京都, 國編, 藏	101	『炭翁集』	京都, 國編, 藏

---

[33] 경도대본 『아주잡록』에 실려 있는 내용으로, 현재 『동춘집(同春集)』에는 없다. 이에 따라 우선 별개의 야사로 설정하였다.

[34] 경도대본 『아주잡록』에는 서명이 '죽천일기(竹泉日記)'로 되어 있다.

43	『眉叟記言』	京都, 藏	102	『澤堂家訓』	京都, 國編, 藏
44	『白沙集』	國編, 國會, 藏	103	『澤堂集』	京都, 國編, 藏
45	『白湖集』	京都, 國編, 藏	104	『擇里志』	全
46	『竝觀錄』	全	105	『退溪言行錄』	京都, 國編
47	『丙子後諸事』	國編, 國會	106	『退門諸子錄』	京都, 國編, 藏
48	『涪溪記聞』	京都, 藏	107	『荷潭破寂錄』[35]	京都, 藏
49	『沙溪集』	京都, 國編, 藏	108	『鶴村雜錄』	全
50	『師友淵源錄』	京都, 藏	109	『寒岡集』	京都, 國編, 藏
51	『三淵集』	全	110	『寒臞雜錄』	京都, 國編, 藏
52	『相臣傳』	京都, 國編, 藏	111	『漢陰集』	京都, 國編, 藏
53	『象村集』	京都, 國編, 藏	112	『咸陵君行狀』	全
54	『西郭雜錄』	全	113	『香洞問答書』	全
55	『西溪集』	全	114	『黃芝川行狀』	國編, 藏
56	『西厓集』	國編, 國會, 藏	115	『晦谷集』	藏
57	『西厓辨誣錄』	京都, 國會, 藏	116	『懷尼往復書』	京都, 國會, 藏
58	『石潭日記』	全	117	『晦隱集』	全
59	『石灘集』	京都, 國編, 藏			

3) 다른 야사총서 소수서목과의 대조 및 『아주잡록』의 특징

『아주잡록』과 다른 야사총서를 대조한 결과 『아주잡록』에만 수록되어 있는 야사는 76종으로, 전체의 65% 정도가 다른 야사총서에는 없는 자료이다. 이는 『아주잡록』 소재의 야사들이 각 문집에서 발췌한 사례가 많으므로 여타 개별 야사만 수록한 야사총서들과 공통으로 수록한 사례가 적게 나타나는 것으로 보인다.[36]

『아주잡록』이 다른 야사총서 비해 특이한 점은 홍중인이 남인이었기 때문에, 비교적 남인이 남긴 문헌에서 발췌한 부분이 많다는 점이다. 따라서

---

[35] 『아주잡록』에서는 서명이 '하담일기(荷潭日記)'로 되어 있으나, 내용을 살펴본 결과 『하담파적록』과 『부계기문(涪溪記聞)』의 내용이 혼재되어 있다. 이에 따라 2종으로 설정하였다.

[36] 수록된 문집류는 47종으로, 『아주잡록』 소수서목 117종 중 약 2/5정도 이다.

현재 연구자들에게 『아주잡록』은 당쟁에 관한 기록을 집대성한 문헌으로 평가되기도 한다.[37] 또한 앞에서 언급한 『사대부가거처』 뒷부분에 발문을 남긴 것과 같은 비평이 『아주잡록』 내에 간혹 수록되어 있어서, 이를 통해 홍중인의 생각을 엿볼 수 있다.

『아주잡록』의 또 다른 특징은 다른 야사총서에 비해 다수의 이본이 남아 있다는 것이다. 이본이 많다는 것은 그만큼 민간에 널리 유포되어 읽혔다는 것을 의미한다. 실제 기록을 살펴보았을 때도, 홍중인은 다른 사람과의 교류를 통해 적극적으로 『아주잡록』에 수록될 야사를 수집하기도 하고, 『아주잡록』을 보내 교감을 받기도 했던 것으로 추정된다. 이러한 과정을 통해 『아주잡록』의 존재가 사람들에게 알려지고, 점차 유행하게 되었을 것이다.

『파안집破顏集』은 아직 보지 못했고, 『호유록湖遊錄』은 손자로 하여금 전사傳寫하게 해서 보내 드립니다. 죽은 아들[38]의 유고遺稿 또한 많이 남아 있어 예론禮論과 경설經說 이외에도 조정 생활을 기록한 『거관록居官錄』, 수령 생활을 기록한 『거현록居縣錄』이 있습니다. 모두 한 구절도 한만한漫浪 문자가 없이 깊은 의미를 담고 있습니다. 지금 필찰筆札로 선사繕寫하고 있습니다만 아직 완성하지 못하였습니다. 죽은 아들이 또 『연구여록硏臼餘錄』을 지었는데 (후략)…[39]

위의 기록은 성호 이익이 홍중인에게 보낸 편지 중 일부로, 자신의 아들

---

[37] 이이화, 『조선당쟁관계자료집』, 여강출판사, 1983에는 제31~40책에 장서각본 『아주잡록』을 영인하여 수록하고 있다.
[38] 성호 이익의 아들인 이맹휴(李孟休)를 가리킨다. 이맹휴(1713~1751)의 자(字)는 순수(醇叟), 본관은 여주(驪州)이다. 1735년 진사가 되었고, 1742년 정시(庭試)에서 수석으로 합격하여 한성부주부(漢城府主簿)가 되었다. 1744년 예조정랑(禮曹正郞)으로 재임하며, 예조의 등록을 분류, 정리하여 인출하는 일을 전담했는데, 이 책이 곧 예조에서 소장한 『춘관지(春官志)』이다. 저서로는 『접왜고(接倭考)』, 『예경설경(禮經說經)』 등이 있다.
[39] 『星湖全集』 卷15, 「答洪亮卿」. "破顏集未曾見之, 湖遊錄使小孫傳錄寄去. 亡子遺稿不鮮, 禮論·經說之外, 登朝有居官錄, 作宰有居縣錄, 都無一句漫浪, 意則遠矣. 方圖筆札而繕寫, 未及斷手耳. 亡子又有硏臼餘錄 (後略)…"

인 이맹휴李孟休(1713~1751)가 지은 여러 작품을 전사하여 홍중인에게 보냈던 정황이 담겨있다. 비록 『아주잡록』에는 위 편지에서 언급한 저서들이 수록되어 있지 않지만, 이맹휴가 지은 『춘관지春官志』나 『접왜역년고接倭歷年考』가 『아주잡록』에 수록되어 있으며, 『사대부가거처』의 저자인 이중환李重煥(1690~1756)이 이익의 삼종손三從孫임을 고려하면, 『사대부가거처』가 『아주잡록』에 수록된 경위 또한 추정할 수 있을 것이다.[40]

『아주록鵝洲錄』은 병이 아니었다면 시간을 두고, 살펴 보았을텐데, 겨우 한 번 훑어보았습니다. 세세히 살펴보지 못했으나, 대저 책두冊頭에 부표付標하여 보내드리니, 참작하셨으면 좋겠습니다.[41]

전하기를 참봉 강사범姜士範 안安이 들렀는데, 홍양경洪良卿이 저술한 『아주잡록』 9권을 조만간 이곳으로 보내올 것이라고 한다.[42]

도정 홍양경에게 답장을 쓰고, 아울러 『아주잡록』 2권을 …(결락)… 보냈다.[43]

위의 기록은 청대淸臺 권상일權相一의 문집과 일기에서 홍중인의 『아주잡록』을 교감했던 것을 확인할 수 있는 부분이다. 홍중인은 『아주잡록』 중 편찬이 완성된 부분이 있으면, 이를 권상일에게 보내 교감을 받았던 것으로 보이는데, 다른 사람을 통해 이야기를 전할 정도로 공공연한 일이었음을

---

[40] 이익은 『사대부가거처』를 접하고, 이에 대한 서문을 작성하기도 했다. 홍중인은 『사대부가거처』가 누구의 저작인지 몰랐으나, 다른 사람들에 비해 비교적 빨리 『사대부가거처』를 접했다는 점을 통해 이익과 연관되었을 것으로 추정된다.
[41] 『淸臺先生文集』卷7,「答洪良卿」. "鵝洲錄, 僅得一番看過, 而非病則自多閒酬應. 未得細加窮索, 大抵冊頭付標語, 參酌得好矣."
[42] 『淸臺日記』(1748年 閏7月 19日). "傳姜參奉士範安過, 洪良卿所著鵝洲雜錄九卷, 早晩當送來此處云."
[43] 『淸臺日記』(1752年 2月 1日). "修洪都正良卿答札, 竝鵝洲雜錄二卷, 送于子 …(缺落)… 中."

알 수 있다.

　이를 통해 홍중인은 『아주잡록』을 편찬하면서 유포는 어느 정도 염두에 두었던 것으로 보인다. 실수한 부분이 없도록 교감을 받았는데, 단순히 일회성으로 그치는 것이 아닌, 몇 해에 걸쳐 꾸준히 이어졌다는 점에서 홍중인이 『아주잡록』에 쏟은 정성을 알 수 있다.

　『아주잡록』의 유포는 여러 기록을 통해 확인할 수 있는데, 특히 다산茶山 정약용丁若鏞이 아들에게 보낸 편지에서

> 다만 시집 같은 것이야 서둘러 읽을 필요는 없지만, 신하가 임금께 올린 상소문, 묘문墓文, 서간문 등은 읽어 안목을 넓혀야 한다. 또한, 『아주잡록』, 『반지만록盤池漫錄』, 『청야만집靑野漫輯』 등의 책은 반드시 널리 찾아서 두루 보아야 한다.[44]

라고 말한 부분에서도 엿볼 수 있다. 그만큼 『아주잡록』을 사람들이 알고 있으며, 읽을 필요성이 있는 저작이라는 점이다. 그 외에도 『청구패설』에도 『아주잡록』의 내용 중 일부가 수록되어 있었던 사례, 선조의 문집을 간행하며 『아주잡록』에서 선조와 관련된 부분을 발췌한 사례,[45] 1900년대에 『아주잡록』의 초록 필사본을 구매하는 등의 사례[46]를 통해서도 『아주잡록』이 광범위하게 유포·활용되었고, 이후에도 줄곧 애독愛讀되고 있었음을 알 수 있다. 특정 독자층을 염두에 두고, 편찬하지는 않았지만, 누구나 읽기에 적합한 문헌으로 평가되었음을 알 수 있다.

---

[44] 『茶山詩文集』卷21 書 「寄二兒【壬戌十二月卄二日, 康津謫中】」. "但詩集不須急看, 而疏箚·墓文·書牘之屬, 須廣其眼目. 又如『鵝洲雜錄』·『盤池漫錄』·『靑野漫輯』等書, 不可不廣搜博觀也."

[45] 『草堂先生文集附錄』 「摭錄」. 이는 기존의 여러 기록에서 저자와 관련된 기록을 뽑아 정리한 것으로, 여기에 활용된 기록은 대개 문집이나 야사류 서적들이 많았다.

[46] 『健菴日記』(1933년 1月 19日). "書籍百四十一冊, 買得于李袞兒(周源)許, 價十二圓也. 書籍目錄:『唐鑑』四卷, 『繪史略』六卷, …『鵝洲雜錄抄』二卷…. 計百四十一卷, 各種七十七卷, 文集六十四卷也."

3. 『청구패설靑丘稗說』

1) 편자와 편찬연대

『청구패설』은 이장재李長載(1753~1827)가 여러 야사와 문집, 행장行狀, 신도비명神道碑銘, 시장諡狀 등 다양한 종류의 글을 모아 초록한 책이다.

편자인 이장재의 자字는 겸달兼達, 본관은 한산韓山이다. 조부는 고양군수高陽郡守를 지낸 이사질李思質(1705~1776)이며, 아버지는 『병세재언록幷世才彦錄』 등을 지은 이규상李奎象(1727~1799)이다. 『청구패설』의 제12책의 표지表紙 이면裏面에

> 내 아들 장재長載가 십여년을 공부를 쌓아 우리 동방의 전고를 전사하여 12책으로 만들고서, 내게 제목을 청하기에 청구패설이라 이름했다. 이 책의 내용은 모두 선배들이 기술한 것으로, 혹은 그 이름이 전해지기도, 빠져있기도 하다. 또한, 번거롭게 사람들에게 보일 필요는 없으니, 대개 고금의 적절한 상황이 다르기 때문이다. 마땅히 소장하고 꺼내지 않는 것이 좋을 것이다. 경술년 6월 일몽옹一夢翁이 쓴다. 비록 집에서 꺼내지 않는 책이나, 방에 갈무리해 두는 것이 좋을 것이다.[47]

라고 했고, 2책의 『용재총화』 「정사서淨寫序」에는

> 우리 동방의 패사稗史가 적은 이유는 혹 근엄함에서 기인하기도 하고, 혹 무지[瞀瞀]함의 소치에서 생겨나기도 한다. 예전의[中古] 패사로 『용재총화』, 『지봉유설』, 『표해록漂海錄』의 몇 종이 있을 뿐이다. 모두 우리 종가宗家에

---

[47] 『靑丘稗說』「序文」. "家兒長載, 積十餘年工夫, 傳謄我東典故, 成十二冊, 名曰靑丘稗說, 請翁題目. 此冊皆前輩所述, 然或傳其名, 或闕其名. 又不可煩人人之見, 盖古今有時措之異也. 當藏不出可也. 庚戌六月一夢翁書. 雖家中不出冊, 所貯房可也."

쌓아서 총화로 만들었으니, 곧 지금 한림翰林의 사심士深48이 우리 집으로 나눠 보내온 것이다. 지금 우연히 옛 일을 살펴보며 책에 지문識文을 적는다. 이 책은 근세에는 드물게 있는 것으로, 또한 귀중하다 할 수 있다. 병신년(1776) 10월 25일 일몽이 제題한다. 이 책이 근일 대략 타서 다시 보수하여 옮겨 적는다. 무오년(1798) 3월 11일 72세 된 일몽이 적는다.[49]

라는 기록이 있다. 이로 미뤄볼 때, 『청구패설』의 편찬은 이장재에 의한 것이었으나, 이후 이장재의 아버지인 이규상이 책의 제목을 짓고, 내용을 보수하는 등 여러 측면에서 참여했음을 알 수 있다. 그리고 이장재와 이규상의 생몰년을 감안했을 때, 1790년(정조 14)에 12책으로 완성하여, 이후 1798년(정조 22)에도 지속적으로 보수가 이뤄졌음을 알 수 있다.[50] 또한 현재 『청구패설』이 총 48책임을 감안하면, 1790년에 12책본을 완성한 이후에도 지속적으로 야사를 수집하여 보완하였음을 알 수 있다.

2) 서지사항과 소수서목

한국고전적종합목록시스템과 각 소장처 소장 한적목록을 살펴본 결과 주요하게 살펴볼 판본은 존경각본(B06B-0045)[51]과 태동고전연구소본(集-110)[52]

---

[48] 사심(士深)은 이홍재(李洪載)의 자(字)로, 이홍재의 이수번(李秀蕃)의 증손(曾孫)이다. 이수번의 슬하에 이사질(李思質), 이사휘(李思徽) 등 형제가 있는데, 이홍재는 이사휘의 손자이며, 이규상은 이사질의 아들이다. 따라서 이규상에게 이사질은 5촌 종질(從姪)에 해당한다. 이홍재는 1775년(英祖 51) 검열(檢閱)을 역임한 적이 있는데, 이때에 이규상에게 책을 보냈던 것으로 추정된다.

[49] 『青丘稗說』,「㤎齋叢話」淨寫序,"吾東少稗史, 或由於謹嚴, 或由於實實之致耶. 中古稗史,『㤎齋叢話』,『芝峯類說』,『漂海錄』如干種而己. 皆儲吾宗家而叢話, 則今翰林士深分送於吾家. 今偶披憶舊事, 遂積卷上, 此本罕於近世, 亦可貴也. 丙申十月卄五日 一夢題. 此冊, 近日略燒燼火, 改補移謄. 戊午 三月 十一日 七十二歲 一夢氣."

[50] 김근수,「청구패설」,『야사총서의 총체적 연구』, 영신아카데미, 1976, 21~40쪽에서는 편찬 연도를 1730년으로 추정하고 있는데, 이는 편찬자인 이장재에 대해 파악하지 못했기 때문에 생긴 오류인 듯 하다.

[51] 존경각본의 서지사항은 다음과 같다. 李長載(朝鮮) 編, 筆寫本, 한국 : [刊寫者未詳], [1790], 不分卷 43冊 : 無郭, 無絲欄, 半郭 10行18字, 無魚尾 ; 29.0×20.0cm. 김근수는 永信아카데미 韓國學硏究所

으로, 같은 세트가 성균관대 존경각에 45책, 태동고전연구소에 3책이 소장되어 있다.[53]

『청구패설』에 수록된 야사의 소수서목은 다음과 같이 129종이다.[54][55]

〈표 3-3〉『청구패설』소수서목

순번	서명	순번	서명
1	『看羊錄』	66	『歷代派閥』
2	『江都三忠傳』	67	『譯舌』
3	『疆域關防圖說』	68	『延平日記』
4	『江漢集』	69	『列朝使臣』
5	『谿谷漫筆』	70	『列朝詔使』
6	『高齋峰櫞倭書』	71	『寧陵御禮』

編, 앞의 책, 1976,「청구패설(青丘稗說)」에서 45책에 대한 목록을 제시했는데, 현재 존경각에는 43책을 소장하고 있는 것으로 기재하고 있다. 확인 결과 제2책과 제42책이 목판본(木板本)이기 때문에 이를 『청구패설』에서 분리하여 각기 다른 청구기호를 부여하였다. 제2책은 『용재총화(慵齋叢話)』로 청구기호는 '稀 C14B-0033'이며, 제42책은 『기묘팔현전(己卯八賢傳)』으로 청구기호는 'B09C-0021'이다. 따라서 존경각에는 45책이 모두 소장되어 있음을 확인했다. 이후의 책차는 편의에 따라 김근수의 선행 연구에 따라 기재하였다.

[52] 태동고전연구소본의 서지사항은 다음과 같다. 李長載(朝鮮) 編, 筆寫本, 한국:[刊寫者未詳], [1790], 不分卷3冊:無郭, 無絲欄, 行字數不定, 無魚尾;29.3×21.0㎝. 태동연구소본에도 존경각본과 동일한 이규상(李奎象)의 인장이 날인되어 있어 이를 통해 같은 묶음의 저자 수택본임을 알 수 있다. 이에 따라 책차는 기존의 존경각본을 이어서 임의로 46~48책으로 부여하였다.

[53] 그 외에도 경기대본(경기-K122692) 1책이 있으나, 소장처의 사정으로 열람하지 못했다. 이에 대해서는 이후 실사를 통해 파악하여 보완하겠다.

[54] 『청구패설』에 수록된 기사는 개별 소제목을 포함하여 도합 500여종에 달한다. 그 내용을 살펴보면, 묘표, 행장, 묘비명, 묘갈명, 연보, 축문, 제문, 일기, 사적 등 다양한 성격의 기사를 수록하고 있으며, 각 기사의 분량도 제각각이다. 김근수는 『야사총서의 총체적 연구』 내 「한국야사총서 소수서목」에서 『청구패설』에 수록된 야사를 156종으로 제시하고 있다. 그러나 이 가운데 묘표나 묘갈명, 행장 등과 같은 기사는 제외하고 있으며, 별도의 출처 문헌을 제시하고 있지 않다. 이는 역사적 성격을 지녔으나, 개인에 대한 단편적인 기록의 성격이 강하기 때문에 제외한 것으로 보인다. 또한 김근수가 선별한 156종의 야사 중에도 실제 『청구패설』에 수록되어 있지 않은 경우도 있었으며, 본문에 있으나 누락된 사례도 있었다. 이 책에서는 묘표나 행장 등과 같은 기사의 출처 문헌을 파악할 수 있는 경우 소수 서목 등에 기재하되, 개인의 단편적 기록이나 '왕호+朝'와 같이 문헌명을 특정할 수 없는 제목 등을 제외하여, 야사에 가까운 작품을 선별하여 살펴봄으로써 연구의 집중도를 높이고자 하였다. 수록된 야사의 목록은 〈부록 4〉『청구패설(青丘稗說)』의 구성'을 참고.

[55] 성균관대학교 존경각본의 목록은 김근수, 『청구패설』, 『야사총서의 총체적 연구』, 영신아카데미 한국학연구소, 1976, 21~40쪽과 실사를 바탕으로 작성하였다. 그러나 소장처의 사정으로 그중 일부를 열람할 수 없었다. 이는 이후 추가 실사를 통해 목록을 다시 보완할 예정이다.

7	『供辭』	72	『迎日縣事蹟』
8	『孔子世系』	73	『禮記』
9	『郭將軍傳』	74	『梧里集』
10	『掛一錄』	75	『寤陰雜記』
11	『搆禍事蹟』	76	『龍飛御天歌計釋』
12	『軍摠考』	77	『慵齋叢話』
13	『錦城大君事蹟』	78	『牛山問答』
14	『己卯八賢傳』	79	『牛山集』
15	『寄齋雜記』	80	『月汀漫筆』
16	『己丑記事』	81	『柳於丁事蹟』
17	『己亥服制』	82	『柳下集』
18	『金將軍遺事』	83	『乙木錄』
19	『爛餘』	84	『陰厓日記』[56]
20	『南溪集』	85	『李忠武公行錄』
21	『南漢日記』	86	『日本國皇來歷世系』
22	『魯陵志』	87	『日本錄』
23	『檀君記』	88	『日本雜志』
24	『東槎錄』	89	『日月錄』
25	『東史提綱』[57]	90	『壬丁事蹟』
26	『東學寺魂記釋』	91	『壬辰記事』
27	『東漢節義』	92	『壬辰遺聞』
28	『東華傳世紀』	93	『紫巖柵中日錄』
29	『梅翁閑錄』	94	『潛谷筆談』
30	『買還問答』	95	『莊陵謄錄』
31	『明倫錄』	96	『莊陵配食錄』
32	『戊戌辨誣錄』	97	『政院日記』(李再春)
33	『戊申逆亂』	98	『政院日記』
34	『戊申逆變事實』	99	『朝野記聞』[58]

---

56 다른 야사총서에서는 『음애일기』 내에 「여유종룡서」, 「모우견안포초소칭병록편말」, 「계유홍문관청환삭유자광익대훈록소」, 「상우당집발」, 「자찬지」의 5종이 부기되어 있다. 그러나 『청구패설』에는 5종 외에도 「관서봉사록(關西奉使錄)」, 「기갑자사화(記甲子士禍)」, 「기권달수피화사(記權達手被禍事)」, 「서일록말(書日錄末)」의 4종이 더 수록되어 있다.

57 『청구패설』에는 서명이 '동국역대총목부지지(東國歷代總目附地誌)'로 되어 있다. 여기서는 『창가루외사』에 따라, '동사제강'으로 명칭을 통일하였다.

35	『戊申嶺南逆變大略』	100	『竹軒集』
36	『朴參判三古傳』	101	『重峯先生遺事』
37	『白頭山記』	102	『重峯集』
38	『屛溪集』	103	『倡義錄』
39	『丙子錄』	104	『天啓癸亥錄』
40	『報恩俗離山福泉寺事蹟』	105	『靑泉集』
41	『奉敎嚴辨錄』	106	『靑泉海遊錄』
42	『釜山記事』	107	『靑坡劇談』
43	『四郡考』	108	『秋江冷話』
44	『師友鑑戒』	109	『忠烈公實記』
45	『師友名行錄』	110	『忠烈錄』
46	『三友言行』	111	『忠愍公朴淳事蹟』
47	『三寃記事』	112	『退漁堂遺稿』
48	『象村記事』	113	『八道郵志』
49	『象村集』	114	『編年通錄』
50	『象村推數』	115	『平安道擺撥二十站』
51	『西厓記事』	116	『荷谷粹語』
52	『西厓集』	117	『荷潭破寂錄』
53	『西洋國圖書器物』	118	『鶴山樵談』
54	『石谷封事』	119	『鶴村雜錄』
55	『璿源先系』	120	『韓城君李公諱塤破李施愛事蹟』
56	『雪墅謏聞』	121	『寒泉三官記』[59]
57	『松江年譜』	122	『海東樂府』
58	『松江日記』	123	『海槎錄』
59	『松溪漫錄』	124	『玄洲懷恩錄』[60]
60	『睡隱集』	125	『湖南節義錄』
61	『是窩遺稿』	126	『花潭事』
62	『息庵遺稿』	127	『黃江問答』[61]

[58] 『청구패설』에는 『조야기문』의 수록 순서로 야사가 수록되어 있어서, 『조야기문』을 전사(轉寫)하였음을 알 수 있다. 한편, 수록된 내용이 『청구패설』의 12책, 13책, 15책, 18책, 20책, 22책, 30책, 32책, 33책, 34책 등으로, 각기 흩어진 책에 수록되어 있는데, 이는 『청구패설』이 정리를 거치지 않은 상태임을 추정할 수 있는 또 하나의 근거라 할 수 있다.
[59] 『청구패설』에는 서명이 '삼관기(三官記)'로 되어 있다.
[60] 『청구패설』에는 서명이 '회은록(懷恩錄)'으로 되어 있다.
[61] 『청구패설』에는 서명이 '강상후록(江上後錄)'으로 되어 있다.

63	『瀋陽日記』	128	『皇壇儀』
64	『惺翁餘話』[62]	129	『後渼問答』
65	『於于野譚』		

3) 다른 야사총서 소수서목과의 대조 및 『청구패설』의 특징

『청구패설』과 다른 야사총서를 대조한 결과 『청구패설』에만 수록되어 있는 야사는 89종으로, 대략 전체의 69% 정도가 다른 야사총서에는 없는 자료이다. 이는 앞의 『아주잡록』의 사례처럼 『청구패설』을 편찬하며 야사의 수집 대상을 문집까지 확대한 것이 주된 요인이라 할 수 있다.

『청구패설』이 다른 야사총서 비해 특이한 점은 크게 형태적 요소와 내용적 요소로 나눠 살펴볼 수 있다.

먼저 형태적 요소는 책의 크기가 일정하지 않다는 점이다. 다른 야사총서들은 비교적 균일한 크기의 용지를 사용하거나, 인찰공책지印札空冊紙를 사용하여 필사한 경우도 있음을 감안하다면 특징적이라 할 수 있다. 이는 『청구패설』의 편찬 의도 자체가 타인에게 보여주거나, 유포하려는 의도가 아닌, 가장용家藏用으로 만들었기 때문이다. 이는 앞에서 살펴본 12책 표지 이면의 기록을 통해 확인할 수 있다. 짧은 내용 중에도 '당장불출가야當藏不出可也'나 '수가중불출책雖家中不出冊' 같이 연거푸 강조한 것에서 집 밖에 보일 생각이 전혀 없음을 알 수 있다. 다른 형태적 특이점은 『청구패설』 내에 목판본이 포함되어 있다는 점이다. 제2책 『용재총화』와 제42책 『기묘팔현전己卯八賢傳』으로, 대개의 야사들이 필사본으로 유행했음을 감안하면, 특이하다고 할 수 있다. 그러나 이 또한 야사를 정리하는 차원이 아닌, 수집하는 차원에서 생각한다면, 목판본을 확보하고 있는 상황에서 더 이상 필사할 필요성이 없기 때문에 목판본 자체를 『청구패설』의 일부로 포함시킨 것으

---

[62] 『청구패설』에는 서명이 '우암선생악대(尤菴先生幄對)'로 되어 있다.

로 보인다.

내용적 요소에서 보이는 특이점은 『청구패설』에 일본日本에 관련한 야사가 수록되어 있다는 것이다. 제14책의 『일본잡지日本雜志』에 수록된 여러 사람들의 일본 기행이나 사행 관련 기록이나, 제43책의 『일본국황내역세계日本國皇來歷世系』 등은 다른 야사총서에서 수록되어 있지 않은 유형의 야사이다. 두 번째 내용적 특징으로는 수록하고 있는 야사의 시대나 대상이 폭 넓다는 점이다. 다른 야사총서는 조선시대 당대의 야사만을 다루고 있는데, 비해 『청구패설』은 초록의 형태로나마, 고려시대 김관의金寬毅의 『편년통록編年通錄』과 같은 야사를 수록하고 있어서, 야사 수집에 시대의 구분을 두지 않고, 모을 수 있는 기록은 모두 모은 것으로 보인다. 또한, 제23책에 수록된 호응린胡應麟의 『갑을잉언甲乙剩言』, 요사린姚士麟의 『상백재尙百齋』, 추의鄒漪의 『명계유문明季遺聞』, 제40책 양육영楊陸榮의 『삼번기사본말三藩紀事本末』과 같은 중국 야사까지 수록하고 있다.[63] 이 때문에 다른 야사총서에는 수록되어 있지 않은 야사들을 『청구패설』에서 볼 수 있다. 세 번째 내용적 특징은 고문서가 수록되어 있다는 점이다. 제20책의 『을묘십월십일일충주허복원정乙卯十月十一日忠州許渡原情』이나 제43책의 『조소사원정趙召史原情』 등과 같은 사례로, 이후의 야사총서에서도 『양천변별기』와 같은 야사가 수록되었지만, 이보다 앞서 고문서를 야사의 하나로 포함했다는 점에서 특이할 수 있다.

이를 종합한다면, 『청구패설』은 형식과 주제의 구분 없이 집에서 소장할 것을 목적으로 대거 수집했던 야사총서였음을 알 수 있다. 이 때문에 거리낌 없이 다양한 주제의 야사를 수록할 수 있었고, 한편으로는 남에게 보일 필요가 없기 때문에 수집한 야사에 제목을 기재하지 않고 일정한 형식없이 수집에만 집중했던 것이다. 그러한 수집 성향으로 기존의 야사총서에서는

---

[63] 야사 선별 과정에서 국내 야사만을 다루었기 때문에 중국 야사는 〈표 3-3〉에서 제외하고, 기재하지 않았다.

포함하지 않았던 개인의 단편적인 기록이나 문집 중 행장, 묘갈명도 수집 대상으로 삼았고, 원정原情과 같은 고문서 역시 『청구패설』에 수록될 수 있었을 것이다.

4. 『한고관외사寒皐觀外史』·『창가루외사倉可樓外史』

1) 편자와 편찬연대

『한고관외사』와 『창가루외사』는 김려가 편찬한 야사총서이다. 김려金鑢(1766~1821)의 본관은 연안延安이며, 자는 사정士精, 호는 담정藫庭이다. 김제남의 7대손으로, 인목대비仁穆大妃의 아버지였던 김제남이 계축옥사癸丑獄事에 휘말려 죽고, 김려의 증조부 또한 신임사화辛壬士禍에 연루되자 집안이 몰락했다. 다행히 아버지인 김재칠이 현감을 지내며 가문이 조금 흥기하게 되었다. 1789년(정조 13) 15세의 나이로 성균관에 들어갔다. 당시 유행하던 패사소품체稗史小品體를 익혀서, 김조순金祖淳과 『우초속지虞初續志』라는 패사소품집을 내기도 했다. 1797년(정조 21)에 강이천姜彝天에 대한 유언비어에 연루되어 함경도咸鏡道 부령富寧으로 유배되었다. 1801년에는 다시 신유사옥辛酉邪獄에 연루되어 진해鎭海로 이배移配되었는데, 그곳에서 어민들과 친해져서 『우해이어보牛海異魚譜』를 지었다. 1806년(순조 6)에 해배解配되었고, 1812년(순조 12) 의금부를 시작으로, 정릉참봉靖陵參奉, 경기전령慶基殿令을 역임하고, 1817년(순조 17) 연산현감連山縣監이 되었으며, 함양군수咸陽郡守로 있다가 1821년(순조 21)에 세상을 떠났다. 해배 이후로 각종 야사를 수집하고, 정사淨寫하여 야사총서를 편찬하는 한편, 자신과 친구들의 시문 역시 수집하여 총서로 엮었다. 그 결과 야사총서인 『한고관외사』와 『창가루외사』, 시문집인 『담정총서藫庭叢書』[64]를 편찬했다. 그가 야사총서에 관심을 기울이게 된 이유는 집안이 당쟁으로 인해 몰락하게 되었기 때문으로, 정사가 당쟁으로 인해 사실을 공정하게 기록하지 못하게 되자, 야사를 통해 공정함을 가릴 수 있으리라 기대했다.[65] 그러므로 야사를 수집하여 자신의 억울한 상황에 대한 타개책으로 삼았던 것으로 보인다.

그가 굳이 야사총서를 둘로 나누게 된 것은 각 총서 내의 성격에 따른 것으로 보인다. 먼저『한고관외사』는 개별 야사로 구성했지만,『창가루외사』는 주로 거질의 전집을 위주로 구성하였다. 또한,『한고관외사』는 개별 야사의 양이 적었기 때문에 분량을 줄이지 않았으나,『창가루외사』는 전집 중 일부의 양을 줄여 임의로 산삭하는 방식을 취했다. 그리고『한고관외사』가 주로 사건을 대상으로 한 야사를 수록하고 있는 반면,『창가루외사』는 통사적 성격의 야사들을 주로 수록하고 있다.[66]

『한고관외사』의 편찬연대는 1813년부터 1819년까지이며,『창가루외사』의 편찬연대는 1818년부터 1820년 7월까지로 추정된다.[67]

2) 서지사항과 소수서목

『한고관외사』는 현재 장서각본(K2-308)[68]과 하버드대본(TK9191-818)[69]이 있

---

[64] 『담정총서』는 김려가 1818~1821년에 자신을 포함한 19인의 시문 47종을 수습·편찬하여 34권 17책으로 엮은 필사본이다. 그리고『담정유고(藫庭遺稿)』는 김려의 사후 그의 유고를 아우 김선(金鐥)이 7책으로 편차한 초고에 김선의 손자 김기수(金綺秀)가 별도로 모은『보유집(補遺集)』을 덧붙인 것을 1882년 김려의 손자 김겸수(金謙秀)가 12권 6책으로 간행한 목활자본이다. 최근 연구에서 두 종의 문집 중『담정총서』가 선본(善本)인 것으로 논의되었다(홍진옥,「담정 김려 문학 연구」, 서울대학교 박사학위 논문, 2021). 그러나 이 책에서 다루는 내용은 두 문집 간에 누락된 부분이 없으며, 글자의 출입도 적었다. 이 때문에 보편적으로 잘 알려진 판본임을 감안하여,『담정유고』를 참고하였다.

[65] 『담정유고』권11「제송와잡기권후(題松窩雜記卷後)」,「제부계기문권후(題涪溪紀聞卷後)」를 통해 알 수 있다.

[66] 허준구, 앞의 논문, 321쪽.

[67] 허경진, 앞의 논문, 2005, 330쪽. 한편, 이경수,「김려의 생애와「단량패사(丹良稗史)」의 문학적 성격」,『국어국문학』92집, 1984, 95쪽에서는『한고관외사』의 편찬연대를 1814년부터 1818년으로,『창가루외사』의 편찬연대를 1807년부터 1818년으로 추정하였다.

[68] 장서각본의 서지사항은 다음과 같다. 金鑢(朝鮮) 編, 筆寫本, [刊寫地未詳] : [刊寫者未詳], [1819(純祖 19)], 線裝 140卷 70冊 中 97卷 50冊存(卷7-12, 23-32, 34, 49-50, 55-56, 59-60, 71-72, 75-76,

다. 특히 장서각본 『한고관외사』는 제1책에 총목록이 수록되어 있어서, 전체 책 수와 개별 야사의 수록 상황을 파악하기 용이하다. 다만, 장서각본과 하버드대본 모두 제4~6책, 제16책의 네 책이 결본이기 때문에 해당 부분의 내용은 확인할 수 없다.

『창가루외사』는 현재 연세대본(고서(귀) 370 0)[70]과 고려대본(육당B2-A76-2, 4, 8, 15)[71]이 있다. 김려의 문집인 『담정유고』에는 「창가루외사제후(倉可樓外史題後)」라는 글이 실려 있는데, 이를 통해 『창가루외사』에 수록된 서적이 총 7종임을 알 수 있다. 그 7종의 서명은 아래의 〈표 3-5〉와 같다. 다만, 고려대학교 소장본은 7종 내에 포함되지 않은 『조야첨재(朝野僉載)』이므로, 다른 이본이 있었는지, 단순한 동명의 서적일 뿐인지에 대한 의문이 생긴다. 연세대학교 소장본은 위의 7종 중 5종에 해당하는 내용을 수록하고 있으며, 소장본 내에 「김려인(金鑢印)」이란 인장이 날인되어 있어서 더욱 신빙성을 갖는다. 이에 따라 여기서는 연세대본만을 소개하기로 한다.

『한고관외사』에 수록된 야사의 소수서목은 다음과 같이 86종이다.[72]

81-84, 95-96, 101-102, 115-116, 123-124, 129-130, 137-138, 43卷 20冊缺) : 四周雙邊, 半郭 17.4×12.2cm, 烏絲欄, 半葉 10行20字, 註雙行, 上下向 二葉花紋魚尾; 26.2×16.5cm.
[69] 하버드대본의 서지사항은 다음과 같다. 金鑢(朝鮮) 編, 筆寫本, [刊寫地未詳] : [刊寫者未詳], 1820(純祖 20), 線裝 140卷 70冊 中 130卷 65冊存(卷7-12, 21-22, 31-32, 10卷 5冊缺) : 四周雙邊, 有界, 半葉 10行20字, 註雙行, 上下向 二葉花紋魚尾.
[70] 연세대본의 서지사항은 다음과 같다. 金鑢(朝鮮) 編, 筆寫本, [刊寫地未詳] : [刊寫者未詳], [1820(純祖 20)], 148卷 74冊 中 122卷 61冊存(2-12, 43, 45冊, 24卷 13冊缺) : 四周雙邊 半郭 17.5×12.4cm, 有界, 半葉 10行20字 註雙行, 上大黑口, 上下向黑魚尾 ; 26.0×15.5cm.
[71] 고려대본의 서지사항은 다음과 같다. 金鑢(朝鮮) 編, 筆寫本, [刊寫地未詳] : [刊寫者未詳], [1820(純祖 20)], 8卷 4冊存(零本, 全47冊) : 四周雙邊 半郭 17.5×12.2cm, 有界, 10行20字 ; 25.6×15.9cm.
[72] 종수의 계산은 부기되어 있는 문헌도 각각 한 종으로 계산하였다. 이는 부기된 문헌이 다른 야사총서에서는 별개의 한종으로 수록되어 있는 경우도 있어 대표 서명으로만 계산할 경우 부기된 문헌이 누락될 우려가 있기 때문이다. 다만, 앞서 『대동야승』에서 살펴본 바와 같이 「음애일기」는 모든 야사총서에서 동일한 구성으로 나타나기 때문에 1종으로 계산하였다.
『한고관외사』의 목록과 실제 책으로 파악된 86종 외에 2종의 야사가 더 수록되어 있을 것으로 추정된다. 자세한 내용은 '5장 1. 『한고관외사』의 보완'에서 다룰 예정이다.

<표 3-4> 『한고관외사』 소수서목

순번	서명	순번	서명
1	『艮翁疣墨』	44	『松窩雜說』
2	『甲辰漫錄』	45	『壽春雜記』
3	『江都三忠傳』	46	『時政錄』
4	『彊域關防圖說』	47	『辛卯記事』
5	『癸甲日錄』	48	『良役變通議』
6	『癸未記事』	49	『燕行雜識』
7	『谷雲雜錄』	50	『五山說林』
8	『公私聞見錄』	51	『梧陰雜說』
9	『關北紀聞』	52	『王人姓名記』
10	『己卯黨籍錄』	53	『龍泉談寂記』
11	『畸翁漫筆』	54	『牛山問答』[73]
12	『寄齋雜記』	55	『雲巖雜錄』
13	『己丑記事』	56	『月汀漫筆』
14	『己丑錄』	57	『魏義士傳』
15	『南遷日錄』	58	『留齋行年記』
16	『鷺梁江上錄』	59	『柳川劄記』
17	『東閣雜記』	60	『陰厓日記』
18	『東岡講義』	61	『李氏西征錄』
19	『東溪雜錄』	62	『壬丁事蹟』
20	『錄金貴千顚末』	63	『壬辰遺事』
21	『梅溪叢話』	64	『紫海筆談』
22	『梅翁閒錄』	65	『靖陵志略』
23	『買還問答』	66	『征倭雜志』
24	『名山秘藏』	67	『諸公事蹟』
25	『聞詔漫錄』	68	『淸江思齊錄』
26	『眉巖日記』	69	『淸江瑣語』
27	『白野記聞』	70	『淸江詩話』
28	『丙辰丁巳錄』	71	『啽囈軟談』
29	『病後漫錄』	72	『靑坡劇談』
30	『涪溪記聞』	73	『秋江冷話』

[73] 『한고관외사』에는 서명이 '우산답문(牛山答問)'으로 되어 있다.

31	『北遷日錄』	74	『退憂漫筆』
32	『師友鑑戒』	75	『破睡雜記』
33	『師友名行錄』	76	『稗官雜記』
34	『思齋摭言』	77	『筆苑雜記』
35	『山中獨言』	78	『荷潭破寂錄』
36	『三寃記事』	79	『河西言行述』
37	『喪禮定式』	80	『鶴山樵談』
38	『石潭日記』	81	『寒泉三官記』
39	『謏聞瑣錄』	82	『海東樂府』
40	『疎齋漫錄』	83	『玄湖瑣語錄』
41	『遜齋日記』[74]	84	『黃兎記事』
42	『松江行錄』	85	『效顰雜記』
43	『松溪漫錄』	86	『休翁自序』

『창가루외사』에 수록된 야사의 소수서목은 다음과 같이 모두 7종이다.[75]

<표 3-5> 『창가루외사』 소수서목

순번	서명	순번	서명
1	『癸甲時事錄』	5	『石潭日記』
2	『國朝名臣錄』	6	『李相國日記』
3	『東閣散錄』	7	『再造藩邦志』
4	『東史提綱』		

3) 다른 야사총서 소수서목과의 대조 및 김려 야사총서의 특징

『한고관외사』와 다른 야사총서를 대조한 결과 『한고관외사』에만 수록되

---

[74] 같은 일기의 서명이 『한고관외사』에는 '손재일기(遜齋日記)'로, 『패림』에는 '둔재일기(遯齋日記)'로 되어 있다. 저자는 이준(李濬)으로 동일하다. 여기서는 야사총서의 편찬 연도 선후에 따라 서명을 '손재일기'로 통일하겠다.

[75] 이는 영신아카데미 한국학연구소 편, 앞의 책, 1976과 정형우, 앞의 논문, 1971a에서 언급된 바 있다.

어 있는 야사는 9종으로, 전체의 약 10% 정도가 다른 야사총서에는 없는 자료이다. 이는 『한고관외사』에서 단독으로 볼 수 있는 야사가 적음을 의미하는 한편, 다른 야사총서들과 공통으로 수록하고 있는 야사가 있다는 것으로 그만큼 영향 관계가 깊다는 것을 의미한다. 앞에서 살펴보았던 『대동야승』, 『아주잡록』, 『청구패설』이 다른 야사총서와 공통으로 수록하고 있는 야사가 적었다는 점을 고려한다면, 『한고관외사』가 이후의 야사총서에 많은 영향을 미쳤음을 알 수 있다.

『창가루외사』와 다른 야사총서를 대조한 결과 『창가루외사』에만 수록된 야사는 2종이다. 이는 비율로 생각하면, 1/3정도지만, 전체가 7종에 불과하므로 의미를 부여하기 힘들 것이다. 특이한 것은 『한고관외사』와 『창가루외사』 모두 김려가 편찬한 야사총서로, 둘을 다른 총서로 구분한 의도가 있었을 것이나, 『석담일기』는 두 야사총서 모두에 수록되어 있다는 점이다. 또한 『석담일기』는 이 책의 연구 대상인 18~19세기 야사총서 대부분에 공통으로 수록된 책인 만큼 그 중요성을 추측할 수 있다.[76]

김려의 야사총서가 이전 시기의 야사총서들과 구분되는 점은 야사총서 편찬 과정과 연관시켜 생각할 수 있다. 그의 야사총서는 크게 3단계를 거쳐 편찬되었는데, 첫 번째 야사의 선별, 두 번째 선본의 선정, 세 번째 야사 내용에 대한 주석작업이다.[77]

먼저 야사의 선별은 그가 야사총서 내 야사의 뒷부분에 쓴 제후문을 통해 엿볼 수 있다. 김려는 오로지 역사적 자료로서의 가치로서 야사총서에 수록될 야사를 결정하였는데, 『관북기문關北紀聞』의 경우는 주승州乘이나 현지縣誌 등을 통해 관북 지방 9읍에 대한 연혁과 홍폐의 대략을 기록하고 있다.

---

[76] 『한고관외사』와 『창가루외사』를 김려 저술의 동일한 야사총서로 볼 경우도 모든 야사총서가 수록하고 있는 야사는 『하담파적록』 1종이며, 그 외에 『청구패설』을 제외한 나머지 야사총서에서 함께 수록하고 있는 야사는 『계갑일록(癸甲日錄)』, 『기재잡기(寄齋雜記)』, 『석담일기(石潭日記)』, 『송와잡설(松窩雜說)』, 『운암잡록(雲巖雜錄)』의 5종이다.
[77] 특히 주석작업은 김려의 야사총서에 영향을 받은 『대동패림』과 『패림』에 까지 전승되는 필사 형태로, 상호간의 영향 관계에 대해 파악할 수 있는 주된 요소라 할 수 있다.

내용 모두가 역사적 가치를 갖기는 어려움에도 불구하고, 김려는 이 중 일부라도 후세의 역사가들이 역사적 자료로 활용할 수 있게 했다.[78] 또한 세교世敎나 교화敎化, 고증考證 등의 필요성도 고려하여 야사를 취사하기도 했다. 안방준安邦俊(1573~1654)의 『우산문답牛山問答』과 심광세沈光世(1577~1624)의 『해동악부』가 세교를 위해 수록한 사례로, 『우산문답』이 세교에 도움이 되고자 수록했던 것[79]과 달리 『해동악부』는 국조사실과 연계되는 사실로서 가치를 인정하기도 했다.[80] 김려가 고증을 직접하거나 후세에 자료를 검증하는데 도움을 주고자 야사를 수록한 경우도 있다. 『동강강의東岡講義』에 대해 네 가지 증거를 들어 현재 남아 있는 부분이 원본의 백분의 일밖에 되지 않을 것이라 주장하기도 했고,[81] 『갑진만록』은 이름에 대해 고증한 뒤 자료 부실로 부족한 점에 대해 후대 학자에게 고증을 요청하기도 했다.[82] 그리고 역사적 자료로 가치가 적은 시화집이나 기타 저작은 앞에서 살펴본 바[83]와 같이 「제사재척언권후題思齋摭言卷後」의 도사간금淘沙揀金의 개념에 따라 취사 여부를 판단하였다. 이 때문에 『한고관외사』에 『청창연담』,[84] 『오산실림五山說林』[85]을 수록하게 되었다.[86]

두 번째 선본의 선정에 대한 노력 역시 제후문을 통해 파악할 수 있다.

---

78 『藫庭遺藁』 卷11, 「題關北紀聞卷後」. "使後之秉蘭臺木天之權者, 有所取裁焉."
79 『藫庭遺藁』 卷11, 「題牛山答問卷後」. "安公所著三篇, 多有關有補於世敎者."
80 『藫庭遺藁』 卷11, 「題海東樂府卷後」. "且其卜十餘則, 皆縲國朝事實, 故茲敢錄, 付諸外史."
81 『藫庭遺藁』 卷11, 「題海東樂府卷後」. "…(前略) 此刪削之驗四也. 蓋仔細考證, 如此類甚衆, 僅存原本百分之一."
82 『藫庭遺藁』 卷11, 「題甲辰漫錄卷後」. "仍以當初起草時題目名之, 爲甲辰漫錄者是也, 讀者宜詳之. 且此本得於人家覆瓿之餘, 紙毛漫漶, 又多誤字落書, 幾不可解, 艱辛校正, 釐爲一卷, 然猶有未盡, 後之君子若得淨本, 更加攷證則幸矣."
83 '2장. 1. 야사의 정의, 3) 수록 야사를 통해본 야사총서의 정의'에서 김려의 야사 취사에 대한 고민을 살펴보았다.
84 『藫庭遺藁』 卷11, 「題晴窓輭談卷後」. "其所錄一二有可以補史料者, 故初欲抄其要語, 以付外史. 更思之, 古人成書, 不可妄加刪節, 故依其原本, 移寫靜紙."
85 『藫庭遺藁』 卷11, 「題五山說林卷後」. "且其爲書, 三分之二則詩話, 一則古事. 而所謂古事, 多齊東之言. 然亦不無一二可采者, 若叙李蓂玉本末及花潭語錄, 其有補於史家不少."
86 허준구, 「「한고관외사제후」 분석을 통해 본 김려의 야사편찬과 인식」, 『국어국문학논총 : 석우 김민일박사 화갑기념』, 322~325쪽.

야사를 편집하기 위해서는 선본을 입수하는 것이 가장 중요했는데, 이 과정에서도 여러 고난이 있었다. 『갑진만록』을 구하기 위해 인가를 뒤졌으나, 보존상태가 좋지 않아 글자 판별이 힘들었으며, 오탈자가 있어 교정을 거쳐야 했고,[87] 『하서언행술河西言行述』을 구하기 위해 몸져 누워있던 산방山房에서 직접 자료를 찾아다니기도 했다.[88] 수록 대상 야사를 구하기 위해 주변 사람들에게 도움을 받기도 했는데, 이치수李穉粹, 심치홍沈致弘, 유자범兪子範, 한이중韓頤仲, 이재순李在純 등을 들 수 있다. 이치수에게서는 『패관잡기』·『한천삼관기』[89] 등을, 심치홍에게서는 『관북기문』[90]을, 유자범에게서 『매환문답』·『기축기사』[91] 등을, 한이중에게서 『송와잡설松窩雜說』·『계갑시사록癸甲時事錄』[92] 등을, 이재순에게서 『기재잡기寄齋雜記』·『계갑시사록』[93]을 얻었다.

또한, 수록할 야사의 판본과 작품 편수를 정확히 고증하여, 해당 야사의 원작자를 검증하여 확정하였는데, 『국조명신록國朝名臣錄』에 대해 저자를 확인하고, 정확한 판본의 수를 고증하기 위해 주변 사람을 통해 수소문하기도 하는 등 실사작업을 진행하였다.[94] 간혹 유사한 자료가 발견되면, 다른

---

[87] 『潭庭遺藁』 卷11, 「題甲辰漫錄卷後」.
[88] 『潭庭遺藁』 卷11, 「題河西言行述卷後」. "病臥山屋, 乞書於隣人, 有以河西言行述數十張借之者. 敬讀再三, 怳如扣寒門而灑淸飈矣."
[89] 『潭庭遺藁』 卷11, 「題稗官雜史卷後」. "今於李友穉粹許, 借得其完帙."; 『潭庭遺藁』 卷11, 「題稗官雜史卷後」. "後又借善本於李穉粹, 略加校讐, 書于紙頭."
[90] 『潭庭遺藁』 卷11, 「題關北紀聞卷後」. "近從宜春宰沈侯致弘, 又得其所謂關北紀聞者."
[91] 『潭庭遺藁』 卷11, 「題己丑記事卷後」. "余年前於兪矣子範家, 得見安牛山所著買還問答等書, 不覺犂然喜也. …(中略)… 今又得己丑辛卯兩記事."
[92] 『潭庭遺藁』 卷11, 「題艮翁抗墨卷後」. "余於年前, 於韓侍郎頤仲許, 得松窩雜說二卷, 謄付外史."; 『潭庭遺藁』 卷11, 「題癸甲時事錄卷後」. "余曾於韓今舍裕頤仲許, 得辛喜業所輯癸甲時事錄九卷三冊, 謄付外史矣. 近於李侯在純家, 得癸甲錄二十九卷. 蓋九卷, 卽前所得者, 而其下二十卷, 乃後人添錄者也."
[93] 『潭庭遺藁』 卷11, 「題寄齋襍記卷後」. "昨年秋, 借金川李使君在純所莊一帙, 取而讀之."; 『潭庭遺藁』 卷11, 「題癸甲時事錄卷後」.
[94] 『潭庭遺藁』 卷11, 「題國朝名臣錄卷後」. "故芝汀元侍郎孺良家所莊國朝名臣錄, 不著誰人所述. 傳者以爲荷堂李公存中所纂. 余聞淸道倅金侯箕書言, 以爲其從叔縣令諱相聖之所輯錄, 而成於荷堂之手. 想當然, 書凡三十卷. 芋谷朴台借去, 逸其六編, 金·李俱後承不慧, 草藁已無存者, 惜哉."

이본과 체제 및 내용 등을 비교하여 정본을 추론하기도 했다. 김려는 이전에 이기李𣅁의 『송와잡설』을 편집했는데, 1817년 연산현감으로 부임했을 때 마을 서당에서 동일한 내용을 가진 『간옹우묵』을 발견하고, 빠진 내용을 초출抄出하여 수록하였다.[95] 이렇듯 김려는 여러 방면에서 고찰을 거쳐 『한고관외사』와 『창가루외사』에 선본을 선정하여 보다 정확한 야사를 남기고자 하였다.

세 번째 김려는 야사 내용에 대한 주석작업을 진행하였다. 앞서 살펴본 바와 같이 김려는 야사를 정리하며 필사자를 동원하여, 원본 그대로를 필사하지 않고, 여러 이본 가운데 선본을 찾아 정사하고, 이에 대한 교감·주석 작업을 꼼꼼히 진행하였다. 그리고 이러한 정리의 과정과 각 개별 야사의 장단점에 대한 평을 제후문에 기재하였다. 이는 기존에 야사만을 모아 필사하기만 했던 단계에서 한 단계 진보된 것으로, 내용까지 취사 선택하여 변개變改하고, 결본은 해당 야사의 이본을 참고하여 첨가하고, 본문 옆과 상단에 두주頭註나 협주夾註를 통해 교감사항이나 야사에 등장하는 인물에 대한 주석을 기재하였다.[96] 이를 통해 내용의 보충은 물론, 독자로 하여금 야사의 내용을 이해하기 쉽게 하려는 의도가 있었음을 알 수 있다. 이러한 작업들은 김려 외 다른 야사총서 편찬자들은 시도하지 못했던 것으로, 김려 야사총서군 내에서 이어지는 특징이라 할 수 있다.

---

[95] 박준원, 「김려의 야사류 편집의식」, 『한문고전의 문화해석』, 1999, 37~53쪽.
[96] 안대회, 앞의 논문, 1992, 146~148쪽.

5. 『대동패림大東稗林』

1) 편자와 편찬연대

『대동패림』은 효전孝田 심노숭沈魯崇(1762~1837)이 편찬한 야사총서이다. 심노숭은 조선 후기의 문신으로 본관은 청송靑松, 자는 태등泰登, 호는 몽산거사夢山居士, 효전이다. 조부는 심형운沈亨雲이며, 부친은 심낙수沈樂洙이다. 1790년(정조 14) 진사에 입격入格하였고, 1797년(정조 21) 참봉에 임명되었다. 부친인 심낙수는 시파時派의 일원으로서 벽파僻派를 공격하는데 앞장섰던 인물로, 벽파가 정권을 잡게 되자 심낙수의 관직은 추삭追削되었고, 이 영향으로 심노숭 역시 1801년(순조 1) 2월 경남 기장현으로 유배되었다. 그 후 1806년(순조 6)에 벽파가 세력을 잃자, 심노숭도 해배되었다. 본격적인 벼슬 생활은 1815년(순조 15) 형조정랑刑曹正郞을 시작으로 논산현감論山縣監, 천안군수天安郡守, 광주판관廣州判官, 임천군수林川郡守 등을 역임하였다. 그리고 1825년(순조 25) 임천군수에서 파직된 후 파주에서 지내다가 생을 마감했다.

그의 문집인 『효전산고孝田散稿』에 따르면, 그는 일찍이 그의 아우인 심노암沈魯巖과 함께 야사총서를 만들려 했으나, 심노암이 1811년(순조 11) 세상을 떠나자 결국 혼자서 야사총서를 편집하게 된다.[97] 이는 1816년(순조 16) 그가 논산현감으로 부임한 이후에 본격적으로 시작되었다. 그는 논산에 거주하던 겸달兼達이 소장한 수백 권의 야사를 빌려 베끼려 하기도 했고, 홍중인이 편찬한 『아주잡록』의 원본과 『시화휘편』 등을 후손인 홍서모洪書模에게 빌려 보기도 했다. 『대동패림』의 편찬에 가장 많은 영향을 미친 것은

---

[97] 『孝田散稿』第30冊, 「貽後錄」爲學條. "余與弟田自幼少夙有記聞之癖, 聞掌古家蓄書, 百計求之, 至有得於人家廟中之藏, 世之禁書秘錄多見之, … 吾兄弟嘗有意國朝史傳, 卒憂患世故, 志未就, 而弟田且沒矣, 此爲余沒身之痛…."; 『孝田散稿』第1冊, 「愼生下進士第」. "…嘗約生共修東國史傳, 末篇及之."

담정 김려와의 교류였다. 심노숭은 1818년(순조 18) 광주판관으로 재직하면서 김려의 야사총서를 빌려보는 한편, 글씨를 잘 쓰는 아전들을 동원하여 선사 작업을 시작하였다. 이 선사 작업은 김려의 사후에도 이어진 것으로 보이는데, 김경선金景先[98]에게 보낸 편지에서 김경선이 김려에게 빌려간 『한고관외사』를 빌려다 전사하고자 함을 밝히고 있기 때문이다.[99] 이를 미뤄볼 때 『대동패림』은 김려가 세상을 떠난 1821년(순조 21) 이후 완성된 것으로 추정된다.

2) 서지사항과 소수서목

『대동패림』은 현재 정가당문고본(18052-125-94-1~7)[100]이 전해진다. 총 125책으로, 심노숭의 수택본이다. 하상비下象鼻 부분에 '효전당장서孝田堂藏書'나 '효전당장孝田堂藏'이 찍혀진 목판 인찰공책지를 사용하여 필사하였다.[101] 일부 서적에는 「청송심노숭인靑松沈魯崇印」이나 「효전孝田」의 인장이, 『기재잡기』에는 「형운亨雲」이라는 심노숭의 조부인 심형운 인장이 날인되어 있다. 그리고 같은 인찰공책지를 사용한 『대동패림』의 일부가 러시아 상트페테르부르크대 도서관에 『수서잡지』(xyl.1894)[102] 6책이 소장되어 있다.[103]

---

[98] 김경선(金景先)은 김유근(金逌根)으로, 김조순(金祖淳)의 아들이다. 김경선이 김려로부터 『한고관외사』를 빌려서 가지고 있었으므로, 김려의 친척인 석간공(石間公) 김명원(金明遠)을 통해 김경선에게 부탁했다.

[99] 『孝田散稿』第29冊, 「與金景先」. "『寒皐外史』之借在貴藏者, 凤意傳寫, 與其主故友成言宿矣. 椿手不得, 遅至于今, 今則有物是人非之歎, 不勝慨歎, 然府賜繕寫者頗多, 不過數月, 可以了工夫, 此不圖爲未死之恨, 不齊如晉公『漢書』・向因石間公, 替達得蒙肯諾, 日前歸時, 亦有相托原帙, 幷望照數投付, 此在故友平生精力護持之勤, 理無彼此, 可以諒之."

[100] 정가당문고본의 서지사항은 다음과 같다. 沈魯崇(朝鮮) 編, 筆寫本, [刊寫地未詳]: [刊寫者未詳], [1821(純祖 21)以後], 線裝 125冊: 四周雙邊, 半郭 19.6×13.8㎝, 烏絲欄, 半葉 10行20字, 註雙行, 上下内向 二葉花紋魚尾; 27.6×18.1㎝.

[101] 개인원고지(個人原稿紙)를 사용한다는 것은 어느 정도 명망 있는 문인이라는 반증(反證)이 된다. 일정 수준 이상의 문인, 저술가라는 자타(自他)의 인정이 없이 개인원고지는 쓰지 않는 것이 당시의 관례였기 때문이다(김영진, 「조선 후기 실학파의 총서 편찬과 그 의미」, 『한국 한문학 연구의 새 지평』, 소명출판, 2005, 958쪽).

『대동패림』에 수록된 야사의 소수서목은 다음의 82종이다.[104]

〈표 3-6〉『대동패림』 소수서목

순번	서명	순번	서명
1	『甲寅錄』	42	『詩話彙編』
2	『甲辰漫錄』	43	『辛卯記事』
3	『江都錄』	44	『輕對說話』
4	『癸甲錄』	45	『良賤辨別記』
5	『癸甲日錄』	46	『陽坡年記』
6	『關北紀聞』	47	『列朝紀事』
7	『掛一錄』	48	『梧陰雜說』
8	『構禍事蹟』	49	『龍泉談寂記』
9	『己卯黨籍錄』	50	『愚得錄』
10	『寄齋雜記』	51	『牛山問答』
11	『己丑記事』	52	『雲巖雜錄』
12	『己丑獄事』[105]	53	『月汀漫筆』
13	『吉昌君銀臺日記』	54	『柳川箚記』
14	『羅金往復書』	55	『尹惟懷驪始末』
15	『東閣散錄』	56	『銀臺史綱』
16	『東閣雜記』	57	『陰匡日記』
17	『桐巢漫錄』	58	『李相國日記』
18	『錄金貴千顚末』	59	『二旬錄』
19	『梅溪叢話』	60	『壬丁事蹟』

---

[102] 상트페테르부르크대본의 서지사항은 다음과 같다. 沈魯崇(朝鮮) 編, 筆寫本, [刊寫地未詳] : [刊寫者未詳], [1821(純祖 21)以後], 線裝 6冊(零本) : 四周雙邊, 烏絲欄, 半葉 10行20字, 註雙行, 上下內向二葉花紋魚尾; 27.2×18.2㎝. 이혜은, 「구한말 러시아의 한국고서 수집 양상-러시아 상트페테르부르크 국립대학과 동방학연구소 소장본을 중심으로」, 『러시아와 영국에 있는 한국전적』 2(연구편, 자료의 성격과 가치), 국외소재문화재재단, 2015, 42쪽에 따르면, xyl.은 xylography의 약자인데 일반적으로 수집본에 이 기호를 사용하였다고 한다.
[103] 그 외에도 같은 인찰공책지를 사용하여 작성한 장서각 소장 『간정기사(艮廷記事)』(K2-152), 동일한 『대동패림』의 총서명을 한 동양문고 소장 『수서잡지』(Ⅶ-3-131), 버클리대학교 동아시아도서관 소장 『아아록(我我錄)』(15.7)과 『기사록(己巳錄)』(3480.3.1118), 연세대학교 소장 『대동패림』(고서(I) 811.8 대동패 필) 등이 있다. 이에 대한 논의는 5장에서 살펴보려 한다.
[104] 『대동패림』의 종수는 러시아 상트페테르부르대 도서관 소장본까지 포함하여 계산하였다.
[105] 『대동패림』에는 서명이 '기축옥안(己丑獄案)'으로 되어 있다.

20	『買還問答』	61	『定辨錄』
21	『名山祕藏』	62	『諸公事蹟』
22	『明村雜錄』	63	『竹窓閒話』[106]
23	『戊午黨籍錄』	64	『芝村箚問』
24	『聞韶漫錄』	65	『晉興君日記』
25	『眉巖日記』	66	『菁川日記』
26	『丙辰丁巳錄』	67	『靑坡劇談』
27	『涪溪記聞』	68	『秋江冷話』
28	『北遷日錄』	69	『忠逆辨』
29	『師友監戒』	70	『澤堂家訓』[107]
30	『師友名行錄』	71	『破睡雜記』
31	『思齋摭言』	72	『稗官雜記』
32	『史禍顚末』	73	『楓巖輯話』
33	『三冤記事』	74	『筆苑雜記』
34	『西郭雜錄』	75	『荷潭破寂錄』
35	『石潭日記』	76	『鶴林雜錄』
36	『謏聞瑣錄』	77	『玄洲漫恩錄』
37	『松江行錄』	78	『黃江問答』
38	『松溪漫錄』	79	『黃芝川行狀』
39	『初聞記述』	80	『黃兎記事』
40	『松窩雜說』	81	『晦隱瑣錄』
41	『慥書雜志』	82	『效嚬雜記』

3) 다른 야사총서 소수서목과의 대조 및 『대동패림』의 특징

『대동패림』과 다른 야사총서를 대조한 결과 『대동패림』에만 수록된 야사는 4종이다.[108] 이는 『대동패림』의 전체 중 대략 5%에 불과하다. 역시 앞의

---

[106] 『대동패림』에는 서명이 '죽천일기(竹泉日記)'로 되어 있다.
[107] 『대동패림』에는 서명이 '택당가록(澤堂家錄)'으로 되어 있으나, 다른 야사총서와의 서명 비교를 위해 '택당가훈(澤堂家訓)'으로 통일했다.
[108] 이 중 『무오당적록(戊午黨籍錄)』과 『사화전말(史禍顚末)』은 『대동패림』에서 『병진정사록(丙辰丁巳錄)』에 부기되어 있다. 『대동패림』은 그 편찬 과정에서 『한고관외사』의 영향을 많이 받은 것으로 보이는데, 『병진정사록』 역시 두 야사총서 모두에 수록되어 있는 책이다. 그런데 『한고관외사』

『한고관외사』의 사례와 마찬가지로, 『한고관외사』와 『패림』과의 영향 관계가 깊기 때문이라 할 수 있다. 더욱 구체적으로 살펴본다면, 『한고관외사』와 공통으로 수록하고 있는 야사는 44종, 『패림』과 공통으로 수록하고 있는 야사가 70종이다. 『한고관외사』와 『대동패림』, 『패림』은 모두 19세기에 출현한 야사총서로 김려와 심노숭이 서로 교유관계가 있었고, 편찬을 마친 시기가 비슷한 만큼 영향 관계가 깊었음을 알 수 있다.

『대동패림』이 다른 야사총서와 구분되는 점은 심노숭의 역할과 『대동패림』의 유포와 구성의 3가지 측면에서 확인할 수 있다. 앞에서 기재한 바와 같이 심노숭은 『대동패림』을 편찬하며, 김려의 야사총서에 가장 많은 영향을 받은 동시에, 가장 먼저 영향을 받았다. 김려가 선별하여 야사총서에 수록한 야사의 대부분을 『대동패림』에 그대로 수록하면서도, 한편으로는 김려의 야사총서에 수록되어 있지 않은 야사를 다른 야사총서를 참고하여 수록하였다. 또 한편으로는 아버지의 저서인 『정변록』을 자신이 편집하고, 주석함으로써 스스로가 야사 편찬에 참여하는 적극적인 면모를 보였다. 김려의 역할이 야사의 수집자인 동시에 선별자였다면, 심노숭은 거기에 창작자로서의 역할을 겸했다고 할 수 있다. 또한 심노숭은 전달자의 역할을 수행했는데, 김려의 야사총서를 수용하여 이를 다시 『패림』으로 전달함으로써, 김려의 야사총서군이 성립할 수 있게 했다. 당시 김려의 『한고관외사』 역시 지인들 사이에서는 돌려보는 단계였으나,[109] 심노숭이 『대동패림』에 수록하여 『패림』으로 이어짐으로써 야사총서군으로 발전할 수 있었다.

『대동패림』은 심노숭의 야사벽에 따라 편찬되었으나, 유포되지는 않았던 것으로 추정된다. 『패림』을 제외하고는 『대동패림』의 영향을 받은 야사총

의 목록을 통해 『병진정사록』이 수록되어 있다는 것은 알 수 있지만, 현재 해당 책이 결본인 상태이다. 따라서 『무오당적록』과 『사화전말』 역시 『한고관외사』에 수록되어 있었을 가능성도 배제할 수는 없다. 이에 대한 자세한 내용은 5장에서 살펴볼 예정이다.

[109] 앞에서 살펴본 바와 같이 『한고관외사』는 장서각본과 하버드대본 2종이 남아있다. 안대회, 「하버드대본 『한고관외사』의 자료적 가치」, 『한고관외사』 5, 2002, 5~17쪽에서는 이 가운데 하버드대본을 『한고관외사』의 원본으로 추정하였고, 장서각본은 김조순 집안에서 전사했을 것으로 추정하였다.

서가 없으며, 이본 또한 손에 꼽을 정도이기 때문이다. 그러나 『대동패림』 자체는 이미 정리의 단계를 거쳤고, 『청구패설』과 같이 가장용을 염두에 두었다는 기록도 보이지 않는다. 따라서 심노숭의 의도가 아닌 다른 요소가 작용했을 가능성에 대해 생각해 볼 수 있을 것이다. 심노숭은 69세에 유배 가게 되는데, 그 이유는 「이후록貽後錄」의 공업조功業條에 있는 글이 외부로 유출되면서 사문斯文에 물의를 일으켰기 때문이다.[110] 이와 관련한 내용이 현재 『순조실록』에 남아 있다.

성균관에서 유생이 권당捲堂하여 마음에 품은 바를 진달하기를,
"근자에 사복시판관司僕寺判官 심노숭이 저술한 『효전산고』 가운데 언급한 바가 사리에 어긋나므로 온 세상에 떠들썩하게 전파되기 때문에 원본을 가져다 보니, 그 기록에 이르기를, '국가의 제도가 과거를 중요하게 여겨 선조穆陵 이전의 선생이나 장자長者가 이 길을 경유하여 진출하지 않은 이가 없었다. 그런데 인조가 반정한 뒤로는 장상將相과 대신大臣은 모두 가까운 인척姻戚이나 공로가 있는 구신舊臣이 하는 것으로 임금의 마음에 만족스럽지 않은 경우가 많았으므로, 기용되기를 생각하면서 자중自重하던 인사들의 마음 또한 경솔하게 진취할 뜻이 없어지게 되고 일반 선비들도 과거에 응시하지 않는 것을 고상하게 여기고, 위에서는 반드시 과거에 응시하지 않은 사람을 얻는 것을 귀하게 여겼으므로 연마하는 권한이 위에 있지 않고 선비들에게 있어 거침없이 심지어 평생토록 사모紗帽를 착용해 보지도 않다가 지위가 상공으로 올라가니, 이는 천고의 국가에서 없었던 바입니다. 그래서 인위적인 일이 멋대로 행해지고 진실된 기풍이 날마다 흩어져, 근고近古로 오면서 모두 문음門蔭의

---

[110] 현재 『효전산고』 30책 「이후록」에는 이러한 글이 없으나, 『효전산고』 32책 「악몽록(噩夢錄)」 속에 이후록서(貽後錄敍)와 과환(科宦)·공업(功業)·교유조(交遊條)의 원본이 실려 있다. 이 글은 1824년 무렵 작성된 것으로 추정된다. 1827년 심노숭과 교유했던 김노상(金老商)이 잠시 이 글을 빌려 갔는데, 이를 노론(老論) 벽파(僻派)인 김치인(金致仁), 김종수(金鍾秀) 등과 가까운 친척인, 김숙연(金肅淵)이 훔쳐가 글자를 고쳐서 유학(儒學)과 송시열(宋時烈) 등의 선학(先學)을 모욕했다고 유포함으로써 물의가 일어나게 된 것이다. 심노숭은 이에 대해 김숙연이 자신의 글을 날조·왜곡했음을 변무(辨誣)했으나, 유학을 모욕했다는 비난에 속수무책이었다.

은혜 받기를 바라고 당세黨勢를 의뢰하려고 바라서, 곡진하고 조심스럽게 창야唱喏하며 주注를 달아서 꾸미고 들과 호수 사이에서 거드름을 피우며 서울의 핵심부와 교제를 맺어, 앉아서 임명하는 글을 맞이하는 것이 절차를 옛것으로 미루어 옮기는 것과 너무도 같으며, 파발을 달려 비답하고 회유하는 것이 정승의 지위에 있는 이에게 돈면敎勉하는 것보다 정중함이 있습니다. 그러나 그 속을 살펴보면 어리석게도 가진 것이라고는 아무 것도 없어 진출해서는 여러 집사의 끝자리가 되기도 합니다. 그리고 또 한 가지 일도 잘 마무리 짓지 못하는 자가 함부로 유학이라는 이름으로 빈사賓師라는 높은 지위를 차지하여 겉은 그럴싸하게 꾸몄지만 내면의 재능이 없고 사다새가 다리에 있는 것처럼 능력에 맞지 않아 뒤집혀지고 허물어짐이 서로 잇달게 됩니다. 유학은 사람에게 있어서 큰 근본이고 빈사는 선비에게 있어서 최고의 영광인 것입니다. 그런데 한 차례의 힘도 수고롭게 하지 않고 한 번의 마음도 허비하지 않은 채 여유 있게 그것을 얻기도 하는데, 옛날의 과환科宦은 이와 같지 않습니다. 그 일이 어찌 한 사람이나 한 집안의 재화災禍로 그칠 뿐이겠습니까?" 하였습니다.[111]

이 글은 인조반정 이후 노론을 중심으로 벌열이 공고화되고, 산림이 정치 권력에 결부하여 유학을 칭탁해 위엄만 내세우고 있는 현실을 신랄히 비판한 것이다.[112] 비록 심노숭이 『대동패림』을 편찬한 것은 1821년 무렵이며, 이 사건이 일어난 시기는 1830년으로 시간상의 차이는 있다. 하지만 자신

---

[111] 『純祖實錄』 30년(1830) 윤4월 9일 1번째 기사. "成均館, 以儒生捲堂所懷達言: '今者司僕判官沈魯崇所著孝田散稿中, 所言乖悖, 喧傳一世, 故取見原本, 則其錄有曰, '國制重科第, 穆陵以前, 先生長者, 莫不由此塗進. 仁廟改玉後, 將相大臣, 皆戚昵勳舊, 所爲多不厭上衷, 思用自重之人, 士心亦無輕進之意, 士以不赴擧爲高, 上以必得不赴擧之人爲貴, 磨礪之權, 不在上而在於士, 駸駸至於平生不着帽而位躋上公, 此千古有國之所無也. 大僞肆行, 眞風日散, 近古以來, 要皆承藉門蔭, 倚賴黨勢, 曲謹唱喏, 塗飾箋注, 偃蹇郊湖之間, 締結京洛之中, 坐ւ除書, 殆同節次之推遷, 馳傳批諭, 有重捴地之敎勉. 考其中, 佗伺無一物出, 而爲百執事之末. 且不能了一事者, 冒儒學之名, 據賓師之尊, 檀麟梁鷄, 覆敗相尋. 儒學, 人之大本也, 賓師, 士之至榮也. 不勞一力, 不費一心, 優然得之, 曾科宦之不若, 此其事豈止爲一人一家之禍而已?'"

[112] 김영진, 「효전 심노숭 문학 연구」, 고려대학교 석사학위논문, 1996, 25~27쪽.

의 글을 다른 이에게 보여준 것으로 인해 벌어진 무고誣告에 대해, 심노숭이 경각심을 갖게 되는 계기가 되었을 것으로 추정된다. 이 때문에 『대동패림』은 『아주잡록』이나 『한고관외사』, 『패림』처럼 전체를 전사한 사례가 없이 저자의 원본만 남아 있을 뿐이며, 애초에 『청구패설』과 같이 가장용으로 국한하지 않았음에도 유포된 사례가 적어 현재 확인되는 이본이 적고, 이본이 발견되더라도 일부분만을 전사한 것에 그치게 되었을 것이다.

『대동패림』은 김려의 야사총서를 수용하면서도 전체적 체제에 있어서는 구성을 달리했는데, 먼저 이긍익의 『연려실기술』을 『열조기사』라는 이름으로 원편을 전부 수록하여 『대동패림』은 다른 야사총서와는 달리 기사본말체의 사서와 야사가 공존하는 이중적 야사총서가 되었다.[113] 『열조기사』는 말 그대로 역대 임금의 치세에서 일어난 사건을 기록했다는 뜻이므로 『연려실기술』의 이칭異稱으로 볼 수도 있으나, 여러 야사를 모으면서도 먼저 태조에서부터 자신이 살았던 순조 대까지의 역사를 역대 왕들 순으로 정리하려는 의도에서 사용했던 것으로 추정되기도 한다.[114] 그런데 이 『열조기사』에는 현종대까지의 기사만이 실려있으므로,[115] 뒤이어 『정변록』을 배치함으로써 자신이 살고 있는 당대 이전의 역사를 망라한 뒤, 개별 야사를 수록함으로써 김려의 야사총서와는 구성을 달리했다. 이러한 체계적 변화를 통해 『대동패림』이 김려의 야사총서를 기반으로, 한 걸음 더 나아간 야사총서임을 알 수 있다.

---

[113] 안대회, 앞의 논문, 1991, 11쪽.
[114] 정만조, 앞의 논문, 1993, 75~77쪽.
[115] 정만조, 위의 논문, 76쪽에서는 『열조기사』에는 속집에 해당하는 숙종대의 내용이 없는데, 이는 『대동패림』 편찬 당시에 속집이 만들어지지 않았기 때문으로 추정하였다.

6. 『패림稗林』

1) 편자와 편찬연대

『패림』이 언제 누구에 의해 편찬되었는지는 밝혀진 바 없다. 다만, 한편에서는『패림』의 편찬자가『대동패림』을 소장한 사람에게 거질을 빌려 전사할만큼 친숙한 관계임을 감안하여, 노론측의 인물로 추정하고 있다.[116] 편찬 시기에 대해서는 19세기 중후반으로 추정하고 있는데, 그 이유는『패림』에 수록된『철종기사』의 편찬이 고종의 즉위 이후에나 가능한 일이기 때문이다. 또한『패림』이『대동패림』의 영향을 많이 받았기 때문에,『대동패림』이 편찬된 1821년 이후에 편찬되었음을 알 수 있다.

2) 서지사항과 소수서목

『패림』은 도남陶南 조윤제趙潤濟(1904~1976)가 소장했던 것인데, 현재 영남대학교 중앙도서관 도남문고陶南文庫에 소장되어 있다(911.0094 패림).[117] 조윤제는 소장 경위에 대해 쓰며, 이 책이 유일본임을 밝히고 있다.[118] 그러나 그보다 적은 수량이긴 하나 연세대본(고서(용재) 76 0)[119]과 규장각본(古

---

[116] 안대회, 앞의 논문, 2005, 307쪽.
[117] 영남대본의 서지사항은 다음과 같다. 編者未詳(朝鮮) 編, 筆寫本, [刊寫地未詳] : [刊寫者未詳], [高宗 以後], 線裝 191冊(零本, 全200卷194冊) : 四周雙邊, 半郭 18.7×12.6cm, 有界, 半葉 10行20~22字, 註雙行, 上下向二葉花紋魚尾 ; 27.0×17.5cm.
[118] 조윤제, 「패림해제」,『패림』1책, 탐구당, 1970, 2쪽. "본서(本書)는 원래 개성(開城) 모씨(某氏)의 소장이던 원본을 민모씨(閔某氏, 閔丙奭氏)가 빌어다가 집에 필사(筆士)를 두고 베낀 복사본(覆寫本)이다. 그 후(後) 본서는 민씨로부터 최창학씨(崔昌學氏)에게로 넘어 갔었는데, 그 후 6·25 당시 나는 그 최씨로부터 부산에서 구입한 것인데, 6·25사변으로 인해 개성의 원본은 필시 없어진 것 같으니, 본서야말로 이제 와서는 천하의 유일본이 된 셈이다."
[119] 연세대본의 서지사항은 다음과 같다. 編者未詳(朝鮮) 編, 筆寫本, [刊寫地未詳] : [刊寫者未詳], [高宗 以後, 1930 後寫], 線裝 45冊 : 四周單邊, 半郭 17.5×12.5cm, 烏絲欄, 半葉 10行20字, 註雙行, 無魚尾 ; 23.2×16.2cm.

4250-51-v.1-12)[120]이 있다. 영남대본은 1969년에 탐구당探求堂에서 10책의 영인본으로 편집되어 간행되었다. 『패림』에 수록된 야사는 모두 110종이다.

〈표 3-7〉『패림』 소수서목

순번	서명	순번	서명
1	『艮翁尨毘』	56	『辛壬紀年提要』
2	『甲寅錄』	57	『我我錄』
3	『甲辰漫錄』	58	『鰈對說話』
4	『江都錄』	59	『良役變通議』
5	『癸甲錄』	60	『良弊辨別記』
6	『癸甲日錄』	61	『陽坡年記』
7	『谷雲雜錄』	62	『燕行雜識』
8	『公私聞見錄』	63	『英宗紀事』
9	『關北紀聞』	64	『五山說林』
10	『掛一錄』	65	『梧陰雜記』
11	『構禍事蹟』	66	『龍泉談寂記』
12	『己卯黨籍錄』	67	『愚得錄』
13	『己巳錄』	68	『牛山問答』
14	『畸翁漫筆』	69	『芸窓雜錄』
15	『寄齋雜記』	70	『月汀漫筆』
16	『己丑記事』	71	『魏養士傳』
17	『己丑獄事』[121]	72	『留齋行年記』[122]
18	『羅金往復書』	73	『柳川劄記』
19	『南遷日錄』	74	『尹惟幾騷始末』
20	『鷺梁江上錄』	75	『銀臺史綱』
21	『農叟李公遺稿抄』	76	『陵上日記』
22	『丹巖漫錄』	77	『李相國日記』

[120] 규장각본의 서지사항은 다음과 같다. 編者未詳(朝鮮) 編, 筆寫本, [刊寫地未詳] : [刊寫者未詳], [高宗以後], 線裝 12冊 : 27.2×19.3㎝. 이 책은 본래 『동각산록』으로 『패림』의 일부이다. 규장각에는 이외에도 '패림'을 총서명(叢書名)으로 하는 문헌으로, 『철종기사(哲宗紀事)』(古4250-47), 『진흥군일기(晉興君日記)』(古4250-48), 『이상국일기(李相國日記)』(古4250-49), 『패일록(掛一錄)』(古4250-50), 『추강냉화(秋江冷話)』(古4250-52)가 있다.
[121] 『패림』에는 서명이 '기축옥안(己丑獄案)'으로 되어 있다.
[122] 『패림』에는 서명이 '유재일기(留齋日記)'로 되어 있다.

23	『東閣散錄』	78	『二旬錄』
24	『東閣雜記』	79	『壬丁事蹟』
25	『童蒙筮告』	80	『壬辰遺事』
26	『錄金貴千顚末』	81	『接倭歷年考』
27	『梅翁閒錄』	82	『正宗記事』
28	『買還問答』	83	『諸公事蹟』
29	『名山秘藏』	84	『竹窓閑話』[123]
30	『明村雜錄』	85	『芝村答問』
31	『戊戌辨誣錄』	86	『晋興君日記』
32	『聞詔漫錄』	87	『哲宗記事』
33	『眉巖日記』	88	『清江思齊錄』
34	『白野記聞』	89	『清江瑣語』
35	『病後謾錄』[124]	90	『清江詩話』
36	『涪溪記聞』	91	『晴牎軟談』
37	『北遷日錄』	92	『菁川日記』
38	『師友鑑戒』	93	『青坡劇談』
39	『思齋摭言』	94	『忠逆辨』
40	『山中獨言』	95	『澤堂家訓』
41	『三冤記事』	96	『退憂謾筆』
42	『西郭雜錄』	97	『破睡雜記』
43	『石潭日記』	98	『楓巖輯話』
44	『謏聞瑣錄』	99	『筆苑雜記』
45	『疏齋漫錄』	100	『荷潭破寂錄』
46	『遜齋日記』	101	『鶴林雜錄』
47	『松江行錄』	102	『鶴山樵談』
48	『松溪漫錄』	103	『寒泉三官記』
49	『宋門記述』	104	『憲宗記事』
50	『松窩雜設』	105	『玄洲懷恩錄』
51	『隨聞錄』	106	『黃江問答』
52	『修書雜志』	107	『黃芝川行狀』
53	『壽春雜記』	108	『黃兔記事』
54	『純祖記事』	109	『晦隱瑣錄』
55	『辛卯記事』	110	『效嚬雜記』

[123] 『패림』에는 서명이 '죽천일기(竹泉日記)'로 되어 있다.
[124] 『패림』에는 서명이 '병후만록(病後漫錄)'으로 되어 있다.

3) 다른 야사총서 소수서목과의 대조 및 『패림』의 특징

『패림』과 다른 야사총서를 대조한 결과 『패림』에만 수록된 야사는 10종이다.[125] 이는 『패림』의 전체 중 약 9%이다. 이 역시 『패림』이 『한고관외사』에 영향을 받은 『대동패림』의 영향으로 편찬된 야사총서이기 때문에 도출된 결과라 할 수 있다. 더욱 구체적으로 살펴본다면, 『한고관외사』와 공통으로 수록하고 있는 야사는 64종, 『대동패림』과 공통으로 수록하고 있는 야사가 70종, 세 야사총서가 공통으로 수록하고 있는 야사가 38종이다.

『패림』에 대해 이야기하기 위해서는 『대동패림』과의 관계에 대한 언급이 필요하다. 앞서 편찬 시기 추정에서 살펴본 바와 같이, 『패림』은 『한고관외사』를 직접 보지 않고, 『대동패림』을 기반으로 전사했기 때문이다. 이는 크게 5가지 측면에서 논의된 바 있다.[126]

첫째, 『대동패림』이 김려의 야사총서를 전사하면서, 목록이나 제후문 등을 제외하고 필사했는데, 부주의로 인해 일부 야사에는 김려가 쓴 제후문이 그대로 필사되었다. 그런데 이러한 제후문이 『패림』에서도 동일하게 등장한다.

둘째, 『대동패림』과 『패림』은 모두 각 권 첫 행 맨 위에 총서명을 기재하였는데, 간혹 『패림』에는 '대동패림大東稗林'으로 총서명을 잘못 기재한 경우가 보인다.

셋째, 『대동패림』이 『한고관외사』의 『소문쇄록』을 전사하며, 제3권이 『매계총화』이기 때문에 이를 제외하고 전사하였는데, 이러한 모습이 『패림』에서도 나타난다.

---

[125] 이 중 『영종기사(英宗記事)』, 『정종기사(正宗記事)』, 『순조기사(純祖記事)』, 『헌종기사(憲宗記事)』, 『철종기사(哲宗記事)』는 『대동패림』의 『열조기사』에 영향을 받은 것으로 보이는데, 『열조기사』가 각 왕대를 내부에서 구분하되, 하나의 서명으로 구성했던 것에 비해 『패림』은 이를 모두 별도의 야사로 구별하여 그 종수가 늘어난 것으로 보인다.
[126] 안대회, 앞의 논문, 2005, 308~311쪽.

넷째, 『대동패림』은 총서의 앞부분에 『열조기사』와 『정변록』을 배치했는데, 『패림』에서 같은 편찬체제를 수용하여 『정종기사』부터 『철종기사』까지 4대에 걸친 왕조사[127]를 수록하였다.

다섯째, 『패림』은 『대동패림』을 전사하며, 총서명 또한 유사하게 선택하였다.

이 중 넷째는 편찬 체제상에서 『대동패림』과 유사함을 언급한 부분으로, 이는 『패림』이 『대동패림』을 답습하기만 한 것은 아님을 드러낸 것이다. 하지만 한편으로는 『대동패림』에서 수록한 『열조기사』와 『정변록』이 담고 있는 시대 이후의 왕조사를 수록함으로써, 『대동패림』을 이어받았음을 보여주는 사례로도 볼 수 있을 것이다.

『패림』 소재 야사의 특징은 18, 19세기 야사의 비중이 높아졌다는 것으로, 이는 『대동패림』에서도 나타나는 공통점이다. 『패림』은 그 중 조선 후기 정치사 관련 야사의 비중이 지나치게 높은데, 이는 조선 중기 이후 야사가 정치사, 특히 당쟁과 관련한 인물 이야기가 주류를 이루고, 사회사나 풍속사, 문학 관련 기사는 별도의 저작으로 분화된 모습을 반영한 것이라 할 수 있다.[128]

야사총서는 시기가 후대로 갈수록 이전의 야사총서의 영향을 받고, 편찬자의 개성에 따라 발전시켜 책 수와 수록하고 있는 야사의 종수가 점차 많아져 거질화되는 현상이 나타난다. 이러한 현상은 자료의 집적이 가속화되었음을 말해주는데, 『패림』은 시기적으로 늦게 편찬된 까닭에 이전 야사총서의 장점을 취사선택할 수 있는 유리한 지점에 위치하게 되었다.[129] 이 때문에 『패림』은 현전하는 역대 야사총서 가운데 가장 방대하고, 자료의 충실

---

[127] 현재 영남대학교 도서관에서 제공하고 있는 일반주기에는 『패림』 권1에 『영종기사』가 기재되어 있다(검색일 : 2024. 02. 11). 『영종기사』를 포함한다면, 5대에 걸친 왕조사라 할 수 있을 것이다. 기존에 『영종기사』가 언급되지 않은 이유는 다른 왕조사에 비해 권수가 적으며, 영인본 『패림』에서도 『영종기사』를 제외하고, 『정종기사』부터 수록하고 있기 때문으로 추정된다.
[128] 안대회, 앞의 논문, 2005, 317~319쪽.
[129] 안대회, 위의 논문, 305~306쪽.

도가 높은 야사총서로 평가되기도 한다.[130]

『패림』의 다른 특징은 민간에 유행되었다는 점이다. 앞서 조윤제의 소장 경위에서 살펴 본 바와 같이 『패림』은 개성의 모씨가 가지고 있던 것을 민병석씨가 필사하였고, 이 책이 다시 최창학씨를 거쳐 6.25때 조윤제가 구입하게 된 것이다. 개성의 모씨가 소장하고 있던 것이 정말 원본인지는 알 수 없으나, 현재 규장각에도 『패림』의 일부를 전사한 야사들이 소장되어 있는 것을 고려한다면, 『대동패림』에 비해 비교적 전사하여 유행하기에 용이한 상황이었을 것이라 추정된다. 또한, 조선총독부 박물관 문서 중 「『패림』목록 및 해제」라는 문서를 통해 『패림』 권1~150까지의 소수서목과 일부 야사에 대한 해제를 확인할 수 있다.[131] 이는 현재 영남대학교 도서관에서 제공하고 있는 권차와 대부분 유사하지만, 몇몇 다른 부분이 있다. 이렇듯 현재 영남대학교에 전해지는 『패림』과 조선총독부 박물관 문서에 나타난 『패림』의 권수나 권차의 차이로 인해, 일제강점기에 유행했던 이본이 존재했을 가능성도 조심스레 제기할 수 있을 것이다. 따라서 『패림』은 현재 조윤제의 소장 경위로 알려진 것보다 광범위하게 유통되었을 가능성이 있을 것으로 생각된다.

7. 야사총서에서 『대동패림大東稗林』의 위상位相

이상과 같이 7종의 야사총서를 살펴보았다. 이 책에서는 이 가운데 심노숭의 『대동패림』에 주목하고자 한다. 심노숭은 『대동패림』을 편찬하며, 통사형 야사인 『연려실기술』을 수용하여 기왕의 왕조사를 정리하는 『소대수언』의 방식을 따르는 한편, 당대사는 아버지의 저술인 『정변록定辨錄』을 바

---

[130] 윤호진, 앞의 논문, 230쪽.
[131] '〈부록 8〉『패림』의 구성'의 주석에서 이에 대한 보다 자세한 소개를 기재하였다.

탕으로 심노숭이 직접 보충하여 야사의 창작에도 참여하였다. 이는 기존의 야사총서에서 편향성을 지양하며, 편찬자가 야사의 채집자로서의 역할에 충실했던 것에 비해 좀 더 주체적이고, 적극적인 모습으로서 변모되었음을 보여주는 것이라 할 수 있다. 또한 기존의 야사 채집이 개별 야사나 문집 등을 대상으로 했던 것에서 나아가 야사총서를 대상으로 함으로써, 당시까지 유행했던 야사총서를 다시 한번 재정리하는 계기를 마련하였다. 김려의 경우 개별 야사들을 비교하여 선본을 수록했다면, 심노숭은 선본을 모아 수록한 야사총서를 대상으로 그 가운데서도 다시 선본을 선별하는 작업을 거쳤다고 할 수 있다. 이러한 경향성은 비단 『대동패림』에서 그치지 않고, 이후 『패림』에 영향을 미침으로써, 김려 야사총서군이 형성되는 데 일조하였다. 이러한 역할에도 불구하고, 현재까지의 심노숭에 대한 연구는 개인의 문학이나 유배지에서의 생활 등에 주목했고, 상대적으로 『대동패림』에 대한 관심은 소략한 상황이다. 또한, 『대동패림』에 대한 연구도 『한고관외사』나 『패림』을 연구하는 과정에서 비교 대상으로 언급되거나, 김려 계열의 야사총서 중 하나로 소개되기도 했다. 이 장에서는 앞에서 거론한 『대동패림』의 형성 과정에서 기존 야사총서와 관계를 살피는 동시에 그 속에서 『대동패림』의 위치와 역할에 대해서도 재고찰을 시도하려 한다.

가장 먼저 『대동야승』과는 관계는 그 시기의 다른 야사총서에 비해 접점을 찾기 어려울 것으로 예상된다. 지금의 『대동야승』은 대표적인 야사총서로서 알려져 있지만,[132] 이는 일제 말 고서간행회에 의해 간행된 것에 힘입은 것으로 보인다. 서목이나 『연려실기술』「의례」에서 거론된 사례가 있지만, 실제 심노숭도 『대동야승』을 직접 접하지 못했을 것으로 추정되는데,[133] 이는 『대동야승』이 이후의 야사총서에 미친 영향이 적었기 때문에 나온 결

---

[132] 이혜림, 앞의 논문에서는 정사(正史)의 대표로 『조선왕조실록』을, 통사형 야사의 대표로 『연려실기술』을 선정하였고, 야사총서로는 『대동야승』을 선정하여 비교하였다.
[133] 윤호진, 앞의 논문, 216쪽.

과로『패림』과『대동야승』을 비교한 결과에도 다른 야사총서에 비해 연관성이 가장 엷었다는 점에서 알 수 있다.[134]

『아주잡록』은 심노숭이 논산현감으로 재직하던 시절, 경내에 홍중인의 직계후손인 홍서모가 살고 있다는 것을 알고, 그에게서『아주잡록』원본을 빌려 보았고, 또 역대 시화를 작가별로 편집한『시화휘편』을 보았다.[135] 이 때문에『대동패림』내에는 다른 야사총서에서 볼 수 없는『시화휘편』이 수록되어 있다. 따라서 심노숭이『대동패림』을 편찬하며,『아주잡록』을 야사 채집 대상으로 선정하였음은 분명한 사실임을 알 수 있다.

심노숭은 1816년 논산현감으로 재직하던 시절 65세 된 겸달이란 노인이 소장한 야사 수백권을 빌려다가 필사자를 모아 베낄 생각을 했다.[136] 그런데 겸달을 형으로 친숙하게 지칭하여 평소에 교유관계가 있었음을 알 수 있다. 실제 겸달은 앞에서 언급했던 이장재의 자로, 심노숭과 이장재는 외사촌 관계이다.[137] 따라서 겸달이 소장했다는 야사 수백권 내에『청구패설』역시 포함되어 있었을 것으로 추정할 수 있다. 따라서『청구패설』역시『대동패림』의 형성에 영향을 미친 야사총서 중 하나라 할 수 있을 것이다.

심노숭이『한고관외사』와『창가루외사』에서 영향을 받은 것은 김려와의 관계에서 알 수 있다. 1816년(순조 11) 심노숭은 노성현감魯城縣監으로 부임하는데, 인근 연산連山에는 김려가 현감으로 재직하고 있어, 이때 야사에 관한 견해를 교환한 것으로 보인다.[138] 그러한 과정에서 심노숭은 김려가

---

[134] 윤호진, 위의 논문, 227쪽.
[135] 『孝田散稿』第27冊,「魯山錄」, "故都正洪重寅, 判書萬朝之子, 筮仕至原州牧使, 年七十五歿, 半生博學多聞, 所著有『鵝城雜錄』, 最爲外史大家. 余嘗一見好之, 洪生書校卽其祀孫, 從洪生借見其家舊書如『鵝城錄』草本,『揖隱兔裘』,『詩話彙成』諸書, 一皆見其獨苦之心."
[136] 『孝田散稿』第27冊,「魯山錄」, "兼達兄所畜野史數百卷, 卷皮在書笥中, 富博浩穰, 世人之所未見者甚多, 而寡亥無統, 冗褻失序, 字劃之訛落, 縹帙之薄隨不論也. 不得數年之鉛槧, 可備一代之文獻. 余之晩暮有用之工, 此可藏之. 乞與往來相借, 頗難之, 迫則可得, 而事務自多亂心, 繕寫難得楷手, 未知果卒成此志否也."
[137] 『한산이씨세보(韓山李氏世譜)』(K2-1808) 권5 53~54장. 이사질(李思質)은 슬하에 5남 2녀를 두었는데, 그 가운데 장남(長男)이 이규상(李奎象)이며, 차녀서(次女壻)가 심낙수(沈樂洙)로, 곧 심노숭의 아버지이다. 따라서 심노숭과 이규상의 장남인 이장재는 외사촌 관계임을 알 수 있다.

편찬한 『한고관외사』와 『창가루외사』 역시 전사하려 생각했다.

    요즘 나는 야사벽野史癖이 생겨서 구해 본 책이 매우 많았다. 사정士精 김려가 소장한 외사外史는 아주 풍부하고, 범위도 넓어서, 옮겨 베끼려는 생각을 가진 지가 오래다. 이곳의 아전 가운데 해서楷書를 쓰는 서수書手가 꽤 많아서 시일을 주고 나누어 맡기면 그다지 힘을 들이지 않을 것이다. 내일부터 시작하려고 하는데, 권질이 호한하여 어느 때나 마칠 수 있을지 모르겠다.[139]

    실제 현재 남아있는 『한고관외사』와 『대동패림』을 살펴보면, 소수서목을 비롯하여 필사 형태에서 동일 사건에 대한 내용의 유사성과 협주, 두주, 글자의 배치 형태 등에서 관련성을 찾을 수 있다.
    『패림』 역시 김려 계열의 야사총서의 하나로, 분류되지만, 그 편찬 과정에서 『대동패림』을 기반으로 전사하였음은 앞서 언급한 바와 같이 크게 5가지 측면에서 논의된 바 있다.[140]
    이상과 같이 『대동패림』은 그 편찬 과정에서 『아주잡록』, 『청구패설』, 『한고관외사』 등을 대상으로 야사를 채집했고, 『대동패림』이 편찬된 이후에는 『패림』의 형성에 주된 영향을 미쳤음을 알 수 있다. 이처럼 『대동패림』은 기존의 야사총서와 이후의 야사총서를 잇는 교량적 역할을 하는 동시에 당시에 유행했던 야사총서들을 수합하여 재정리·발전시키는 역할을 했다. 다음 장에서는 『대동패림』을 중심으로, 각 야사총서를 비교하여 『대동패림』의 그 영향 관계에 대해 심층적으로 살펴보고자 한다.

---

[138] 그들의 교유관계는 심노숭이 김려에게 필사에 필요한 종이를 제공해 주기도 했고, 심노숭이 논산 현감에 파직되어 서울로 올라가자, 김려가 삼청동에 있는 자신의 집을 심노숭에게 빌려주어 살게 할 정도로 깊었다(『藫庭遺藁』 卷11 「題寒泉三官記卷後」. "始於徐記注季一許借一本, 乞紙于魯城倅沈矣魯崇, 歎寫爲四卷. 後又借善本於李穉粹, 略加校讐, 書于紙頭, 以付外史."; 박준원, 「김려의 야사류 편집의식」, 『한문고전의 문화해석』, 1999, 41~42쪽).
[139] 『孝田散稿』 第28冊, 「南城日錄」. "近余有野史癖, 求觀甚多, 金士精鑢所藏外史頗富博, 有意移寫久矣. 此中吏屬楷手頗多, 課程分授不甚費力, 自明日始之, 而卷帙浩多, 未知卒業在何時也."
[140] 안대회, 앞의 논문, 2005, 308~311쪽.

제4장

『대동패림大東稗林』과 다른 야사총서 간의 상호 관련성 분석

1. 『대동야승大東野乘』과 『대동패림大東稗林』 대조
2. 『아주잡록鵝洲雜錄』과 『대동패림大東稗林』 대조
3. 『청구패설靑丘稗說』과 『대동패림大東稗林』 대조
4. 『한고관외사寒皐觀外史』·『창가루외사倉可樓外史』와 『대동패림大東稗林』 대조
5. 『패림稗林』과 『대동패림大東稗林』 대조
6. 상호 관련 야사의 분석적 접근

이 장에서는 앞에서 기술한 바와 같이 『대동패림』을 중심으로, 18~19세기에 나타난 야사총서들과 비교를 진행하려 한다. 먼저 『대동패림』과 개별 야사총서의 구성 체제를 비교함으로써 상호 연관성에 대해 살펴보고, 공통으로 수록된 개별 야사의 내용을 비교하여 실제 영향 관계 유무를 살펴보려 한다.[1] 이를 통해 함께 수록하고 있는 야사라 하더라도 『대동패림』이 각 야사총서에서 얼마간의 영향을 받았는지에 대해서도 살펴볼 수 있을 것이다. 이는 『대동패림』이 기존에 『한고관외사』의 영향으로 형성되었다는 평가에서 나아가 심노숭의 주체적 야사 수집과 『대동패림』 편찬에 들인 노력에 대해서 파악할 수 있는 계기가 될 것이다.

1. 『대동야승大東野乘』과 『대동패림大東稗林』 대조

1) 구성체제 비교

앞에서 살펴봤던 바와 같이 『대동야승』은 62종의 야사를 수록하고 있다. 그 가운데 『대동야승』과 『대동패림』이 공통으로 수록하고 있는 야사는 23종으로, 『대동야승』을 기준으로 수록되어 있는 위치를 비교하면, 다음과 같다.[2]

---

[1] 각 야사총서에 수록되어 있는 개별 야사의 종수가 적지 않으며, 공통으로 수록하고 있는 야사만을 대상으로 하더라도 그 양은 매우 많은 것이라 생각된다. 그리고 공통으로 수록하고 있는 야사 중 몇 종만을 발췌하여 비교하기에도, 비교 대상에서 제외한 야사를 살펴보지 못한 것에 대한 의구심이 들 수 있다. 따라서 이 책에서는 공통으로 수록된 야사 모두를 살펴보되, 처음과 마지막의 몇몇 글자를 비교함으로써 구성과 내용적 차이에 대해 살펴보고자 한다. 다만, 야사총서의 글자 간 차이가 있는 경우 해당 부분까지 본문을 기재하며, 밑줄과 기울임으로 표시할 것이다. 예를 들어 구절이 첨가된 경우는 '___', 동일한 구절이 있으나 구성의 차이가 있는 경우는 '___', 같은 구절에서 글자가 다른 경우는 '___'와 같이 표시할 것이다. 또한 구성의 차이의 경우에는 '❶', 글자가 다른 경우에는 '🔢'와 같은 기호를 부여하여 두 야사총서의 대조할 부분에 배치하여 이해를 돕겠다. 아래도 이와 같다.

[2] 『대동패림』은 현존하는 목록이 없으며, 전체의 규모도 파악할 수 없다. 현재 『대동패림』의 책차는

〈표 4-1〉『대동야승』과 『대동패림』 공통 수록 야사

순번	서명	저자(생몰년)	『대동야승』	『대동패림』
1	『筆苑雜記』	徐居正(1420~1488) 著	제3책	제91책
2	『秋江冷話』	南孝溫(1454~1492) 著		제77책
3	『師友名行錄』			
4	『謏聞瑣錄』	曹伸(1454~1529) 著		제90책
5	『丙辰丁巳錄』	任輔臣(?~1558) 著		제91책
6	『稗官雜記』	魚叔權 著	제4책	제84~86책
7	『靑坡劇談』	李陸(1438~1498) 著	제6책	제122책
8	『陰崖日記』	李耔(1480~1533) 著		
9	『龍泉談寂記』	金安老(1481~1537) 著	제13책	제78책
10	『石潭日記』	李珥(1536~1584) 著	제14~15책	제115~117책
11	『癸甲日錄』	禹性得(1542~1593) 著	제24책	제94책
12	『寄齋雜記』	朴東亮(1569~1635) 著	제51책	제98~99책
13	『東閣雜記』	李廷馨(1549~1607) 著	제53~54책	제52~53책
14	『雲巖雜錄』	柳成龍(1542~1607) 著	제55책	제94책
15	『聞韶漫錄』	尹國馨(1543~1611) 著	제56책	제73~74책
16	『甲辰漫錄』			제74책
17	『松窩雜說』	李墍(1522~1600) 著		제72~73책
18	『松溪漫錄』	權應仁(1510?~1558?) 著		제72책
19	『月汀漫筆』	尹根壽(1537~1616) 著	제57책	제123책
20	『梧陰雜說』	尹斗壽(1533~1601) 著		
21	『柳川劄記』	韓俊謙(1557~1627) 著	제71책	제73책
22	『荷潭破寂錄』	金時讓(1581~1643) 著	제72책	제93책
23	『涪溪記聞』			제87책

『대동야승』의 구성은 대개 저자의 시대순과 저자별로 구성되어 있다. 『대동야승』의 62종 가운데 23종이 『대동패림』과 동일한 야사를 수록하고 있는 것을 통해 서적 수록에 상당한 유사성이 있음을 알 수 있다. 『대동야승』

소장처인 정가당문고의 청구기호 순서와 국학자료원 간행 『(정가당본) 대동패림』 1차 22책, 2차 16책 총 38책의 구성 등에 따른 것이다. 따라서 본래의 권차를 알 수 없기 때문에, 각 책의 순서를 감안하되 각 책에 수록된 개별 야사들의 수록 형태에 중점을 두고 살펴보고자 한다.

제6책과 『대동패림』 제122책의 사례처럼 『청파극담』과 『음애일기』 등과 같이 수록된 야사의 구성이 동일한 경우가 있다. 그러나 『패관잡기』처럼 동일한 야사를 수록하고 있음에도, 수록된 책 수에서 차이가 있는 경우도 있으며, 특히 『대동야승』 제56책의 경우는 『문소만록』, 『갑진만록』, 『송와잡설』, 『송계만록』의 4개의 야사가 한 책에 수록되어 있으나, 『대동패림』은 제72~74책의 세 책에 걸쳐 수록되어 있다는 점에서 분량의 차이가 있을 것으로 예상된다. 그러므로 구성 체제에서 보이는 야사간의 분량 차이가 실제 내용상에서는 어떤 차이점이 있는지, 실제 분량은 동일하나 편책編冊 상의 차이가 있는지 등에 대한 심층적인 검토가 필요할 것이다. 따라서 다음 장에서는 직접적인 내용 비교를 통해 이에 대해 살펴보고자 한다.

2) 내용 비교

이 장에서는 앞에서 살펴본 결과를 토대로 『대동야승』과 『대동패림』이 함께 수록하고 있는 개별 야사의 내용을 비교함으로써 직접적 연관관계에 있는 야사의 종수와 끼친 영향에 대해 살펴보고자 한다.[3]

〈표 4-2〉『대동야승』과 『대동패림』 공통 수록 야사 내용 비교

순번	야사명	『대동야승』	『대동패림』	영향 관계
1	『筆苑雜記』	(序)[4]筆苑雜記吾仲父四佳先生所著也…吏曹佐郞影召序 (序)一日沿沫謁達城徐相公於四佳亭…表沿沫序	(上)嘗考自唐堯元年甲辰…罷父子生元告御賜也 (下)權擥手於庚午鄕會殿三試特居魁…相與大挈【…金宗瑞榜下】	×

---

[3] 동일한 야사를 수록하고 있기 때문에 내용을 비교했을 경우 별다른 차이가 없는 경우도 있을 것이다. 이에 따라 내용 외에도 다음과 같은 4가지 항목을 추가로 살펴봄으로써 야사총서간의 연관성을 살펴보고자 한다. 4가지 항목은 ① 소자쌍행(小字雙行)의 협주(夾註) 유무(有無), ② 광곽(匡郭) 상단(上端)의 두주(頭註) 유무, ③ 권차(卷次)의 구성(構成), ④ 행자수(行字數)를 비롯한 필사 형태의 유사도(類似度)이다.
[4] 소제목을 기재한 것으로, '(上)'은 '야사명+권지상(卷之上)'와 같은 경우는 권차를, '(序)'는 '야사명+

			(序)東方自箕子…咸陽郡守夏山曺偉籔	(序)筆苑雜記吾仲父四佳先生所著也…吏曹佐郎彭召序	
			(一)嘗考自唐堯元年甲辰…踶父子壯元皆御賜也	(序)一日沿沫謁達城徐相公於四佳亭…表沿沫序	
			(二)權翼平於庚午鄉會殿三試皆居魁…相與大笑	(序)東方自箕子…咸陽郡守夏山曺偉籔	
			(跋)【上筆苑雜記】…觀察使漢原李世佐謹跋	(跋)【右筆苑雜記…慶尙道】觀察使漢原李世佐謹跋	
2	『秋江冷話』	丙戌丁亥年間有鄉生趙起宗者…吾從師說	丙戌丁亥年間有鄉生趙起宗者…吾從師說【…不用力於詩者】	×
3	『師友名行錄』	金宏弼字大猷受業於佔畢齋…鄭鵬	金宏弼字大猷受業於佔畢齋…鄭鵬【…可見於此云】	×
4	『謏聞瑣錄』	三國時高句麗則跨鴨江而有之…❶十四日到靑坡驛命修漂流日記以入	(一)世少文獻之家村野閒談…皆寓意新【…當更考】	×
				(二)成化甲辰九月初一日…其不能全其性味宜哉	
				【缺】	
				(四)金時習字悅卿…月山大君婷…❶十四日到靑坡驛命修漂流日記以入【…羅州人官司諫】…無物不有江北	
5	『丙辰丁巳錄』	中廟辛卯歲金安老始自謫中…己卯竄謫未幾自縊死	有一宰相晚年蓄少艾…中廟辛卯歲金安老始自謫中…己卯竄謫未幾自縊死	×
6	『稗官雜記』	(一)大明高皇帝諱元璋起洪武元年戊申…蓋又法文順詩而添其體格也	(一)大明高皇帝諱元璋起洪武元年戊申…體制幸甚【…官戶參】	×
		(二)成化丁亥吉州人前會寧府使李施愛謀叛…❶柳夢窩希齡嘗選東人詩…見聞故耳未知其必然也	(二)南止亭作權校理達手墓碣曰…❸所使多佛經不可曉…❷呻吟預作如此類者蓋必多矣…蓋譏靴之無襪子也	
			(三)❶柳夢窩希齡嘗選東人詩…碑碣之類云	
		(三)李容齋詠朱雲詩腰間有劍何須請…❷呻吟預作如此類者蓋必多矣	(四)仁廟在東宮時…爲西客亦見語類	
			(五)本國列聖諱皆有代用之字…自流入於中國也	
		(四)唐李虛中垍發背辛韓退之作墓誌曰…❸所使多佛經不可曉	(六)本國恭事天朝…皆洽然尊師之【…官工議】	

서(序)'로 해당 야사의 서문을 의미한다. 그리고 '[ ]'로 기재한 경우는 본문에서 별도 제목이 부여되지 않았으나, 내용에 따라 임의 제목을 부여한 경우이며, 야사 내에 별도의 소제목이 있을 경우 '[ ]' 내에 기재하였다. 아래도 이와 같다.

7	『靑坡劇談』	癸卯冬宗室懷義都正…❶太重方辭窮之辭耳…事皆驚駭耳目蓋其流耳	(上)癸卯冬宗室懷義都正…❶太重方辭窮之辭耳【…下章事】…亦有小蟲出自是病遂愈	×
			(下)蓬原府院君鄭首相…亦皆驚駭耳目蓋其流耳	
8	『陰厓日記』	己巳閏九月日領議政柳洵…故庚寅除夕乘醉信筆書之	己巳閏九月日領議政柳洵…故庚寅除夕乘醉信筆書之【…祀文卿】	×
		[同]柳從龍書頭者良苦…唯足下裁量焉	[同]柳從龍書頭者良苦…唯足下裁量焉	
		[又]偶見安圍樵所稱亞錄篇末癸酉命復昭陵…遂得去物云云	[又]偶見安圍樵所稱亞錄篇末癸酉命復昭陵…遂得去物云云	
		[又]弘文館請還削柳子光錄勳箚左相鄭光弼啓曰…校理臣某所製蒙允…何必云也	請還削柳子光撤勳箚左相鄭光弼啓曰…校理臣某所製蒙允…【…弘文館校理】何必云也	
		[同]友堂集及國朝名相在英陵…蓋不信歟	[同]友堂集及國朝名相在英陵…蓋不信歟	
		[自]贊夢翁本韓山人也…庚寅臘除日乘醉信筆書之	[自撰謚]夢翁本韓山人也…庚寅臘除日乘醉信筆書之【…謚貞考】	
9	『龍泉談寂記』	[又]余自謫居來…嘉靖旃蒙作噩後❶朔月上辭書忍性堂	(上)圃隱文忠公祠堂舊在永川…溶溶❷是至此不可不誠	×
		圃隱鄭文忠祠堂舊在永川…溶溶❷是至此不可不誠…言之不可不愼如是哉	(下)古人於詩投贈酬答…言之不可不愼如是哉	
			[另]余自謫居來…嘉靖旃蒙作噩後❶朔月上辭書忍性堂	
10	『石潭日記』	(上)明宗大王二十年七月十三日…❶二人啓出金孝元受誇益深	(一)明宗大王二十年【世宗皇帝嘉靖四十四年】七月十三日…所可勸旧也	×
			(二)隆慶三年己巳【今上二年】…民間苦之甚於虎	
			(三)隆慶六年壬申【今上五年】正月…人望甚重至是始拜憲官	
			(四)萬曆二年甲戌【今上七年】正月…未幾還未寧乃停賀	
			(五)萬曆三年乙亥【今上八年】正月壬寅…❶二人啓出金孝元受誇益深…授以西班	
			(六)萬曆四年丙子【今上九年】正月内申…海州三灘之水絶流數日而復流	
		(下)上於親政之日下教吏曹日勿用矯激者…近❶古所有之也	(七)萬曆六年戊寅【今上十一年】正月…可勝於邑邪	
			(八)萬曆八年庚辰【今上十三年】正月己未…後以上旨吏仍任	
			(九)六月盧守愼辭疾不已…近❶世所未有也	

11	『癸甲日錄』	萬曆十一年癸未六月朔辛亥…❶兩司辭職…沉讚❶屬於訟官乎勿辭…早發歷門外家到家內日已沒矣	[一]❶兩司辭職…蓋指宇顒不捄李珥也云	×
			[二]府論罷安敏學…而有慶欲納刑官不受云	
		(題禹景善日記後二首)故人今日隔幽明…籲天無路只傷悲	[三]大憲鄭澈掌令尹希吉…❷沉讚❶訟於訟官乎勿辭	
		(又題)洪範曰…傷其禍殃自此始也	(柳西厓跋)右癸未甲申日錄者…西厓書于河上	
		(又)右癸未甲申日錄者…西厓書于河上	(又題)洪範曰…傷其禍殃自此始也	
			(題禹景善日記後二首)故人今日隔幽明…籲天無路只傷悲	
12	『寄齋雜記』	(一)[歷朝舊聞一]國初海平尹月汀嘗謂余言…❶到抱川聞反正	(一)[歷朝舊聞上]海平尹月汀嘗謂余言…❶到抱川聞反正…❸林葛川大夫人玄氏性嚴莊…❷蓋岳君已五十非少年故也…安世遇寶城守所造云	×
		(二)[歷朝舊聞二]中宗朴平城元宗…❷蓋岳君已五十非年少故也	(二)[歷朝舊聞下]余嘗得見安名世史記及供辭…其時軍政之玩愒良可❶歎也	
			(四)二十一日慶尚右水使元均…三十日到定州査大受領哨兵一千先行【…流之言也】	
			(五)[雲雷祕錄]市民於都城內外…故嘗有是言矣松江愕然	
		(三)[歷朝舊聞三]❸中宗林葛善大夫人性嚴莊…其時軍政之玩愒良可❶歎也	(跋)右先王父梧窓公…時戊戌四月中旬九世孫世采謹識	
			(第二跋)丙子亂後…歲丙辰九月日世采書	
			[三][否泰小錄上]四月十三日本國王平秀吉…金命元獨守空城而已	
13	『東閣雜記』	(上)❶本朝璿源實錄曰司空諱翰仕新羅…宣德丙午九月上大閱于箭串…宗廟配享太祖室❷義安君和趙文忠公浚…趙靜庵謫綾❸州未幾賜死…其古所謂欺明者乎	(一)❶本朝璿源實錄曰司空諱翰仕新羅…籍沒家産妻子爲奴	×
			(二)宣德丙午上大閱于箭串…世謙與諸臺諫皆不	
			(三)宗廟配享太祖室❷紹義政趙浚義安大君和…死杖下【…官學論】	
		(下)中廟朝嘗失原神廟版一位…只給口糧不給衣纏…上受之尋令放于南陽大部島	(四)趙靜庵謫綾❸城未幾命賜死…只給口糧不給衣纏【…諡忠貞】	
			(五)仁宗將祔廟世祖當遞遷…上受之尋令放于南陽大部島	
14	『雲嚴雜錄』	[朋黨]鳴呼國家陵替之漸…亂何由不生悲夫…參奉宜也蓋輕之也	嗚呼國家陵替之漸…亂何由不生悲夫【右論朋黨下同】…參奉宜也蓋輕之也【右記李相待曺南冥事】	×
15	『聞詔漫錄』	余生纔牛月慈氏下世…見公牧許公而稱道云【圭不解文稱辨人姓名】…宋圭菴參判其餘不可悉記	[上]余生纔牛月慈氏下世…見公牧許公而稱道云【○圭不解文稱辨人姓名 不知其俗…○提督名憲字汝式白川人諡文烈】	×

16	『甲辰漫錄』	李提督萬于箕城之後…祠在三大將祠傍…故未免支離不得已也不得已也	[下]王辰亂後人民離散…宋主簿參判其餘不可悉記…*諡文也* 李提督萬于箕城之後…祠在三大將祠傍*元翼子公醱…亦享仁祖廟庭*…故未免支離不得已也不得已也	×
17	『松窩雜說』	王氏龍種也雖瑪孫末裔一身某處必有鱗…❶*上奇咸紿和見余言之如此*…而其存其亡未可知也	[上]王氏龍種也雖瑪孫末裔一身某處必有鱗…❶*上奇咸紿和見余言之如此* [下]慕齋先生好學樂善爲己卯諸賢之領袖…而其存其亡未可知也	×
18	『松溪漫錄』	(上)灌溪金先生以文章自名…❶*若不日書玉簟不雖到也* (下)孟子曰爲長者折枝旣有朱文公註…此可敷以其方者也	[上]灌溪金先生以文章自名…❶*若不日書玉簟不雖到也*…*僕時年尚少不能問其姓名也* [下]孟子曰爲長者折枝旣有朱文公註…此可敷以其方者也	×
19	『月汀漫筆』	三代以上雖公共之主爲天子…❶*蓋絶不以知音律許之也*…賦物之理亦妙矣哉	[上]三代以上雖公共之主爲天子…❶*蓋絶不以知音律許之也* [下]礪城君卽南止亭外孫也…賦物之理亦妙矣哉	×
20	『栢陰雜說』	李原吉爲相矜持體貌…此人情事殊非自然云…此野人之味上大夫不可不知	李原吉爲相矜持體貌…此人情事殊非自然云…*溫陽人官左相*…此野人之味上大夫不可不知	×
21	『柳川劄記』	伊川先生主式圖說曰…*世宗三年永樂辛丑*…誠千載之所罕覩也	伊川先生主式圖說曰…永樂辛丑*原注世宗三年*…誠千載之所罕覩也	×
22	『荷潭破寂錄』	❶*我國東海無潮*…❷*豈誣乎之不能得*…❸*余所見乃是憮齋義話也*	(一)萬曆辛亥冬余赴鳥嶺某地…❶*我國東海無潮*…❷*豈誣乎之不能得*…*及沒于書應宜判甲* (二)乙丑爲東澤婿…吾輩庸人所可及一時議論蓋如此 (三)余判兵曹時…❸*余所見乃是憮齋義話也*…*通德夫人官部守*	×
23	『洁溪記聞』	北方卽豐沛之❶*地*…❶*城中效嚬之意益堅遂斬世必以徇*	[上]北方是豐沛之❶*人*…不敢爲亦不能然矣…*官貞判北甲* [下]海之有萬夕…❶*城中效嚬之意益外遂斬世必以徇*…遂斬世必以徇…陞慶邦章上官	×

(1) 영향 관계를 확인할 수 있는 사례

<표 4-2>에서 살펴본 바와 같이 영향 관계를 확인할 수 있는 사례는 없다. 다만, 『음애일기』에 수록된 「여유종룡서」, 「우견안포초소칭병록편말」, 「상우당집발」 등은 『대동야승』과 『대동패림』에서 동일한 내용을 수록하고

있다. 그러나 이는 『음애일기』 전체 중 일부에 불과하며, 함께 수록된 다른 내용에서는 협주의 유무에 따른 차이가 나타난다. 또한, 『음애일기』의 구성 내용은 다른 야사총서에서도 동일하게 나타나는 경우가 확인된다. 이에 따라 다른 야사총서와의 대조를 통해 긴밀한 관계를 갖는 야사총서에 대해 살펴봐야 할 필요성이 있다.[5]

(2) 영향 관계가 드러나지 않는 사례

『대동야승』과 『대동패림』에 공통으로 수록된 야사 23종 전체에서 뚜렷한 영향 관계가 드러나는 사례는 없는데, 그 차이는 크게 네 가지 유형으로 나누어 살펴볼 수 있다.[6]

① 구성 체제에 의한 차이

먼저 분권이나 내용의 순서에 따른 구성 체제에 의한 차이를 들 수 있다. 여기에 해당하는 야사는 『필원잡기』, 『소문쇄록』, 『패관잡기』, 『청파극담』, 『용천담적기』, 『석담일기』, 『계갑일록』, 『동각잡기』, 『문소만록』, 『송와잡설』, 『월정만필』, 『하담파적록』, 『부계기문』의 13종이다.

『필원잡기』(『대동야승』)[7]는 서문과 본문, 발문의 순서로 구성되어 있는 반면, 『필원잡기』(『대동패림』)는 본문이 먼저 기재된 이후 서문과 발문이 위치해 있다.

『소문쇄록』은 권차 구분 없이 단권으로 구성되어 있는 반면, 『대동패림』은 총 3권으로 구성되어 있다. 다만, 『대동패림』은 권3이 별권別卷으로 분리되어 마지막 권의 권차는 권4이다.

---

[5] 부록으로 수록된 야사만을 일부러 다른 야사총서에서 필사했을 가능성은 적기 때문에, 실제는 영향관계가 없음을 알 수 있다.
[6] 각 야사총서에 수록된 야사들의 차이는 여러 복합적인 이유가 있으나, 여기서는 대표적인 차이를 들어 분류하였다.
[7] 야사총서에서 공통으로 수록하고 있는 개별 야사를 비교할 때, 개별 야사의 서명이 동일하여 구분하기 어렵다. 이에 따라 『대동야승』에 수록되어 있는 『필원잡기』일 경우, 편의에 따라 『필원잡기』(『대동야승』)으로 기재하였다. 아래도 이와 같다.

『패관잡기』는 『대동야승』에서 4권으로, 『대동패림』에서는 3권으로 구성되어 있다. 처음의 내용은 두 야사총서가 동일하나, 실제 내용에서는 기사의 순서가 뒤섞여 있어서 『대동야승』 권2의 내용이 『대동패림』 권3에 실려 있기도 하고, 『대동야승』 권3의 내용이 『대동패림』 권2에 실려 있는 경우도 있다. 만약 『대동패림』이 『대동야승』의 영향을 받았다면, 권차와 기사의 순서에서 유사성이 드러났을 것이므로, 둘의 상관관계는 적을 것으로 보인다.

『계갑일록』에서는 『대동야승』의 본문은 단권 체제로 되어 있으나, 『대동패림』의 본문은 권차 없이 제목만 기재한 채 3권 체제로 되어 있다. 다만, 「유서애발」을 비롯하여 유성룡이 지은 2수의 시가 『대동야승』보다 『대동패림』에서 제목을 부여하여 본문과 구분하는 등 더욱 체계적으로 되어 있음을 알 수 있다. 『동각잡기』는 『대동야승』에서는 2권으로, 『대동패림』에서는 5권으로 구성되어 있는데, 상호간에 내용의 출입이 있으며, 기사의 순서가 다른 부분이 있다.

② 본문의 분량에 따른 차이

다음으로 본문의 분량에 따른 차이를 들 수 있다. 여기에 해당하는 야사는 『추강냉화』, 『병진정사록』, 『기재잡기』, 『송계만록』의 4종이다.

『추강냉화』는 서발문 없이 본문만 수록하고 있는데, 『대동야승』에는 제목에 '抄入'이란 글이 있어서 발췌하여 수록하였음을 알 수 있다. 실제 본문에서 『대동야승』은 『대동패림』에 비해 내용이 일부 빠져 있다. 『대동패림』이 『대동야승』에 비해 후대에 편찬되었으므로, 『대동야승』을 전사했다면 더 많은 양의 기사를 수록하지 못했으리라 추정된다.

『기재잡기』 역시 『대동야승』에 비해 『대동패림』에 수록된 내용이 많다. 『대동야승』은 3권으로 구성되어 있는데, 그 내용은 「역조구문」만을 수록하고 있다. 『대동패림』에는 「역조구문」 외에도 「운뢰비록」과 「비태소록」, 박세채가 지은 발문 2편이 수록되어 있어서 총 5권과 발문 2편으로 구성되어 있는데, 권차로 볼 때, 권3이 없고, 「비태소록」은 본문 마지막에 수록되어 있으며 별도의 권차가 없다. 권4는 별도의 소제목은 없으나, 내용을 살펴봤을 때, 「비태소록하」에 해당하므로, 발문 이후에 실려 있는 「비태소록상」이 권3에 해당하는 내용임을 알 수 있다. 또 하나의 특이한 것은 권2 이후『명산비장』이 부기되어 있다는 점이다.

③ 수록 체제에 의한 차이

수록체제에 의한 차이로는『운암잡록』과『유천차기』2종을 들 수 있다.『운암잡록』은 처음과 마지막 구절에서『대동야승』과『대동패림』이 유사하다. 그러나『대동야승』에는 기사를 수록하면서 '잡기雜記', '기건저사記建儲事', '기이상대조남명사記李相待曹南溟事'와 같은 소제목을 기재한 반면,『대동패림』에서는『대동야승』의 소제목을 소자쌍행으로 본문 이후에 협주 형태로 기재하여 수록 체제에서 차이점을 갖는다.

④ 주석 유무에 의한 차이

그 외에 내용적 측면에서는 별다른 차이가 보이지 않으나,『대동패림』에서만 협주가 있는 경우로『사우명행록』,[8]『음애일기』,『갑진만록』,『오음잡설』[9]의 4종을 들 수 있다.

『대동야승』이 초기에 형성된 야사총서로 그 체계가 자리잡지 않았음을 고려한다면,『대동패림』은『대동야승』에 비해 체제나 내용에서 더욱 발전시킨 형태를 보여주고 있다. 두 야사총서를 비교했을 때, 같은 야사를 수록하고 있으므로, 내용상의 유사성이 있음은 당연하지만, 주목할만한 연관관계를 찾아보기는 힘들다. 따라서『대동패림』은『대동야승』보다 내용이 더 풍부한 다른 야사총서나 개별 야사의 영향을 받았을 것으로 추정된다.

---

[8] 『대동패림』에 수록된『사우명행록』은『추강냉화』에 부기된 형태로 수록되어 있으나,『대동야승』에서는 개별 야사로 수록되어 있다.
[9] 『대동패림』에 수록된『오음잡설』은『현주회은록』과 함께『월정만필』에 부기된 형태로 수록되어 있으나,『대동야승』에서는 개별 야사로 수록되어 있다.

2. 『아주잡록鵝洲雜錄』과 『대동패림大東稗林』 대조

1) 구성체제 비교

앞에서 살펴봤던 바와 같이 『아주잡록』은 4종의 이본에서 총 117종의 야사를 수록하고 있다. 각 이본의 구성이 일정치 않기 때문에 비교가 용이하지 않은데, 여기서는 가장 원본에 가깝다고 추정되는 경도대본 『아주잡록』을 통해 비교를 진행하고자 한다.[10] 경도대본 『아주잡록』에는 96종의 야사가 수록되어 있다. 『대동패림』과 공통으로 수록하고 있는 야사는 22종으로, 경도대본 『아주잡록』을 기준으로 수록되어 있는 위치를 비교하면, 다음과 같다.

〈표 4-3〉 『아주잡록』과 『대동패림』 공통 수록 야사

순번	서명	저자(생몰년)	『아주잡록』	『대동패림』
1	『荷潭破寂錄』[11]	金時讓(1581~1643) 著	제3책	제93책
2	『涪溪記聞』			제87책
3	『明村雜錄』	羅良佐(1638~1710) 著	제9책	제88책
4	『羅金往復書』	金昌翕(1653~1722) 著	제10책	제125책
5	『銀臺史㮚』	南持熏(1639~1685) 著		제89책
6	『松窩雜說』	李墍(1522~1600) 著	제11책	제72~73책
7	『菁川日記』	姜緖(1552~1614) 著		제75~76책
8	『石潭日記』	李珥(1536~1584) 著	제13책	제115~117책
9	『癸甲日錄』	禹性傳(1542~1593) 著		제94책
10	『己丑錄事』	未詳	제14책	제119책
11	『掛一錄』	李尙敏(1541~?) 著	제15책	제89책

---

[10] 심노숭이 『아주잡록』 원본을 열람했다는 기록이 있다. 앞에서 기술한 바와 같이 현재 남아 있는 『아주잡록』 가운데 경도대본 『아주잡록』에 편자인 홍중인의 인장이 날인되어 있기 때문에, 이를 비교본으로 선정하였다. 단, 전체 32책 가운데 29책만이 남아 있어서 다른 3책의 내용을 고찰할 수 없다는 점에 아쉬움이 남는다. 후속 연구를 통해 『아주잡록』의 완본을 구현하여 좀 더 활발한 연구가 진행되기를 기대한다.

[11] 경도대본 『아주잡록』에는 서명이 '하담일기'로 되어 있으며, 『하담파적록』과 『부계기문』의 내용이 혼재되어 있다.

12	『雲巖雜錄』	柳成龍(1542~1607) 著	제16책	제94책
13	『江都錄』	未詳	제20책	제120책
14	『西郭雜錄』	李文興(1423~1503) 著		
15	『愚得錄』	鄭介淸(1529~1590) 著		
16	『晋興君日記』	姜紳(1543~1615) 著	제21책	제118책
17	『己丑記事』	安邦俊(1573~1654) 著	제22책	제100책
18	『澤堂家訓』	李植(1584~1647) 著	제26책	제70책
19	『竹窓閑話』	李德泂(1566~1645) 著		
20	『聞詔漫錄』[12]	尹國馨(1543~1611)		제73~74책
21	『銀臺日記』[13]	南礏(1592~1671) 記	제26~27책	제70~71책
22	『良賤辨別記』	未詳	제29책	제76책

경도대본『아주잡록』의 구성은 명확한 기준을 찾기 어렵다. 같은 저자의 작품이더라도 서로 다른 책에 수록되어 있는 경우가 대다수이며, 시대의 순서도 일정치 않다. 경도대본『아주잡록』에 수록된 96종의 야사 중 대다수는 문집에서 일부만 발췌한 것이기 때문에 야사만을 다루고 있는『대동패림』과 동일하게 수록하고 있는 서적도『대동야승』에 비교적 적다. 또한, 행자수의 차이로 인한 차이를 감안하더라도,『석담일기』와 같이 동일한 종의 야사에서도 책 수의 차이가 있음을 알 수 있다. 두 야사총서의 구성체제 비교에서 가장 눈에 띄는 것은 경도대본『아주잡록』제20, 26, 27책에 있다. 제20책에『강도록』,『서곽잡록』,『우득록』이 수록되어 있는데,『대동패림』역시 제120책에 동일한 순서로 3종의 야사가 수록되어 있다. 제26~27책 역시『택당가훈』,『죽천일기』,『은대일기』의 3종이 수록되어 있으며, 이는『대동패림』제70~71책에서 동일한 순서로 수록되어 있다.[14]

---

[12] 경도대본『아주잡록』에는 서명이 '윤판서문소록(尹判書聞詔錄)'으로 되어 있다.
[13] 경도대본『아주잡록』에는 서명이 제26책에는 '길창군은대일기(吉昌君銀臺日記)', 제27책에는 '이승지정원일기(李承旨政院日記)'로 되어 있다.
[14] 『택당가훈(澤堂家訓)』,『죽창한화(竹窓閑話)』,『은대일기(銀臺日記)』와 함께 경도대본『아주잡록』 26책에 수록되어 있는『문소만록』은 3종의 야사 이후에 수록되어 있다.

2) 내용 비교

이 장에서는 앞에서 살펴본 결과를 토대로 『아주잡록』과 『대동패림』이 함께 수록하고 있는 개별 야사의 내용을 비교함으로써 직접적 연관관계에 있는 야사의 종수와 끼친 영향에 대해 살펴보고자 한다.

〈표 4-4〉 『아주잡록』과 『대동패림』 공통 수록 야사 내용 비교

순번	야사명	『아주잡록』	『대동패림』	영향관계
1	『荷潭破寂錄』	❶甲午李廷馪爲全羅監司…❷馬夷宮擇婿…❸注意作相爾	(一)萬曆辛亥冬余憂傷寞甚重…❶甲午李廷馪爲全羅監司…臺諫爭之不能得【慶徵字善應官判月】 (二)乙申…❷馬夷宮擇婿…❸注意作相爾【…蓋忠直】…吾輩中人所可及一時議論蓋如此 (三)余判兵曹時…余所見乃是慊齋義話也【通德水人官都守】	×
2	『荅溪記聞』	❶李樱仁順王妃之表叔也…❷卜威而民感於其錢者也【其時史官則一人似細聲】	[曰]此方是豐沛之人…李❶樱仁順王妃之表叔也…不敢爲亦不能然矣【官兵判此魁】 [卜]海之有潮夕…❷卜威而民感於其錢者也…埋慶邦堂上官	×
3	『明村雜錄』	[餘疏卞源委後記聞[老先生謂老朴…笑朴字也]魯西老先生之被誅…卜誅記錄…〇亥[四月晦日與李君軸…可慨而亦可笑也	[餘疏卞源委後記聞魯西老先生之被誅…卜誅記錄…四月晦日與李友君輔…可慨而亦可笑也	○
4	『羅金往復書』	[羅良佐與金❶塡尽書]惟君自遭禍變以來斂述山林…[羅良佐答金❷豊巖書]…[金❸豊巖答❹明村書]…[金❺尽昔❻明村書]…此仰辰不勝悒快	[羅良佐與金❶一潭書]惟君自遭禍變以來斂述山林…[羅良佐答金❷豊巖書]…[金❸豊巖❹羅良佐書]…[金❺尽昔❻羅良佐書]…[可捷直長崔懷疏]…倫化幸甚	○
5	『銀臺史觀』	❶[仁廟癸未七月]左副承旨共鍋啓曰…[答鄭判書書]…又一罪也怨之	❶[仁廟癸未七月日]左副承旨共鍋啓曰…[答鄭判書]…又一罪也怨之	○
6	『松窩雜說』	❶千里不同風百里不同俗…❷箕子自中國率儒學體要…❸其行事與東皇勍何袋	[曰]王氏龍種也…❷箕子自中國幸爲學體要…上舍咸始和晃余言之如此 [卞]華齋先生好事樂蕃…❶千里不同風百里不同俗…❸其行事與東皇勍何袋…而其存其亡不可知也	×

제4장 『대동패림大東稗林』과 다른 야사총서 간의 상호 관련성 분석   145

7	『菁川日記』	壬辰五月初六日兩司合啓…自大殿遣❶<u>枏</u>宮十人…仍及全恩之論激切嚴正多有人所難言之語	(上)壬辰五月初六日兩司合啓…而原初之請罪畢竟爲請殺之權輿則初亦可參哉	○
			(下)玉堂副提學申湜等箚子答曰…自大殿遣❶<u>尙</u>宮十人…仍及全恩之論激切嚴正多有人所難言之語	
8	『石潭日記』	(石潭野史)【<u>乙丑</u>】明宗大王二十年七月十三日…❶<u>識者鄙之</u>	(一)明宗大王二十年【<u>世宗皇帝嘉靖四十四年</u>】七月十三日…非他人所可勸沮也	×
			(二)隆慶三年己巳【今上二年】…民間苦之甚於虎	
			(三)隆慶六年壬申【今上五年】正月…❶<u>識者鄙之</u>…河東人官監司…❷<u>吏曹判書金貴榮三上疏</u>…人望甚至是始拜憲官	
		(石潭日錄)❷<u>吏曹判書金貴榮三上疏</u>…❸<u>金孝元</u>❶<u>被謗益深</u>	(四)萬曆二年甲戌【今上七年】正月…未幾還未寧乃停賀	
			(五)萬曆三年乙亥【今上八年】正月壬寅…❸<u>金孝元</u>❶<u>受謗益深</u>…❹<u>十月以金孝元爲富寧府使</u>…授以西班	
			(六)萬曆四年丙子【今上九年】正月丙申…海州三灘之水絶流數日而復流	
		(石潭日記)【<u>乙亥</u>】❹<u>十月以金孝元爲富寧府使</u>…近❷<u>占</u>所未有也	(七)萬曆六年戊寅【今上十一年】正月…可勝於邑邪	
			(八)萬曆八年庚辰【今上十三年】正月己未…後以上旨更仍任	
			(九)六月盧守愼辭疾不已…近❷<u>世</u>所未有也	
9	『癸甲日錄』	【<u>甲申正月</u>】乙未❶<u>聞叔獻昨夜捐世</u>…❷<u>近日朴鄭事類如此</u>	[一]兩司辭職…蓋指宇顒不抹李珥也云	×
			[二]府論罷安敏學…❶<u>聞叔獻昨夜捐世</u>…而有慶欲納刑官不受云	
			[三]大憲鄭澈掌令尹希吉…❷<u>近日朴鄭事類如此</u>…況請訟於訟官乎勿辭	
			(柳西厓跋)右癸未甲申日錄者…西厓書于河上	
			(又題)洪範曰…傷其禍狹自此始也	
			(題禹景善日記後二首)故人今日隔幽明…籲天無路只傷悲	
10	『己丑獄事』	己丑十月初二日黃海監司韓準密❶<u>啓</u>入…依允	萬曆己丑<u>年</u>十月初二日黃海監司韓準<u>秘密書狀</u>❶<u>入</u>啓…有恨色於季趙之言嘖嘖數聲而止云	×
11	『掛一錄』	中廟前後王妃皆尹氏…故聞於子孫如此	中廟前後王妃皆尹氏…故聞於子孫如此	○

146 야사총서와 『대동패림』의 문헌학적 고찰

12	『聞隱雜錄』	信島報變事❶…癸巳四月初宣陵靖陵爲賊所發掘…『問變』❷嗚呼國家陵昏之變…『沈義謙』❸仁順王后之弟也…古人善處者此是常情也	❷嗚呼國家陵昏之變…❸仁順王后之弟也…❶癸巳四月初宣陵靖陵爲賊所發掘…參奉宣也蓋輕之也【右記李相得男冤事】	×
13	『江都錄』	丙子十二月十二日賊報始到…故時人謂之卜直政丞	丙子十二月十二日賊報始到…故時人謂之卜直政丞	○
		『江都錄後謂丙子後五年冬有友袖一錄來示余…❶史氏修史之探云	『江都錄後謂丙子後五年冬有友袖一錄來示余…❶史氏修史之探云	
		丙子後論江都諸將失律之罪…而出示之以至於死積實殘狀云	而出示之以至於死積實殘狀云	
14	『西郭雜錄』	漢陰爲領相白沙爲左相自少知己友也…❶當職世不知己友於愚伏是心交也 按凡論人必…淸風是誠何心	漢陰爲領相白沙爲左相自少知己友也…❶當職世不知己友於愚伏是心交也	○
15	『愚得錄』	宣廟己丑十月初二日鄭汝立上變事起…先生早辦不就…中和物色使光輝	宣廟己丑十月初二日鄭汝立上變事起…先生早辦不就	○
16	『昔興君日記』	丙申八月二十八日自上忽下攝政之命…上裁依議施行	丙申八月二十八日自上忽下攝政之命…上裁依議施行	○
17	『己丑記事』	❶萬曆己丑前弘文❷修撰鄭汝立謀❸冬…至是皆虛	❶己丑十月前弘文❷館校理鄭汝立謀❸冬…其意可知矣	×
18	『澤堂家訓』	宣廟朝余觀光謁聖儒生序立之前…翌日還家謂門生曰吾少時習木全除去作此無聊事矣	宣廟朝余觀光謁聖儒生序立之前…翌日還家謂門生曰吾少時習木全除去作此無聊事矣	○
19	『竹窓閑話』	高麗禑昌父子定爲王氏之說闊東高士元天錫作野史而記之…而來金相可謂從容就死矣	高麗禑昌父子定爲王氏之說闊東高士元天錫作野史而記之…而來金相可謂從容就死矣	○
20	『聞詔漫錄』	❶余日九歲受業於兪敎官任六七年册❷不勝悲感云	[上]余生纔半月慈氏下世…❶余日九歲受業於兪敎官六七年册…見公教許公而稱道之…○提督名憲字汝式白川人盜文烈】	×
			[下]壬辰離後人民離散…❷不勝悲感云…參判其餘不可悉記【…盜文忠】	
21	『銀臺日記』	宣廟丁酉五月日大司諫申湜啓曰…遂罷坐自此上疏稍息【公之女壻判書成泳所撰】	[上]宣廟丁酉五月日大司諫申湜啓曰…遂罷坐自此上疏稍息【公之女壻判書成泳所撰】	○
		壬辰八月初九日行在所失守之際…上怒故重其律亦以掩其失發歟	[下]壬辰八月初九日行在所失守之際…上怒故重其律亦以掩其失發歟	
22	『良賤辨別記』	【萬曆十四年丙戌月日掌隸院立案【玄家子孫奥太襲娚女子上典】】右立案爲決給事…而主張還賤者也	萬曆十四年丙戌月日掌隸院立案右立案爲決給事…而主張還賤者也	○

(1) 영향 관계를 확인할 수 있는 사례

『아주잡록』과 『대동패림』을 비교해봤을 때, 영향 관계가 있을 것으로 추

정되는 야사는 22종 중 13종이다.[15]

① 그대로 전사한 경우

『아주잡록』과 『대동패림』 간에 동일한 기사를 동일한 순서로 수록하고 있는 야사는 『명촌잡록』, 『청천일기』, 『쾌일록』, 『강도록』, 『진흥군일기』, 『택당가훈』, 『죽천일기』, 『은대일기』, 『양천변별기』의 9종이다. 이 중 『쾌일록』을 예로 들면 다음과 같이 기사나 기술 방식이 유사한 것을 알 수 있다.

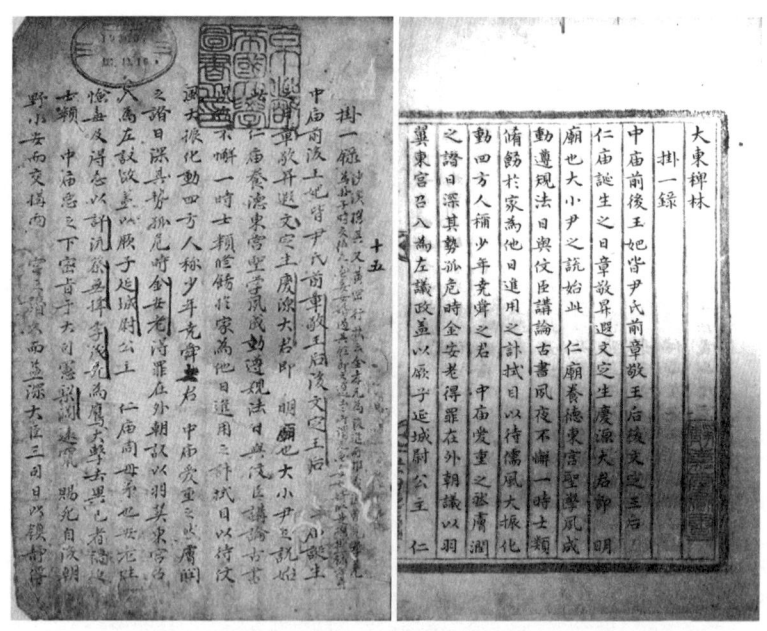

〈그림 4-1〉 경도대본 『아주잡록』과 정가당문고본 『대동패림』 『쾌일록』 권수제면 비교

---

[15] 『아주잡록』에 수록된 야사의 대부분이 권차 없이 수록되어 있는데, 이는 『아주잡록』이 정리 과정을 거치지 않은 수집단계에서 유행한 야사총서이기 때문이다. 『아주잡록』에 수록된 내용 중 출처 문헌을 명시하지 않은 사례가 많은 것 또한 이와 같은 맥락에서 살펴볼 수 있다. 본문에서 『강도록』이나 『은대일기』의 경우는 내용을 구분했으나, 이 역시 소제목이나 책차에 따른 구분에 따른 것이었다. 따라서 『아주잡록』과 『대동패림』의 비교과정에서 권차에 따른 차이는 배제하고 살펴보았다.

② 필사 대상본의 수정이 반영된 경우

『아주잡록』 내의 수정사항이 『대동패림』에 반영된 야사는 『서곽잡록』, 『우득록』, 『나김왕복시』, 『은대사강』의 4종이다. 이 가운데 『서곽잡록』은 『아주잡록』 마지막 부분에 『대동패림』에 비해 2개의 기사가 더 수록되어 있는데, 그 상단에 '당재상의하當在上疑下', '당재상동계사하當在上桐溪事下'과 같은 주석이 있다. 이는 2개의 기사의 위치에 대한 주석으로, 다른 소장처의 『아주잡록』에 수록된 『서곽잡록』에는 이를 반영하여, 끝 구절이 『대동패림』과 동일하다.

『우득록』 역시 『아주잡록』과 『대동패림』 소재 기사의 순서와 내용이 유사한데, 『아주잡록』은 『대동패림』에 비해 1개의 기사가 더 수록되어 있다. 그 내용은 차운次韻한 시에 대한 내용으로, 기사의 상단에는 '중첩疊出'이란 주석이 있어서 『대동패림』을 전사하는 과정에서 생략했거나, 시를 주제로 하여 야사에 수록하기 적합하지 않다는 판단으로 수록하지 않았던 것으로 추정된다.

『나김왕복서』는 두 야사총서에서 수록된 소제목의 차이는 있으나, 본문 내용에서 연관성이 나타난다. 예를 들어 『아주잡록』 본문 중 '비非'의 우측에 점 2개를 찍어 표시한 뒤, 그 본문 상단에 '명촌잡록무비자明村雜錄無非字'라는 주석이 있는데, 『대동패림』의 본문에는 '비非'가 삭제되어 있다. 또 『아주잡록』 중 '경명敬明'의 우측에 '김창집자金昌緝字'라는 글이 있는데, 이는 『대동패림』에서 협주로 수록되어 있는 등 『아주잡록』의 교정 내용이 『대동패림』에 반영되었다. 그러나 본문을 살펴봤을 때 『아주잡록』은 「김창흡답명촌서」까지를 수록하고 있는 반면, 『대동패림』은 그 이후에 「사옹직장최신소」를 수록하고 있다. 「사옹직장최신소」는 별도의 편으로 『아주잡록』 제10책에 『나김왕복서』와 함께 수록되어 있으나, 두 작품 사이에 『향동문답香洞問答』[16]이 수록되어 있어서 두 편을 합하여 하나의 야사로 생각하기는 힘들 것으로 보인다. 이로 미뤄볼 때, 두 야사총서 간에 영향관계가 있을 가능성은 있으나, 『아주잡록』 외의 야사를 참고했거나, 『대동패림』에서 내용에 따라 편집했을 것으로 추정된다.

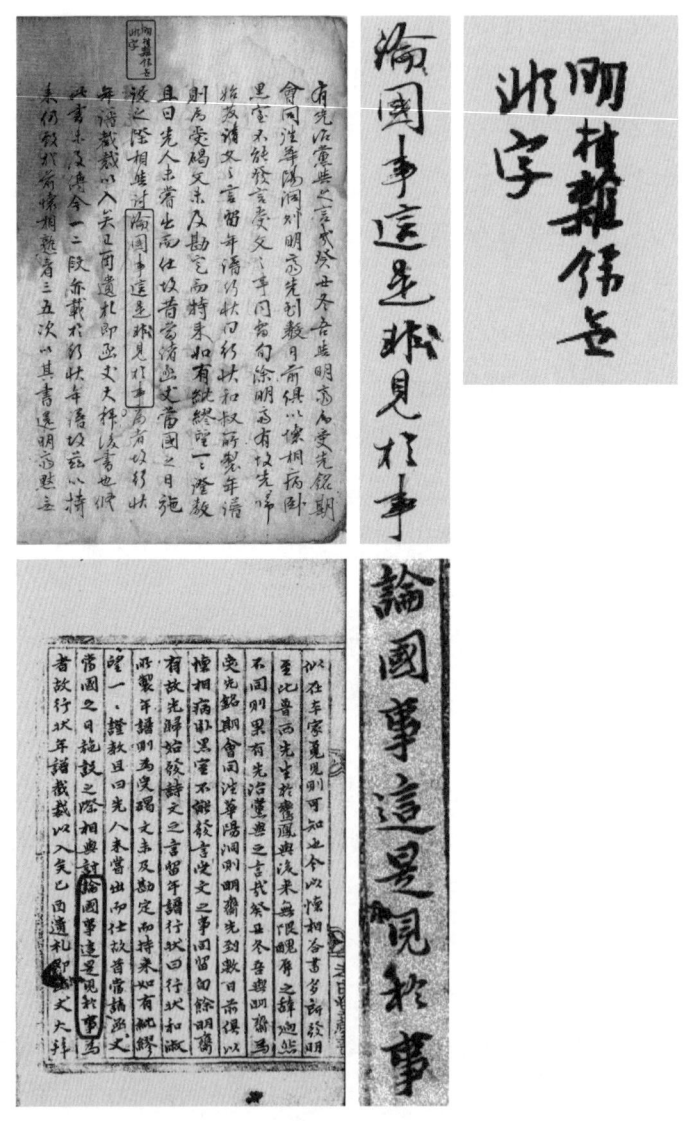

〈그림 4-2〉 경도대본 『아주잡록』과 정가당문고본 『대동패림』 『나김왕복서』 동일면 비교

---

16   『아주잡록』에는 '향동문답(香洞問答)'으로 기재되어 있는데, 오류로 보인다.

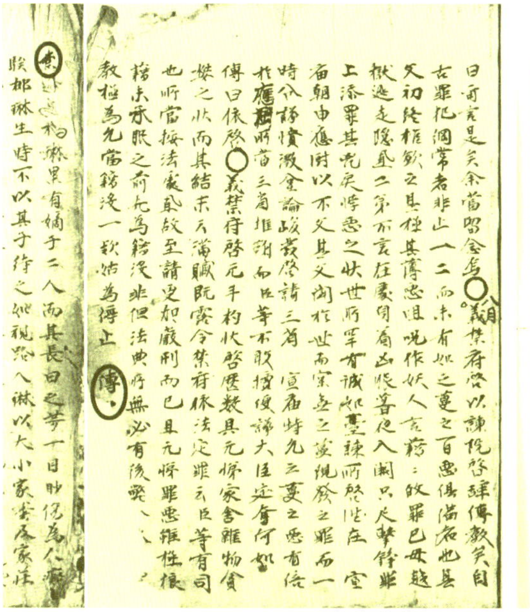

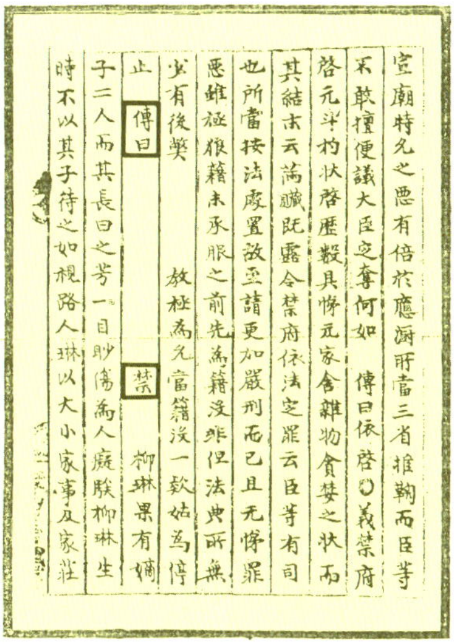

宣廟特允之惡有倍於應濟所當三省推鞫而臣等
不敢擅便議大臣之奪何如　傳曰依啓○義禁府
啓元斗杓狀啓歷數具悖元家舍雜物貪婪之狀而
其結末云萬臟既露令禁府依法定罪云臣等有司
也所當按法處置啟丞請更加嚴刑而已且元悖罪
惡雖極根籍未承服之前先爲籍沒非但法典所無
必有後弊　　放極爲允當籍沒一款姑爲停
止　傳曰　　禁　　柳琳果有嫡
子二人而其長曰之芳一目眇傷爲人癡騃柳琳生
時不以其子待之如視路人琳以大小家事及家莊

〈그림 4-3〉 경도대본 『아주잡록』과 정가당문고본 『대동패림』 『은대사강』 동일면 비교

『은대사강』 역시 두 야사총서에서 글자 출입 등의 차이는 있으나, 상호 연관성을 갖는 것으로 보인다. 『아주잡록』 본문 중 일부 손상되어 '전왈傳曰' 이후의 내용을 파악할 수 없고, 다음 장에서 '금禁'으로 시작하는데, 이를 『대동패림』에서는 '전왈'이후 공란을 두고, 역시 '금'이란 글을 기재하여 내용을 기재하였다. 그리고 『아주잡록』 본문 우측에 소자小字로 '答曰言雖不中意非逢迎勿爲煩論以廣言路'라는 글이 있는데, 이는 빠뜨린 내용을 보충한 것으로, 『대동패림』에서는 이를 본문에 반영하여 수록하였다.

(2) 영향 관계가 드러나지 않는 사례

『아주잡록』과 『대동패림』을 비교해봤을 때, 영향관계가 적을 것으로 추정되는 야사는 22종 중 9종이다.

① 구성 체제에 의한 차이

『송와잡설』과 『운암잡록』 2종이 여기에 해당한다. 『송와잡설』의 경우는 『아주잡록』에 수록된 기사가 『대동패림』에서는 권상과 권하에 번갈아 나타나 수록된 기사의 순서에도 차이가 있다. 『대동패림』이 『아주잡록』의 『송와잡설』을 필사하였다면, 필사의 용이함을 위해서도 기사의 순서를 섞이지 않았을 것이다. 『운암잡록』 역시 『아주잡록』과 『대동패림』 간 수록된 기사의 순서가 서로 다르며, 『아주잡록』은 기사에 앞서 소제목을 기재하고 있는데 반해, 『대동패림』은 기사 본문으로 구성되어 있다.

② 본문의 분량에 따른 차이

『하담파적록』, 『부계기문』, 『석담일기』, 『계갑일록』, 『기축옥사』, 『문소만록』의 6종으로, 이 가운데 『하담파적록』과 『부계기문』은 『하담일기荷潭日記』라는 제목으로, 『아주잡록』에 수록되어 있다. 총 34개의 기사 중 전반부 6개는 『하담파적록』 소재 기사이고, 나머지 28개의 기사는 『부계기문』에 수록되어 있다. 이는 『대동패림』에 수록되어 있는 『하담파적록』과 『부계기문』의 기사에 비해 양이 적고, 수록하고 있는 주석의 유무에도 차이를 보인다.

『석담일기』는 '석담일록石潭日錄', '석담야사石潭野史'라는 이름으로 총 3권 분량이 『아주잡록』에 수록되어 있는데 반해, 『대동패림』에는 9권으로 구성되어 있다. 『아주잡록』의 『석담일기』는 기사 내용도 『대동패림』에 비해 소략하여 일부를 발췌하여 수록하고 있는 것으로 보인다.

③ 본문 내용에 의한 차이

본문을 통해 영향 관계가 적은 것을 파악할 수 있는 사례로는 『기축기사』를 들 수 있다. 『기축기사』는 같은 사건에 대해 기술한 첫 부분부터 두 야사총서에 기재된 내용이 다르며, 특히 『대동패림』의 본문 광곽 상단에는 두주가 있어서 기재 방식에서도 차이가 나타난다.

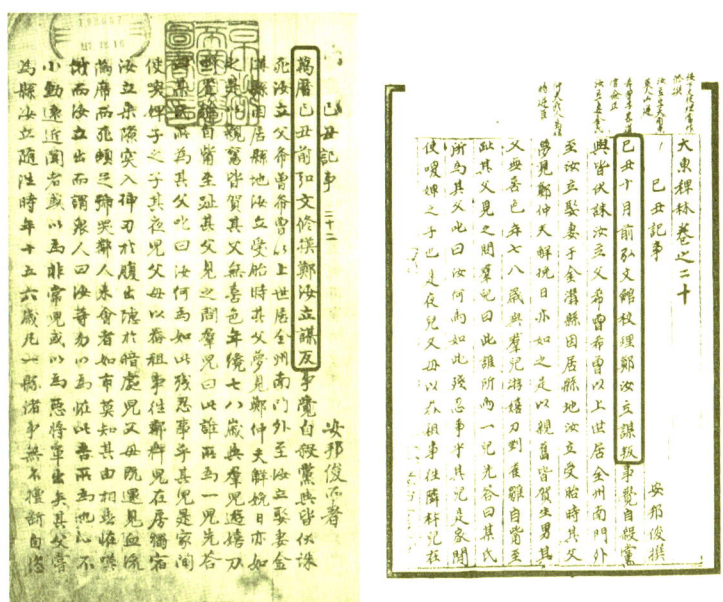

〈그림 4-4〉 경도대본 「아주잡록」과 정가당문고본 「대동패림」 「기축기사」 동일면 비교

3. 『청구패설靑丘稗說』과 『대동패림大東稗林』 대조

1) 구성체제 비교

『청구패설』은 구성 방식이 『아주잡록』과 흡사한데, 개별 야사를 수록한 사례도 있지만, 대개 문집에서 일정부분을 발췌하여 수록하고 있다. 문집에서 발췌한 글들은 상소문이나 서간문, 묘지명, 묘갈명 등 다양하며, 출처가 되는 문집을 밝히기도 했지만, 그렇지 않은 경우도 상당히 많다. 『청구패설』이 『대동패림』과 공통으로 수록하고 있는 야사는 20종으로, 이를 『청구패설』을 중심으로 수록되어 있는 위치를 비교하면, 다음과 같다.

〈표 4-5〉『청구패설』과 『대동패림』 공통 수록 야사

순번	서명	저자(생몰년)	『청구패설』	『대동패림』
1	『掛一錄』	李肇敏(1541~?) 著	제9책	제89책
2	『幄對說話』[17]	宋時烈(1607~1689) 著	제16책	제92책
3	『黃江問答』[18]	韓弘祚(1681~1712) 著		
4	『構禍事蹟』	宋疇錫(1650~1692) 著	제23책	
5	『秋江冷話』	南孝溫(1454~1492) 著	제24책	제77책
6	『師友名行錄』			
7	『壬丁事蹟』	安邦俊(1573~1654) 著	제25책	제100책
8	『三寃記事』			
9	『師友鑑戒』			제121책
10	『己丑記事』		제26책	제100책
11	『買還問答』			제121책
12	『牛山問答』			
13	『梧陰雜說』	尹斗壽(1533~1601) 著		제123책
14	『月汀漫筆』[19]	尹根壽(1537~1616) 著		
15	『玄洲懷恩錄』[20]	尹新之(1582~1657) 著		
16	『靑坡劇談』	李陸(1438~1498) 著	제29책	제122책
17	『荷潭破寂錄』	金時讓(1581~1643) 著	제37책	제93책
18	『松溪漫錄』	權應仁(1510?~1558?) 著	제40책	제72책
19	『寄齋雜記』	朴東亮(1569~1635) 著	제48책	제98~99책
20	『陰厓日記』	李耔(1480~1533) 著		제122책

『청구패설』 역시 구성의 명확한 기준을 찾기 어렵다. 유사성을 보이는 부분은 『청구패설』 제23책과 『대동패림』 제77책에 수록된 『추강냉화』, 『사우명행록』, 『청구패설』 제25책과 『대동패림』 제123책에 수록된 『오음잡설』, 『월정만필』, 『현주회은록』이다. 그러나 다른 야사총서에서도 『사우명행록』

---

[17] 『청구패설』에는 서명이 '우암선생악대(尤菴先生幄對)'로 되어 있다.
[18] 『청구패설』에는 서명이 '강상후록(江上後錄)'으로 되어 있다.
[19] 『청구패설』에는 서명이 '월정만록(月汀漫錄)'으로 되어 있다.
[20] 『청구패설』에는 서명이 '회은록(懷恩錄)'으로 되어 있다.

은 『추강냉화』에 부기된 형태로 나타나는 경우가 대다수이며, 『대동패림』에서는 『오음잡설』과 『현주회은록』이 『월정만필』에 부기되어 있는 형식인데 반해, 『청구패설』은 각기 다른 개별 야사로 수록되었으며, 순서 또한 상이하다. 따라서 『청구패설』과 『대동패림』 간의 직접적 연관성을 보여주는 사례로 생각하기에는 부족하다.

다만, 『악대설화』나 『황강문답』, 『구화사적』은 비록 『청구패설』에서는 각기 서로 다른 책에 수록되어 있으나, 『대동패림』에서는 제92책에 수록되어 있는데, 모두 이전의 다른 야사총서에서는 보이지 않았던 책이기 때문에, 『청구패설』과 『대동패림』의 연관성을 밝히기 위해, 주목할만한 자료라 할 수 있다.[21]

2) 내용 비교

이 장에서는 앞에서 살펴본 결과를 토대로 『청구패설』과 『대동패림』이 함께 수록하고 있는 개별 야사의 내용을 비교함으로써 직접적 연관관계에 있는 야사의 종수와 끼친 영향에 대해 살펴보고자 한다.[22]

〈표 4-6〉 『청구패설』과 『대동패림』 공통 수록 야사 내용 비교

순번	야사명	『청구패설』	『대동패림』	영향관계
1	『□一錄』	中廟前後 王妃皆 尹氏前章敬王后…故聞於子孫如此	中廟前後 王妃皆 尹氏前章敬王后…故聞於子孫如此	○
2	『幄對說話』	己亥三月十一日召對于熙政❶堂…崇禎乙巳七月十五日曉?點庭井上如❷上敎 名使人使人… 各之□幄對云六月□書于萱山之□處	崇禎紀元之三十三年己亥三月十一日召對于熙政❶殿…崇禎乙巳七月十五日曉 庭井上如❷其文 名使人使人世眠井澤之可也	×

---

[21] 『황강문답』과 『구화사적』은 『패림』에도 수록되어 있으나, 『패림』은 『대동패림』의 영향으로, 형성된 야사총서이기 때문에, 여기서는 논의하지 않았다.
[22] 『청구패설』은 『아주잡록』과 같이 정리 과정을 거치지 않은 야사총서이므로, 권차 구성에 따른 차이는 배제하고, 비교를 진행하였다.

3	『黃江問答』	永叔問尼事始末…**1**後世不易之典也 [江上後錄拾遺]佔畢齋門人則…殺戮狼藉矣	韓弘祚永叔問尼事始末…**1**覽者可悉其微意云爾	×
4	『構禍事蹟』	有尹鑴者奸臣孝全之子也【光海時誣告…削勳職】…略記其大槪以示同心志云	【己卯錄補遺】…有尹鑴者奸臣孝全之子也【光海時誣告…削勳奪職】…略記其大槪以示同志云	○
5	『秋江冷話』	(一)丙戌丁亥年間有鄕生趙起宗者…吾從師說	丙戌丁亥年間有鄕生趙起宗者…吾從師說【…不用力於詩者】	×
6	『師友名行錄』	金宏弼字大猷受業於佔畢齋…○鄭鵬	金宏弼字大猷受業於佔畢齋…鄭鵬【…退溪曰學問精粗可見於此也云】	×
7	『壬丁事蹟』	宋東萊象賢自少人皆稱好男子…又幷享于南原李兵使忠烈祠	宋東萊象賢自少人皆稱好男子…又幷享于南原李兵使忠烈祠【…事蹟】	×
8	『三寃記事』	金將軍德齡字景樹居光州有絶倫勇力以氣節自許…聞者莫不悲痛	金將軍德齡字景樹居光州有絶倫勇力以氣節自許…聞者莫不悲痛【右金臨淄大仁事實】	×
9	『師友鑑戒』	或問於余曰公自少疾偏黨如仇敵每言及…庶幾可望**1**盍相與勉之哉	或問於余曰公自少疾偏黨如仇敵每言及…庶幾可望**1**蓋相與勉之哉【謚昭懿】	×
10	『己丑記事』	己丑十月前弘文**1**修撰鄭汝立謀叛…**2**萬世不可懼哉可懼不哉	己丑十月前弘文**1**館校理鄭汝立謀叛…**2**若然其意可知矣	×
11	『買還問答』	癸巳春正月客有自遠方來者…是歲仲春旣望延昌安**1**茂年八十一撰	癸巳春正月客有自遠方來者…是歲仲春旣望延昌安**1**郡俊年八十一撰【…官吏參】	×
12	『牛山問答』	癸未冬**1**十月牛山主人答澤堂書別紙有曰…後人所撰可也未知高明以爲何如【右答俞樂書】	癸未冬**1**十二月牛山主人答澤堂書別紙有曰…後人所撰云可也未知高明以爲何如【右牛山答俞榮第二書○…官校理】	×
13	『梧陰雜說』	李原吉爲相矜持體貌…此**1**群人之味士大夫不可不知	李原吉爲相矜持體貌…此**1**野人之味士大夫不可不知	×
14	『月汀漫筆』	三代以上雖公共之主爲天子…**1**天使不來遠接使不去云	[上]三代以上公共之主爲天子…蓋絶不以知音律許之也 [下]礪城君卽南止亭外孫也…**1**賦物之理亦妙矣哉	×
15	『玄洲懷恩錄』	丙申冬十月余年十五未冠…上賜以豹皮一張	丙申冬十月余年十五未冠…上賜以豹皮一張【…官工判】	×
16	『靑坡劇談』	(1-)癸卯冬宗室懷義都正…❶老人古佛之子稱父亦然 (2-)❷驢輿閔某爲咸興…❸有小蟲出自是病遂愈…皆驚駭耳目蓋其流耳	**1**上]癸卯冬宗室懷義都正…❶老人古佛之子稱父亦然❷驢輿閔某爲咸興…❸有小蟲出自是病遂愈 **2**下]蓬原府院君鄭首相…皆驚駭耳目蓋其流耳	×
17	『荷潭破寂錄』	萬曆辛亥全有亨乃余同年也…❶宋廕之亡信有徵矣	(一)萬曆辛亥冬余患傷寒其重全有亨…臺諫爭之不能得【度役字善應官判尹】 (二)乙丑爲東宮擇嬪…❶宋廕之亡信有徵矣…吾輩庸人所可及一時議論盍如此 (三)余判兵曹時…余所見乃是慵齋叢話也【通德水人官郡守】	×

18	『松溪漫錄』	(一) 金礕礛先生以文章自名…**1** 若不日書夫雌不難到也 [下]孟子曰瑪長者折枝旣有朱文公計…此可敗以其方者也	[一]礕礛 金先生以文章自名…**1** 倭時年甫少不能問其姓名也 [下]孟子曰瑪長者折枝旣有朱文公計…此可敗以其方者也	×	
19	『寄齋雜記』	(一)[歷朝舊聞]國初/海平月汀嘗謂余言…到抱川聞友正	(一)[歷朝舊聞]日海平尹月汀嘗謂余言…安世遇寶城守等所造云	×	
		(二)[歷朝舊聞]中宗/朴平城元宗沈靑城順經交道極密精義…蓋岳君已五十井年少故也	(二)[歷朝舊聞]下]余嘗得見安名世史記及供辭…**1** 其時政之玩想良可歎也		
		(三)[歷朝舊聞]沈忠惠公連源以副提學…**1** 其時政之玩想良可歎也	(四)二十一日慶尚右水使元均…三十日到定州查大受諭唐兵一千先行[…流之言也]		
		(四)[辛卯史草假注書時/辛卯二月初三日晴假注書趙希旺病…故臨大議多嶕此	(五)雲雷秘錄]市民於都城內外…故嘗有是言矣松江愕然		
		[壬辰史草附]萬曆二十年[壬辰]六月十八日丙午…駕行宮仍駙馬馬	(跋)右先王文梧窓公…時戌戌四月中旬九日孫世采謹識		
			(第二跋)丙子亂後…歲內辰九月日世采書		
			[三]杏泰小錄]上四月十三日日本國王平秀吉…命元獨守坐城而已		
20	『陰崖日記』	[中宗朝4年]己巳閏九月日領議政柳洵…故吏寅除夕乘醉信筆書之	己巳閏九月日領議政柳洵…故吏寅除夕乘醉信筆書之[…官大德諡文正莞祀文廟]	×	
		[與柳從龍書]頃者良苦…唯足下裁量焉 五中臘每夕任丹			
		[偶見安囲樞所**1** 敍並**2** 查篇刘 癸酉命復昭陵昭陵之廢逆天理…**3** 拂人心…逢得法物云云	[與柳花龍書]頃者良苦…唯足下裁量焉		
		[癸/歿宏文舘請還削柳子光拘戚勳錄疏[冬西]左相鄭光弼啓曰…何必云云也[此下任日]	[偶見安囲樞所**1** 碬並**2** 誶篇刘 癸酉命復昭陵昭陵之廢逆天理**3** 拂人心…逢得法物云云		
		[尙友堂集跋]國朝名相在英陵…有德者必有言詎不信歟	[請還削柳子光拘戚勳錄疏]左相鄭光弼啓曰…何必云云也		
		[日**4** 趙]夢翁木韓山人也…庚寅黜除日乘醉信筆書之			
		[關西奉使錫]庚午八月二十五日上御思政殿…次責絶之	[尙友堂集跋]國朝名相在英陵…有德者必有言詎不信歟		
		[信甲子士禍]燕山天性…皆被誅戮			
		[記權達手被禍事][燕山議立…至是被禍]初權亩之[達]調在龍宮縣…而暘骨也	[日**4** 趙]夢翁木韓山人也…庚寅黜除日乘醉信筆書之[…桜亭名號…諡貞孝]		
		[書日錄] 利町不幸早中科第…乘醉信筆書之			

(1) 영향관계를 확인할 수 있는 사례

영향 관계를 확인할 수 있는 사례로는 『괘일록』과 『구화사적』을 들 수 있다. 이 중 『괘일록』은 본문의 내용은 동일하나, 야사명에 앞서 '아주잡록 鵝洲雜錄'이란 총서명을 기재하고 있어서, 『청구패설』 역시 『아주잡록』을 전사했음을 알 수 있다. 따라서 유사성은 확인할 수 있지만, 『대동패림』은 『아주잡록』의 영향을 받은 것으로 생각하는 것이 더 합리적일 것이다. 『구화사적』은 두 야사총서의 내용이 유사하나, 협주의 내용에 차이가 있는데, 『대동패림』에 수록된 협주가 더 상세한 내용을 수록하고 있어 이해하기에 용이하다. 예를 들어 『청구패설』에서는 '光海時, 孝全誣告臨海君而殺之, 卽光海同母兄也. 孝全策勳封君, 反正後削勳職.'으로 되어 있는 협주가, 『대동패림』에서는 '光海時, 誣告臨海君而殺之. 臨海卽光海同母兄也. 孝全策勳封帶原君, 仁廟反正削勳集職.'으로 되어 있다. 동일한 내용이나 더욱 상세함을 알 수 있다.

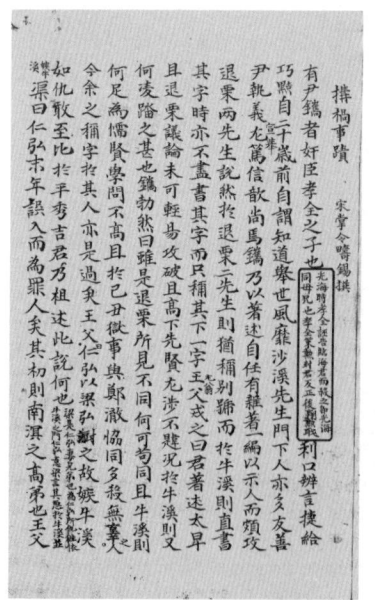 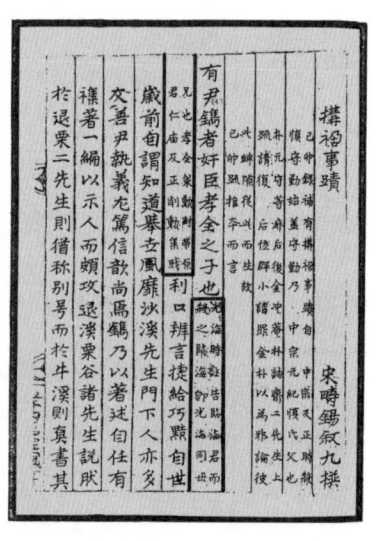

〈그림 4-5〉 존경각본 『청구패설』(좌)과 정가당문고본 『대동패림』(우) 『구화사적』 권수제면 비교

(2) 영향 관계가 드러나지 않는 사례

① 주석 유무에 의한 차이

먼저 주석 유무에 따라 차이가 나타나는 사례로, 『추강냉화』, 『사우명행록』, 『임정사적』, 『삼원기사』, 『사우감계』, 『매환문답』, 『우산문답』, 『오음잡설』, 『현주회은록』 등 9종이다. 가장 기본적인 차이로, 『청구패설』에는 협주가 없으나, 『대동패림』에는 본문 내 협주가 있거나, 광곽 상단에 두주가 수록되어 있는 경우이다.

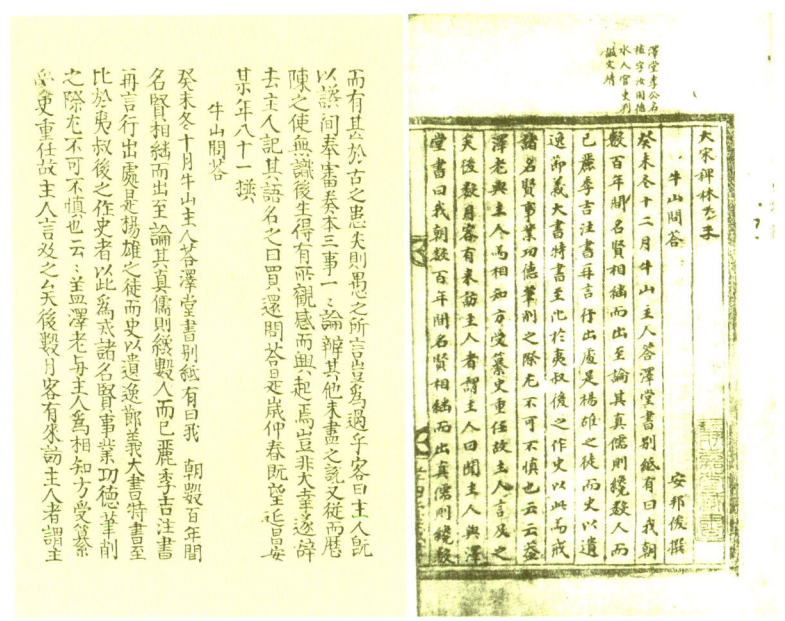

〈그림 4-6〉 존경각본 『청구패설』(좌)과 정가당문고본 『대동패림』(우) 『우산문답』 권수제면 비교

② 본문 내용에 의한 차이

다음으로 내용상에서 차이가 있는 경우로, 『악대설화』, 『황강문답』, 『기축기사』, 『월정만필』, 『송계만록』, 『기재잡기』, 『음애일기』 등 7종을 들 수 있다. 이 중 『황강문답』은 『청구패설』에는 '강상후록江上後錄'이란 제목으로

수록되어 있는데, 수록된 내용이 다를뿐 아니라, 「강상후록습유江上後錄拾遺」가 수록되어 있다. 반면, 『대동패림』에서도 책에 수록된 것 이외에도 많은 조목이 있으나, 기재하지 않는다고 밝히고 있으므로,[23] 『대동패림』이 축약하여 수록하고 있음을 알 수 있다.

『기재잡기』(『청구패설』)는 크게 「역조구문」 3권과 「신묘사초」 1권으로 구성되어 있는 반면, 『기재잡기』(『대동패림』)는 「역조구문」 2권과 「비태소록」 2권, 「운뢰비록」 및 2개의 발문으로 구성되어 있다. 이 때문에 두 야사총서 간에 수록된 내용에서 많은 차이가 있음을 확인할 수 있다.

『음애일기』(『대동패림』)는 다른 야사총서들과 같이 5편이 부기되어 있는 형태인데 반해, 『음애일기』(『청구패설』)에는 5편 외에도 추가로 4편이 수록되어 있다. 이 4편은 모두 『음애집』 권3에 수록되어 있다. 특히 『대동패림』을 비롯한 다른 야사총서에서 '우견안포초소칭병록편말偶見安圃樵所稱並錄篇末',[24] '자찬지自撰誌'로 명명된 편이 『청구패설』에서는 '견안포초소록병서편말見安圃樵所錄並書篇末', '자서自叙'로 되어 있다. 이는 『음애집』의 편명과 동일하기 때문에 『음애집』을 참고하여 추가하였을 것으로 추정된다.

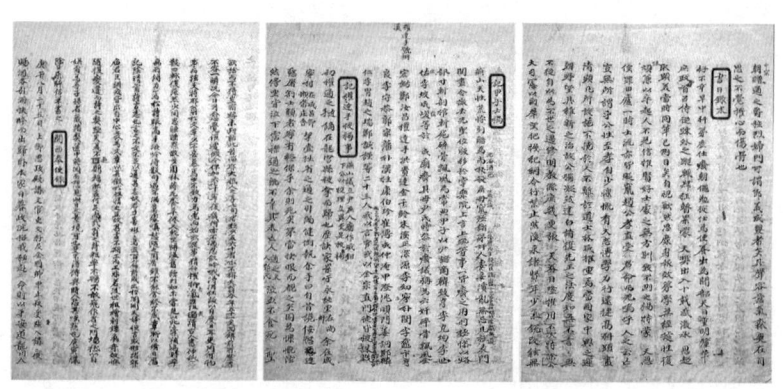

〈그림 4-7〉 태동고전연구소본 『청구패설』 내 『음애일기』 추가 수록 4편

---

[23] 『大東稗林』 「黃江問答」. "右遂菴先生黃江問答也. 此外亦有許多條, 而幷不錄者, 以其不干於斯文是非 與尤菴所秉之義理也. 覽者可悉其微意云爾."
[24] 『대동야승』에는 제목이 '모우견안포초소칭병록편말(某偶見安圃樵所稱竝錄篇末)'으로 되어 있다.

③ 구성 체제에 의한 차이

내용은 동일하나, 권의 구성이 다른 경우로, 『청파극담』을 들 수 있다. 『청구패설』과 『대동패림』 모두 2권체제로 구성되어 있는 것은 동일하나, 『청파극담』(『청구패설』)의 권2 첫 부분이 『청파극담』(『대동패림』)에는 상권 중간 부분에 수록되어 있는 등의 차이가 나타남을 알 수 있다.

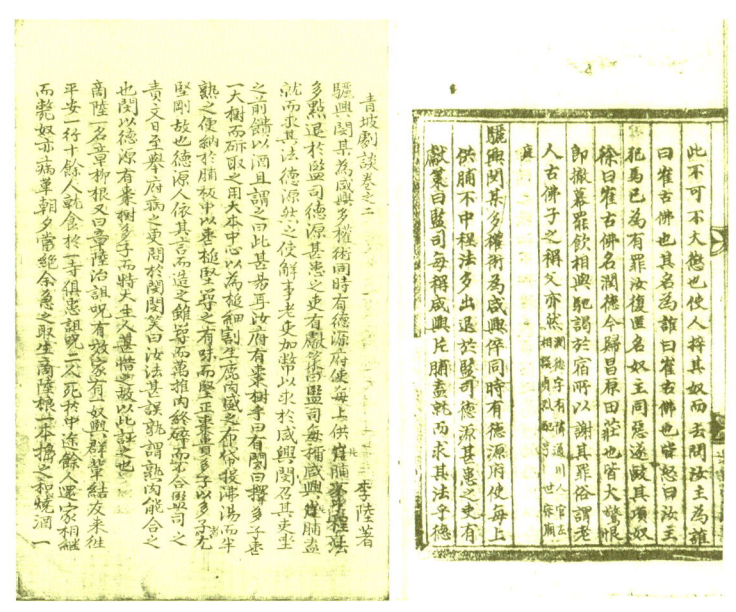

〈그림 4-8〉 존경각본 『청구패설』(좌)과 정가당문고본 『대동패림』(우) 『청파극담』 동일면 비교

④ 본문의 분량에 따른 차이

본문의 분량이 다른 경우로 『하담파적록』을 들 수 있다. 『청구패설』은 『대동패림』에 비해 내용이 소략하여, 『하담파적록』(『청구패설』)의 마지막 부분이 『대동패림』 전체 3권 체제 중 권2에 수록되어 있어, 분량에 따른 차이가 나타난다.

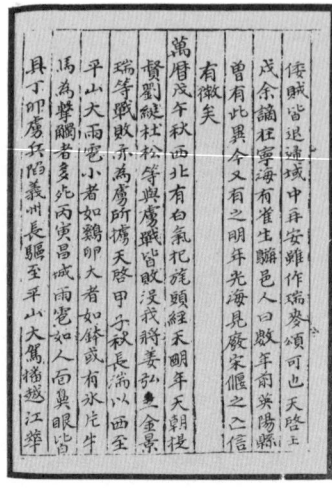

〈그림 4-9〉 존경각본 『청구패설』(좌)과 정가당문고본 『대동패림』(우) 『하담파적록』 동일면 비교

4. 『한고관외사寒皐觀外史』・『창가루외사倉可樓外史』와 『대동패림大東稗林』 대조

1) 구성체제 비교

앞에서 살펴봤던 바와 같이 『한고관외사』는 86종의 야사를 수록하고 있다. 그 가운데 『한고관외사』와 『대동패림』이 공통으로 수록하고 있는 야사는 44종으로, 『한고관외사』를 기준으로 수록되어 있는 위치를 비교하면, 다음과 같다.

〈표 4-7〉『한고관외사』와 『대동패림』 공통 수록 야사

순번	서명	저자(생몰년)	『한고관외사』	『대동패림』
1	『稗官雜記』	魚叔權 著	제1~3책	제84~86책
2	『丙辰丁巳錄』[25]	任輔臣(?~1558) 著	제5책	제91책[26]
3	『筆苑雜記』	徐居正(1420~1488) 著	제5~6책	
4	『謏聞瑣錄』	曺伸(1454~1529) 著	제6~8책	제90책
5	『梅溪叢話』	曺偉(1454~1503) 著	제7책	제77책
6	『龍泉談寂記』	金安老(1481~1537) 著	제8~9책	제78책
7	『靑坡劇談』	李陸(1438~1498) 著	제9~10책	제122책
8	『陸玒日記』	李玒(1480~1533) 著	제10책	
9	『秋江冷話』	南孝溫(1454~1492) 著	제11책	제77책
10	『師友名行錄』			
11	『思齋摭言』	金正國(1485~1541) 著	제11~12책	제77~78책
12	『己卯黨籍錄』	未詳	제12책	제78책
13	『黃兎記事』	李廷馨(1549~1607) 著	제13~14책	제105책
14	『錄金貴千順末』	未詳	제14책	
15	『東閣雜記』	李廷馨(1549~1607) 著	제15~17책	제52~53책
16	『石潭日記』	李珥(1536~1584) 著	제18~22책	제115~117책
17	『關北紀聞』	金時讓(1581~1643) 著	제25책	제87책
18	『月汀漫筆』	尹根壽(1537~1616) 著	제29~30책	제123책
19	『栢陰雜記』	尹斗壽(1533~1601) 著	제30책	
20	『玄洲慷恩錄』	尹新之(1582~1657) 著		
21	『松溪漫錄』	權應仁(1510?~1582?) 著	제31~32책	제72책
22	『松窩雜說』	李墍(1522~1600) 著	제32~33책	제72~73책
23	『聞韶漫錄』	尹國馨(1543~1611) 著	제33~34책	제73~74책
24	『甲辰漫錄』		제34책	제74책
25	『牛山問答』	安邦俊(1573~1654) 著	제35책	제121책
26	『師友鑑戒』			
27	『買還問答』			
28	『松江行錄』	金長生(1548~1631) 著		

---

[25] 『한고관외사』는 다른 야사총서와는 달리 목록을 통해 전체 규모와 수록된 야사를 파악할 수 있다. 전체 70책 가운데 제4, 5, 6, 16책은 결락(缺落)되었다. 『병진정사록』은 4책에 수록되어 있어 비록 결락되었으나, 목록에서 그 수록 여부를 확인할 수 있기 때문에 종수에 포함하였다.
[26] 『필원잡기』가 『병진정사록』 등 3종의 야사 앞에 수록되어 있다.

29	『涪溪記聞』	金時讓(1581~1643) 著	제36책	제87책
30	『荷潭破寂錄』		제37~38책	제93책
31	『效顰雜記』	高尙顔(1553~1623) 著	제39~40책	제124책
32	『柳川剳記』	韓俊謙(1557~1627) 著	제40책	제73책
33	『破睡雜記』	尹新之(1582~1657) 著		
34	『眉巖日記』	柳希春(1513~1577) 著	제44~54책	제109~111책
35	『雲巖雜錄』	柳成龍(1542~1607) 著	제54책	제94책
36	『北遷日錄』	鄭忠信(1576~1636) 著	제55책	제113책
37	『諸公事蹟』	尹善道(1587~1671) 著		
38	『己丑記事』	安邦俊(1573~1654) 著	제59책	제100책
39	『辛卯記事』			
40	『壬丁事蹟』			
41	『三寃記事』			
42	『寄齋雜記』	朴東亮(1569~1635) 著	제62~64책	제98~99책
43	『名山秘藏』		제63책	제98책
44	『癸甲日錄』	禹性得(1542~1593) 著	제65~67책	제94책

『한고관외사』의 구성에서는 작가의 시대순에 따라 야사를 배치한 것으로 보이는데, 이 또한 같은 저자의 작품을 다른 책으로 수록한 사례도 있어서, 명확한 기준은 없었던 듯하다.

『한고관외사』와 『대동패림』에 수록된 야사의 수록 순서나 구성만을 비교해 봤을 때 유사한 부분이 확인된다. 일례로, 『한고관외사』의 제35책과 『대동패림』의 제121책을 비교해봤을 때, 동일한 구성에 『사우감계』와 『매환문답』이 『우산문답』에 부기附記 되어 있는 것을 볼 때, 『대동패림』이 『한고관외사』의 영향관계가 있을 것으로 추정된다. 다만, 동일한 야사를 수록하고 있지만, 『미암일기』의 경우 『한고관외사』는 11책 21권 분량이 수록되어 있는 반면, 『대동패림』에는 3책 15권 분량이 수록되어 있으므로, 차이가 있음을 알 수 있다.[27]

『창가루외사』는 7종의 야사를 수록하고 있으며, 그 가운데 『대동패림』과 공통으로 수록하고 있는 야사는 3종이다. 『창가루외사』를 기준으로 수록되어 있는 위치를 비교하면, 다음과 같다.

〈표 4-8〉『창가루외사』와 『대동패림』 공통 수록 야사

순번	서명	저자(생몰년)	『창가루외사』	『대동패림』
1	『石潭日記』	李珥(1536~1584) 著	제8~12책(缺本)[28]	제115~117책
2	『東閣散錄』	金君錫(1602~1709) 著	제12~25책	제54~66책
3	『李相國日記』	李元翼(1547~1634) 著	제25~28책	제66~69책

『창가루외사』와 『대동패림』이 공통으로 수록하고 있는 야사는 3종에 불과하나, 『동각산록』과 『이상국일기』는 다른 야사총서에는 수록되어 있지 않기 때문에, 『한고관외사』와 『대동패림』의 연관성을 밝히기 위해, 주목할 만한 자료라 할 수 있다. 또한, 『동각산록』과 『이상국일기』가 잇달아 실려 있어서 구성에서도 유사성을 갖는다. 비록 현재 결본인 상태라 확인할 수 없지만, 『석담일기』(『창가루외사』)의 권수와 『석담일기』(『대동패림』) 권수가 9권으로 동일하다는 점에서도 영향 관계가 있음을 기대할 수 있다.

2) 내용 비교

이 장에서는 앞에서 살펴본 결과를 토대로 『한고관외사』와 『대동패림』이 함께 수록하고 있는 개별 야사의 내용을 비교함으로써 직접적 연관관계에 있는 야사의 종수와 끼친 영향에 대해 살펴보고자 한다.

---

[27] 안대회, 앞의 논문, 2005, 315~316쪽에서는 『한고관외사』와 『대동패림』, 『패림』에 수록된 『미암일기』가 전사 과정에서 점차 축약되었음을 언급했다.
[28] 연세대 소장 『창가루외사』의 전체 148권 74책 중 2~12책, 43, 45책은 결락되어 있다.

〈표 4-9〉 『한고관외사』와 『대동패림』 공통 수록 야사 내용 비교

순번	야사명	『한고관외사』	『대동패림』	영향관계
1	『稗官雜記』	(一)大明高皇帝諱元璋起洪武元年戊申…體制幸甚【…官戶參】	(一)大明高皇帝諱元璋起洪武元年戊申…體制幸甚【…官戶參】	○
		(二)南止亭作權校理達手墓碣曰…蓋譏靴之無襪子也	(二)南止亭作權校理達手墓碣曰…蓋譏靴之無襪子也	
		(三)柳夢窩希齡嘗選東人詩名曰…碑碣之類云	(三)柳夢窩希齡嘗選東人詩…碑碣之類云	
		(四)仁廟在東宮時…爲西客亦見語類	(四)仁廟在東宮時…爲西客亦見語類	
		(五)本國列聖諱皆有代用之字…自流入於中國也	(五)本國列聖諱皆有代用之字…自流入於中國也	
		(六)本國恭事天朝…皆洽然尊師之【…官工議】	(六)本國恭事天朝…皆洽然尊師之【…官工議】	
2	『丙辰丁巳錄』	【缺】	有一宰相晚年蓄少艾…己卯竄謫未幾自縊死	△29
3	『筆苑雜記』	【缺】	(上)嘗考自唐堯元年甲辰…踶父子壯元皆御賜也	○30
			(下)權翼平於庚午鄕會殿三試皆居魁…相與大笑【金宗瑞榜下】	
			(序)筆苑雜記吾仲父四佳先生所著也…吏曹佐郎彭召序	
			(序)一日沿沫謁達城徐相公於四佳亭…表沿沫序	
			(序)東方自箕子…咸陽郡守夏山曺偉敍	
			(跋)右筆苑雜記…慶尙道觀察使漢原李世佐謹跋	
4	『謏聞瑣錄』	【缺】	(一)世少文獻之家村野閑談…皆寓意新【…當更考】	○
		(二)成化甲辰九月初一日…其不能全其性味宜哉	(二)成化甲辰九月初一日…其不能全其性味宜哉	
		『梅溪叢話』	【缺】	
		(四)金時習字悅卿…五穀不盛惟生黍稷	(四)金時習字悅卿…五穀不盛惟生黍稷	

---

29 『한고관외사』의 결락으로 내용을 직접 확인할 수 없으므로 판단을 유보하였다.
30 『한고관외사』에는 『필원잡기』가 결락되어 있으나, 『대동패림』과 영향관계가 있는 것으로 파악하였다. 그 사유에 대해서는 '(1) 영향관계를 확인할 수 있는 사례'의 '④ 기타 기록을 통해 영향 관계를 파악한 경우'에서 살펴보겠다.

5	『梅溪叢話』	[序]梅溪公字太虛自童稚時…梅溪叢話十餘則未成藁而辛巳附於此	[序]梅溪公字太虛自童稚時…梅溪叢話十餘則未成藁而辛巳附於此	○
		辛丑歲奉使關西仍歷黃海覆審邊邑農事…行是歲竟皆登第【…官直講】	辛丑歲奉使關西仍歷黃海覆審邊邑農事…行是歲竟皆登第【…官直講】	
6	『龍泉談寂記』	(上)圃隱文忠公祠堂舊在永川…皆是此不可不識	(上)圃隱文忠公祠堂舊在永川…皆是此不可不識	○
		(下)古人於詩投贈酬答…言之不可不愼如是哉	(下)古人於詩投贈酬答…言之不可不愼如是哉	
		[序]余自謫居來…嘉靖庚寅作匯後蠟月上澣書忍性堂	[序]余自謫居來…嘉靖庚寅作匯後蠟月上澣書忍性堂	
7	『靑坡劇談』	(上)癸卯冬宗宰懷義都正…亦有小蟲出自是病遂愈	(上)癸卯冬宗宰懷義都正…亦有小蟲出自是病遂愈	○
		(下)蓬原府院君鄭首相…事皆駭驚耳目蓋其流耳	(下)蓬原府院君鄭首相…事皆駭驚耳目蓋其流耳	
8	『陰崖日記』	己巳閏九月日領議政柳洵…故庚寅除夕乘醉信筆書之【…從祀文廟】	己巳閏九月日領議政柳洵…故庚寅除夕乘醉信筆書之【…從祀文廟】	○
		[因]柳從龍書頂者良苦…唯足下裁量焉	[因]柳從龍書頂者良苦…唯足下裁量焉	
		偶見安瑭樵所稱並錄篇末)癸酉命復昭陵…逢得法物云云	偶見安瑭樵所稱並錄篇末)癸酉命復昭陵…逢得法物云云	
		[請還削柳子光抒戴勳錄疏]左相鄭光弼啓曰…何必云云也	[請還削柳子光抒戴勳錄疏]左相鄭光弼啓曰…何必云云也	
		[尙友堂集跋]國朝名相在英陵…詎不信歟	[尙友堂集跋]國朝名相在英陵…詎不信歟	
		[自撰誌]夢翁本韓山人也…庚寅臘除日乘醉信筆書之【…諡貞孝】	[自撰誌]夢翁本韓山人也…庚寅臘除日乘醉信筆書之【…諡貞孝】	
9	『秋江冷話』	丙戌丁亥年間有鄕生趙起宗者…吾從師說【…不用力於詩者】	丙戌丁亥年間有鄕生趙起宗者…吾從師說【…不用力於詩者】	○
10	『師友名行錄』	金𪧐弼字大猷受業於佔畢齋…鄭鵬【…退溪曰專閫①可見】	金𪧐弼字大猷受業於佔畢齋…鄭鵬【…退溪曰專閫①*精粗可見於此也云*】	○
11	『思齋摭言』	(上)嘗讀司馬溫元魏歷年圖曰…可想其風流文雅	(上)嘗讀司馬溫元魏歷年圖曰…可想其風流文雅	○
		(下)己卯之變南止亭賓實主張其事…以此言者盆疑希良不死至今猶存【…鄭鵬庵作】	(下)己卯之變南止亭賓實主張其事…以此言者盆疑希良不死至今猶存【…鄭鵬庵作】	
12	『己卯黨籍錄』	鄭光弼壬午生字士勛中壬子進士…李耔【餠字汝翼咸安人】	鄭光弼壬午生字士勛中壬子進士…李耔【餠字汝翼咸安人】	○
13	『黃兔記事』	(一)趙光祖文正公靜庵先生…曰進修楷範行于世	(一)趙光祖文正公靜庵先生…曰進修楷範行于世	○
		(二)鄭光弼字士勛諡文翼公東萊人…金安老敗死拜大司憲未幾堂【原註尹承世…之孫也】	(二)鄭光弼字士勛諡文翼公東萊人…金安老敗死拜大司憲未幾堂【原註尹承世…之孫也】	
		(三)李若氷字喜初魁正德…歷官終始未詳【餠咸安人…官大憲】	(三)李若氷字喜初魁正德…歷官終始未詳【餠咸安人…官大憲】	

		(跋)余少時嘗見所謂…庚子孟春月望知退翁書	(跋)余少時嘗見所謂…庚子孟春月望知退翁書	
14	『錄金貴千顛末』	金貴千私賤也…言與行違者獨何人哉	金貴千私賤也…言與行違者獨何人哉	○
15	『東閣雜記』	(一)本朝璿源寶錄曰司空諱翰仕新羅…籍沒家産妻子爲奴	(一)本朝璿源寶錄曰司空諱翰仕新羅…籍沒家産妻子爲奴	○
		(二)宣德丙午上大閱于箭串…世謙與諸臺諫皆不食	(二)宣德丙午上大閱于箭串…世謙與諸臺諫皆不食	
		【缺】	(三)宗廟配享太祖室領議政趙浚義安大君和…死杖下【…官學論】	
		【缺】	(四)趙靜庵謫綾城未幾命賜死…只給口粮不給衣纜【…諡忠貞】	
		(五)仁宗將祔廟世祖當遞遷…上受之尋令放于南陽大部島	(五)仁宗將祔廟世祖當遞遷…上受之尋令放于南陽大部島	
16	『石潭日記』	(一)明宗大王二十年【世宗皇帝嘉靖四十四年】七月十三日…非他人之所可勸沮也	(一)明宗大王二十年【世宗皇帝嘉靖四十四年】七月十三日…非他人之所可勸沮也	○
		(二)隆慶三年己巳【今上二年】…民間苦之甚於虎	(二)隆慶三年己巳【今上二年】…民間苦之甚於虎	
		(三)隆慶六年壬申【今上五年】正月…人望甚重至是始拜憲官	(三)隆慶六年壬申【今上五年】正月…人望甚重至是始拜憲官	
		(四)萬曆二年甲戌【今上七年】正月…未幾還未寧乃停賀	(四)萬曆二年甲戌【今上七年】正月…未幾還未寧乃停賀	
		(五)萬曆三年乙亥【今上八年】正月壬寅…授以西班	(五)萬曆三年乙亥【今上八年】正月壬寅…授以西班	
		(六)萬曆四年丙子【今上九年】正月丙申…海州三灘之水絶流數日而復流	(六)萬曆四年丙子【今上九年】正月丙申…海州三灘之水絶流數日而復流	
		(七)萬曆六年戊寅【今上十一年】正月…可勝於邑邪	(七)萬曆六年戊寅【今上十一年】正月…可勝於邑邪	
		(八)萬曆八年庚辰【今上十■二年】正月己未…後以上旨更仍任	(八)萬曆八年庚辰【今上十■三年】正月己未…後以上旨更仍任	
		(九)六月盧守愼辭疾不已…近世所未有也	(九)六月盧守愼辭疾不已…近世所未有也	
17	『關北紀聞』	[陵寢]穆王德陵【在咸興自慶興移葬】…懿惠王后和陵【在咸興】	[陵寢]穆王德陵【在咸興自慶興移葬】…懿惠王后和陵【在咸興】	○
		[紀實]庚寅太宗十年【永樂八年】…非旁國之憂也	[紀實]庚寅太宗十年【永樂八年】…非旁國之憂也	
		[列邑]慶興【…阿吾地三十五里】…僉使守之分山堡土兵屬之	[列邑]慶興【…阿吾地三十五里】…僉使守之分山堡土兵屬之	
18	『月汀漫筆』	[上]三代以上雖公共之主爲天子…蓋絶不以知音律許之也	[上]三代以上雖公共之主爲天子…蓋絶不以知音律許之也	○
		[下]礪城君卽南止亭外孫也…賦物之理亦妙矣哉	[下]礪城君卽南止亭外孫也…賦物之理亦妙矣哉	

19	『梧陰雜說』	李原吉爲相矜持體貌…此野人之味士大夫不可不知	李原吉爲相矜持體貌…此野人之味士大夫不可不知	○
20	『玄湖懷恩錄』	丙申冬十月余年十五木冠…退上賜以豹皮一領【…官工判】	丙申冬十月余年十五木冠…退上賜以豹皮一領【…官工判】	○
21	『松溪漫錄』	(上)濯纓金先生以文章自名…僕時年尙少不能問其姓名也	[上]濯纓金先生以文章自名…僕時年尙少不能問其姓名也	○
		(下)孟子曰爲長者折枝旣有朱文公註…此可駭以其方者也	[下]孟子曰爲長者折枝旣有朱文公註…此可駭以其方者也	
22	『松窩雜說』	(上)王氏龍種也雖屠孫木裔一身果處必有鱗…上舍咸始和見余言之如此	[上]王氏龍種也雖屠孫木裔一身果處必有鱗…上舍咸始和見余言之如此	○
		(下)鼎齋先生好學栗善爲己卯諸賢之領袖…不識此人何處去而其存亡未可知也	[下]鼎齋先生好學栗善爲己卯諸賢之領袖…不識此人何處去而其存亡未可知也	
23	『聞詔漫錄』	(上)余生纔半月慈氏下世…見公牧許公而稱道之【原註…○提督名憲字汝式白川人謚文烈】	[上]余生纔半月慈氏下世…見公牧許公而稱道之【原註…○提督名憲字汝式白川人謚文烈】	○
		(下)壬辰亂後人民離散…宋主庵參判其餘不可悉記【…謚文忠】	[下]壬辰亂後人民離散…宋主庵參判其餘不可悉記【…謚文忠】	
24	『甲辰漫錄』	李提督蕩平箕城之後…故未免支離不得已也不得已也	李提督蕩平箕城之後…故未免支離不得已也不得已也	○
25	『牛山問答』	癸未冬十二月牛山主人答澤堂書別紙有曰…後人所撰云可依未知高明以爲如何【…官校理】	癸未冬十二月牛山主人答澤堂書別紙有曰…後人所撰云可依未知高明以爲如何【…官校理】	○
26	『師友鑑戒』	或問於余曰公自少疾偏黨如仇敵每言及必以爲弑逆之徒…庶幾可免黨相傾軋之害【…謚昭懿】	或問於余曰公自少疾偏黨如仇敵每言及必以爲弑逆之徒…庶幾可免黨相傾軋之害【…謚昭懿】	○
27	『貿遷問答』	癸巳春正月客有自遠方來者…是歲仲春旣望延昌安邦俊年八十一撰【…官吏參】	癸巳春正月客有自遠方來者…是歲仲春旣望延昌安邦俊年八十一撰【…官吏參】	○
28	『松江行錄』	公英秀夙成聰明過人十歲前涉通文義…黨論之權與及陷公之根柢也云爾【…謚文貞】	公英秀夙成聰明過人十歲前涉通文義…黨論之權與及陷公之根柢也云爾【…謚文貞】	○
29	『涪溪記聞』	(上)北方是豐沛之[1]地…不敢爲亦不能然矣【…官兵判北魁】	[上]北方是豐沛之[1]人…不敢爲亦不能然矣【…官兵判北魁】	○
		(下)海之有潮汐…陞慶邦堂上官	[下]海之有潮汐…陞慶邦堂上官	
30	『荷潭破寂錄』	(上)萬曆辛亥冬余忠傷寒甚重…臺諫爭之不能得【慶徵子善聽官到尹】	(一)萬曆辛亥冬余忠傷寒甚重…臺諫爭之不能得【慶徵子善聽官到尹】	○
		(中)乙丑爲東宮擇婿…吾輩庸人所可及一時議論蓋如此	(二)乙丑爲東宮擇婿…吾輩庸人所可及一時議論蓋如此	
		(下)余判兵曹時…余所見乃是備齋叢話也【通德水人官郡守】	(三)余判兵曹時…余所見乃是備齋叢話也【通德水人官郡守】	
31	『效顰雜記』	(上)古有買奴得翁之說吾不能無疑也…兩公之判皆可謂好事也	(上)古有買奴得翁之說吾不能無疑也…兩公之判皆可謂好事也	○
		(下)新羅之俗例於上元之農…兩人之話雖出於戱實有不快之思也	(下)新羅之俗例於上元之農…兩人之話雖出於戱實有不快之思也	

32	『柳川劄記』	伊川先生主式圖說曰…誠千載之所罕覯也	伊川先生主式圖說曰…誠千載之所罕覯也	○
33	『破睡雜記』	李邦益少治擧業中年蹭蹬從宦蔭…但有老淚潸潸謹稽顙書而識之	李邦益少治擧業中年蹭蹬從宦蔭…但有老淚潸潸謹稽顙書而識之	○
34	『眉巖日記』	(一)丁卯十月大初一日陰而晴…①三公啓曰昨日雷電之作…②兩持平先出大憲及余隨出…不若先爲弘文錄	(一)①三公啓曰昨日雷電之作…②兩持平先出大憲及余隨出	○
		(二)二月大初一日晴…③是日政事吏曹政廳啓曰…④偶然計而還之乎勿辭	(二)③是日政事吏曹政廳啓曰…④偶然計而還之乎勿辭	
		(三)十三日晴食後仕進與白大諫…⑤食菜詞章筆法亦高云云…定力有過人者云	(三)備忘記下于政院曰靈川尉…⑤食菜詞章筆法亦高云云	
		(四)十八日陰微雨罷漏後⑥上殿考文三十二遭…事文類聚子甚分明云	(四)⑥上殿考文三十二遭…予當於宮中黏壁朝夕觀省	
		(五)初七日晴…⑦削奪官職門外黜送事下義禁府等傳敎…太白經天何至於此也	[五]書講知經筵李公溵…⑦削奪官職門外黜送事下義禁府等傳敎	
		(六)十九日晴向暮陰微雨…⑧府啓國家之安危…又賴上德造第宅創規模皆吉事也	[六]⑧府啓國家之安危…聞上定壺子龍仁宰朴應順	
		(七)庚午五月二十五日…擄掠居民坐罷	[七]李元祐逢寃家之…朝報來黃大受以使命詣嶺南落馬以惡身死	
		(八)二十一日晴…今日肅拜〇終日陰	(八)初三日晴…兩宮和好無間云	
		(九)十九日晴晝講故午初二刻上⑨經筵廳與特進官李文馨…大禮闕焉可勝嘆哉	(九)⑨經筵廳與特進官李文馨…通禮院直心點心改服而出	
		(十)癸酉正月大初一日晴…親親之意也		
		(十一)二十日晴…來二十一日有朝講		
		(十二)二十一日晴…來二十二日晝講余簡通于入番趙	(十)進講禹貢雷夏旣澤…稍有森嚴之意云	
		(十三)三月小初一日晴…⑩初六日晴罷漏起寢以朝講昧爽上經筵廳…⑪傳曰尼人等自意下去…午後驟雨		
		(十四)十八日晴…前日士林之見欺誤以爲可恃也	[十一]礪城尉宋公寅來訪…希春歸語妻孥不覺淚下	
		(十五)七月小初一日晴…觀此議則智守不可輕放		
		(十六)九月大初一日晴…曉事諳務有厥之風	[十二]辛典翰應時以書報曰…朴啓賢而推考林晉	
		(十七)十二月大初一日晴未時以夕講詣經筵廳下番金睟承旨金添慶特進官朴忠元…詣德壽宮則袞經而杖如初	[十三]三月⑩初六日晴罷漏起寢以朝講昧爽上經筵廳…但兩上殿以爲甚難其可爲乎	
		(十八)二十日晴…儘相娛云云		
		(十九)十五日晴…初二日練祭奉敎敬依朔祭施行	[十四]⑪傳曰尼人等自意下去…體徒有所傷也不允	
		(二十)丙子正月大初一日晴未明…傲然之病爲人所非笑云		

		(二十一)八月小初一日…不可重外面輕內 請物外補上徙之	(二十一)講畢臺諫及臣玉堂…特賜額問極爲便當	
35	『雲巖雜錄』	嗚呼國家陵替之漸…參奉宜也蓋輕之也 【右記李相待甬甫冥事】	嗚呼國家陵替之漸…參奉宜也蓋輕之也 【右記李相待甬甫冥事】	○
36	『北遷日錄』	(上)皇明萬曆四十五年丁巳【即光海君九年也。○李世龜註下同】…其關鎭精華猶勝於我也	(上)皇明萬曆四十五年丁巳【即光海君九年也。○李世龜註下同】…其關鎭精華猶勝於我也	○
		(下)五月一日戊子虜候將入甲山…閃閃精彩發云	(下)五月一日戊子虜候將入甲山…閃閃精彩發云	
		(南九萬序)昔我宣廟中興時…春秋館事南九萬序	(南九萬序)昔我宣廟中興時…春秋館事南九萬序	
		(李世龜跋)往在萬曆丁巳曾王考白沙文忠公…月城李世龜幷手謹書	(李世龜跋)往在萬曆丁巳曾王考白沙文忠公…月城李世龜幷手謹書	
		(李敏敍跋)右鄭錦南忠信所記…知成均館事完山李敏敍跋	(李敏敍跋)右鄭錦南忠信所記…知成均館事完山李敏敍跋	
37	『諸公事蹟』	十三日公與諸原任待候於賓廳…出涕泣旋授旋過【出國朝記事】	十三日公與諸原任待候於賓廳…出涕泣旋授旋過【出國朝記事】	○
38	『己丑記事』	己丑十月前弘文館校理鄭汝立謀叛…其意可知矣	己丑十月前弘文館校理鄭汝立謀叛…其意可知矣	○
39	『辛卯記事』	李山海…夜謀議公游酒肉【此下數十張原本蠹齧慢缺無形體可讀】	李山海…夜謀議公游酒肉【此下數十張原本蠹齧慢缺無形體可讀】	○
40	『壬丁事蹟』	宋東萊象賢自少人皆稱好男子…又幷享丁南原李兵使忠烈祠【…事蹟】	宋東萊象賢自少人皆稱好男子…又幷享丁南原李兵使忠烈祠【…事蹟】	○
41	『三冤記事』	金將軍德齡字景樹居光州…聞者莫不悲痛【右金臨淄人二事實】	金將軍德齡字景樹居光州…聞者莫不悲痛【右金臨淄人二事實】	○
42	『寄齋雜記』	(一)歷朝舊聞曰海平尹月汀嘗謂余言…安世遇寶城守等所造云	(一)歷朝舊聞曰海平尹月汀嘗謂余言…安世遇寶城守等所造云	○
		(二)歷朝舊聞曰余嘗得見安名世史記及供辭…其時軍政之玩愒良可 **1** 者也	(二)歷朝舊聞曰余嘗得見安名世史記及供辭…其時軍政之玩愒良可 **1** 者也	
		(三)杏泰小錄曰四月十二 **2** 日/日本國王平秀吉…金命元獨守空城而已	(四)二十一日慶尙右水使元均…三十日到定州查人受領明兵一千先行【…流之言也】	
		(四)二十一日慶尙右水使元均…三十日到定州查人受領明兵一千先行【…流之言也】	(五)雲巖祕錄市民於都城內外…故嘗有是言矣松江愕然	
		(五)雲巖祕錄市民於都城內外…故嘗有是言矣松江愕然	(跋)右先王父栢窓公…時戊戌四月中旬九日孫世采謹識	
		(跋)右先王父栢窓公…時戊戌四月中旬九日孫世采謹識	(第二跋)丙子亂後…歲內辰九月日世采書	
		(第二跋)丙子亂後…歲內辰九月日世采書	(三)杏泰小錄曰四月十二 **2** 日/日本國王平秀吉…金命元獨守空城而已	
43	『名山祕藏』	辛卯二月初三日晴【假注書時】都承旨韓應寅…至義州以敎使兩行官仍駐駕焉	辛卯二月初三日晴【假注書時】都承旨韓應寅…至義州以敎使兩行官仍駐駕焉	○

제4장 『대동패림大東稗林』과 다른 야사총서 간의 상호 관련성 분석 171

44	『癸甲日錄』	(一)萬曆十一年癸未六月朔辛亥朝‥❶雨司辭職‥❷蓋指宇順不捄李珥也云‥輟課	[一]❶雨司辭職‥❷蓋指宇順不捄李珥也云	○
		(二)八月朔庚戌晴‥❸府論罷安敏學李培達‥名賢錄	[二]❸府論罷安敏學李培達‥❹而有慶欽納刑官不受云	
		(三)十月朔己酉晴極寒多風水凝而凍‥❹而有慶欽納刑官不受云‥更爲敎諭期於上來	[三]❺大憲鄭澈掌令尹希吉‥❻況請❶訟於訟官乎勿辭	
		(四)五月朔丙子晴有雷‥❺大憲鄭澈掌令尹希吉‥❻況請❶屬於訟官乎勿辭‥日已沒矣	(柳西厓跋)右癸未甲申日錄者‥西厓書于河上	
		(柳西厓跋)右癸未甲申日錄者‥西厓書于河上	(又題)洪範曰‥傷其禍殃自此始也	
		(又題)洪範曰‥傷其禍殃自此始也	(題禹景善日記後二首)故人今日隔幽明‥籲天無路只傷悲	
		(題禹景善日記後二首)故人今日隔幽明‥籲天無路只傷悲		

(1) 영향 관계를 확인할 수 있는 사례

『한고관외사』와 『대동패림』을 비교했을 때, 공통으로 수록하고 있는 44종의 야사 가운데 결락으로 인해 내용을 비교할 수 없는 『병진정사록』 1종을 제외한 43종에서 영향 관계가 있음을 확인할 수 있다.

① 그대로 전사한 경우

『대동패림』이 『한고관외사』를 그대로 전사한 야사는 39종이다. 두 야사총서 간의 영향 관계는 특히 필사 형태에서 확인할 수 있는데, 『한고관외사』에서는 본문에 앞서 목록을 따로 기재하고 있는데 반해, 『대동패림』은 별도의 목록을 기재하지 않다. 이에 따라 『한고관외사』의 본문 첫 행은 개별 야사명을 기재하고, 제2행에는 저자명을 기재하고 있으며, 『대동패림』에서는 첫 행에는 총서명을 기재하고, 제2행에는 개별 야사명과 저자명을 기재하였다. 따라서 본문의 내용은 제3행부터 수록되었으며, 행자수도 동일하게 기재하여 이본으로 생각할 만큼 두 야사총서 사이에 필사 형태의 유사성이 나타나는데, 이는 필사를 용이하게 하기 위한 목적도 있었을 것으로 추정된다. 그 외에도 영향 관계를 확인할 수 있는 요소로 협주나 문장의 유사성, 광곽 상단에 위치한 두주 등 여러 가지를 고려할 수 있다. 예를 들어 『음애일기』를 통해 필사 형태의 유사성과 본문 내 주석, 문장의 유사성을, 『기축기사』는 필사 형태와 문장의 유사성 외에도 광곽 상단의 주석 내용이 동일한 것을 통해 영향 관계가 있음을 알 수 있다.

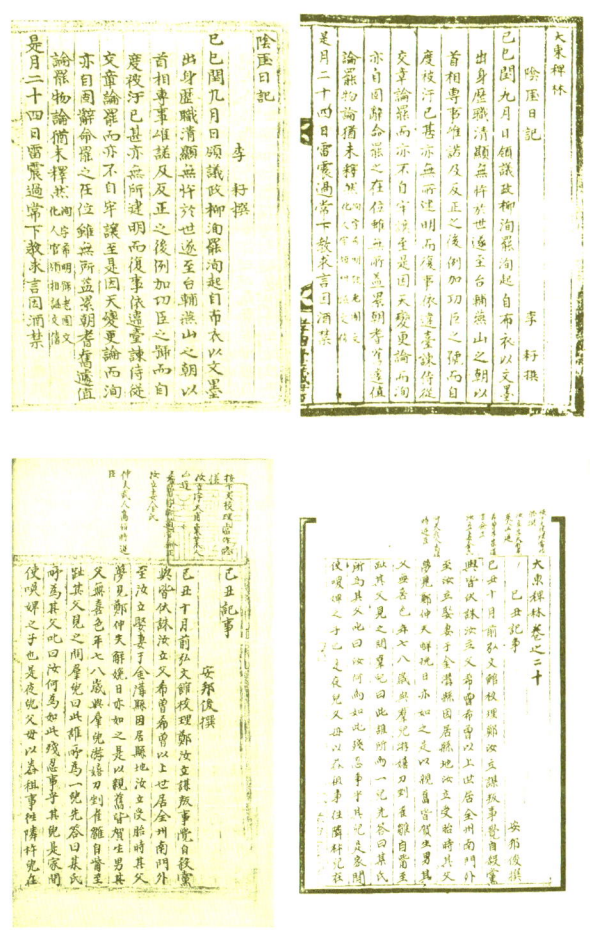

〈그림 4-10〉 장서각본[31] 『한고관외사』(좌)와 정가당문고본 『대동패림』(우) 『음애일기』, 『기축기사』 권수 제면 비교

---

[31] 장서각본은 한국학중앙연구원 장서각 소장본을 의미한다. 아래도 이와 같다.

제4장 『대동패림大東稗林』과 다른 야사총서 간의 상호 관련성 분석　173

또한 『한고관외사』에서 대부분의 내용을 그대로 전사했으나, 『대동패림』에서 보강한 사례가 있는데, 『사우명행록』이 여기에 해당한다. 『사우명행록』은 『추강냉화』에 부기된 형태로 수록되어 있다. 두 야사총서에서 모두 동일한 필사 형태를 보이나, 『사우명행록』의 마지막 주석 부분에서 차이가 있다. 정붕鄭鵬에 대한 퇴계의 평가를 인용한 것으로, 일찍이 정붕이 성리학에 침잠沈潛하여 책상 위에 도안을 붙여 놓았다는 것에 대해 『한고관외사』에서는 '退溪曰學問可見'이란 주석을 기재했는데, 『대동패림』에서는 '退溪曰學問精粗可見於此也云'로 더욱 구체적인 내용으로 기재했다. 이와 유사한 이야기가 『연려실기술』에 실려 있는데,[32] 이를 참고하여 내용을 보강한 것으로 추정된다.

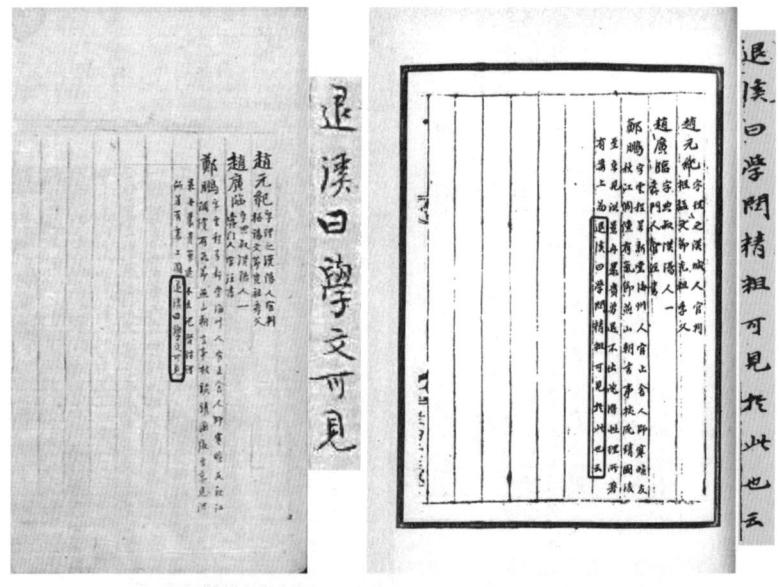

〈그림 4-11〉 장서각본 『한고관외사』(좌)와 정가당문고본 『대동패림』(우) 『사우명행록』 권말면 비교

---

[32] 『燃藜室記述』 「燕山朝故事本末」, 甲子禍籍. "公嘗爲案上圖以自警, 李退溪滉曰公之學問精詣當觀此圖."

그 외에도 필사 형태 등은 동일하지만, 『동각잡기』와 같이 필사 과정에서 내용 중 일부를 빠뜨린 사례도 있었으며,[33] 『기재잡기』와 같이 내용은 같지만, 권차를 잘못 배치한 사례[34] 등 여러 전사 상의 오류가 있는 사례도 있었다.

② 내용의 일부만 발췌하여 수록한 경우

내용의 일부만 발췌하여 수록한 경우는 『미암일기』와 『계갑일록』 2종이 있다. 『미암일기』는 앞의 구성 체제 비교에서 살펴본 바와 같이 『한고관외사』는 21권 체제로 되어 있는 반면, 『대동패림』은 15권 체제로 되어 있어 수록하고 내용의 분량에서 차이가 나타난다. 그러나 같은 기사의 기술 내용과 광곽 상단의 두주의 비교를 통해 『대동패림』이 『한고관외사』의 내용을 발췌하여 수록하였음을 알 수 있다. 이러한 경향성은 『계갑일록』에서도 유사하게 나타난다.

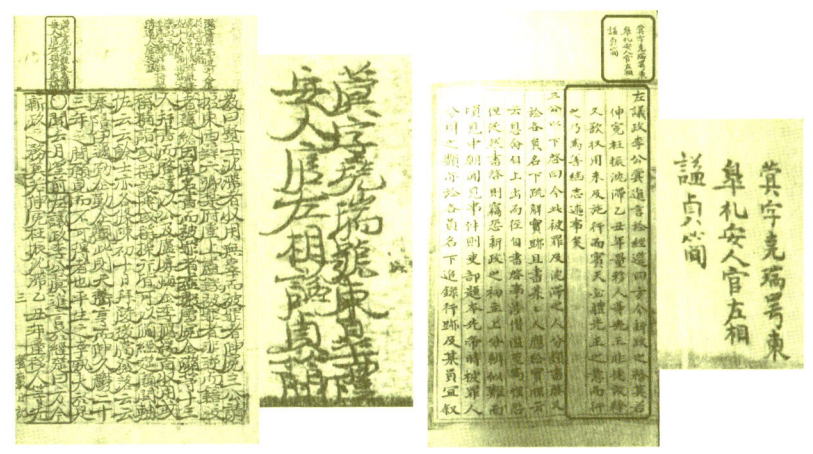

〈그림 4-12〉 하버드대본 『한고관외사』 (좌)와 정가당문고본 『대동패림』 (우) 『미암일기』 동일내용면 비교

---

[33] 『동각잡기』는 『한고관외사』에서 권3, 4가 현존하지 않아 『대동패림』과 비교할 수 없으나, 나머지 권1, 2, 5부분은 동일하다. 다만, 『한고관외사』 『동각잡기』의 권2 부분에 비해, 『대동패림』은 '식(食)'이란 한 글자가 기재된 한 장 분량이 누락되어 있어 전사 과정에 오류가 있었던 것으로 보인다.

[34] 『기재잡기』에는 권1, 2에는 「역조구문」, 권3, 4에는 「비태소록」, 권5에는 「운뢰비록」과 박세채(朴世采)가 지은 발문 2편이 수록이 수록되어 있는데, 이는 두 야사총서 모두 동일하다. 다만, 『대동패림』에는 권1, 2, 4, 5, 발문 2편 이후에 권3이 실려 있어 순서의 오류가 있다.

또한, 위의 2종의 야사를 살펴본 결과 확인할 수 있는 특이점은 『대동패림』이 『한고관외사』를 전사하며, 현존하는 장서각 소장본과 하버드대 소장본 중 어떤 본을 대상으로 했는지 확인할 수 있다는 것이다.

그 대상은 하버드대 소장본으로 추정되는데, 그 이유는 『대동패림』에 수록된 『미암일기』와 『계갑일록』의 기사가 하버드대본에서 붉은 원으로 표시되어 있기 때문이다. 원의 위치도 하버드대본 『한고관외사』의 기사 시작이 아닌, 『대동패림』에 맞게 표시되어 있다. 이로 미뤄볼 때, 심노숭이 김경선에게 보낸 편지[35]에 등장하는 『한고관외사』나, 김경선에게 돌려받은 『한고관외사』를 다시 전사한 책이 하버드대 소장본일 수 있다.[36] 명확한 것은 하버드대본 『한고관외사』에 심노숭이 이 책을 접한 흔적이 남아있다는 점이다.

더욱 명확한 확인을 위해 장서각 소장본 『한고관외사』와 하버드대 소장본 『한고관외사』, 『대동패림』에 수록된 『미암일기』, 『계갑일록』에 수록된 동일한 기사를 대조하면 다음과 같다.

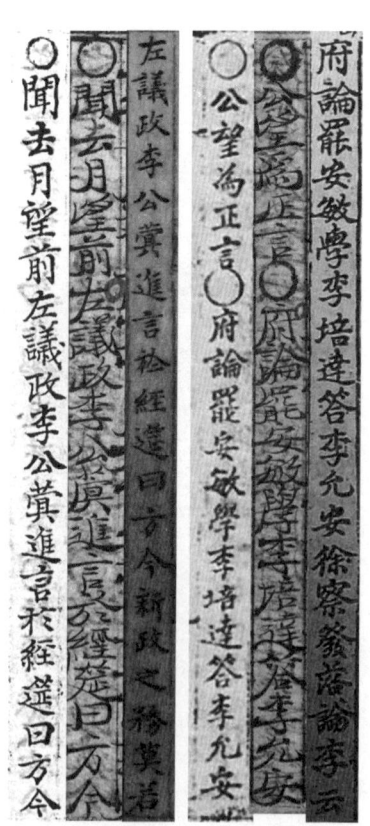

〈그림 4-13〉 『한고관외사』(장서각본(좌), 하버드대본(중))와 정가당문고본 『대동패림』(우) 『미암일기』(좌측) 『계갑일록』(우측) 내용 비교

---

[35] 『孝田散稿』 第29册, 「與金景先」.
[36] 안대회, 「하버드대본 『한고관외사』의 자료적 가치」, 『한고관외사』 5, 2002, 5~10쪽에서 역시 『미암일기』를 이용하여, 하버드대본이 『한고관외사』의 원본임을 언급한 바 있다.

③ 내용은 동일하나, 권차가 바뀐 경우

『소문쇄록』은 제7책 권2부터 남아 있는데, 권1부분은 결락된 제6책에 수록된 것으로 보인다. 따라서 권2부터 권4의 부분만을 비교할 수 있다. 그러나 이 가운데 『대동패림』에는 권3이 수록되어 있지 않고, 권2 이후 권4가 이어져 있다. 『한고관외사』에 수록된 권3 부분은 실제로는 조위曺偉(1454~1503)가 지은 『매계총화』로, 『소문쇄록』에 부기된 형태로 수록되어 있다.

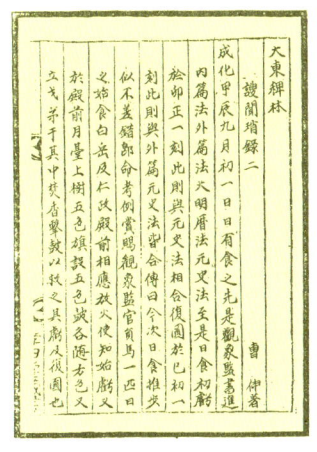

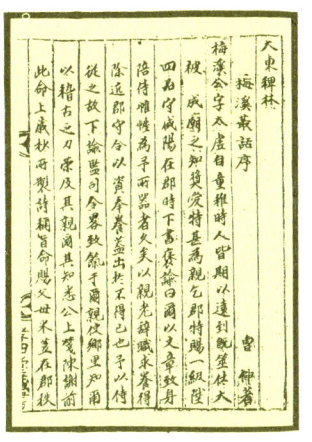

〈그림 4-14〉 장서각본 『한고관외사』 (좌)와 정가당문고본 『대동패림』 (우) 『소문쇄록』 권2, 『매계총화』 비교

제4장 『대동패림大東稗林』과 다른 야사총서 간의 상호 관련성 분석 177

『대동패림』에서는 『매계총화』가 별도의 야사로 제77책에 수록되어 있는데, 그 내용을 살펴보면, 『한고관외사』의 『소문쇄록』 권3과 『대동패림』의 『매계총화』의 내용이 동일하다. 이로 미뤄볼 때, 『대동패림』에서 『소문쇄록』을 전사하는 과정에서 『매계총화』를 별도의 야사로 분류하여 별책에 수록하였으나, 권차를 수정하지 않아 이러한 형태를 보이게 된 것으로 추정된다.

④ 기타 기록을 통해 영향 관계를 파악한 경우

『병진정사록』과 『필원잡기』는 『한고관외사』 목록에서 확인할 수 있으나, 현존하는 『한고관외사』에는 결락되어 있다. 따라서 내용을 비교할 수 없다. 그러나 『대동패림』에는 『필원잡기』 권하 이전에 '한고관외사권지십일寒皐觀外史卷之十一'이란 기록이 있는 목록면을 통해 『한고관외사』의 『필원잡기』를 전사하였음을 알 수 있다.

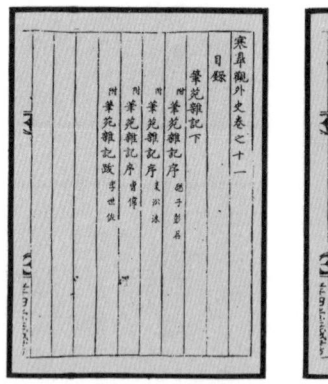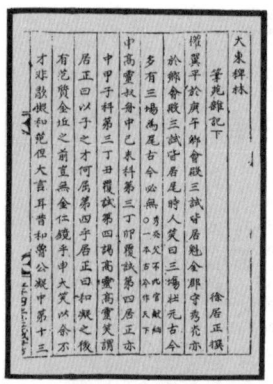

〈그림 4-15〉 정가당문고본 『대동패림』 『필원잡기』 권하 목록면(좌), 권수제면(우)

(2) 영향 관계가 드러나지 않는 사례

앞에서 살펴본 바와 같이 두 야사총서 사이에는 공통적으로 수록되어 있는 44종 가운데 결락된 『병진정사록』 1종을 제외하고, 모두 영향 관계가 있음을 확인했다. 따라서 영향 관계가 드러나지 않는 사례는 없다.

그 밖에 『창가루외사』는 직접적인 원문 비교를 할 수 없으나,[37] 『창가루외사』와 『대동패림』에 공통으로 수록된 『석담일기』, 『동각산록』, 『이상국일기』 3종의 야사에서 영향 관계를 확인할 수 있는 실마리가 있다. 이 가운데 『석담일기』는 『창가루외사』에서 결본인 상태이기 때문에 확인할 수 없으나, 앞의 『석담일기』(『한고관외사』)가 『대동패림』에 영향을 미쳤음을 살펴보았기 때문에 이 역시 동일하거나, 유사한 내용일 것으로 추정할 수 있다.

『이상국일기』의 경우는 기타 기록을 통해 영향 관계를 파악할 수 있다. 『이상국일기』(『대동패림』)의 권말에는 「제이상국일기권후題李相國日記卷後」가 수록되어 있는데, 이는 본래 『창가루외사』에 수록되어 있었던 것으로, 김려의 문집인 『담정유고』 권11에도 동일한 내용의 글이 「창가루외사제후倉可樓外史題後」내에 수록되어 있다. 또한 『창가루외사』에 대한 기존의 해제에서 수록된 내용에 대한 개요를 살펴보면,[38] 『대동패림』에 수록된 『동각산록』, 『이상국일기』의 권차 구성과 내용의 시기가 유사하였다. 그리고 앞에서 살펴본 바와 같이 『이상국일기』에서 영향 관계를 파악할 수 있으므로, 『동각산록』 역시 『창가루외사』의 영향을 받았을 것으로 추정된다.

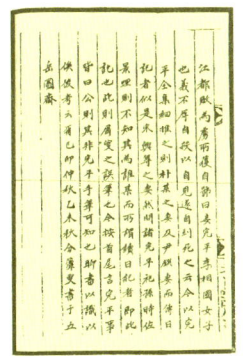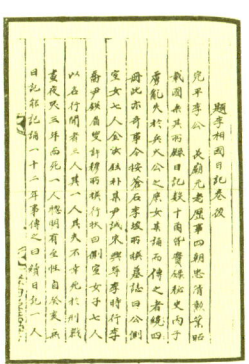

〈그림 4-16〉 정가당문고본 『대동패림』 내 「제이상국일기권후」

---

[37] 『창가루외사』는 소장처의 사정으로 열람이 어려워 실사를 진행하지 못했다. 추후 실사를 진행하여, 후속 연구로 이를 보완할 수 있도록 하겠다.
[38] 허경진, 앞의 논문, 2005, 328~356쪽.

5. 『패림稗林』과 『대동패림大東稗林』 대조

1) 구성체제 비교

앞에서 살펴봤던 바와 같이 『패림』은 110종의 야사를 수록하고 있다.[39] 그 가운데 『패림』과 『대동패림』이 공통으로 수록하고 있는 야사는 70종으로, 『패림』을 기준으로 수록되어 있는 위치를 비교하면, 다음과 같다.[40]

〈표 4-10〉 『패림』과 『대동패림』 공통 수록 야사

순번	서명	저자(생몰년)	『패림』	『대동패림』
1	『諛聞瑣錄』	曺伸(1454~1529) 著	제86~87권	제90책
2	『筆苑雜記』	徐居正(1420~1488) 著	제88권	제91책
3	『靑坡劇談』	李陸(1438~1498) 著	제89권	제122책
4	『思齋摭言』	金正國(1485~1541) 著	제90권	제77~78책
5	『己卯薰籍錄』	未詳		제78책
6	『陰厓日記』	李耔(1480~1533) 著	제91권	제122책
7	『龍泉談寂記』	金安老(1481~1537) 著	제93권	제78책
8	『眉巖日記』	柳希春(1513~1577) 著	제94~96권	제109~111책
9	『石潭日記』	李珥(1536~1584) 著	제101~102권	제115~117책
10	『月汀漫筆』	尹根壽(1537~1616) 著	제103~104권	제123책
11	『梧陰雜說』	尹斗壽(1533~1601) 著		
12	『玄洲懷恩錄』	尹新之(1582~1657) 著		
13	『癸甲錄』	未詳	제105~106권	제106~108책
14	『癸甲日錄』	禹性傳(1542~1593) 著	제107권	제94책
15	『雲巖雜錄』	柳成龍(1542~1607) 著		

---

[39] 조윤제, 앞의 논문, 1~2쪽과 윤호진, 앞의 논문, 221~222쪽에서는 『패림』을 96종 266권 169책으로 소개했다. 특히 윤호진은 탐구당 영인본을 대상으로 개별 야사마다 번호를 부여하여 96종임을 기재하였다. 그러나 이 책에서는 각 야사에 부록으로 수록되어 있는 야사까지 모두 계산하여 110종임을 확인하였다.

[40] 현재 『패림』은 10책의 영인본으로 쉽게 접할 수 있으나, 이를 통해서 물리적 책 수는 파악하기 어렵다. 그러므로 여기서는 책차가 아닌 영남대학교 홈페이지에서 제공하는 권차와 영인본 내의 내용을 기준으로 비교를 진행했다.

16	『己丑獄事』	未詳	제108권	제119책
17	『己丑記事』	安邦俊(1573~1654) 著	제109~110권	제100책
18	『辛壬記事』			
19	『壬丁事蹟』			
20	『三寃記事』			
21	『牛山問答』		제110권	제121책
22	『師友鑑戒』			
23	『買還問答』			
24	『松江行錄』	金長生(1548~1631) 著		
25	『寄齋雜記』	朴東亮(1569~1635) 著	제111~112권	제98~99책
26	『名山秘藏』			제98책
27	『菁川日記』	姜紳(1552~1614) 著	제113~114권	제75~76책
28	『良賤辨別記』	未詳		제76책
29	『晉興君日記』	姜紳(1543~1615) 著	제115권	제118책
30	『松溪漫錄』	權應仁(1510?~1558?) 著	제120~122권	제72책
31	『松窩雜說』	李墍(1522~1600) 著		제72~73책
32	『柳川劄記』	韓俊謙(1557~1627) 著		제73책
33	『破睡雜記』	尹新之(1582~1657) 著		
34	『聞韶漫錄』	尹國馨(1543~1611) 著		제73~74책
35	『甲辰漫錄』			제74책
36	『黃免記事』	李廷馨(1549~1607) 著	제124권	제105책
37	『錄金貴子顚末』	未詳		
38	『東閣雜記』	李廷馨(1549~1607) 著	제125~126권	제52~53책
39	『李相國日記』	李元翼(1547~1634) 著	제127~130권	제66~69책
40	『楓巖輯話』	柳光翼(1713~1780) 著	제132권	제112책
41	『掛一錄』	李肇啟(1541~?) 著	제133권	제89책
42	『鶴林雜錄』	未詳		
43	『黃芝川行狀』	未詳		
44	『銀臺史綱』	趙持謙(1639~1685) 著		
45	『效顰雜記』	高尙顔(1553~1623) 著	제134~135권	제124책
46	『北遷日錄』	鄭忠信(1576~1636) 著	제137권	제113책
47	『諸公事蹟』	尹善道(1587~1671)		
48	『澤堂家訓』	李植(1584~1647) 著	제138권	제70책
49	『竹窓閑話』	李德泂(1506~1645) 著		

50	『東閣散錄』	金君錫(1602~1709) 著	제139~150권	제54~66책
51	『荷潭破寂錄』	金時讓(1581~1643) 著	제151~152권	제93책
52	『關北紀聞』			제87책
53	『洛溪記聞』			
54	『江都錄』	未詳	제153권	제120책
55	『西郭雜錄』	李文興(1423~1503) 著		
56	『愚得錄』	鄭介淸(1529~1590) 著		
57	『陽坡年記』	鄭太和(1602~1673) 著	제155권	제95책
58	『甲寅錄』	未詳	제158권	제114책
59	『宋門記述』	金鎭玉(1659~1736) 著	제161~162권	제96~97책
60	『輕對說話』	宋時烈(1607~1689) 著	제163권	제92책
61	『忠逆辨』	李敏輔(1720~1799) 著		
62	『構禍事蹟』	宋疇錫(1650~1692) 著		
63	『黃江問答』	韓弘祚(1681~1712) 著		
64	『尹惟懷驪始末』	未詳		
65	『羅金往復書』	羅良佐(1638~1710) 等 著	제165권	제125책
66	『芝村答問』	李喜朝(1655~1724) 著		
67	『晦隱瑣錄』	南鶴鳴(1645~1722) 著		
68	『明村雜錄』	羅良佐(1638~1710) 著	제166권	제88책
69	『二旬錄』	具樹勳(1685~1757) 著	제178~179권	제79~80책
70	『修書雜志』	李宜哲(1703~1778) 著	제193~200권	제126~131책

『패림』은 『대동패림』과 같이 『대동패림』 이후의 왕조 기사를 새로 수록하고, 그 뒤의 자료들은 대체로 저작자의 연대순으로 되어 있다.[41] 『패림』 85권까지가 『영종기사』, 『정종기사』, 『순조기사』, 『헌종기사』, 『철종기사』 등의 왕조 기사를 수록하고 있는 것을 감안하면, 제86권부터 수록된 야사의 대부분이 『대동패림』과 겹침을 알 수 있는데, 특히 각 책에서 수록하고 있는 야사의 구성이 유사함을 알 수 있다. 특히 제91권에 수록된 『음애일기』

---

[41] 윤호진, 앞의 논문, 222쪽.

와 부록된 야사를 합쳐 총 6종, 제103~104권의 『월정만필』, 『오음잡설』, 『현주회은록』 등과 같은 사례는 『한고관외사』, 『대동패림』, 『패림』에 모두 동일하게 나타나 상호 연관성을 엿볼 수 있다. 앞의 『한고관외사』와 『대동패림』에서 살펴봤던 『미암일기』, 『매계총화』 역시 『대동패림』의 내용이 『패림』으로 이어진 것으로 보인다. 그리고 『패림』의 제163권과 『대동패림』의 제92책을 비교했을 때, 5종의 야사가 수록되어 있는 것을 알 수 있는데, 구성 야사의 내용과 순서가 모두 동일하다. 이 또한 『대동패림』이 『패림』에 미친 영향을 파악할 수 있는 예시라 할 수 있다.

2) 내용 비교

이 장에서는 앞에서 살펴본 결과를 토대로 『패림』과 『대동패림』이 함께 수록하고 있는 개별 야사의 내용을 비교함으로써 직접적 연관관계에 있는 야사의 종수와 끼친 영향에 대해 살펴보고자 한다.

〈표 4-11〉 『패림』과 『대동패림』 공통 수록 야사 내용 비교

순번	야사명	『패림』	『대동패림』	영향관계
1	『謏聞瑣錄』	(一)世之文獻之家村野閑談…皆寓意新…當史考	(一)世之文獻之家村野閑談…皆寓意新…當史考	○
		(二)成化甲辰九月初一日…其不能全其性味宜哉	(二)成化甲辰九月初一日…其不能全其性味宜哉	
		【缺】	【缺】	
		(三)金時晉字悅卿…五穀不盛惟生黍稷	(四)金時晉字悅卿…五穀不盛惟生黍稷	
2	『筆苑雜記』	(上)嘗考自唐虞元年甲辰…異父子壯元皆御賜也	(上)嘗考自唐虞元年甲辰…異父子壯元皆御賜也	○
		(下)權翼平於庚午鄕會殿三試皆居魁…相與大哭【…金宗瑞榜下】	(下)權翼平於庚午鄕會殿三試皆居魁…相與大哭【…金宗瑞榜下】	
		(序)筆苑雜記吾仲父四佳先生所著也…吏曹佐郞彭召序	(序)筆苑雜記吾仲父四佳先生所著也…吏曹佐郞彭召序	
		(序)一日洽未暢達咸徐相公於四佳亭…表沿末序	(序)一日洽未暢達咸徐相公於四佳亭…表沿末序	

		(序)東方自箕子…咸陽郡守夏山曺偉敍	(序)東方自箕子…咸陽郡守夏山曺偉敍	
		(跋)右筆苑雜記吾座主四佳徐相公…慶尙道觀察使漢原李世佐謹跋	(跋)右筆苑雜記吾座主四佳徐相公…慶尙道觀察使漢原李世佐謹跋	
3	『靑坡劇談』	(上)癸卯冬宗室懷義都正…亦有小蟲出自是病遂愈	(上)癸卯冬宗室懷義都正…亦有小蟲出自是病遂愈	○
		(下)蓬原府院君鄭首相…事皆驚駭耳目蓋其流耳	(下)蓬原府院君鄭首相…事皆驚駭耳目蓋其流耳	
4	『思齋摭言』	(上)嘗讀司馬溫元魏歷年圖曰…可想其風流文雅	(上)嘗讀司馬溫元魏歷年圖曰…可想其風流文雅	○
		(下)己卯之變南止亭袞實主張其事…以此言者益疑希良不死至今猶存云【…鄭虛庵作】	(下)己卯之變南止亭袞實主張其事…以此言者益疑希良不死至今猶存云【…鄭虛庵作】	
5	『己卯黨籍錄』	鄭光弼壬午生字士勛中壬子進士…李翎【翎字汝翼咸安人】	鄭光弼壬午生字士勛中壬子進士…李翎【翎字汝翼咸安人】	○
6	『陰厓日記』	己巳閏九日領議政柳洵…故庚寅除夕乘醉信筆書之【…官大憲謚文1貞從祀文廟】	己巳閏九月日領議政柳洵…故庚寅除夕乘醉信筆書之【…官大憲謚文1正從祀文廟】	○
		{與柳從龍書}頃者良苦…唯足下裁量焉	{與柳從龍書}頃者良苦…唯足下裁量焉	
		{偶見安圃樵所稱业錄篇末}癸酉命復昭陵…遂得法物云云	{偶見安圃樵所稱业錄篇末}癸酉命復昭陵…遂得法物云云	
		{請還削柳子光翊戴勳錄疏}左相鄭光弼啓曰…何必云云也	{請還削柳子光翊戴勳錄疏}左相鄭光弼啓曰…何必云云也	
		{向友堂集跋}國朝名相在英陵…有德者必有言1佢不信歟	{向友堂集跋}國朝名相在英陵…有德者必有言1㤿不信歟	
		[自撰誌]夢翁本韓山人也…庚寅臘除日乘醉信筆書之【稼亭名穀…謚貞孝】	[自撰誌]夢翁本韓山人也…庚寅臘除日乘醉信筆書之【稼亭名穀…謚貞孝】	
7	『龍泉談寂記』	(上)圃隱文忠公祠堂1日在永川…滔滔皆是此不可不誠	(上)圃隱文忠公祠堂1㤿在永川…滔滔皆是此不可不誠	○
		(下)古人於詩投贈酬答…言之不可不愼如是哉	(下)古人於詩投贈酬答…言之不可不愼如是哉	
		[序]余自謫居來…嘉靖胏蒙作匯後蜡月上澣書忍性堂	[序]余自謫居來…嘉靖胏蒙作匯後蜡月上澣書忍性堂	
8	『眉巖日記』	(一)三公啓曰昨日雷電之作…兩持平先出大憲及余隨出	(一)三公啓曰昨日雷電之作…兩持平先出大憲及余隨出	○
		(二)是日政事吏曹政廳啓曰…偶然計而選之乎勿辭	(二)是日政事吏曹政廳啓曰…偶然計而選之乎勿辭	
		(三)備忘記下于政院曰…食菜詞章苾法亦高云云	(三)備忘記下于政院曰…食菜詞章苾法亦高云云	
		(四)上殿考文三十二道…予當於宮中黏堅朝夕觀省	(四)上殿考文三十二道…予當於宮中黏堅朝夕觀省	

			(五)晝講知經筵李公滉…削奪官職門外黜 送事下義禁府等傳敎	(五)晝講知經筵李公滉…削奪官職門外黜 送事下義禁府等傳敎	
			❶(六)府啓國家之安危…聞上定惡子龍仁 宰朴應順	❶(六)府啓國家之安危…聞上定惡子龍仁 宰朴應順	
			(七)李元祐逢兗家之…朝報來黃大受以使 命詣嶺南落馬中惡身死	(七)李元祐逢兗家之…朝報來黃大受以使 命詣嶺南落馬中惡身死	
			(八)初三日晴…兩宮和好無間云	(八)初三日晴…兩宮和好無間云	
			(九)經筵廳與時進官李文馨…通禮院直心 點心改服而出	(九)經筵廳與時進官李文馨…通禮院直心 點心改服而出	
			(十)進講禹貢雷夏旣澤…稍有森嚴之意云	(十)進講禹貢雷夏旣澤…稍有森嚴之意云	
			(十一)礪城尉宋公寅來訪…希存歸語麥苓 不覺淚下	(十一)礪城尉宋公寅來訪…希存歸語麥苓 不覺淚下	
			(十二)辛典翰應時以書報曰…朴營賢而推 考林瑩	(十二)辛典翰應時以書報曰…朴營賢而推 考林瑩	
			(十三)三月初六日晴…但雨上殿以爲甚難 其可爲乎	(十三)三月初六日晴…但雨上殿以爲甚難 其可爲乎	
			(十四)傳曰尼人等…體徒有所傷也不允	(十四)傳曰尼人等…體徒有所傷也不允	
			❷(十六)講畢臺諫及臣玉堂…特賜顧問橄 爲使當	❷(二十一)講畢臺諫及臣玉堂…特賜顧問 橄爲使當	
9	『石潭日記』	[日]❶明宗大王二十年七月十三日大雨… ❷人罕甚重至是始开憲府		(一)❶明宗大王二十年【世宗皇帝嘉靖四 十四年】七月十三日大雨…非他人所可勸 沮也	
				(二)隆慶三年己巳【今上二年】…民間苦之 甚於虎	
				(三)隆慶六年壬申【今上五年】正月…❷人 罕甚重至是始开憲官	
		[中]❸萬曆二年甲戌【今上七年】正月…❹ 海州三灘之水絶流數日而復流	(四)❸萬曆二年甲戌【今上七年】正月…未 幾還未寧乃停賀	
				(五)萬曆三年乙亥【今上八年】正月壬寅… 授以西班	○
				(六)萬曆四年丙子【今上九年】正月丙申… ❹海州三灘之水絶流數日而復流	
				(七)❺萬曆六年戊寅【今上十一年】正月… 可勝於邑邪	
		[下]❺萬曆六年戊寅【今上十一年】正月… ❻近世所未有之也	(八)萬曆八年庚辰【今上十三年】正月己 未…後以上旨吏仍任	
				(九)六月盧守愼辭疾乞巳…❻近世所未有 也	

10	『月汀漫筆』	[上]三代以上雖公共之主爲天子…蓋絶不以知音律許之也	[上]三代以上雖公共之主爲天子…蓋絶不以知音律許之也	○
		[下]礪城君卽南止亭外孫也…賦物之理亦妙矣哉	[下]礪城君卽南止亭外孫也…賦物之理亦妙矣哉	
11	『梧陰雜說』	李原吉爲相矜持體貌…此野人之味士大夫不可不知	李原吉爲相矜持體貌…此野人之味士大夫不可不知	○
12	『玄洲懷恩錄』	丙申冬十月余年十五末冠…退上賜以豹皮一張【官工判】	丙申冬十月余年十五末冠…退上賜以豹皮一張【官工判】	○
13	『癸甲錄』	[上]❶前直長金錫光上疏其略曰…❷聖明之世者有旣乎云云	[上]癸未四月十七日慶安令…答曰具見其辭更加盡心國事無辭	○
		[中]❸黃海道進士趙光炫等上疏曰…❹只申飭隄備以待暴寇而已矣	[中]❺辛丑三月陜川生員文景虎等上疏曰…❻宗社請誅禍祖以人疑其已甚而敢諫其實乎	
		[下]❺辛丑三月陜川生員文景虎等上疏曰…❻宗社請誅禍祖以人疑其已甚而敢諫其實乎	[下]❶前直長金錫光上疏其略曰…❷聖明之世者有旣乎云云 ❸黃海道進士趙光炫等上疏曰…只申飭隄備以待暴寇而已矣[42]	
14	『癸甲日錄』	[上]兩司辭職…蓋指宇顒不捄李珥也云	[一]兩司辭職…蓋指宇顒不捄李珥也云	○
		府論罷慶安敏學…而有慶欲納刑官不受云	[二]府論罷慶安敏學…而有慶欲納刑官不受云	
		[下]大憲鄭澈掌令尹希吉…況請訟於訟官乎勿辭	[三]大憲鄭澈掌令尹希吉…況請訟於訟官乎勿辭	
		(柳西厓跋)右癸未申日錄者…西厓書于河上	(柳西厓跋)右癸未申日錄者…西厓書于河上	
		(又題)洪範曰…傷其禍殃自此始也	(又題)洪範曰…傷其禍殃自此始也	
		(題禹景善日記後二首)故人今日隔幽明…籲天無路只傷悲	(題禹景善日記後二首)故人今日隔幽明…籲天無路只傷悲	
15	『雲巖雜錄』	嗚呼國家陵替之漸…參奉宜也蓋輕之也【右記李相待曺南冥事】	嗚呼國家陵替之漸…參奉宜也蓋輕之也【右記李相待曺南冥事】	○
16	『己丑獄事』	萬曆己丑年十月初二日黃海監司韓準秘密書狀入啓…有恨色於季趙之言嘖嘖數聲而止云	萬曆己丑年十月初二日黃海監司韓準秘密書狀入啓…有恨色於季趙之言嘖嘖數聲而止云	○
17	『己丑記事』	己丑十月前弘文館校理鄭汝立謀叛…其意可知矣	己丑十月前弘文館校理鄭汝立謀叛…其意可知矣	○

---

[42] 『대동패림』 제108책에 수록되어 있으며, 표지 우측 상단에 '계갑록하(癸甲錄下)'라는 글이 있다. 그러나 실제 2권이 수록되어 있다. 이러한 경우에는 별도의 권차를 부여하지 않았다. 아래도 이와 같다.

18	『辛卯記事』	李山海以謀害王子諝鄭澈…夜謀議公遊 酒肉【此下數十張原本蠹融懷缺無形體可 讀】	李山海以謀害王子諝鄭澈…夜謀議公遊 酒肉【此下數十張原本蠹融懷缺無形體可 讀】	○
19	『壬丁事蹟』	宋東萊象賢自少人皆稱好男子…又幷享 于南原李兵使忠烈祠【…事蹟】	宋東萊象賢自少人皆稱好男子…又幷享 于南原李兵使忠烈祠【…事蹟】	○
20	『三寃記事』	金將軍德齢字景樹居光州…聞者莫不悲 痛【右金臨潘大仁事實】	金將軍德齢字景樹居光州…聞者莫不悲 痛【右金臨潘大仁事實】	○
21	『牛山問答』	癸未冬十二月牛山主人答澤堂書別紙有 曰…後人所撰云可也未知高明以爲何如 【官校理】	癸未冬十二月牛山主人答澤堂書別紙有 曰…後人所撰云可也未知高明以爲何如 【官校理】	○
22	『師友鑑戒』	或問於余曰公自少疾偏藥如仇敵每言及 必以爲祇通之徒…庶幾可望蓋相與勉之 哉【…諡胡簡】	或問於余曰公自少疾偏藥如仇敵每言及 必以爲祇通之徒…庶幾可望蓋相與勉之 哉【…諡胡簡】	○
23	『賞還問答』	癸巳春正月客有自遠方來者…是歲仲春 旣望延昌安邦俊年八十一撰【官吏參】	癸巳春正月客有自遠方來者…是歲仲春 旣望延昌安邦俊年八十一撰【官吏參】	○
24	『松江行錄』	公英秀夙成聰明過人十歲前悉通文義…童 論之權與及昭公之根柢也云爾【…盡文句】	公英秀夙成聰明過人十歲前悉通文義…童 論之權與及昭公之根柢也云爾【…盡文句】	○
25	『寄齋雜記』	(一)歷朝舊聞曰海平尹月汀嘗謂余言… 安世遇寶城守等造云	(一)歷朝舊聞曰海平尹月汀嘗謂余言… 安世遇寶城守等造云	○
		(二)歷朝舊聞曰余嘗得見安名世史記及 供辭…其時軍政之玩愒良可歎也	(二)歷朝舊聞曰余嘗得見安名世史記及 供辭…其時軍政之玩愒良可歎也	
		1(三)三十一日慶尙右水使元均…三十日 到定州査大受領唐兵一千先行【…流之言 也】	**1**(四)三十一日慶尙右水使元均…三十日 到定州査大受領唐兵一千先行【…流之言 也】	
		2(四)雲雷祕錄市民於都城內外…故嘗 有是言安松江愕然	**2**(六)雲雷祕錄市民於都城內外…故嘗 有是言安松江愕然	
		(跋)右先王文格恣公…時戊戌四月中旬九 日孫世采謹識	(跋)右先王文格恣公…時戊戌四月中旬九 日孫世采謹識	
		(第二跋)丙子亂後…歲丙辰九月日世采書	(第二跋)丙子亂後…歲丙辰九月日世采書	
		3(五)吾秦小錄曰四月十三日日本國王 平秀吉…金命元獨守空城而已	**3**(□)吾秦小錄曰四月十三日日本國王 平秀吉…金命元獨守空城而已	
26	『名山祕藏』	辛卯二月初三日晴【假注書時】都承旨韓應 寅…至義州以敎書爲行官仍馹上馬	辛卯二月初三日晴【假注書時】都承旨韓應 寅…至義州以敎書爲行官仍馹上馬	○
27	『菁川日記』	(上)壬辰五月初六日南司合啓…而原初之 請罪畢竟爲請段之權輿則初亦可參哉	(上)壬辰五月初六日南司合啓…而原初之 請罪畢竟爲請段之權輿則初亦可參哉	○
		(下)玉堂副提學申湜等箚子答曰…仍及全 恩之論激切嚴正多有人所難言之語	(下)玉堂副提學申湜等箚子答曰…仍及全 恩之論激切嚴正多有人所難言之語	
28	『良賤辨別記』	【萬曆十四年丙戌月日掌隷院立案】右立至 爲決給事…幷二人實有私恩忠於翼弼而 主張還賤者也	【萬曆十四年丙戌月日掌隷院立案】右立至 爲決給事…幷二人實有私恩忠於翼弼而 主張還賤者也	○
29	『昔興君日記』	丙申八月二十八日自上忽下攝政之命… 上裁依議施行	丙申八月二十八日自上忽下攝政之命… 上裁依議施行	○

30	『松溪漫錄』	[上]灌纓金先生以文章自名…僕時年尙少不能問其姓名也	[上]灌纓金先生以文章自名…僕時年尙少不能問其姓名也	○
		[下]孟子曰爲長者折枝旣有朱文公註…此可欺以其方者也	[下]孟子曰爲長者折枝旣有朱文公註…此可欺以其方者也	
31	『松窩雜說』	(上)毛氏龍種也雖屛孫末裔一身某處必有鱗…上舍咸始和見余言之如此	(上)毛氏龍種也雖屛孫末裔一身某處必有鱗…上舍咸始和見余言之如此	○
		(下)慕齋先生好學樂善爲己卯諸賢之領袖…而其存其亡未可知也	(下)慕齋先生好學樂善爲己卯諸賢之領袖…而其存其亡未可知也	
32	『柳川剳記』	伊川先生主式圖說曰…誠千載之所罕覯也	伊川先生主式圖說曰…誠千載之所罕覯也	○
33	『破睡雜記』	李邦益少治擧業中年蹭蹬從宦蔭…但有老淚潸潸謹稽顙書而識之	李邦益少治擧業中年蹭蹬從宦蔭…但有老淚潸潸謹稽顙書而識之	○
34	『聞詔漫錄』	[上]余生纔半月慈氏下世…見公牧許公而稱道云【…諡文烈】	[上]余生纔半月慈氏下世…見公牧許公而稱道云【…諡文烈】	○
		[下]壬辰亂後人民離散…宋圭庵參判其餘不可悉記【…諡文忠】	[下]壬辰亂後人民離散…宋圭庵參判其餘不可悉記【…諡文忠】	
35	『甲辰漫錄』	李提督蕩平箕城之後…故未免支離不得已也不得已也	李提督蕩平箕城之後…故未免支離不得已也不得已也	○
36	『黃兎記事』	(一)趙光祖文正公靜庵先生…名曰進修楷範行于世	(一)趙光祖文正公靜庵先生…名曰進修楷範行于世	○
		(二)鄭光弼字士勛諡文翼公東萊人…金安老敗死拜大司憲未幾卒【原註尹承世…之孫也】	(二)鄭光弼字士勛諡文翼公東萊人…金安老敗死拜大司憲未幾卒【原註尹承世…之孫也】	
		(三)李若氷字喜初魁正德…歷官終始未詳【翎咸安人…官大憲】	(三)李若氷字喜初魁正德…歷官終始未詳【翎咸安人…官大憲】	
		(跋)余少時甞見所謂…庚子孟春月望知退翁書	(跋)余少時甞見所謂…庚子孟春月望知退翁書	
37	『錄金貴千顚末』	金貴千私賤也…言與行違者獨何人哉	金貴千私賤也…言與行違者獨何人哉	○
38	『東閣雜記』	(一)本朝璿源寶錄曰司空諱翰仕新羅…籍沒家産妻子爲奴	(一)本朝璿源寶錄曰司空諱翰仕新羅…籍沒家産妻子爲奴	○
		(二)宣德丙午上大閱于箭串…世謙與諸臺諫皆不	(二)宣德丙午上大閱于箭串…世謙與諸臺諫皆不	
		[三]宗廟配享太祖室領議政趙浚義安大君和…死杖下【…官學諭】	[三]宗廟配享太祖室領議政趙浚義安大君和…死杖下【…官學諭】	
		1(三)趙靜庵謫綾城未幾命賜死…只給口粮不給衣纊…諡忠貞	**1**(四)趙靜庵謫綾城未幾命賜死…只給口粮不給衣纊…諡忠貞	
		2(四)仁宗將祔廟世祖當遞遷…上受之尋令放于南陽大部島	**2**(五)仁宗將祔廟世祖當遞遷…上受之尋令放于南陽大部島	
39	『李相國日記』	(一)宣祖大王二十五年壬辰【亂前日記幷闕失】四月…權泰一奉來答曰安心調理	(一)宣祖大王二十五年壬辰【亂前日記幷闕失】四月…權泰一奉來答曰安心調理	○
		(二)三十三年庚子正月初三日…答曰依啓十二月初六日兩司**1**右論柳削奪事依啓	(二)三十三年庚子正月初三日…答曰依啓十二月初六日兩司**1**亟論柳削奪事依啓	

		(三)三十六年癸卯正月…護送之計云云上優答之	(三)三十六年癸卯正月…護送之計云云上優答之	
		(四)光海元年己酉正月初一日…言官呈告未安此呈辭還出給使之調理察職	(四)光海元年己酉正月初一日…言官呈告未安此呈辭還出給使之調理察職	
		2(五)乙卯二月十九日…歐後善道北道遠竄	2(六)乙卯二月十九日…歐後善道北道遠竄	
		3(六)八年丙辰右相鄭仁弘…宗社再安卽爲治行登途謝恩行公	3(七)八年丙辰右相鄭仁弘…宗社再安卽爲治行登途謝恩行公	
40	『楓巖輯話』	元運墜幣來也擧國震駭我太祖以偏帥…甲戌四月十二日復正神位	元■■幣也擧國震駭我太祖以偏帥…甲戌四月十二日復正神位	○
		(三)崔文憲字浩然海州人…其父方伯哂之【玄湖鎖誌】	(三)崔文憲字浩然海州人…其父方伯哂之【玄湖鎖誌】	
41	『掛 一錄』	中廟前後王考1妃皆尹氏…故聞於子孫如此	中廟前後王1妣皆尹氏…故聞於子孫如此	○
42	『鶴林雜錄』	節到付倡義使金千鎰…不審之罪何所逃	節到付倡義使金千鎰…不審之死罪何所逃	
43	『黃芝川行狀』	上方決意西幸當扈從…順和妻家得不死	上方決意西幸當扈從…順和妻家得不死	
44	『銀臺史綱』	仁廟癸未七月日左副承旨洪鎬啓曰…又一罪也恕之	仁廟癸未七月日左副承旨洪鎬啓曰…又一罪也恕之	
45	『效顰雜記』	(上)古有買奴得翁之說吾不能不疑也…南公之判皆可謂好事也	(上)古有買奴得翁之說吾不能不疑也…南公之判皆可謂好事也	○
		(下)新羅之俗例於上元之農…兩人之話雖出於戲實有不快之思也	(下)新羅之俗例於上元之農…兩人之話雖出於戲實有不快之思也	
46	『北遷日錄』	(上)皇明萬曆四十五年丁巳【卽光海君九年也○李世龜註下同】…其關鎖精華獨勝於我也	(上)皇明萬曆四十五年丁巳【卽光海君九年也○李世龜註下同】…其關鎖精華獨勝於我也	○
		(下)五月一日戊子璸候將入甲山…閃閃精彩映發云	(下)五月一日戊子璸候將入甲山…閃閃精彩映發云	
		(南九萬序)昔我宣廟中興時…春秋館事南九萬序	(南九萬序)昔我宣廟中興時…春秋館事南九萬序	
		(李世龜跋)往在萬曆丁巳曾王考白沙文忠公…月城李世龜拜手謹書	(李世龜跋)往在萬曆丁巳曾王考白沙文忠公…月城李世龜拜手謹書	
		(李敏敍跋)右鄭錦南忠信所記…知成均館事完山李敏敍跋	(李敏敍跋)右鄭錦南忠信所記…知成均館事完山李敏敍跋	
47	『諸公事蹟』	十三日公與諸原任待候於賓廳…出涕泣旋授旋廐【出國朝記事】	十三日公與諸原任待候於賓廳…出涕泣旋授旋廐【出國朝記事】	○
48	『澤堂家訓』	宣廟朝余觀光謁聖儒生序立之前…翌日還家謂門生曰吾少時習未全除大作此無聊事矣	宣廟朝余觀光謁聖儒生序立之前…翌日還家謂門生曰吾少時習未全除大作此無聊事矣	○
49	『竹窓閑話』	高麗禑昌父子定爲王氏之說關東高士元天錫作野史而記之…而來金相可謂從容就死矣	高麗禑昌父子定爲王氏之說關東高士元天錫作野史而記之…而來金相可謂從容就死矣	○

50	『東閣散錄』	(一)萬曆三十年宣廟三十五年壬寅七月冊繼妃金氏…唯願俯燭而已云云	(一)萬曆三十年宣廟三十五年壬寅七月冊繼妃金氏…唯願俯燭而已云云	○
		(二)永興府使崔起南年五十五【二十八日】白等逆魁鄭浹承服招內金悌男謂鄭決曰…○十五日秘密傳教百官三司議事姑停以差官出來也【凝川日錄】	(二)永興府使崔起南年五十五【二十八日】白等逆魁鄭浹承服招內金悌男謂鄭決曰…○十五日秘密傳教百官三司議事姑停以差官出來也【凝川日錄】	
		(三)甲寅正月初四日禁府方信葉春還義一徐應祥掌因以江華瓛處通書…合司初啓再啓玉堂箚子幷答曰不允	(三)甲寅正月初四日禁府方信葉春還義一徐應祥掌因以江華瓛處通書…合司初啓再啓玉堂箚子幷答曰不允	
		(四)四月初一日合司初啓再啓答曰李元翼雖有罪已爲削點南以恭亦已罷職休…疏入竄北塞戊午移配光陽癸亥三月蒙宥	(四)四月初一日合司初啓再啓答曰李元翼雖有罪已爲削點南以恭亦已罷職休…疏入竄北塞戊午移配光陽癸亥三月蒙宥	
		(五)丁巳正月初四日龜川君晬等上疏…臣等耗廩周房國恩大矣何以報之身外無物妓陳血疏冀垂叅採謹昧死云云	(五)丁巳正月初四日龜川君晬等上疏…臣等耗廩周房國恩大矣何以報之身外無物妓陳血疏冀垂叅採謹昧死云云	
		(六)庭請進參秋左議政韓孝純右贊成李冲行司直宋安定司直宋錫慶…答曰奏聞使徐爲酌處拜表曰迫何不可代以他人申渾尹知敬仍送	(六)庭請進參秋左議政韓孝純右贊成李冲行司直宋安定司直宋錫慶…答曰奏聞使徐爲酌處拜表曰迫何不可代以他人申渾尹知敬仍送	
		(七)禁府經歷洪恕李崇義朴由恭朴悌生等國家重事微末小官何敢容議…公歎之曰可謂能踐言者矣	(七)禁府經歷洪恕李崇義朴由恭朴悌生等國家重事微末小官何敢容議…公歎之曰可謂能踐言者矣	
		(八)十九日生員朴弘益等上疏…何獨太煩乎勿復瀆陳	(八)十九日生員朴弘益等上疏…何獨太煩乎勿復瀆陳	
		(九)十二月初一日幼學李瑋上疏…宗廟令禹廷琛國家莫重之事微細之官不敢容議而士論齊起衆議方張唯在廟堂從公論善處矣	(九)十二月初一日幼學李瑋上疏…宗廟令禹廷琛國家莫重之事微細之官不敢容議而士論齊起衆議方張唯在廟堂從公論善處矣	
		(十)十二日幼學任抜等上疏大槪亟定宗社大計以杜奸窺事…共斥李寬辱賢之罪以快一道多士之憤幸甚幸甚	(十)十二日幼學任抜等上疏大槪亟定宗社大計以杜奸窺事…共斥李寬辱賢之罪以快一道多士之憤幸甚幸甚	
		(十一)七月初六日合啓爾瞻事偉卿纘男開吉事俯啓韓詠事停啓…此後如有循私護黨之人當用重典政院知悉	(十一)七月初六日合啓爾瞻事偉卿纘男開吉事俯啓韓詠事停啓…此後如有循私護黨之人當用重典政院知悉	
		(十二)初八日爲政【出持平李敏求鄭基廣】玉堂尹知敬…今始以毫末表意慚悕【…今翻書以贐】	(十二)初八日爲政【出持平李敏求鄭基廣】玉堂尹知敬…今始以毫末表意慚悕【…今翻書以贐】	
		奮忠贊謨立紀明倫…承旨趙繼韓【大司憲鄭曄啓曰…故追書于此】	奮忠贊謨立紀明倫…承旨趙繼韓【大司憲鄭曄啓曰…故追書于此】	
		崇禎五年仁祖大王壬申十一月十六玉堂箚子【副提學李敎興製】…決不可仍置師儒之列請直擧李台瑞削去仕版	(十三)崇禎五年仁祖大王壬申十一月十六日玉堂箚子【副提學李敎興製】…決不可仍置師儒之列請直擧李台瑞削去仕版	
		萬曆辛亥冬余患傷寒甚重…臺諫爭之不能得【度役字善應官判尹】	(一)萬曆辛亥冬余患傷寒甚重…臺諫爭之不能得【慶徵字善應官判尹】	

51	『荷潭破寂錄』	乙丑爲東宮擇婚…吾輩庸人所可及一時議論如此	(三)乙丑爲東宮擇婚…吾輩庸人所可及一時議論蓋如此	○
		余判兵曹時…余所見乃是慵齋叢話也【通德水人官郡守】	(三)余判兵曹時…余所見乃是慵齋叢話也【通德水人官郡守】	
52	『關北紀聞』	[陵寢]穆王德陵【在咸興自慶興移葬】…慈惠王后和陵【在咸興】	[陵寢]穆王德陵【在咸興自慶興移葬】…慈惠王后和陵【在咸興】	○
		[紀實]庚寅太宗十年【永樂八年】…豈非旁風之憂也	[紀實]庚寅太宗十年【永樂八年】…豈非旁風之憂也	
		[列邑]慶興【…阿吾地三十五里】…僉使守之分山堡土兵屬之	[列邑]慶興【…阿吾地三十五里】…僉使守之分山堡土兵屬之	
53	『洛溪記聞』	曰北方是豐沛之人…不敢爲亦不能然矣【…官兵判北堀】	曰北方是豐沛之人…不敢爲亦不能然矣【…官兵判北堀】	○
		(下)海之有潮汐…程慶邦堂上官	(下)海之有潮汐…程慶邦堂上官	
54	『江都錄』	丙子十二月十二日賊報始到…故時人謂之卜眞政丞	丙子十二月十二日賊報始到…故時人謂之卜眞政丞	○
		任江都錄後…到丙子後五年冬有友袖一錄來示余…而出示之以至於死積實稷柱云	任江都錄後…到丙子後五年冬有友袖一錄來示余…而出示之以至於死積實稷柱云	
55	『西郭雜錄』	漢陰爲領相白沙爲左相自少知己友也…當職世不知白沙之於愚伏是心交也	漢陰爲領相白沙爲左相自少知己友也…當職世不知白沙之於愚伏是心交也	○
56	『愚得錄』	宣廟己丑十月初二日鄭汝立上變事起…先生牢辭不就	宣廟己丑十月初二日鄭汝立上變事起…先生牢辭不就	○
57	『陽坡年記』	(上)大明萬曆三十年壬寅正月二十一日…上引見賜臘藥胡椒行到平山聞査	(一)大明萬曆三十年壬寅正月二十一日…上引見賜臘藥胡椒行到平山聞査	○
		(下)己卯正月初一日離難早…副使金瑒從事官南龍翼也	(二)己卯正月初一日離難早…副使金瑒從事官南龍翼也	
58	『甲寅錄』	甲寅八月十八日顯宗大王薨于昌德宮…乃宗社國家之福臣等不勝痛迫叫號之至謹昧死以聞	甲寅八月十八日顯宗大王薨于昌德宮…乃宗社國家之福臣等不勝痛迫叫號之至謹昧死以聞	○
59	『寒門瑣述』	(上)權尙夏問先生於心學工夫…曰易知易見面有餘會處是也	(上)*天門瑣述日錄*…權尙夏問先生於心學工夫…曰易知易見面有餘會處是也	○
		(下)曾拜尤翁於新門外按…古聞其語今見其範	(下)曾拜尤翁於新門外按…古聞其語今見其範	
60	『榻對記話』	崇禎紀元之三十二年己亥三月十一日召對于熙政殿…此祗示還之可也	崇禎紀元之三十二年己亥三月十一日召對于熙政殿…此祗示還之可也	○
61	『忠逆辨』	黨之所由來遠矣…宗國無疆之休庶幾自今而始覩	黨之所由來遠矣…宗國無疆之休庶幾自今而始覩	○
62	『構禍事蹟』	【己卯錄補遺…】有尹鑴者妃臣孝全之子也【光海時評告…】略記其大槪以示同志云	【己卯錄補遺…】有尹鑴者妃臣孝全之子也【光海時評告…】略記其大槪以示同志云	○
63	『苗江問答』	韓弘祚永叔問尼事始末…覽者可悉其微意云爾	韓弘祚永叔問尼事始末…覽者可悉其微意云爾	○
64	『尹惟懲驪本末』	懷驪事始末者…彼之不正如此之甚也	懷驪事始末者…彼之不正如此之甚也	○

65	『羅金往復書』	[羅良佐與金三淵書]惟君自遭禍變以來斂迹山林…[羅良佐答金農嚴書]…[金農嚴答羅良佐書]…[金三淵答羅良佐書]…[司甕直長崔愼疏]…倫化幸甚	[羅良佐與金三淵書]惟君自遭禍變以來斂迹山林…[羅良佐答金農嚴書]…[金農嚴答羅良佐書]…[金三淵答羅良佐書]…[司甕直長崔愼疏]…倫化幸甚	○
66	『芝村答問』	問副本幸得竊觀其出於尊周統衛…其流弊之遠且深至於如此可怕也哉	問副本幸得竊觀其出於尊周統衛…其流弊之遠且深至於如此可怕也哉	○
67	『晦隱瑣錄』	先公性不喜交遊黨援兩宋當朝…李烓有詩曰鯤鵬南去滄溟闊宛焉西來月窟空雖甚浮薄句法極佳	先公性不喜交遊黨援兩宋當朝…李烓有詩曰鯤鵬南去滄溟闊宛焉西來月窟空雖甚浮薄句法極佳	○
68	『明村雜錄』	[續疏卞源委後記聞]魯西老先生之被誣…可慨而亦可笑也	[續疏卞源委後記聞]魯西老先生之被誣…可慨而亦可笑也	○
69	『二旬錄』	(上)北關與彼界自白頭山頂大澤分東西…可入於貨❶殖傳 (下)趙正泰相漢原府君之孫…余在北關親見親聞如此	(上)北關與彼界自白頭山頂大澤分東西…可入於貨❶殖傳 (下)趙正泰相漢原府君之孫…余在北關親見親聞如此	○
70	『修書雜志』[43]	(一)[司諫金尙耈上疏【庚午二月二十五日】]殿下之置大臣臺閣者…仍坐配三陟方漢亦刑配 (二)[朴文秀事【閏五月十日】]安致宅達曰世孫傅朴文秀…何敢爲有所執乎【…金亦相應爲此云 (三)❶[尹鳳五事【壬申九月二日】]八月二十五日景廟忌辰…防浮糜以絶奸弊 (四)[纂修廳事【乙亥九月】]旣設廳後諸堂會議領府事…玉堂無異駁遞故並抄云 (五)[祔廟時大臣太學被罪事【己卯五月】]五月六日仁元王后祔太廟親祭…大臣言還收見丁亥錄 (六)❷[李珽事]李珽者韓山人其父玄錫當爲❶廟己巳時…後數日金又請前史判斂用許之 (七)[李顯弼事【甲申正月九日】]傳曰近者策問無勁直之言者…掌令李弘濟上疏救申不允	(一)[司諫金尙耈上疏【庚午二月二十五日】]殿下之置大臣臺閣者…金亦相應爲此云 (二)❶[尹鳳五事【壬申九月二日】]八月二十五日景廟忌辰…賜額曰四忠 (三)[禁髻事【丙子正月十二日】]傳曰禁緞禁酒誠可爲也…大臣言還收見丁亥錄 (四)❷[李珽事]李珽者韓山人其父玄錫當爲❶宗己巳時…不知而不參耶 (五)[獻納黃最彦疏【乙酉正月四日】]臣聞伏節死義之士…庚寅年因閔百興事自現 (六)[百世錄事【壬辰三月二十四日】]傳曰幾年調劑三黨聚成一黨…頗有顧可之意云云	×

---

43 앞에서 언급한 바와 같이 『대동패림』에 수록된 『수서잡지』는 러시아 상트페테르부르크 국립대학에 소장되어 있다. 총 6책이 소장되어 있으며, 총책수표시(總冊數表示) 부분에도 '공육(共六)'으로 기재되어 완질본으로 판단할 수 있다. 그러나 유춘동·허경진 등 지음, 『러시아와 영국에 있는 한국전적』1, 국외소재문화재재단, 2015, 49쪽에 따르면 영본(零本)으로, 전체의 내용을 파악하기 어렵다. 그러나 이 중 일부를 동양문고 소장 『수서잡지』 9책본과 비교한 결과 필사 형식이 동일한 이본(異本)으로 파악되었다. 이에 따라 『대동패림』 소재 『수서잡지』의 내용과 구성은 동양문고본을 기준으로 진행하였다.

		(八)[獻納姜躍煥上疏【戊子正月五日入啓】]今此藏築之命體經所不論…遴於是李徽之內撕群議又嘗有云	(七)❸[沈翔雲疏【乙亥十二月❷廿一日】]司直沈翔雲基陳八條…偽擧爭議之典答嘛辭【是後連啓不允】
		(九)[被罪人及三司停啓事十月十日教以前政云云…批二十七日三司合啓逡停達【…頗有領可之意云云】	(八)[徐迥修上疏【七月初二日】徐以工議疏曰…答曰從當有下教不允
		(十)❸[沈翔雲疏【十二月❷廿一日】]司直沈翔雲基陳八條…竊請其時監察掌處並依啓	(九)[吏曹參判宋德相上疏【己亥六月】]云云今日之國事可謂痛哭流涕而不足也…國恤後以慰下諭
		(十一)[吏兵判中批人改正事六月二十日龍政後吏判徐命善…上命削去仕版]	

    앞의 『한고관외사』와 『대동패림』의 사례와 같이 『패림』 역시 『대동패림』의 영향을 받아 편찬된 야사총서이다. 『패림』이 『대동패림』과 공통으로 수록하고 있는 70종의 야사 가운데 『수서잡지』를 제외한 69종에서 영향 관계가 나타난다.[44]

(1) 영향 관계를 확인할 수 있는 사례

① 그대로 전사한 경우

    영향 관계를 보이는 대부분의 개별 야사가 이에 해당하는데, 총 65종이다. 이 역시 『한고관외사』와 『대동패림』 간의 관계에서처럼 기본적인 필사 형태의 유사성, 협주, 문장의 유사성, 광곽 상단의 두주 등 여러 사항을 고려하여 파악할 수 있다. 예를 들어 『음애일기』와 같은 경우는 세 야사총서의 필사 형태 등이 동일하게 나타나 그 영향 관계를 살펴 볼 수 있는 사례이다.[45]

---

[44] 69종에서 『대동패림』과 『패림』의 내용상 유사성이 나타난다. '(1) 영향 관계를 확인할 수 있는 사례'에서는 내용의 유사성을 기본에 두고, 그 외에 영향 관계 파악에 도움이 될 수 있는 사례를 유형에 따라 분류한 것이다.

[45] 『음애일기』나 『상우당집발』, 『용천담적기』 등 같이 글자를 빠뜨리거나, 동음이자(同音異字)나 이자(異字)를 잘못 기재한 경우와 같이 필사 과정에 오류가 있었던 경우나 『동각잡기』, 『미암일기』, 『이상국일기』, 『동각산록』 등 내용에 변화는 없으나, 권차만을 수정한 경우, 『송문기술』과

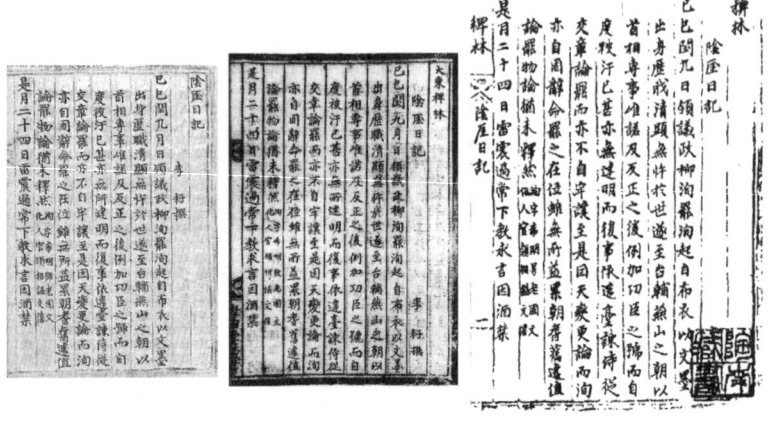

〈그림 4-17〉 장서각본 『한고관외사』(좌)와 정가당문고본 『대동패림』(중), 영남대본 『패림』(우) 『음애일기』 권수제면 비교

② 내용에 편집을 가한 경우

『석담일기』가 여기에 해당한다. 필사 방식에 변화가 생긴 사례로, 『대동패림』에서 9권 체제로 구성되어 있었으나, 『패림』에서는 이를 상중하 3권으로 나누어, 권1~3을 권상, 권4~6을 권중, 권7~9를 권하로 재편하였다. 따라서 기사의 순서 등은 두 야사총서가 모두 동일하다. 그러나 『패림』의 『석담일기』 권상에 해당하는 부분에는 기존 『대동패림』에 수록되어 있던 협주는 전사하지 않았고, 『대동패림』에서 별행別行으로 구분했던 부분을 'O'로 표시나 격자隔字한 뒤 같은 행에 그대로 기재하였다. 권중과 권하의 필사 형태는 『대동패림』과 동일하다.

같이 내용 중 일부만 전사되지 않은 경우에 해당하는 큰 오류로 보기 어려운 경우 역시 이에 포함하였다.
『동각산록』(『패림』)의 전사과정에서 착간(錯簡)이 있었는데, 『동각산록』(『대동패림』)에 따라 배열하면, 권12의 제83장, 제82장, 제85장, 제84장, 제86장 순서로 배열되어야 한다. 이에 따라 나열하면, 편권의 체제는 달라졌으나, 내용의 차이는 보이지 않는다.

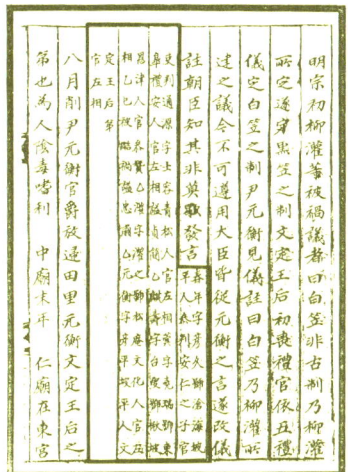

〈그림 4-18〉 정가당문고본 『대동패림』 (좌), 영남대본 『패림』 (우) 『석담일기』 권1 동일내용면 비교

③ 내용은 동일하나, 본문의 순서가 바뀐 경우

『계갑록』이 여기에 해당한다. 『계갑록』(『대동패림』)은 표지 우측 상단의 기록에 따르면 상, 중, 하의 3권으로 구성되어 있음을 알 수 있다. 그러나 권하가 2권으로 나누어져 있어, 실상 4권으로 구성되어 있다. 『계갑록』(『패림』)은 판심제를 통해 역시 상, 중, 하 3권으로 구성되어 있음을 알 수 있다. 그러나 내용을 비교하면, 『계갑록』(『패림』) 권상은 『계갑록』(『대동패림』) 권하의 전반부 내용을, 권중은 권하의 후반부 내용을, 권하는 권중의 내용을 수록하고 있어서 기사의 순서에 차이가 있으며, 『계갑록』(『대동패림』) 권상의 내용은 『패림』에 수록되어 있지 않다.[46]

---

46 『대동패림』 『계갑록』은 본문 중 권차가 없으나, 표지 우측 상단의 기록을 통해 권차를 파악할 수 있다.

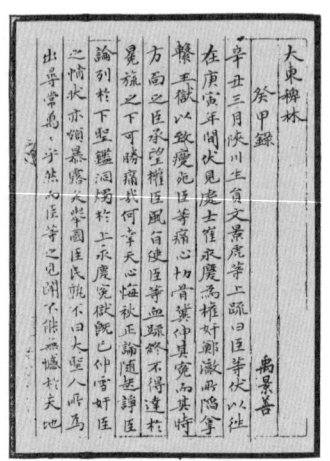
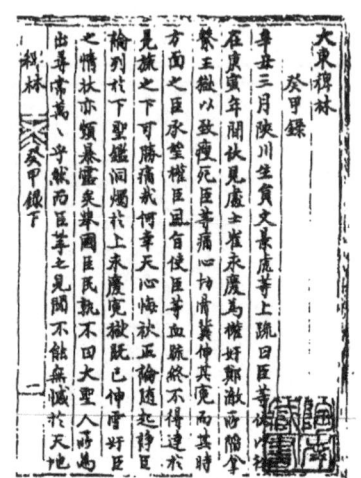

〈그림 4-19〉 정가당문고본 『대동패림』(좌) 『계갑록』 권중, 영남대본 『패림』(우) 『계갑록』 권하 권수제면 비교

④ 기타 기록을 통해 영향 관계를 파악한 경우

『기재잡기』가 여기에 해당한다. 『기재잡기』(『패림』)의 권말제면에서 총서명을 '대동패림大東稗林'으로 기재하고 있다. 이는 『기재잡기』(『대동패림』)을 전사하는 과정에서 총서명을 '패림稗林'으로 수정해야 하나, 그대로 전사하여 필사 대상본인 『대동패림』의 총서명을 그대로 전사한 결과이다. 이러한 오류는 『계갑록』의 권수제면에서도 동일하게 나타난다.

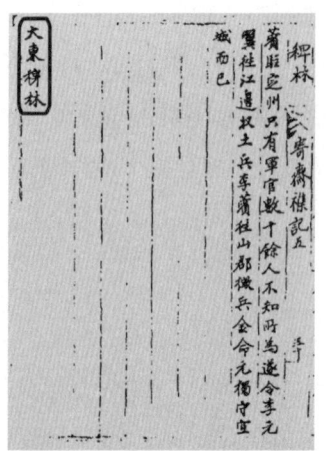

〈그림 4-20〉 영남대본 『패림』 『기재잡기』 권말제면(좌), 『계갑록』 권수제면(우)

⑤ 필사 대상본의 오류가 반영한 경우

『풍암집화』가 여기에 해당한다. 『풍암집화』(『대동패림』)에서는 권수제면에 의도적으로 지운 부분과 오염으로 인해 글씨를 알아볼 수 없는 부분이 있는데 반해, 『패림』에서는 지워진 부분 없이 모두 전사되어 있다. 그러나 『풍암집화』(『대동패림』) 권3 중 일부 지워져 있는 부분이 있는데, 이는 『풍암집화』(『패림』) 권3에서 해당부분을 비워두고 필사하는 방식으로 반영되었다. 추정컨대, 첫 부분의 오염과 내용의 삭제는 『패림』이 『대동패림』을 전사한 이후에 있었던 것으로 보인다. 실제 권수제면 이면부터는 검게 번져있어서 내용 파악이 어렵다.

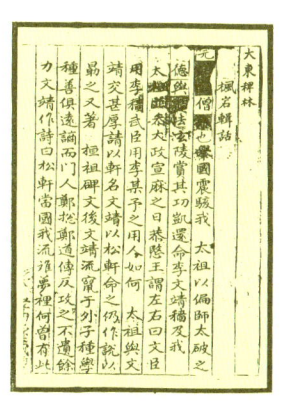
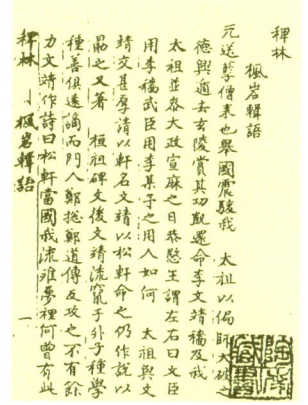
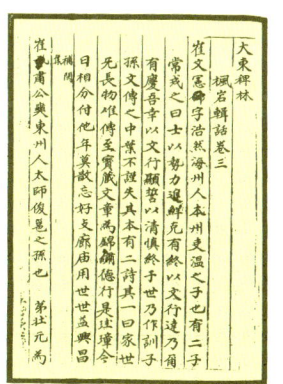
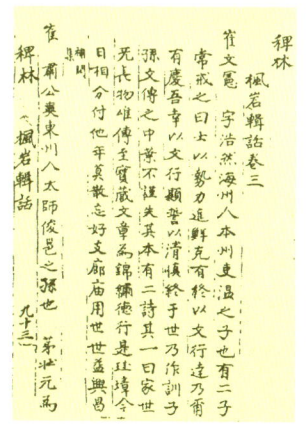

〈그림 4-21〉
정가당문고본 『대동패림』
(좌)과 영남대본 『패림』(우)
『풍암집화』 권수제면 비교

(2) 영향 관계가 드러나지 않는 사례

『대동패림』과 『패림』이 공통으로 수록하고 있는 개별 야사 70종 중 『수서잡지』에서만 영향 관계가 나타나지 않는다. 『수서잡지』는 『대동패림』에서 9권으로 편제되었으나, 『패림』에서는 11권으로 구성되어 있다. 『수서잡지』(『대동패림』)와 『수서잡지』(『패림』)는 두 야사총서 모두 10행 20자를 맞춰 필사하면서도 휘諱로 인한 격자隔字 방식 등으로 인해 필사 형태가 다르며, 『대동패림』에서 행을 바꾸어 한 글자 낮추어 기재했던 내용이 『패림』에서는 협주의 형태로 수록되는 등 필사 형식에서도 차이점이 나타난다.

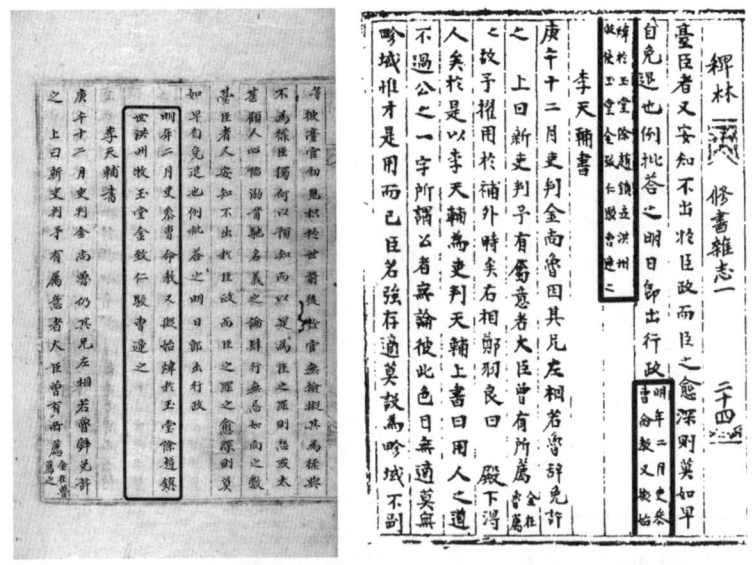

〈그림 4-22〉 동양문고본 『수서잡지』(좌), 영남대본 『패림』 『수서잡지』(우) 동일내용면 비교

이처럼 『대동패림』을 다른 야사총서들과 구성체제를 비교하고, 『대동야승』과 23종, 『아주잡록』과 22종, 『청구패설』과 20종, 『한고관외사』와 44종, 『창가루외사』와 3종, 『패림』과 70종이 함께 수록되어 있음을 알 수 있었다. 이를 종합하여 『대동패림』을 중심으로 구성체제와 영향관계를 하나의 표로 나타내면 다음과 같다.[47]

〈표 4-12〉『대동패림』과 기타 야사총서 공통 수록 야사와 영향 관계

순번	서명	대	야	아	청	한	창	패	영향 관계
1	『刺譏雜記』	제52~53책	제53~54책			제15~17책		제125~126권	한
2	『刺譏散錄』	제54~66책					제12~25책	제139~150권	창
3	『♣西胸日記』	제66~69책					제25~28책	제127~130권	창
4	『澤堂家訓』	제70책		제26책				제138권	아
5	『竹窓謾記』	제70책		제26책				제138권	아
6	『銀臺日記』	제70~71책		제26책					아
7	『松溪謾錄』	제72책	제56책		제39책	제31~32책		제120~122권	한
8	『松窓雜記』	제72~73책	제56책	제11책		제32~33책		제120~122권	한
9	『柳川剳記』	제73책	제71책			제40책		제120~122권	한
10	『破睡雜記』	제73책				제40책		제120~122권	한
11	『聞韶謾錄』	제73~74책	제56책			제33~34책		제120~122권	한
12	『甲辰謾錄』	제74책	제56책			제34책		제120~122권	한
13	『菁川日記』	제75~76책		제11책				제113~114권	아
14	『自眼痛別記』	제76책		제29책				제113~114권	아
15	『秋江冷話』	제77책	제3책		제23책	제11책			한
16	『師友名行錄』	제77책	제3책		제23책	제11책			한
17	『梅溪叢記』	제77책				제7책			한
18	『思齋撝言』	제77~78책				제11~12책		제90권	한
19	『己卯薦錄錄』	제78책				제12책		제90권	한
20	『龍泉談寂記』	제78책	제13책			제8~9책		제93권	한
21	『 錄』	제79~80책						제178~179권	미상
22	『稗官雜記』	제84~86책	제4책			제1~3책			한
23	『關北紀聞』	제87책				제25책		제151~152권	한
24	『洛溪記聞』	제87책	제72책			제36책		제151~152권	한

47 『대동패림』을 중심으로 야사총서의 편찬 순서대로 『대동야승』, 『아주잡록』, 『청구패설』, 『한고관외사』, 『창가루외사』, 『패림』의 순서로 나열하였다. 기본적으로 야사의 수록 순서를 기준으로 했는데, 다른 야사총서는 각기 책차가 있는 반면, 『패림』의 경우 책차를 알 수 없기 때문에 권차로 기재하였다. 또한 표에서는 야사총서명을 간략히 하여 『대동패림』은 '대'로, 『대동야승』은 '야'로, 『아주잡록』은 '아'로, 『청구패설』은 '청'으로, 『한고관외사』는 '한'으로, 『창가루외사』는 '창'으로, 『패림』은 '패'로 지칭하였다.

25	『明村雜錄』	제88책		제9책				제166권	아
26	『掛一錄』	제89책		제15책	제8책			제133권	아
27	『鶴林雜錄』	제89책						제133권	미상
28	『黃芝川行狀』	제89책						제133권	미상
29	『銀臺史綱』	제89책		제11책				제133권	아
30	『謏聞瑣錄』	제90책	제3책			제6~8책		제86~87권	한
31	『筆苑雜記』	제91책	제3책			제5~6책		제88권	한
32	『丙辰丁巳錄』	제91책	제3책			제5책			유보
33	『幄野詩話』	제92책			제15책			제163권	미상
34	『忠逆辨』	제92책						제163권	미상
35	『搆禍事蹟』	제92책			제22책			제163권	청
36	『黃江問答』	제92책			제15책			제163권	미상
37	『尹惟懷驪始末』	제92책						제163권	미상
38	『荷潭破寂錄』	제93책	제72책	제3책	제36책	제37~38책		제151~152권	한
39	『癸甲日錄』	제94책	제24책	제13책		제65~67책		제107권	한
40	『雲巖雜錄』	제94책	제55책	제16책		제54책		제107권	한
41	『陽坡年記』	제95책						제155권	미상
42	『宋尹記述』	제96~97책						제161~162권	미상
43	『寄齋雜記』	제98~99책	제51책	제19책	제48책	제62~64책		제111~112권	한
44	『名山秘藏』	제98책				제63책		제111~112권	한
45	『己丑記事』	제100책		제22책	제25책	제59책		제109~110권	한
46	『辛卯記事』	제100책				제59책		제109~110권	한
47	『壬丁事蹟』	제100책			제24책	제59책		제109~110권	한
48	『三冤記事』	제100책				제59책		제109~110권	한
49	『黃兔記事』	제105책				제13~14책		제124권	한
50	『錄金貴千顚末』	제105책				제14책		제124권	한
51	『癸甲錄』	제106~108책						제105~106권	미상
52	『眉巖日記』	제109~111책				제44~54책		제94~96권	한
53	『楓巖輯話』	제112책						제132권	미상
54	『北遷日錄』	제113책				제55책		권137권	한
55	『諸公事蹟』	제113책				제55책		권137권	한
56	『甲寅錄』	제114책						제158권	미상
57	『石潭日記』	제115~117책	제14~15책	제13책		제18~22책	제8~12책	제101~102권	한
58	『晋興君日記』	제118책		제21책				제115권	아

59	『己卯錄事』	제119책					제108권	미상
60	『江都錄』	제120책		제20책			제153권	아
61	『西郭雜錄』	제120책		제20책			제153권	아
62	『焦得錄』	제120책		제20책			제153권	아
63	『牛山問答』	제121책			제25책	제35책	제110권	한
64	『師友鑑戒』	제121책			제24책	제35책	제110권	한
65	『貫園問答』	제121책			제25책	제35책	제110권	한
66	『松江行狀』	제121책				제35책	제110권	한
67	『靑坡劇誌』	제122책	제6책		제28책	제9~10책	제89권	한
68	『陰厓日記』	제122책	제6책		제48책	제10책	제91권	한
69	『月汀漫筆』	제123책	제57책		제25책	제29~30책	제103~104권	한
70	『梧陰雜說』	제123책	제57책		제25책	제30책	제103~104권	한
71	『松洲謾思錄』	제123책			제25책	제30책	제103~104권	한
72	『效嚬雜記』	제124책				제39~40책	제134~135권	한
73	『羅公往復書』	제125책		제10책			제165권	아
74	『芝村答問』	제125책					제165권	미상
75	『晦隱瑣錄』	제125책					제165권	미상
76	『修書雜志』	제126~131책					제193~200권	미상

　이상과 같이 『대동패림』은 『한고관외사』에서 가장 많이 받은 것을 알 수 있는데, 43종으로 결락된 『병진정사록』을 제외하면 공통으로 수록된 모든 야사에서 영향을 받았음을 알 수 있다. 그 외에도 『아주잡록』이나 『청구패설』, 『창가루외사』 등 다양한 야사총서의 영향을 받아 형성되었다. 『대동패림』에 수록된 야사가 82종 가운데 『열조기사』, 『정변록』, 『동소만록』, 『시화휘편』의 4종은 『대동패림』에만 수록되어 있다. 또한, 『패림』이 『대동패림』의 영향을 받아 형성된 야사총서임을 감안한다면, 이전의 야사총서의 영향 없이 『대동패림』에서 처음 야사총서로 수록된 개별 야사는 18종이다. 앞에서 거론한 4종을 제외한 14종은 『이순록』, 『학림잡록』, 『황지천행장』, 『충역변』, 『윤유회려시말』, 『양파년기』, 『송문기술』, 『계갑록』, 『풍암집화』, 『갑인록』, 『기축옥안』, 『지촌답문』, 『회은쇄록』, 『수서잡지』이다. 그 외에도 기존 야사총서와 동일한 야사를 수록하였으나, 내용을 비교했을 때, 영

향 관계가 적을 것으로 예상되는 사례로, 『악대설화』와 『황강문답』 2종을 들 수 있다. 총 82종 가운데 60종은 다른 야사총서의 영향을 받아 형성되었음을 확인했으며, 『정변록』은 심노숭이 직접 창작에 참여한 야사이고, 『시화휘편』 역시 홍중인의 원본을 보고 수록한 야사이다. 남은 18종의 야사에 대해서는 심노숭이 개별 야사를 대상으로 수집하였거나, 기존에 살펴본 야사총서에 있으나 영본이기 때문에 고찰하지 못한 경우, 미처 검토하지 못한 새로운 야사총서가 있는 경우 등 여러 가지 가능성을 두고 살펴봐야 할 것이다.[48]

6. 상호 관련 야사의 분석적 접근

이 장에서는 『소문쇄록』을 대상으로, 각 야사총서에서 나타나는 동일 야사의 변화 과정을 살펴보고자 하였다. 이를 통해 각 편찬자에 따라 야사총서가 변화하는 과정에 대해 살펴보고, 추후 다른 야사에 적용하기 위한 접근으로서 시도해보고자 한다. 『소문쇄록』의 저자인 조신曺伸(1454~1528)에 대해 살펴보면, 본관은 창녕昌寧, 자는 숙분叔奮이며, 호는 적암適庵이다. 부친은 현감을 지낸 조계문曺繼門으로, 점필재佔畢齋 김종직金宗直이 그의 매형妹兄이다. 매계 조위는 조신의 서형庶兄으로, 태어난 해는 같으나 조신이 조위에 비해 늦게 출생했다. 조신은 김종직의 문하에서 학문을 배우고, 문학적 재능을 길렀는데, 비록 서얼 출신이나 빼어난 문장과 탁월한 외국어 실력으로, 성종의 총애를 입었다. 1479년(성종 10)에 내시교관內侍敎官이 되었고, 같은 해 통신사군관通信使軍官에 선발되어 통신사행의 역관으로 참여

---

[48] 『대동패림』에 수록된 82종의 야사 중 영향 관계가 파악되는 60종과 단독으로 수록된 4종, 이전 야사총서의 영향을 받지 않은 14종, 이전 야사총서에도 수록되어 있으나 영향 관계를 알 수 없는 2종을 제외하면, 『무오당적록』과 『사화전말』 2종이 남는다. 이에 대한 자세한 내용은 5장에서 살펴볼 예정이다.

하였다. 한편 중국으로 가는 사신을 수행하여 중국에 가기도 했다. 중국 사행 당시 북경에서 안남국安南國 사신 레티꺼Le Thi Cu, 黎時擧와 시문을 주고받기도 하였는데, 이러한 외교적 공적이 인정되어 종3품의 사역원정司譯院正에 특진되었다. 평생 북경 7회, 일본 3회 다녀오는 등 여러 차례 사행에 참가했다. 1485년(성종 16)에는 의사醫司에 속하여 음양의 이치와 약리藥理를 가르쳤으며, 1489년(성종 20)에는 내의원內醫院에 출사하였다. 1492년(성종 23)에는 조신이 학식이 깊고 음률이 뛰어나다는 사실을 안 유자광과 성현이 성종에게 체아직의 녹봉을 줄 것을 청하기도 했다. 1498년(연산군 4) 무오사화戊午士禍가 일어나고 조위가 전라도 순천으로 유배를 가게 되자, 조신도 관직을 그만두고 고향 김천으로 낙향하였다. 1529년(중종 24) 75세의 나이로 세상을 떠났다. 1518년(중종 13) 왕의 명을 받아 김안국金安國과 함께 『이륜행실도二倫行實圖』를 편찬하였고, 이외의 저서로 『적암시고適庵詩稿』, 『백년록百年錄』, 『소문쇄록』 등이 있다.

『소문쇄록』은 조선시대 문인이었던 조신이 지은 야사집으로, 고려말부터 조선초 까지 활동한 문인 지식층의 일화나 시, 시평, 당대의 역사적 사건, 자신의 경험 등을 수록하고 있는데, 대부분 사실을 위주로 한 당대의 일들이 주류를 이룬다. 현재 확인되는 『소문쇄록』은 별책別冊으로 된 경우는 동양문고본(Ⅶ-3-132)[49]과 고려대본(대학원 C11 A1),[50] 남평문씨 인수문고본(인-570),[51] 충남역사박물관본『비급祕笈』(파평윤씨_윤어복_101),[52] 서벽외사해외수일본栖碧外史海外蒐佚本(이하 서벽본)[53]이 있으며, 야사총서인 『대동야승』, 『한

---

[49] 동양문고본『소문쇄록』의 서지사항은 다음과 같다. 曺伸(朝鮮) 編, 筆寫本, [刊寫地未詳] : [刊寫者未詳], [刊寫年未詳], 2卷2冊 : 無匡郭, 無界, 12行21字, 計雙行, 無魚尾 ; 27.4×19.7㎝.

[50] 고려대본『소문쇄록』의 서지사항은 다음과 같다. 曺伸(朝鮮) 編, 筆寫本, [刊寫地未詳] : [刊寫者未詳], [刊寫年未詳], 1冊(零本, 全2卷2冊) : 13行22字 ; 34.4×23.7㎝.

[51] 인수문고본『소문쇄록』의 서지사항은 다음과 같다. 曺伸(朝鮮) 編, 筆寫本, 達城 : 廣居堂, [1933], 2卷2冊 : 四周雙邊, 有界, 半郭 19.0×16.5㎝, 10行18字 計雙行 ; 28.3×20.0㎝.

[52] 충남역사박물관본의 서지사항은 다음과 같다. 曺伸 等著, 筆寫本, [發行地不明] : [發行者不明], [發行年不明], 3冊 : 四周單邊, 有界, 半葉 10行20字, 上下內向黑魚尾 ; 27.4×16.7㎝

[53] 『소문쇄록 외1종(謏聞瑣錄 外一種)』, 서울아세아문화사, 1990으로, 서벽외사해외수일본(栖碧外史

고관외사』,『대동패림』,『패림』에도 수록되어 있다. 또한, 시화집인『시화총림』에도 일부 수록되어 있음을 확인할 수 있다. 이렇듯 여러 이본이 존재하며, 야사총서 및 시화총서에도 수록되어 있고,『해동야언』,『해동잡록』과 같은 야사에 인용되고 있음을 통해 조선 후기까지 널리 읽히고 있었음을 알 수 있다.[54]

1) 구성 체제 비교

『소문쇄록』의 이본으로 살펴볼 대상으로는 서벽본[55]과 야사총서 내에 수록된『소문쇄록』 4종이다. 이 5종에 대해서는 권수와 수록하고 있는 화수話數를 중심으로 살펴보려 한다.

海外蒐佚本) 중 하나이다. 해외에 소장되어 국내 연구자가 접하기 힘든 책을 영인하였는데, 소장처에 대한 언급은 없다. 그러나 천혜봉,『일본 봉좌문고 한국전적』, 지식산업사, 2003에 따르면, 일본 나고야[名古屋] 봉좌문고(蓬左文庫)에『소문쇄록』 을해자본(乙亥字本)이 소장되어 있는 것으로 확인되어 이 책을 영인한 것으로 추정된다. 이 책의 서지사항은 다음과 같다. 曺伸(朝鮮) 編, 乙亥字混入補字本, [刊寫地未詳] : [刊寫者未詳], [中宗後期~明宗年間], 2卷2冊 : 四周單邊, 半郭 23.1×16.5㎝, 有界, 半葉 10行18字 註雙行, 黑口, 上下內向三葉花紋魚尾 ; 31.8×20.3㎝. 해당 영인본에 수록된 김태영의 해제에 따르면, 이 영인본은 갑인자(甲寅字)로 간행된 것으로 추정되어, 이후 다른 연구자들에게도 갑인자본으로 언급되었으나, 을해자본이다. 김태영의 해제에서는 대개 국가적 사업으로 간행된 경우 결함이 적은 편인데, 해당 책에는 연자(衍字), 오자(誤字), 결자(缺字) 등이 있으므로, 개인이 간행한 것으로 추정했다.

54 『하담파적록』에는 신익성(申翊聖)이 김시양(金時讓)에게『소문쇄록』에 대해 잘못 인용한 부분이 있음을 지적한 부분이 있다(『荷潭破寂錄』. "辛巳夏, 東陽歷訪我于荷潭, 從容作話. '言丙子亂後, 朝廷收得列聖御容一簇, 朝議皆以爲仁宗眞. 余聞其御容鬢長, 獨以爲文宗眞. 大臣聞余言, 遣郞廳欲聞其詳, 余取問瑣錄中記文宗龍鬚甚長處, 付標以送. 大臣猶不信, 改粧潢時折去古褙, 則其紙背書文宗眞字, 議遂定.' 余曰'東人野錄中文宗像表雄偉, 龍鬚甚長之語, 則吾能記之, 而瑣錄亦記此亡之矣.' 東陽旣去, 余謂人曰'曺伸乃梅溪之庶少弟, 及見文宗似無是理', 取瑣錄考之則無之. 東陽之付標以送云者何也? 余所見乃是慵齋叢話也."). 이 역시『소문쇄록』이 사람들에게 잘 알려져 있고, 애독되고 있음을 알 수 있는 사례이다.

55 별책 5종 중에는 서벽본만을 살펴보려 한다. 간행되었다는 측면에서 교정 단계를 거쳐 정형화된 텍스트로 민간에 유행했을 가능성 때문이다.

〈표 4-13〉『소문쇄록』 이본 검토

	권수	화수	비고
서벽본	2권(상·하)	265화(129+139)[56]	
대동야승	1권	29화[57]	발췌본
한고관외사	4권	158화(52+51+55)	권1 부분 결락, 권2~4의 화수
대동패림	4권	184화(77+52+55)	권3은 『매계총화』로 별개 야사로 처리 권1, 2, 4의 화수
패림	4권	184화(77+52+55)	권3을 제외하고, 『대동패림』의 권1를 권3으로 지정

　이 중 서벽본은 언제 간행되었는지 알 수 없으나, 간행에 을해자乙亥字를 사용하였으므로, 다른 야사총서에 비해 이른 시기에 간행되었음을 알 수 있다. 다른 야사총서에 비해 이른 시기에, 가장 많은 화수를 수록하고 있으므로 가치가 높다고 할 수 있다.[58]

　권차에 따른 체제를 비교해 본다면, 서벽본은 상하 2권으로 구성되어 있으며, 『한고관외사』, 『대동패림』, 『패림』은 본래 모두 4권 체제이나 각기 3권씩을 수록하고 있다. 『한고관외사』는 권1이 수록된 제6책의 결락으로 인해 3권만 남아 있으며, 『대동패림』은 권3을 결락한 채 권4를 수록하였고, 『패림』은 『대동패림』을 전사하였기 때문에 동일한 구성으로 되어 있으나,

---

[56] 연구자에 따라 화수를 다르게 측정하기도 한다. 권지영, 「『소문쇄록』의 편찬태도와 서사문학상의 위치」, 광운대학교 석사학위논문, 1999에서는 서벽본의 화수를 상권 132화, 하권 137화 총 269화로 측정하고 있으며, 장은경, 「『소문쇄록』의 문헌적 특성과 작품 세계」, 부산대학교 석사학위논문, 1999에서는 상권 129화, 하권 136화 총 265화로 측정하였다. 이 책에서는 『대동패림』 수록 『소문쇄록』과 『매계총화』의 단락 구분에 의거한 장은경의 분류에 따랐다. 그러나 분류 과정에서 『대동패림』과 달리 서벽본에서는 구분되어 있지 않은 기사를 확인하여 이를 포함하여 재측정한 결과 장은경의 연구와 다른 측정 결과를 얻었다.

[57] 정용수, 「소문쇄록 연구」, 『석당논총』, 1993에서는 24화로 구분했고, 권지영은 정용수 역, 『국역소문쇄록』, 국학자료원, 1997에 따라 30화로, 장은경은 『대동패림』 단락 구분에 의거하여 29화로 구분했다.

[58] 김태영, 「해제 (2)」, 『소문쇄록 외1종』, 서울아세아문화사, 1990, 5쪽에서는 서벽본을 『소문쇄록』의 원본이며, 정본으로 주장하고 있으나, 이에 대해서는 좀 더 고찰할 필요가 있다. 각 화(話) 내용 첨삭, 오자(誤字), 결자(缺字)의 다출(多出), 구성 편제에 대한 의문으로 인해 원본보다는 모사본(模寫本)일 가능성이 크다는 의견도 있다(정용수, 「『소문쇄록』 연구」, 『석당논총』 18집, 1992, 13쪽). 그 밖에도 간행 주체나 간행 과정 등 여러 방면에서 밝혀지지 않은 의문이 많기 때문에 이에 대해서도 살펴봐야 할 것이다.

권4의 권차를 권3으로 수정하여 3권 체제를 확정하였다.

권차를 대조하면, 서벽본의 상권은 『한고관외사』, 『대동패림』의 권1, 2에 해당하고, 하권은 권3, 4에 해당한다.[59] 이에 따르면, 서벽본의 『소문쇄록』을 기준으로 『한고관외사』에는 서벽본의 상권 전반부가, 『대동패림』에는 하권의 전반부가 없는 셈이다.

조신의 문집인 『적암유고』에 수록된 『소문쇄록』의 자서自序에 의하면, 조위의 『매계총화』, 남효온의 『추강냉화』, 최부의 『표류기』를 아울러 수록하였다고 기재하였다.[60] 이 때문에 『소문쇄록』 내에 『매계총화』가 수록된 것이다.

『매계총화』는 이본마다 서로 다른 형태로 되어 있는데, 서벽본에서는 별다른 구분 없이 하권 첫머리에 수록되어 있으며, 『한고관외사』에서는 권3 본문에 수록된 목록면에서 '寒皐觀外史卷之十四/目錄/謏聞瑣錄三/【附】梅溪叢話【曺偉著】'란 글을 기재하여, 권3에 『매계총화』가 수록되어 있음을 표시했다. 『대동패림』에서는 『소문쇄록』 권3을 제거하고, 책을 달리하여 별개의 야사로 『매계총화』를 수록하고 있으며, 『패림』에는 『매계총화』가 수록되어 있지 않다.[61] 이 책에서는 이러한 차이에 기반하여 다음 장에서는 『매계총화』를 중심으로 내용 대조를 시도하려 한다.

---

[59] 『패림』은 권3을 제외하고 구성하여, 권4가 권3이 되었으므로, 언급하지 않았다.
[60] 『適菴遺稿』, 「謏聞瑣錄序」, "梅溪叢話, 秋江冷話, 崔氏漂流記, 竝附于內." 수록 사유에 대해서는 권지영, 앞의 논문, 15~19쪽에서 조위와 남효온(南孝溫)은 조신과 각별한 교유가 있었던 인물들이었고, 둘다 사화(士禍)에 연루되어 불우하게 생을 마감해야 했으며, 최부(崔溥)는 직접적 교류는 없었지만, 김종직의 문인이라는 것과 연산군때 유배당하고 죽었다는 점에서 위의 두 문인과 처지가 비슷했기 때문으로 추정하였다(자세한 내용은 권지영, 앞의 논문 참조).
[61] 현재 영남대학교 소장 『패림』에는 『매계총화』가 수록되어 있지 않으나, 조선총독부 박물관 문서 「『패림』 목록 및 해제」에서는 제86권에 『추강냉화』와 『매계총화』를 수록하고 있다는 기록이 있다. 이는 『대동패림』 제77책의 구성과도 유사하여, 신빙성을 갖는다.

2) 내용 비교

앞에서 이미 『대동패림』을 중심으로, 『한고관외사』와 『대동패림』, 『대동패림』과 『패림』의 내용 대조를 통해, 영향 관계와 내용 상의 유사성을 살펴보았다. 이에 따라 여기서는 서벽본과 야사총서 3종이 아닌, 서벽본과 『한고관외사』만을 대상으로 글자의 출입, 교정 사항 등의 항목을 중심으로 대조하겠다.[62][63]

〈표 4-14〉 서벽본과 『한고관외사』의 『소문쇄록』 권3 내용 비교

서벽본 순번[64]	서벽본	『한고관외사』 내 『소문쇄록』	한고관외사 순번
서-01	梅溪公字人【一作太】虛…以親老辭職求❶庤得…此❷숲上歲❸於所製詩稿旨…燕山朝st❹廢祥枯單齋詩獲定罪…所交結【一無前字】…離以文致廢謫…嘗草梅溪叢話十篇❺去未成藁而辛囚附於此	梅溪公字太虛…以親老辭職求❶遞旨…此❷金上歲❸於所製詩稿旨…燕山朝st❹廢枯單齋詩獲定罪…所交結…離以文字致廢謫…嘗草梅溪叢話十篇❺㭈未成藁而辛因附於此	한-01
서-02	戊午歲梅溪…豈知有甲子仲冬之變乎慟哉	戊午歲梅溪…豈知有甲子仲冬之變乎慟哉	한-16
서-03	蓋ᅟ굠五辛丑歲…賜季厪和之叢叢蘆革滿丁洲…上林咸惜其不克到	【附】梅溪義叔【唐偉芳】辛丑歲…賜季厪和之丁叢叢蘆革滿丁洲…上林咸惜其不克到【李厪要越人百學分】	한-02
서-04	金臺寺…❶孤唇明驚嶺長風…恨未記其全篇	金臺寺…❶㭈唇明驚嶺長風…恨未記其全篇【忘上俞南溪仕…百史黌】	한-03
서-05	唐中宗景龍間…此永嘉尾之類也	唐中宗景龍間…此永嘉尾之類也	한-04
서-06	丁酉春…有一宗室竊去竟失其本	丁酉春…有一宗室竊竟失其本【聲叔名哭…朗山人…○敵之failing太太始新扣丁…娜皤新試小衝地】	한-05
서-07	詩家於古人詩句…嘗過❶秦檜牧牛巷作詩…恐作移【一作移】中…❷人聯即黃山谷…蜀人生娥不❸遊…而改易二三字也	詩家於古人詩句…嘗過❶秦檜牧牛巷作詩…恐作移中…❷人聯即黃山谷…蜀人生娥不❸遊…而改易二三字也	한-06

---

[62] 이 장에서는 내용상의 변개를 중심으로 살펴볼 것이기 때문에, 『소문쇄록』내 『매계총화』, 『추강냉화』, 『표류기』의 수록 범위 등의 항목에 대한 부분은 권지영, 앞의 논문; 장은경, 앞의 논문; 정용수, 앞의 논문, 1992를 참조 바란다.

[63] 각 기사의 전문(全文)을 수록할 수 없기 때문에, 내용이 동일한 경우는 생략하고, 차이가 드러나는 부분만 기재하였다.

[64] 서벽본 하권(下卷) 첫 번째 기사의 순번은 '서-01'로, 『한고관외사』내 『소문쇄록』 권3 첫 번째 기사의 순번은 '한-01'로 부여하였다. 본문의 내용 비교에서 이체자(異體字)나 동음유의자(同音類義字)인 경우는 비교 대상에 포함하지 않았다. 이체자의 예로는 '歸'와 '歸', '妙'와 '妙' 등을, 동음유의자의 예로는 '余'와 '予', '遊'와 '游' 등을 들 수 있다.

서-08	王荊公居金陵嘗作謝①妾敬兩絶句云…而晚年深悔呂惠卿…無所不至暮年無奈公亦未免也	王荊公居金陵嘗作謝①么敬兩絶句云…而晚年深悔㘴呂惠卿…無所不至暮年無奈公亦未免也	한-07
서-09	李丞相…葉公政爲浙①西幕史…而謹②藏之越兩月…未嘗語我子章已矣…朱氏盛具酒饌辭謝…漠漠③蓬燈燭照…而人④如者自非貪⑤㝡勢難…況生有言取其中人以下鮮有還其金者李固⑥愛於葉	李丞相…葉公政爲浙①江幕史…而謹②丗之越兩月…未嘗語今子章已矣…朱氏二家盛具酒饌辭謝…漠漠③蓬燈燭照…而人④知者自非貪⑤冒勢難…況生有言使取其中人以下鮮有還其金者李固⑥尤離於葉	한-08
서-10	會昌中武宗…李純①祐進草…而少變之也	會昌中武宗…李純①佑進草…而少變之也	한-09
서-11	元祐間…清瘦①語話之際…近②咸京師…後③有人作詩曰…多口累惱他張亢與劉④攽	元祐間…清瘦①話話之際…近②世京師…後③人有作詩曰…多口累惱他張亢與劉④攽	한-10
서-12	幼時…又讀東坡詩莘老寄墨云…與其子廷珪渡江①避歙州…廷覺【覺一作寬】承晏…坡詩②云又珍材取樂浪妙手惟潘谷【自註云③潘谷】…熙寧間張遇供御墨用油烟…雖中朝之製無以過也	幼時…又讀東坡詩謝孫莘老寄墨云…與其子廷珪渡江①逢歙州…廷覺承晏…坡詩②又云珍材取樂浪妙手惟潘谷【自註云③谷墨工】…熙寧間張遇御墨用油烟…雖中朝之製無以過也	한-11
서-13	高麗僧神駿聞罵一絶田家椹熟麥初①刋宜向紅墻綠㭚樹鳴何事荒村寥落地隔林時送②兩聲…林詩本歐陽公四月田家…乃竊其語也	高麗僧神駿聞罵一絶曰田家椹熟麥初①楚宜向紅墻綠鳴何事荒村寥落地隔林時送②三兩聲…林詩本歐陽公詩四月田家…乃竊其語也【椿字者之…見上○者之西河閒居詩曰…見辨證】	한-12
서-14	東坡讀開元天寶遺事詩首章曰一一時之功①者不亦遠乎…但忠嗣四十五而卒云老將未知所喩	東坡讀開元天寶遺事詩首章曰一一時之功者不亦遠乎…但忠嗣年四十五而卒云老將未知所喩	한-13
서-15	蘇東坡爲杭州通判行…曰可坡之文本此碑	蘇東坡爲杭州通判行…曰可坡之文本此碑	한-14
서-16	陳簡齋①廖春詩…白髮②首三千丈…古人下②句不苟如此【已上並叢話】	陳簡齋①陽春詩曰…白髮三千丈…古人下②語不苟如此	한-15
서-17	梅溪宿定慧寺詩…又慧照初開地名…造塔文①婁金曾撾去…千歷②竹肅睿兩朝…宣③和五年…至今謹莊云	梅溪宿定慧寺詩曰…又慧照初開地名…造墖文①婁金曾擾去…千歷②事肅睿兩朝…宣③化五年…至今謹莊云	한-17
서-18	梅溪謫居順天時…疾不至坐①冰閣小飮…今壬己十五年吾六人者…辛酉三月初吉書于昇平之舊菖亭	梅溪謫居順天時…疾不至坐①水閣小飮…今壬己十五年春吾六人者…辛酉三月初吉書于昇平之舊菖亭【權叔强…幷見上】	한-18
서-19	祿兒詩渱光爓【爓一作爛】地①㩜音抱金蝦蠊窮廬夜寒聲啾啾韓國擁劒爲誰馘祸②治…年年③燧馬臺膚功…次韶乙未年間所④任…次韶公詩格大不同…梅聖兪知音相賞云	祿兒詩云渱光爓【爓一作爛】①㩜暗抱金蝦蠊窮廬夜寒聲啾啾韓國擁劒爲誰馘祸②胎…年年③噗馬臺膚功…次韶乙未年間所④作…次韶公詩格大不同…梅聖兪知音相賞云【高原尉…上心】	한-19
서-21	南孝溫字伯恭…被①誣而不撓屈…進士不試東堂慈氏有言則時就試而不屑屑也由是竟不弟弘治壬子年纔三十九而卒	南孝溫字伯恭…被①讒而不撓屈…進士不試東堂慈氏有言則就試而不屑屑也由是竟不第弘治壬子年纔三十九而卒【孝溫宜寧人…望三山】	한-20

사-22	成化己亥予徵入京將赴日本伯某①㔛分…尋ヒ鴨②虎燒狄火味魚蟹…非命女增不集草藥…秋江冷③㔛今附刊此	成化己亥予徵入京將赴日本伯某①㔛分…尋ヒ鴨②虎燒狄火味魚蟹…非命女增不集草藥…秋江冷③㔛今附刊此[按本冷話朋錄而已已馬一篇付諸外史故今不更致]	한-21
사-24	世宗壬戌年間…江邊居一士人爲伯恭道云	世宗壬戌年間…江邊居一士人爲伯恭道之云[此一條他本或載秋江冷話中]	한-22
사-35	魯山之孤…尹㯢爲司禁㔛①㔛云…②吾家奴石智者㔛③子言其父行商至寧越適見其憂享年十九云	魯山之孤…尹㯢爲司禁㔛①伯恭道之云…②伯恭家奴石智者㔛③伯恭言其父行商至寧越適見其憂享年十九云[此一條他本或載秋江冷話中而致伯恭字爲予字大知孰是]	한-23
사-57	讓寧大君視以荒淫失位而大①喜偶像…酒色游獵之外無意於事…讓寧②虎炙欲酒…佛氏指孝寧也	讓寧大君視以荒淫失位而大①喜偶像…酒色游獵之外無意於他事…讓寧②㖒死欲酒…佛氏指孝寧也	한-24
사-58	東湖居士徐䬃川作詩…予聞之西河任公云	東湖居士徐䬃川作詩…予聞之西河任公云[按女獻備致右手…謚忠册]	한-25
사-59	某有器局靖難時方自嶺南回至忠州見殉首行至…再開問官曰…十餘日①𠃔幕同裏…至賜死楊軒之②虎末知何如	某有器局靖難時方自嶺南回至忠州見殉首行至…再開問京官曰…十餘日①𠃔幕同裏…至賜死㭊殺然君子人也楊軒之②㔛感靈太身末知何如[此昭中叫字幷何妃子]	한-26
사-60	詩人偏有喜用之字…喜用葉字影飄垂葉外…詩人偏有喜用之字	詩人偏有喜用之字…喜用葉字如口影飄垂葉外…詩人偏有喜用之字	한-27
사-61	世宗十五年清①㔛億…本朝命侵之謀鳳議無如之何…曰辭上之賜無福哉	世宗十五年清①㔛億…本朝命侵之謀鳳議無如之何…曰辭上之賜無福哉[致雲字有鄭…繫合華之女也]	한-28
사-62	世宗甚重崔致雲時…觀者陽然…上甚悼惜命官①㔛其表葬	世宗甚重崔致雲時…觀者陽然…上甚悼惜命官①㔛其表葬	한-29
사-63	李右相克均…燕山益怒至於碎骨	李右相克均…燕山益怒至於碎骨[克功字子邦衛廣州人育左相]	한-30
사-64	燕山嘗召宣傳官四人…而旧賜①並當明節荀于口中…曰②虎當陞壹上飲…宣傳官二人力挽③埜不放則磕著槒堊應有陽王欲務而不能遂下馬騎④空如而…明日傳宗禮陞職	燕山嘗召宣傳官四人…而旧賜①𠃔管明節荀于口中…曰②吞當陞壹上飲…宣傳官二人力挽③聲不放則磕著槒堊應有陽王欲務而不能遂下馬再騎④觝馬④㔛如而…明日傳宗禮陞職	한-31
사-65	燕山發怒撲殺嚴鄭二淑儀時昭惠王后…后口兒恶哉遂卧不言	燕山發怒撲殺嚴鄭二淑儀時昭惠時后…后口兒恶哉遂卧不言[昭惠王后韓氏…於燕山爲祖母]	한-32
사-66	梅聖兪新…而又何得謂㔛年皮而爲膠哉不知風土而用語沒實	梅聖兪…而又何得所謂單皮而爲膠哉不知風土而用語沒實如壯	한-33
사-67	光廟嘗不喜一甲官不欲遷職者…隨其落墨處下點面出或合宮人不解字者點出口是亦命也	光廟嘗不喜一甲官不欲遷職者…隨其落墨之處下點面出…合宮人不解字者點出口是亦命也	한-34
사-68	韓忠成公…曰汝亦拉予臂文忠醉具於①䎬臾持上臂…中亦醉寢云	韓忠成公…曰汝亦拉予臂文忠醉具於①䇥臾持上臂…中亦醉寢云	한-35

제4장 『대동패림大東稗林』과 다른 야사총서 간의 상호 관련성 분석

서-69	靖國之後…或云**1** 王后期親及在邸有勞者宜置原從之**2** 例忠成不從…皆屛不用	靖國之後…或云**1** 后妃期親及在邸有勞者宜置原從之**2** 列忠成不從…皆屛不用【子光字子後…謀迪伏誅】	한-36
서-70	忠成與文忠連婚權翼平又欲與忠成婚忠成難於拒辭訪諸文忠文忠曰此易耳何不答以吾三人一體同功旣與申結婚又於君上則無乃置疑於吾三人之密邪遂如言各之權**1** 醋然曰吾思不至此	忠成與文忠連婚權翼平又欲與忠成婚忠成難於拒辭訪諸文忠文忠曰此易耳何不答以吾三人一體同功旣與申結婚又**與公**婚則上無乃置疑於吾三人之密邪遂如言各之權**1** 釅然曰吾思不**得**至此【翼平名擎…爾祠○絶句曰…神意肯遼功】	한-37
서-71	燕山多立新名號…所**1** 着有迊祥服所居稱聯芳**2** 苑以圓覺寺爲局．肅章門疾病家爲淸歡閣資始宮爲會**3** 網經曾御幸者居之內人之色衰者所居爲杜蕩好淸司儲興淸食料之庫**之食料謂之護華庫**其監掌．署**4** 酌祭內人處訓之廣惠署設在孝思廟設布染**5** 司監造迊祥服奉順可使輸載獵**6** 網貝鷹坊有考．命大小臣僚皆帝牌**7** 字書曰．犯承命者罪至死	燕山多立新名號…所**1** 著有迊祥服所居稱聯芳**2** 院以圓覺寺爲局．肅章門外疾病家爲淸歡閣資始宮爲會**3** 綱經閣御幸者居之內人之色衰者所居爲杜蕩好淸司**其**儲興淸食料之庫**謂之護華庫**其監掌．署**4** 祀內人處訓之廣惠署設在孝思廟**5** 殷布染**5** 使司監造迊祥服奉順可使輸載獵**6** 具網署鷹坊**即**有考．命大小臣僚皆帝牌**7** 子書曰．犯承命者罪至死【宜城尉南致元…淑儀洪氏出】	한-38
서-72	鄭希良字淳夫**1** 氣性獨健能食生菓子數斗而不餒**2** 瘴…但喜大**3** 加醉倒耳．一日獨出散步**4** 晐壤間…啓燕山令**都一作郡**縣物色之．有題字曰**日一作云**…或疑爲淳夫天**或云崔壽峨之題**	鄭希良字淳夫**1** 性氣獨健能食生菓子數斗而不餒**2** 瘏…但喜大**3** 磑健倒耳．一日獨出散步**4** 晐壤間…啓燕山令郡縣物色之…有題字曰…或爲淳夫**原注或云崔壽峨之題也○希良號虛庵…謚昭平**	한-39
서-73	予讀荊軻傳…日欲生奴之必得**1** 紉契以報…激而爲此論	予讀荊軻傳…日欲生奴之必得**1** 幻契以報…激而爲此論	한-40
서-74	內䥫車孟康曾從韓忠成公赴京遇雷雨暴**1** 次昏黑…陷**2** 阬甚深…則獸畜似知震氣異哉	內䥫車孟康曾從韓忠成公赴京遇雷雨暴**1** 至昏黑…陷**2** 坑甚深…則獸畜似知震氣異哉	한-41
서-75	正德癸酉朝廷請復昭陵…宗廟**1** 廟內松木上驚動…有助於國論者也	正德癸酉朝廷請復昭陵…宗廟**1** 苑內松木上驚動…有助於國論者也	한-42
서-76	牧老云邀上黨韓公登西峯賞花…明日足成一詩云云前輩之文酒遊會**2** 兌然可想此聯簽本簡齋拒霜花已吐吾字不凄凉云	牧老云邀上黨韓公登西峯賞花…明日足成一**1** 篇云云前輩之文酒游會**2** 宛然可想此聯簽本簡齋拒霜花已吐吾字不凄凉**之句云【上黨韓公名湜…竹村深處有人家】	한-43
서-77	有一武人入直…翌日夜省睡**1** 鰥四更漏下…同僚問昨君子是何日時武人欣然答曰…同僚爲之大笑	有一武人入直…翌日夜省睡**1** 鰥四更漏下…同僚問**日**得子云是何日時武人欣然答曰…同僚爲之大笑	한-44
서-78	英陵四側室…曹氏洪氏…必以舊賜焉…則爲都別監職**1** 止於五品…其宰厚待他而以洪氏賤稍抑之卽**2** 洪馳還肅拜…上曰若臺諫知則必請死罪愼母洩勅洪步還後臺諫聞之啓請**3** 卹罪上雖有之而放棄終身	英陵四側室…又曹氏洪氏…必以舊**仍**賜焉…則爲都別監職**1** 至於五品…其宰厚待他**人**以洪系賤稍抑之卽**2** 日馳還肅拜…上曰若臺諫知之則必請死罪愼母洩勅洪步還後臺諫聞之啓請**3** 死罪上雖有之而放棄終身【杜陽君名增…謚貞悼】	한-45
서-79	近代詩渾厚如牧老…同衛鶴**1** 拔之盡矣…崔拙翁柿園雨過…四佳亭老婢繅絲霜．羸童背朔風	近代詩渾厚如牧老…同衛鶴**1** 拔之盡矣…拙翁柿園雨過…四佳老婢繅絲霜．羸童背朔風【牧老李稿…開遍海棠花】	한-46

서-80	崔有淮之女…盛王寵愛封淑儀…王驚問之云父 因父病死…而淸國牧使金祜捶殺未山	崔有淮之女…王寵愛封淑儀…王驚問之云父 病死…而淸國牧使金祜捶殺未山【殉一本作 有…蓋知敎永葬人君度之也】	한-47
서-81	宿官金處善…但恨君不能久爲國主…仰曰君亦 折脾…合朝野謹言廳	宿官金處善…但恨君王不能久爲國主…仰曰君 亦折脾…合朝野謹言廳	한-48
서-82	南秋江伯恭墳在高陽…醴戶于弟❶有一存日 而去南之宰…不足❷燮喜昏駁山狂者在世何 爲必殺之…又欲處人以非禮也	南秋江伯恭墳在高陽…醴戶于弟❶上而去南之 宰…不足❷燮喜昏駁山狂者在世何爲必殺 之…又欲處人以非禮也【忠怨一作忠鬪虎也】	한-49
서-83	金文平公嘗爲榮川守…惻忍痛走出	金文平公嘗爲榮川守…惻忍痛走出【金文平守 溫見之】	한-50
서-84	吾鄕崔先生台輔…馬上忽夢車楊鼻奧彈于馬❶ 立聲而異之說與同行許生曰…先生曰古兆乙乙 何可置吳捷鄭闈逢…賦一絶曰池塘❷右草甫頃 多…是歲竟捷章第	吾鄕崔先生台輔…馬上忽夢車楊鼻奧彈于馬❶ 上聲而異之說與同行許生曰…先生曰古兆乙乙 何可遭吳捷鄭闈逢…賦一絶曰池塘❷右草甫 頃多…是歲竟捷章第【台輔名瓊…官直訓】	한-51

위의 〈표 4-14〉는 서벽본과 『한고관외사』에 수록된 『소문쇄록』 권3의 내용을 비교한 것이다. 서벽본에는 총 84개의 기사가, 『한고관외사』에는 총 51개의 기사가 수록되어 있는데, 이 중 『한고관외사』에 수록되어 있는 부분만을 비교하였다.[65]

비교에 앞서 두 이본간에 연관관계를 살펴보면, 결론적으로 『한고관외사』가 서벽본이나 서벽본의 영향을 받은 책을 참고한 것은 확실해 보인다. 먼저 권차 구성은 다르지만, 『매계총화』를 『소문쇄록』 내에 포함하여 구성하고 있다는 유사하며, 본문 상에서도 이를 추정할 수 있는 기록이 있다. 먼저 '서-35'와 '한-23'을 살펴보면, '서-35'에는 '여子', '오吾'로 지칭되는 내용이 '한-23'에서는 남효온의 자字인 백공伯恭으로 바뀌어 있다. 1인칭으로 기재되어

---

[65] 서벽본 84개 기사 중 『한고관외사』와 겹치는 51개의 기사를 제외한 33개의 기사 중 32개는 『추강냉화』의 내용이며, '서-20'은 일부가 『해동잡록』의 '조신(曹伸)' 항목 수록 내용과 겹친다. 구성을 살펴보면, 서벽본은 수록 내용에 대한 범주를 협주로 표시했는데, '서-16'에 '이상병총화(已上並叢話)'로 기재하고, '서-56'에서 '상이병병화(上已並冷話)'로 기재하였다. 그러나 실상 '서-01'은 『매계총화』의 서문 역할을 하며, '서-03'~'서-16'이 『매계총화』의 본문이다. '서-17'~'서-19' 역시 매계에 관한 내용이나, 『매계총화』 이후 관련 내용을 부록해 놓은 것으로 보인다. '서-21'은 『추강냉화』의 서문 성격을 가진 글이며, '서-22'와 '서-24', '서-35', '서-57~84'는 『소문쇄록』의 내용, '서-25'~'서-34', '서-36'~'서-56'은 『추강냉화』의 내용으로 분류된다. 실제 『추강냉화』 해당 내용은 『한고관외사』 권21에도 수록되어 있음을 확인할 수 있다.

있는 부분을 3인칭을 바꿔 기재한 것으로, 김려의 입장에서는 권3의 서명이 『매계총화』로 되어 있기 때문에, 이 역시 『매계총화』의 내용으로 판단하여 바꾼 것으로 보인다. 그대로 1인칭으로 기술할 경우, 『매계총화』의 저자인 조위의 일화로 판단할 수 있기 때문이다. 이는 김려가 남긴 주석에 '이 기사가 다른 본에는 『추강냉화』에 실려 있다고 하는데, 伯恭이란 글자를 予로 고쳤다. 어느 것이 옳을 지는 모르겠다'[66]고 되어 있는데, 이로 미뤄볼 때, 김려는 『추강냉화』와는 별개의 기사로 파악한 것이다. 실제 『한고관외사』 권21에 수록된 『추강냉화』에는 이 기사가 수록되어 있지 않다. 또 다른 근거로는 '서-72'와 '한-39'를 들 수 있다. '서-72'에는 '或云崔壽峴之題'라는 주석이 있는데, '한-39'에서 '原注或云崔壽峴之題也'로 기재하여, 원주에 이미 그런 내용이 수록되어 있음을 밝혔다. 따라서 『한고관외사』에서 『소문쇄록』을 수록하며, 참고했던 책이 서벽본과 연관된 책임을 알 수 있다.

또한, 서벽본에 남아 있는 독서 흔적 중 『한고관외사』와 연관 지을 수 있는 부분이 있는데, 서벽본에 표시된 부분이 『한고관외사』 내용 중 반영되어 있다는 것이다. 직접적인 교정 표시는 아니지만, 『한고관외사』에서 수정한 경우 서벽본 해당 글자 우측에 검은색 점이 찍혀 있으며('서-09', '서-19'), 『한고관외사』

〈그림 4-23〉 서벽본(좌)과 하버드대본 『한고관외사』 『소문쇄록』 권3(우) 수정사항 비교

---

66 『寒皐觀外史』 『謏聞瑣錄』 권3, 23번째 기사. "此一條, 他本或載秋江冷話中, 而改伯恭字爲予字. 未知孰是."

에서 연자衍字로 판단하여 삭제한 경우는 서벽본 해당 글자 우측에 검은색 선이 그어져 있다('서-13', '서-16').[67]

(1) 서벽본의 내용을 보충한 사례

『한고관외사』는 서벽본의 기사에 대해 협주를 사용하여 내용을 보충하였다. 이는 『한고관외사』에서 흔히 사용하는 방식으로, 협주의 내용은 기사 속 인물에 대한 자, 호, 본관 등에 관련한 설명이나, 기사 본문에 관련한 시를 기재하였다. '한-02', '한-03', '한-04', '한-12', '한-19', '한-20', '한-28', '한-30', '한-36' 등의 사례이다. 예를 들어 '한-03'는 유호인이 지은 시에 대한 내용으로, 본문의 말미에 '극기는 유뇌계兪㵢溪 호인好仁으로, 자는 위에 보인다. 이창신李昌臣은 자가 국이國耳로, 전의全義 사람이고, 관직은 이조

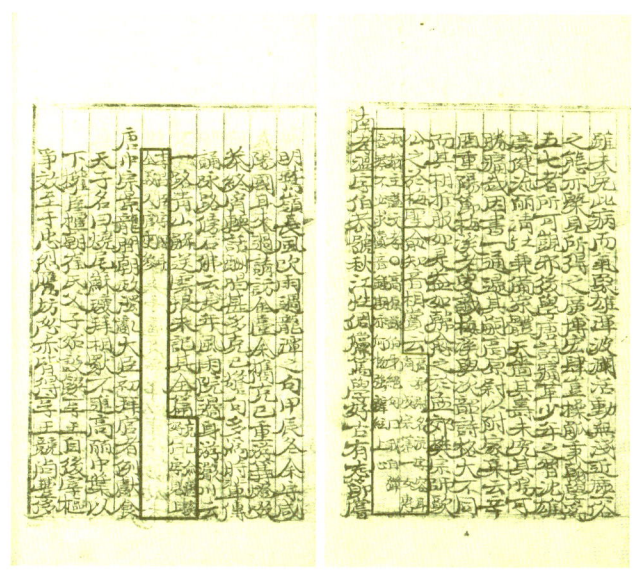

〈그림 4-24〉 하버드대본 『한고관외사』 『소문쇄록』 권3 3번째(좌), 19번째 기사(우) 주석

---

[67] 수정하거나, 연자(衍字)인 모든 경우에 표시한 것은 아니기 때문에 후대에 두 이본을 비교하며, 표시했을 가능성도 있다. 그러나 이 경우에도 두 이본에 대한 내용 비교와 지속적 관심이 있었음을 알 수 있다.

참판吏曹參判을 지냈다.'⁶⁸고 되어 있다. '한-19'는 차소공次韶公 신종호申從濩의 시와 그에 대한 매계의 평가를 기재하고 있는데, 본문 중 고원위高原尉에 대한 내용이 나오자, 그에 대한 협주로 '고원위의 이름은 항沆이며, 자는 용이容耳로, 성종의 첫째 딸인 혜숙옹주惠淑翁主에게 장가들었다. 시호는 문효文孝이다. 고원위가 백아伯牙에 대해 읊은 절구로는「내 스스로 거문고를 타노니, 이 소리 알아줄 이 구하지 않는다. 종기는 또 어떤 인물인가? 억지로 줄 위의 마음을 말하네」가 있다.'⁶⁹고 하였다.

(2) 서벽본의 내용을 수정한 사례

『한고관외사』가 서벽본의 내용을 수정한 사례는 크게 4가지 유형이 있는데, 단락 구분, 인명 교정, 문맥에 따른 수정, 간행 실수에 따른 오류 수정이다.

① 단락 구분을 통한 수정

서벽본에는 서로 다른 주제를 담고 있는 기사임에도 단락 구분을 두지 않거나, 내용을 이어서 수록하고 있기도 해서 연구자들마다 화수를 다르게 측정하기도 한다.⁷⁰『한고관외사』에서는 이러한 기사에 대해 개행改行과 기사의 시작 부분을 본문보다 한 글자 높여 적는 방식으로 구분하였다.

---

68 『寒皐觀外史』『謏聞瑣錄』권3, 3번째 기사. "克己, 俞雷溪好仁, 字見上. 李昌臣, 字國耳, 全義人, 官吏參."
69 『寒皐觀外史』『謏聞瑣錄』권3, 19번째 기사. "高原尉, 名沆, 字容耳, 尙成宗第一女惠淑翁主, 謚文孝. ○高原詠伯牙絶句曰'我自彈吾琴, 不必求賞音. 鍾期亦何物, 強辨絃上心.'"
70 이러한 사례로 '서-02'와 '서-03', '서-05'와 '서-06', '서-10'과 '서-11', '서-21'과 '서-22', '서-38'과 '서-39', '서-49'와 '서-50', '서-53'과 '서-54', '서-57'과 '서-58', '서-80'과 '서-81'의 9가지 사례를 들 수 있다.

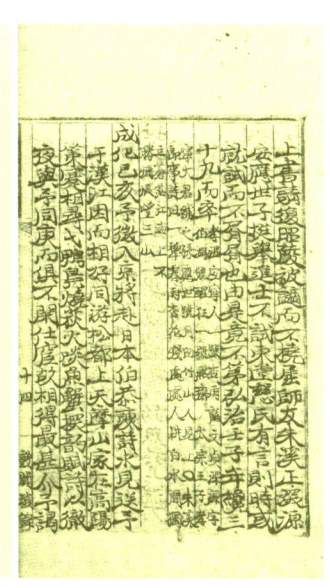

〈그림 4-25〉 서벽본(좌)과 하버드대본 『한고관외사』, 『소문쇄록』(우) 권3 21·22번째 기사 단락구분

② 인명 오류 교정

서벽본에는 인명에 대해 오기誤記한 사례가 있는데, 『한고관외사』에서는 이러한 사례에 대해 수정하여 기재하였다. 예를 들어 '서-61'에는 세종대에 활동한 무장인 최윤덕에 대해 '崔聞德'으로 기재하고 있으나, '한-28'에서 수정한 '崔潤德'이 옳은 인명이다. 또한 '서-10'에 고려 후기 문신인 이순우에 대해 '李純祐'로 기재하고 있다. 이는 이칭으로 사용되기도 하나, 『고려사高麗史』에는 '李純佑'로 기재하고 있는데, '한-09' 역시 동일하게 기재하고 있다. '서-07'에서는 남송南宋의 정치가인 진회를 '泰檜'로 잘못 기재한 것을 '한-06'에서 '秦檜'로 바로 잡았다.[71]

---

[71] 반면 서벽본에서 제대로 기재되어 있던 것을 오히려 『한고관외사』에서 잘 못 기재하고, 이러한 오류가 『대동패림』에도 이어진 사례가 있다. '서-16'에서 진여의(陳與義)의 시인 「상춘(賞春)」을 기재했는데, '한-15'에서 '陽春'으로 기재한 사례가 있으며, '서-17'에서 선화(宣和)라는 연호를 '한-16'에서 '宣化'로 오기하기도 했다.

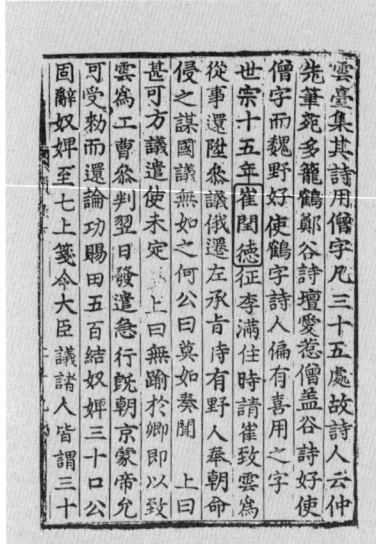 

〈그림 4-26〉 서벽본 61번째 기사(좌)와 하버드대본 『한고관외사』 『소문쇄록』 권3 28번째 기사(우) 대조

③ 문맥에 따른 수정

수정 사례 가운데 가장 많은 비중을 차지하는 것으로, 『한고관외사』에서 서벽본의 내용을 수정한 대부분에 해당한다고 볼 수 있다. 문맥상 좀 더 적절한 용어를 사용하기 위해 수정하는 사례도 있으며, 동음이나 글자의 형태가 비슷하여 잘 못 기재한 글을 수정하는 등 다양한 사례가 있다. 앞에서 살펴본 연자나 수정할 글자에 표시한 사례, '한-23'에서 기존에 1인칭을 뜻했던 용어를 '백공伯恭'으로 바꾼 사례 역시 같은 맥락이라 할 수 있다. 예를 들어 '서-64'에서는 연산군과 네 명의 선전관宣傳官에 대한 이야기를 담고 있는데, 그 중 '王欲發而不能, 遂下馬再騎, 控如前'라는 구절이 있다. '왕이 한 발을 쏘고 싶어도 쏠 수가 없었다. 드디어 말에서 내렸다. 다시 말을 탔으나 앞에서처럼 잡아당겨졌다'[72]는 의미이다. '한-31'은 이 구절에서

---

[72] 정용수 역, 앞의 책, 204쪽.

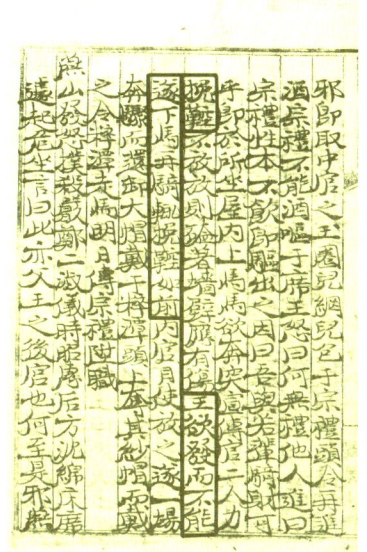

〈그림 4-27〉 서벽본 64번째 기사(좌)와 하버드대본 『한고관외사』 『소문쇄록』 권3 31번째 기사(우) 대조

'控如前'을 '輒挽鞚如前'로 수정하였는데, '여전히 재갈을 거듭 당기고 있었다.'는 의미가 되어 이해하기 쉽게 하였다. 역시 동일한 기사 내에서 '挽控'으로 기재된 것을 '挽鞚'으로 수정하여 전체적인 맥락 역시 통하게 했다.

④ 간행 실수에 따른 오류 수정

서벽본이 을해자로 인쇄되었다는 것은 앞에서 언급한 바 있다. 하지만, 국가적 사업이 아닌 개인적 사업으로 진행된 것으로 추정했는데, 이는 오류가 많았기 때문이다. 『한고관외사』에서는 이러한 오류를 바로잡으며, 앞뒤 글자를 바꾸어 기재한 사례가 많았다. 이는 앞에서 언급한 문맥에 따른 수정일 수도 있지만, 활자본이라는 특성상 드러나는 오식誤植에 관한 사례로 추정되어 별도의 유형으로 분리하였다. 이러한 사례가 보이는 경우는 '서-11'의 '後有人作詩曰'이나 '서-12'의 '坡詩云又', '서-72'의 '鄭希良字淳夫氣性強健' 등을 들 수 있다. '서-12'를 예로 들면, '坡詩云又珍材取樂浪, 妙手惟潘谷'으로 기재되어 있는데, 이를 풀이하면, 소동파의 시에 이르길 '또 이 진귀

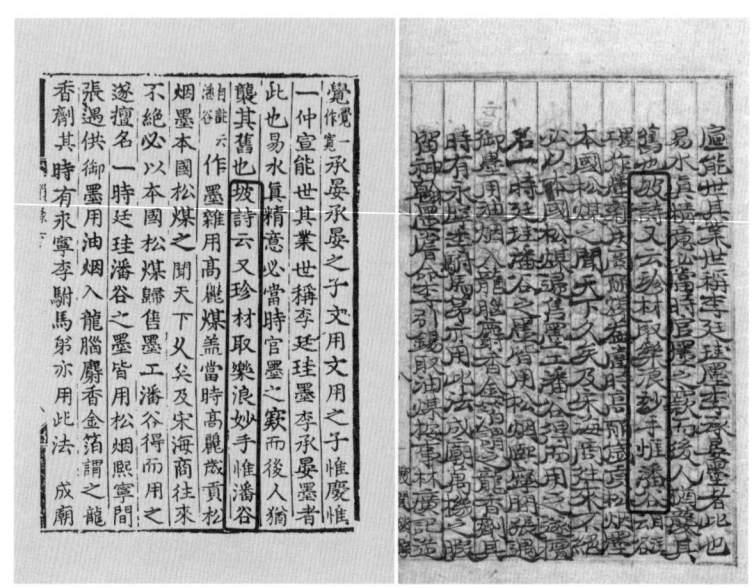

〈그림 4-28〉 서벽본 12번째 기사(좌)와 하버드대본 『한고관외사』 『소문쇄록』 권3 11번째 기사(우) 대조

한 재료는 낙랑에서 왔지만, 신묘한 솜씨는 오직 반곡에 의한 것이다'라는 의미가 된다. '또[又]'라는 의미도 불분명하며, 시의 글자수도 맞지 않는다. 따라서 '坡詩又云'이 되어야 의미가 통할 것이며, 실제 앞의 내용 중 소동파의 시가 인용된 부분이 있어서 '又'라는 의미가 자연스럽다.

이상과 같이 『한고관외사』는 서벽본의 오류를 수정·정리하는 등의 과정을 거쳐 보다 질 높은 야사를 야사총서에 수록할 수 있도록 노력했다. 비록 『소문쇄록』 중 일부를 살펴본 것에 불과하지만, 김려가 『한고관외사』와 『창가루외사』 편찬에 쏟은 공을 조금이나마 엿볼 수 있을 것이다. 이러한 노력은 심노숭의 『대동패림』으로 이어져, 『패림』에까지 전해졌다. 다만, 『대동패림』에서는 저자가 다른 저작이 한 야사 내에 수록되어 있어 구분이 필요하다는 인식 때문인지, 다른 이유로 인한 것인지 알 수 없으나, 『매계총화』를 『소문쇄록』에서 분리하여 별도의 저작으로 분리하였다. 또한 '한-01'에 「매계총화서梅溪叢話序」라는 제목을 부여하여 더욱 체계적으로 보이게끔 했다. 『패림』은 여기서 더 나아가 권차를 수정함으로써 기존 4권 체제였던

『소문쇄록』을 3권 체제로 확정하였다.[73] 이처럼 야사총서는 각 편찬자의 주관과 영향으로 인해 발전하고, 전승되었음을 알 수 있다.

---

[73] 앞에서 살펴본 바와 같이 『패림』에 『매계총화』가 수록되어 있을 가능성도 있으나, 현재 실물을 확인할 수 없기 때문에 이에 대해서는 논의하지 않았다.

제5장

『대동패림大東稗林』의 집일학적輯佚學的 접근接近

1. 『한고관외사寒皐觀外史』의 보완補完
2. 『대동패림大東稗林』의 보완補完

집일학輯佚學이란 타 문헌에서 인용한 것이나 유서類書 내에서 일문逸文을 수집해서 현존하는 문헌의 일부 혹은 이미 없어진 저술著述이나 주석註釋 등을 복원하는 학문이다. 청대에 문자, 음운, 훈고訓詁의 소학小學을 비롯해서 명물名物, 제도制度, 역법曆法 등의 성과를 기초로 하면서, 실사구시實事求是, 무징불신無徵不信의 주지主旨 아래서, 유가 경전을 비롯한 고전 문헌에 대해 실증적인 분석과 해석에 중점을 둔 고증학考證學이 나타남으로 인하여 함께 발달하게 되었다.[1]

이 장에서는 김려 계열의 야사총서로 평가되는 『한고관외사』, 『대동패림』, 『패림』이 서로 밀접한 관계성을 가지고 있음을 바탕으로, 이를 통해 실전失傳된 야사의 복원을 시도하고자 한다.

1. 『한고관외사寒皐觀外史』의 보완補完

기존의 연구와 야사총서 저자의 관계, 본문 내용 비교를 통해 『대동패림』이 『한고관외사』, 『패림』이 다시 『대동패림』의 영향을 받아 형성되었음을 살펴보았다. 이러한 영향 관계를 바탕으로 『한고관외사』에서 실전된 부분을 『대동패림』, 『패림』을 통해 보완하고자 한다.

『한고관외사』는 목록과 제후문을 수록하고 있어서, 전체 규모를 확인할 수 있다. 이는 다른 야사와 달리 실전된 야사를 명확히 파악할 수 있다는 것을 의미한다.

『한고관외사』는 전체 140권 70책으로, 각 책마다 2권씩 수록되어 있는데, 그 가운데 제4책, 5책, 6책, 16책의 총 4책이 결락되어 내용을 찾을 수 없다.[2] 『한고관외사』의 목록을 살펴보면, 결락된 부분은 다음과 같다.

---

[1] 溝口雄三 외 편저, 김석근 외 옮김, 「고거학(考據學)」, 앞의 책, 767쪽.
[2] 한국학중앙연구원 국학진흥연구사업추진위원회 편, 『한고관외사』 5, 한국정신문화연구원, 2002.

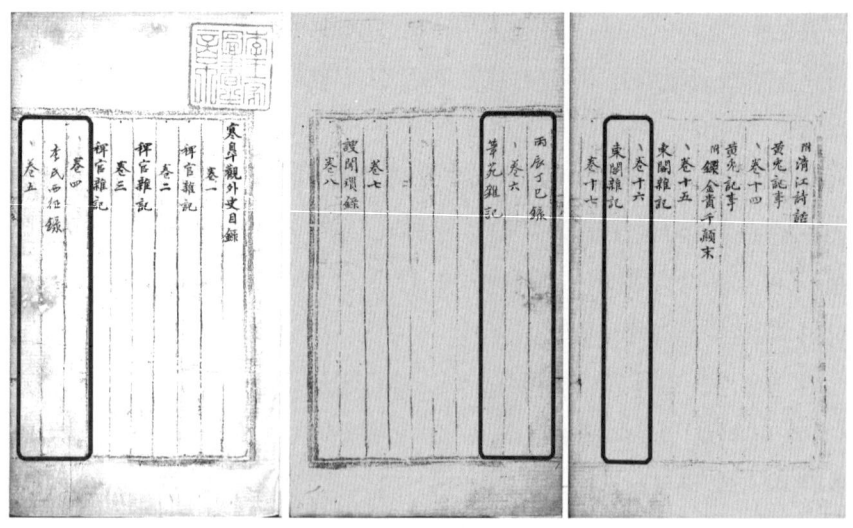

〈그림 5-1〉 장서각본 『한고관외사』 목록

    결락된 책에 수록되어 있는 야사는 『이씨서정록』, 『병진정사록』, 『필원잡기』, 『소문쇄록』, 『동각잡기』의 5종이다. 이 가운데 앞의 3종은 전체가 결락되었으며, 뒤의 2종 중 『소문쇄록』은 제7책에 『소문쇄록』 권2부터 수록되어 있어서, 제6책에 『소문쇄록』 권1이 수록되어 있음을 알 수 있고, 『동각잡기』는 제15책에 『동각잡기』 권1, 2가 있고, 제17책에 『동각잡기』 권5가 수록되어 있어서, 제16책에는 『동각잡기』 권3, 4가 수록되어 있었음을 알 수 있다.

    위 목록의 야사 5종을 표로 정리하고, 『대동패림』, 『패림』과 비교하여, 수록 유무를 확인하면 다음과 같다.

  수록 「하버드대본 『한고관외사』의 자료적 가치」 17쪽에서는 4책, 5책, 6책, 16책, 58책, 62책, 65책, 69책의 전체 8책이 결락된 것으로 기재하였으나, 확인 결과 하버드대본에 58책, 62책, 65책, 69책이 포함되어 있는 것으로 확인되었다. 따라서 결락된 책은 총 4책이다. 이러한 사실은 이전에 정용수에 의해 언급된 적이 있다(정용수, 「『한고관외사』의 체제와 일실된 작품들의 존재」, 『남명학연구』 23집, 2007, 394쪽).

〈표 5-1〉 『한고관외사』 결본의 기타 야사총서 수록 유무[3]

책차	권차	야사명	『대동패림』	『패림』
제4책	권7	『李氏西征錄』	×	×
	권8			
제5책	권9	『丙辰丁巳錄』	○	×
	권10			
제6책	권11	『筆苑雜記』	○	○
	권12	『謏聞瑣錄』 一	○	○
제16책	권31	『東閣雜記』 三	○	○
	권32	『東閣雜記』 四	○	○

먼저 『이씨서정록』은 『대동패림』, 『패림』 가운데 수록되어 있지 않다. 다만, 『담정유고』의 「제이씨서정록권후」를 살펴보면,

> 서정록西征錄은 이순李純 집안에서 소장했던 것으로, 이순이 누군지는 알 수 없으나, 당시 사건에 대한 기록이 자못 상세하다. 다만 결락된 하단을 찾아 볼 수 없으니, 아마도 완성하지 못한 작품인 듯하다.[4]

라고 했다. 『서정록』은 현재 규장각에 목판본으로 소장되어 있는데,[5] 1516년(중종 11)에 간행된 것으로, 이순이 서북경西北境의 도사봉훈랑都事奉訓郎이 되자, 관찰사인 윤금손尹金孫에게 청탁하여 간행하게 되었다. 이순의 외조부인 이천李蕆(1376~1451)이 평안도절제사平安道節制使로서 파저강婆猪江의 야인을 정벌하고, 사군 설치를 건의했던 사실을 수록하고 있다. 이 책은

---

[3] 위 표는 한국학중앙연구원 국학진흥연구사업추진위원회 편, 『한고관외사』 5, 한국정신문화연구원, 2002 수록 「하버드대본 『한고관외사』의 자료적 가치」에서 제시한 「『한고관외사』 장서각/하버드대 소장 목록」에 기반하였다.

[4] 『藫庭遺藁』 卷11 「題丙辰丁巳錄卷後」. "西征錄, 即李純家藏, 純未知爲何如人, 錄其時事實頗詳. 但欠下段無究竟, 似是未了文字耳."

[5] 규장각본 『서정록』의 서지사항은 다음과 같다. 李純(朝鮮) 編, 木板本, [刊寫地未詳]:[刊寫者未詳], 1516년(中宗 11), 1冊(104張):四周單邊, 半郭 22.0×15.8㎝, 有界, 半葉 12行19字, 黑口, 上下內向黑魚尾; 32.0×20.5㎝.

『한고관외사』의 영향을 받아 편찬된 『광사』에도 수록되어 있었는데, 마에마 쿄사쿠에 따르면, 규장각본을 초출鈔出하였다고 하며, 서말書末에 「무인년담수정사발戊寅年潭叟淨寫跋」을 붙였는데, 그 내용 중 '釐爲二卷云云'이란 내용이 있다고 한다.[6] 이를 통해 2권으로 구성되어 있으며, 제4책 전체가 『이씨서정록』임을 알 수 있다. 또한, 현존하는 규장각본 『서정록』을 통해 『한고관외사』의 내용을 보완할 수 있을 것이다.

『병진정사록』의 경우는 비록 『패림』에는 수록되어 있지 않으나, 『대동패림』에 수록되어 있어서 그 내용을 파악할 수 있다. 직접적인 내용 대조를 통해 살펴볼 수는 없지만, 앞에서 살펴본 구성 체제와 내용 비교를 통해, 두 야사총서 사이에 직접적인 영향 관계가 있었음을 알 수 있다. 그 외에 다음의 『담정유고』 「제병진정사록권후題丙辰丁巳錄卷後」에서도 영향 관계를 파악할 수 있다.

> 내가 이 책을 얻어 보니, 세 본 모두 오류가 있어서 읽을 수 없었다. 마지막에는 이원방李元方에게 한 부 빌렸는데, 비록 좀 벌레가 갉아먹어서 상한 부분도 있으나, 앞의 세 본에 비해서 그나마 읽을 만했다. 또한 『무오당적록』이 뒤에 붙어 있기에, 정갈하게 베껴서 외사에 붙여두었다.[7]

이에 따르면, 『병진정사록』 뒤에 『무오당적록』이 붙어 있음을 알 수 있는데, 현재 『대동패림』에 수록된 『병진정사록』에 『무오당적록』이 부록되어 있다. 또한 『대동패림』에는 『무오당적록』 이후에 또 다른 부록으로 권문해權文海가 지은 『사화전말史禍顚末』이 수록되어 있는데, 이로 미뤄본다면, 『사화전말』 역시 『한고관외사』에 수록되었을 가능성이 있을 것이다.

---

[6] 김근수, 「야사총서 중 권질이 가장 많은 광사에 대하여」, 『야사총서의 총체적 연구』, 영신아카데미 한국학연구소, 1976, 83~84쪽. 이 글은 김근수가 마에마 쿄사쿠의 글을 번역하여 수록하였다.

[7] 『藫庭遺藁』卷11「題丙辰丁巳錄卷後」. "余得見此錄, 凡三本, 皆訛繆不可讀. 最後因李友元方借一本, 雖蟫蛃之餘, 頗有缺蝕, 然比諸前三本, 稍可讀. 且有戊午黨籍錄之附于後者, 故妓壽寫, 付諸外史云."

『필원잡기』는 『대동패림』과 『패림』 모두에 수록되어 있는데, 그 내용이 거의 유사하다. 이는 『패림』이 『대동패림』의 영향으로 형성되었기 때문인데, 두 야사총서 모두에서 『필원잡기』가 『한고관외사』를 전사한 결과물임을 알 수 있는 부분이 있다.

〈그림 5-2〉는 『대동패림』과 『패림』에 수록된 『필원잡기』 권하의 목록면이다. 두 야사총서 모두 목록제目錄題와 권차를 '한고관외사권지십일寒皐觀外史卷之十一'로 기재하고 있다. 이는 두 야사총서에 수록된 『필원잡기』의 내용이 본래 『한고관외사』에 수록된 내용이며, 『필원잡기』 권하는 『한고관외사』에서 권11에 해당함을 알 수 있다. 따라서 『한고관외사』 제5책에 수록된 권10은 『필원잡기』 권상임을 알 수 있다.

『소문쇄록』 권1 역시 앞에서 살펴본 『필원잡기』의 예와 같이, 『대동패림』과 『패림』에 모두 수록되어 있으며, 구성 체제도 유사하다. 또한 『소문쇄록』 권2부터의 내용 역시 세 야사총서가 모두 동일하여, 이 또한 상호간의 영향

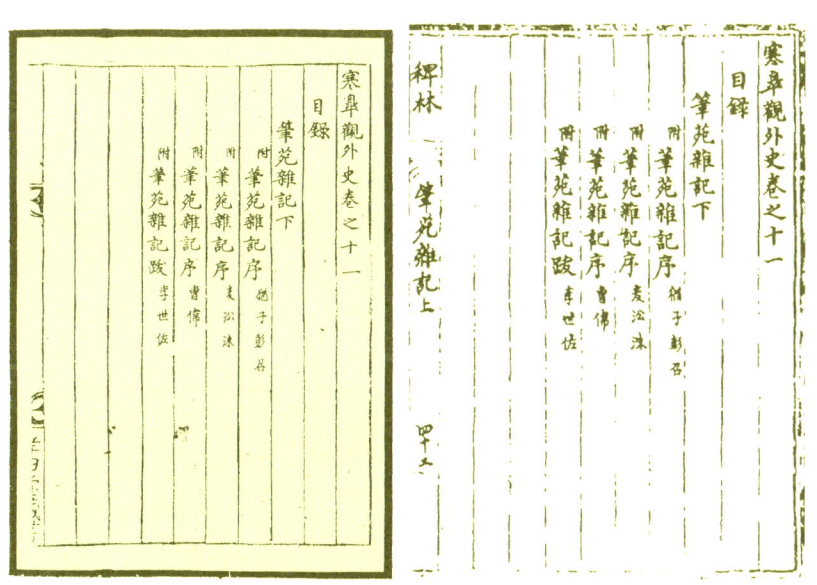

〈그림 5-2〉 정가당문고본 『대동패림』(좌)과 영남대본 『패림』(우) 『필원잡기』 하 목록면

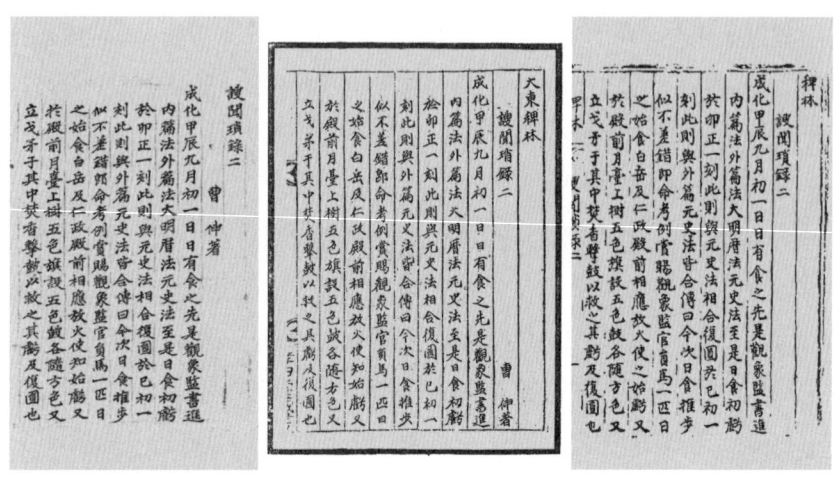

〈그림 5-3〉 장서각본 『한고관외사』(좌), 정가당문고본 『대동패림』(중), 영남대본 『패림』(우) 내 『소문쇄록』 권2 권수제면 비교

관계가 있었음을 알 수 있으므로, 『한고관외사』 내 『소문쇄록』 권1의 내용을 보완할 수 있을 것이다.[8]

『한고관외사』 내 『동각잡기』 권3, 4의 보완 역시 같은 방식으로 보완할 수 있을 것이다. 앞서 4장에서 살펴본 바와 같이 세 야사총서의 내용과 구성이 동일하며, 필사 방식 또한 유사함을 확인할 수 있기 때문이다.

이를 토대로, 『한고관외사』에서 결락된 편을 재구성하면, 다음과 같다.

〈표 5-2〉 『한고관외사』 결락된 야사의 재구성

책차	권차	야사명
제4책	권7	『李氏西征錄』 上
	권8	『李氏西征錄』 下

---

[8] 『대동패림』과 『패림』에는 『소문쇄록』 권3이 수록되어 있지 않고, 권2 이후 권4로 이어진다. 이는 『한고관외사』의 『소문쇄록』 권3에 『매계총화』가 수록되어 있기때문에, 의도적으로 권3의 내용은 누락하고, 권4를 기재한 것으로 보인다. 이 때문에 『패림』에서는 『소문쇄록』 권4의 판심제 권차를 '三'으로 기재하고 있다.

제5책	권9	『丙辰丁巳錄』
		『戊午黨籍錄』
		『史禍顚末』 (추정)
	권10	『筆苑雜記』 上
제6책	권11	『筆苑雜記』 下
	권12	『謏聞瑣錄』 一
제16책	권31	『東閣雜記』 三
	권32	『東閣雜記』 四

　이를 통해 살펴본다면, 비록 『이씨서정록』은 완벽히 복원할 수는 없겠지만, 그 외에 실전된 『병진정사록』과 『무오당적록』, 『필원잡기』, 『소문쇄록』, 『동각잡기』를 보완할 수 있을 것이며, 『사화전말』까지 본래 『한고관외사』에 수록되어 있었을 것이라 생각한다면, 결락된 6~7종의 야사의 보완을 기대할 수 있을 것이다.[9]

2. 『대동패림大東稗林』의 보완補完

1) 『한고관외사寒皐觀外史』와 『패림稗林』을 통한 보완

　앞 장에서는 『한고관외사』의 수록 목록을 확인하고, 그 가운데 결락된 책을 골라 『대동패림』과 『패림』을 통한 보완을 시도하였다. 그러나 『한고관외사』의 경우는 목록이 있었기 때문에, 전체적인 규모를 확인할 수 있었고, 이에 따라 결락된 부분도 찾을 수 있었다. 그렇다면, 목록이 없는 『대동

---

[9] 『필원잡기』가 제5, 6책에 나누어 수록되어 있을 것이라는 견해는 기존에 정용수, 앞의 논문, 2007에서 제기된 적 있다. 정용수는 마에마 쿄사쿠가 『광사』에 수록된 『병진정사록』을 보고 쓴 해제와 현전 자료를 근거로, 『필원잡기』의 내용이 1권 분량에 넘칠뿐 아니라, 『병진정사록』은 오히려 분량이 모자라기 때문에 『병진정사록』이 1책본일 가능성이 높다고 기술했다.

『패림』의 경우는 결락된 야사의 유무를 어떻게 파악할 수 있을까? 앞에서 기술한 바와 같이 『대동패림』이 『한고관외사』를 전사하였으며, 『패림』은 『한고관외사』를 직접 보지 못하고, 다만 『대동패림』을 전사함으로써 『한고관외사』와 동일한 내용을 수록하게 되었음을 살펴보았다.

이에 착안하여, 『한고관외사』와 『패림』이 함께 수록하고 있는 야사를 비교하여, 그 유사성이 도출된다면, 이는 『대동패림』을 매개로 했을 것으로 추정할 수 있다. 따라서 현재 전해지지는 않으나, 본래 『대동패림』에 수록되어 있었을 야사를 찾아내어 보완하는데, 도움이 될 수 있을 것이다.

다음은 『한고관외사』와 『패림』에서 수록하고 있는 야사를 비교하고, 그 중 현재 『대동패림』에는 수록되어 있지 않은 26종의 야사를 발췌하였다.[10]

〈표 5-3〉 『한고관외사』와 『패림』 수록, 『대동패림』 미수록 야사 목록

순번	야사명	순번	야사명
1	『淸江瑣語』	14	『燕行雜識』
2	『淸江思齊錄』	15	『良役變通議』
3	『淸江詩話』	16	『公私聞見錄』
4	『白野記聞』	17	『南遷日錄』
5	『畸翁謾筆』	18	『寒泉三官記』
6	『山中獨言』	19	『艮翁疣墨』
7	『鷺梁江上錄』	20	『留齋行年記』
8	『晴牕軟談』	21	『遜齋日記』
9	『鶴山樵談』	22	『壬辰遺事』
10	『五山說林』	23	『壽春雜記』
11	『谷雲雜錄』	24	『魏義士傳』
12	『退憂謾筆』	25	『病後謾錄』
13	『疏齋漫錄』	26	『梅翁閒錄』

---

10 야사 배열의 순서는 『한고관외사』의 수록 순서에 따랐다.

(1) 영향 관계를 확인할 수 있는 사례

① 내용을 그대로 전사한 경우[11]

내용을 비롯하여 광곽 상단의 주석이나 필사 형태를 통해 유사성을 『한고관외사』과 『패림』간의 유사성을 확인할 수 있는 야사로는 『청강사제록』, 『청강시화』, 『백야기문』, 『청창연담』, 『학산초담』, 『오산설림』,[12] 『곡운잡록』, 『퇴우만필』, 『연행잡지』, 『양역변통의』, 『남천일록』, 『간옹우묵』, 『손재일기』,[13] 『임진유사』, 『수춘잡기』, 『위의사전』의 16종이 있다.[14] 이 16종은 동일한 내용을 수록하고 있는 것은 물론 수록되어 있는 형태가 유사하여 영향관계에 있음을 짐작할 수 있다. 다음은 16종의 내용을 비교한 표이다.

〈표 5-4〉 『한고관외사』와 『패림』 수록 16종 내용 비교

야사명	『한고관외사』	『패림』
『청강사제록』	丁贊成玉亨爲直學時於路中逢一使酒者謂執鞍者曾博已…豈必多積哉【…孝完晴】	丁贊成玉亨爲直學時於路中逢一使酒者謂執鞍者曾博已…豈必多積哉【…孝完晴】
『청강시화』	金悅卿落拓不遇詩文極高…母爲重輕亦可絶唱	金悅卿落拓不遇詩文極高…母爲重輕亦可絶唱
『백야기문』	趙重峯始與崔守墨永慶金東岡丁鷳李潑諸人友善 嘗聞其說以鄭松江爲小人…何處望臬城	趙重峯始與崔守墨永慶金東岡丁鷳李潑諸人友善 嘗聞其說以鄭松江爲小人…何處望臬城
『청창연담』	文章小技也於道無當焉…不能者治天下	文章小技也於道無當焉…不能者治天下
『학산초담』	帝王文章必越凡人我朝列聖…三日蛟山子書	帝王文章必越凡人我朝列聖…三日蛟山子書

---

[11] '(1) 영향 관계를 확인할 수 있는 사례'에서는 내용의 유사성을 기본에 두고, 그 외에 영향 관계 파악에 도움이 될 수 있는 사례를 유형에 따라 분류한 것이다.
[12] 『오산설림』의 경우는 권차의 누락은 있으나, 내용을 비롯한 필사 형태가 유사하여 영향관계를 파악할 수 있는 사례이다.
[13] 『패림』에는 서명이 '둔재일기(遯齋日記)'로 되어 있다. 저자는 모두 동일하게 '이준(李濬)'으로 기재하고 있으며, 내용 또한 동일하다.
[14] 16종 가운데 『손재일기』와 『임진유사』는 『한고관외사』에서 『유재행년기』에 부기된 형태로 수록되어 있었으나, 『패림』에서는 개별 야사로 수록되었다. 『한고관외사』의 내용을 전사하면서도, 수록 형태를 변용한 것이다.

『五山說林』	(上)李白上韓荊州…擧世沈冥也獨醒	李白上韓荊州…擧世沈冥也獨醒
	(下)高麗王氏事…他海蜃散靑紅	高麗王氏事…他海蜃散靑紅
『谷雲雜錄』	吾家自先世不治産業曾王考都正公…感傷書以識之	吾家自先世不治産業曾王考都正公…感傷書以識之
『退憂謾筆』	顯廟爲世子壬辰春始入學…所未記盛滿之懼可勝言哉	顯廟爲世子壬辰春始入學…所未記盛滿之懼可勝言哉
『燕行雜識』	金大有甞云我甲申燕行錄太草草可恨…先爲五世祖	金大有甞云我甲申燕行錄太草草可恨…先王爲五世祖
『良役變通議』	議曰禁軍七百人【卜馬軍七十人】左右巡廳軍…日有人爲之則是矣	議曰禁軍七百人【卜馬軍七十人】左右巡廳軍…日有人爲之則是矣
『南遷日錄』	辛丑十二月初六日夜時事大變…似相逕庭未可曉也	辛丑十二月初六日夜時事大變…似相逕庭未可曉也
『艮翁疣墨』	(上)萬曆己卯余以聖節使赴北…渾然眞名對也	(上)萬曆己卯余以聖節使赴北…渾然眞名對也
	(下)祖宗朝赴京使必以時任六曹參判輪迴…此不可不愼其言也	(下)祖宗朝赴京使必以時任六曹參判輪迴…此不可不愼其言也
『遜齋日記』	壬辰之變大駕去邠家君追及於松京時…坐中皆抆淚云	壬辰之變大駕去邠家君追及於松京時…坐中皆抆淚云
『壬辰遺事』	李忠穆公曾爲延倅時…叔季勢利之交亦有是夢耶	李忠穆公曾爲延倅時…叔季勢利之交亦有是夢耶
『壽春雜記』	中廟末年誅金安老許沆蔡無擇收用己卯遺賢…亦使其無傳焉	中廟末年誅金安老許沆蔡無擇收用己卯遺賢…亦使其無傳焉
『魏義士傳』	魏德龍者承文院奴也…使其無傳焉	魏德龍者承文院奴也…使其無傳焉

이 가운데 『백야기문』을 예로 들어 두 야사총서를 비교하면 다음과 같다.

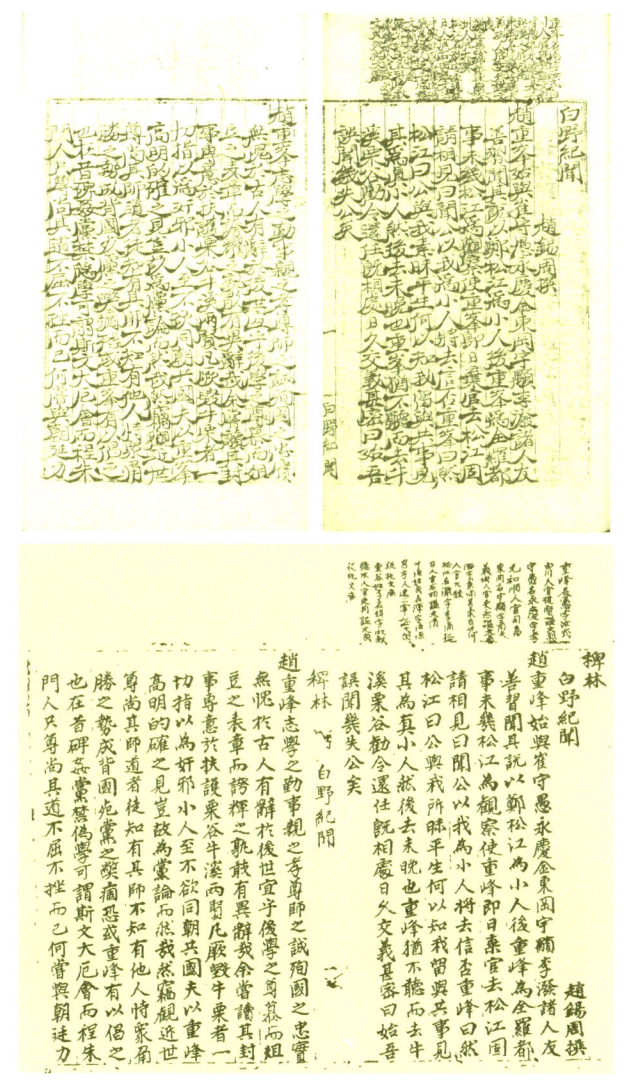

〈그림 5-4〉 하버드대본 『한고관외사』(위), 영남대본 『패림』(아래) 소재 『백야기문』 비교

② 내용의 일부만 발췌하여 수록한 경우

다음으로 광곽 상단의 두주나 협주 등으로 미뤄볼 때 『한고관외사』의 영향을 받은 것으로 추정되나, 『한고관외사』의 내용 중 일부만을 발췌하여 『패림』에 수록한 것으로 보이는 사례이다. 『유재행년기』,[15] 『병후만록』[16]의

2종이 이에 해당한다.

<표 5-5> 『한고관외사』와 『패림』 수록 『유재행년기』, 『병후만록』 내용 비교

야사명		『한고관외사』	『패림』
『留齋行年記』	(上)	嘉靖辛丑八月…❶自甲戌年間…❷可謂狼狽極矣…書于完山郡齋	❶自甲戌年間…❷可謂狼狽極矣
	(下)	槐院被選…❸領相李元翼…❹可勝歎哉…還家日未午矣	❸領相李元翼…❹可勝歎哉
『病後謾錄』	(一)	吾於五六歲時…❶同春宋先生先祖考…久不記月日	
	(二)	戊辰春拜承旨…文書而後始罷	❶同春宋先生先祖考…❷上優容之美耳
	(三)	中原之淪沒久矣…❷上優容之美耳	

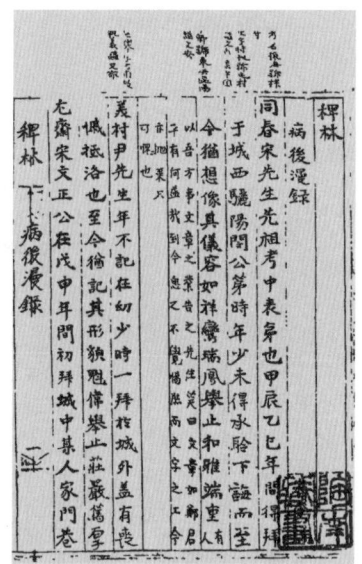

<그림 5-5> 하버드대본 『한고관외사』(좌)와 영남대본 『패림』(우) 『병후만록』 동일내용면 비교

먼저 『유재행년기』는 『한고관외사』에서 권134~135에 걸쳐 2권 분량이 수록되어 있으나, 『패림』에 수록된 양은 첫 번째 권이 5장, 두 번째 권이

---

15 『패림』에는 서명이 '유재일기(留齋日記)'로 되어 있다.
16 『패림』에는 서명이 '병후만록(病後漫錄)'으로 되어 있다.

1장으로 총 6장에 불과하다. 권차는 없으나, 권수제를 통해 권을 나누었는데, 이는 각기 『한고관외사』에서 발췌한 권에 따라 구분한 것으로 보인다. 『병후만록』 역시 『한고관외사』에는 권137~139까지 3권에 걸쳐 수록되어 있는 반면, 『패림』에서는 권차 없이 1권 분량만을 수록하고 있다.

③ 내용은 동일하나, 본문의 순서가 바뀐 경우

『한고관외사』와 『패림』 간의 광곽 상단의 두주, 필사 형태 등 본문에서 연관성이 있으나, 착간錯簡이나 전사의 오류가 있는 사례도 있다. 『청강쇄어』,[17] 『매옹한록』[18]이 이에 해당한다.

〈표 5-6〉 『한고관외사』와 『패림』 수록 『청강쇄어』, 『매옹한록』 내용 비교

야사명	『한고관외사』	『패림』
『청강쇄어』	黃胡安致身烈成守身皆翼成公喜之子也翼成在時…❶不起放上疏…❷爲異事云【…非始祖也云】	黃胡安致身烈成守身皆翼成公喜之子也翼成在時…❷爲異事云【…非始祖也云】…❶不起攸上疏
『매옹한록』	徐孤靑起沈相悦之奴也…❶座上南公曰膽麦…❷在其家至之云	徐孤靑起沈相悦之奴也…❷在其家至之云…❶座上南公曰膽麦

위 2종의 야사 내용을 살펴보면, 처음 시작 부분은 거의 동일하지만, 마지막 부분이 서로 다르며, 『한고관외사』의 마지막 부분이 『패림』의 내용 가운데에, 『패림』의 마지막 부분이 『한고관외사』의 내용 가운데에 수록되어 있는 것을 알 수 있다. 특히 『패림』의 『청강쇄어』 마지막 부분은 문장이 제대로 끝맺어지지 않았으며, 이어지는 내용이 없어서 어색하다. 『패림』의 『청강쇄어』와 『매옹한록』을 살펴본 결과 이는 필사자가 순서에 맞게 필사하지 않은 전사의 오류거나, 필사의 순서는 틀리지 않았지만, 장차를 잘못 설정하여 순서가 어긋난 착간으로 인한 것으로 보인다. 먼저 『패림』의 『청

---

17 『한고관외사』와 『패림』에는 서명이 '후청쇄어(後鯖瑣語)'로 되어 있다. 타 야사총서의 서명과 통일하기 위해 '청강쇄어(淸江瑣語)'로 지칭하였다.
18 『패림』에는 서명이 '매옹문록(梅翁聞錄)'으로 되어 있다.

강쇄어』 경우는 『한고관외사』를 기준으로 봤을 때, 마지막 장인 26장이 본래 15장과 16장 사이에 수록되어야 했는데, 마지막에 위치하며 생긴 오류이다. 『매옹한록』 역시 전체 53장 가운데 마지막 부분은 50장이 되어야 하고, 49장, 53장, 52장, 51장, 50장의 순서로 배열되어야 한다.

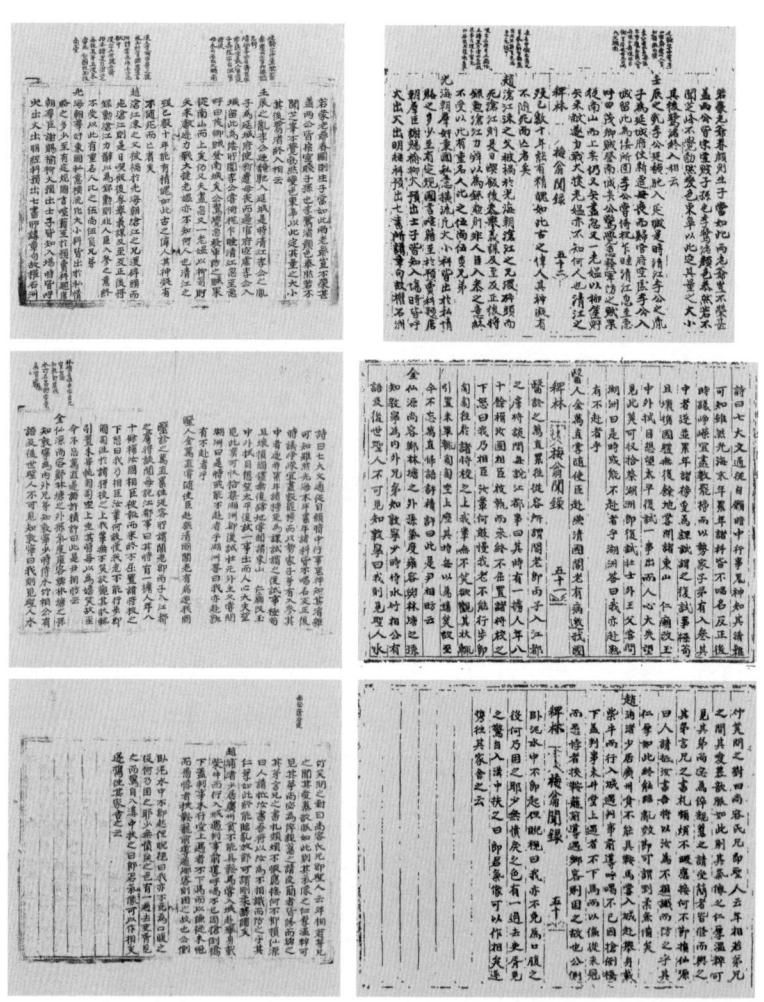

〈그림 5-6〉 장서각본 『한고관외사』(좌)와 영남대본 『패림』(우) 『매옹한록』 착간 오류 사례

④ 기타 기록을 통해 영향 관계를 파악한 경우

본문 내의 기록을 통해 『패림』에 수록된 야사가 『대동패림』을 전사했음을 확인할 수 있는 것은 『기옹만필』, 『산중독언』, 『노량강상록』, 『소재만록』을 들 수 있다. 이 가운데 『노량강상록』을 제외한 3종의 야사는 모두 본문 이후에 김려의 제후문이 수록되어 있는데, 이는 『대동패림』이 『한고관외사』를 전사하는 과정에서 『한고관외사』 본문 야사 말미에 수록되어 있는 제후문을 함께 전사했기 때문이다. 『노량강상록』은 『산중독언』에 부록으로 수록되어 있는데, 『노량강상록』 본문 이후에 「제산중독언권후」가 수록되어 있었기 때문에, 이 역시 본래 『대동패림』에 수록되어 있을 것으로 추정된다.

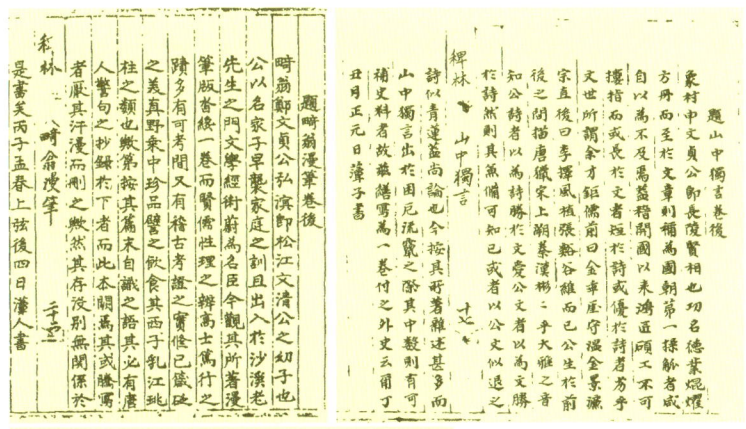

〈그림 5-7〉 영남대본 『패림』 소재
『기옹만필』, 『산중독언』, 『소재만록』 제후문

(2) 영향 관계가 드러나지 않는 사례

『한고관외사』와 『패림』에 모두 수록되어 있고, 『대동패림』에는 수록되어 있지 않지만, 『한고관외사』와 연관성이 적을 것으로 예상되는 야사로 『공사문견록』[19]과 『한천삼관기』를 들 수 있다. 두 야사총서에서 『한천삼관기』의 내용을 비교하면, 다음과 같다.

〈표 5-7〉 『한고관외사』와 『패림』 수록 『한천삼관기』 내용 비교

야사명	『한고관외사』	『패림』
『寒泉三官記』	(一)吾花田別業…不知憂難矣哉	[耳官上]吾花田別業…❶曰活佛活佛
	(二)己巳廢妃時…❶曰活佛活佛…傳之而已果驗	[耳官下]戊寅歲大饑臺臣…傳之而已果驗
	(三)古今人才…而亦不撓	[目官]古今人才…而亦不撓
	(四)余生六歲…欲從善而不果	[心官]余生六歲…欲從善而不果

『한천삼관기』는 『패림』에는 제목이 '삼관기三官記'로 되어 있다. 그리고 『한고관외사』에서는 권차가 구분되어 있는 반면, 『패림』에는 달리 권차가 기재되어 있지 않으나, 판심제에 따르면, 『한천삼관기』 권1, 2를 '삼관기상三官記上'으로, 권3, 4를 '삼관기하三官記下'로 기재하고 있다. 또, 『한고관외사』와 달리 『패림』에서는 본문에 앞서 '이관상耳官上', '이관하耳官下', '목관目官', '심관心官'과 같은 소제목을 기재하고 있으며, 위의 표와 같이 권1과 권2의 체계가 상이하다. 또한 『한고관외사』를 전사했다면, 기재되어 있을 광곽 상단의 주석이 없으며, 필사 형태도 다르다. 따라서 『패림』의 『삼관기』는 『한고관외사』를 저본으로, 전사하지 않았을 것으로 보인다. 『대동패림』이 『삼관기』를 다른 문헌에서 전사하여, 이후 『패림』에도 수록되게 된 것인지, 아니면 『패림』에서 독자적으로 다른 문헌을 수집하여 수록한 것인지 확신할 수 없다.

---

[19] 『한고관외사』에는 서명이 '공사견문(公私見聞)'으로 되어 있다.

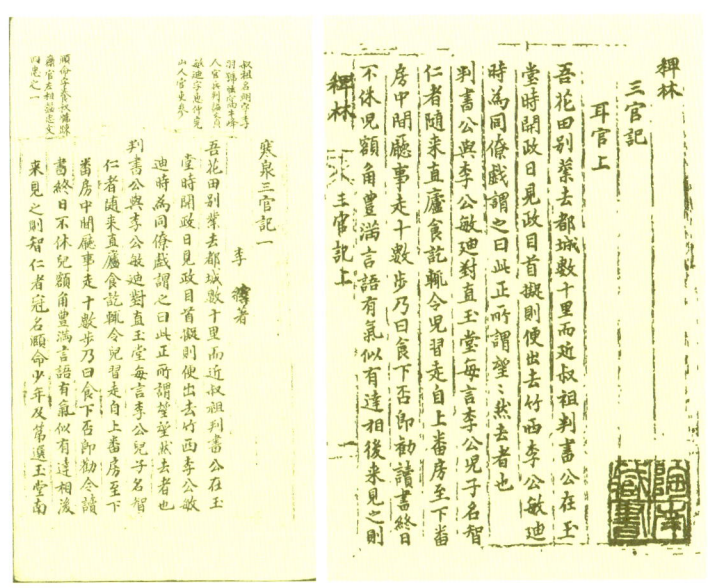

〈그림 5-8〉 장서각본 『한고관외사』(좌)와 영남대본 『패림』(우) 「한천삼관기」 비교

　『공사문견록』 역시 같은 맥락에서 필사 형태나 주석 유무의 차이가 나타나며, 『한고관외사』에는 『공사문견록』 권1 앞에 「공사문견서公私聞見序」가 수록되어 있으며, 기사 또한 일부를 발췌하여 수록되어 있다.[20]

　이상과 같이 기존의 『한고관외사』와 『대동패림』, 『패림』의 영향관계를 통해 『대동패림』에 수록되어 있었을 것으로 추정되는 야사 26종에 대해 살펴보았다. 그 가운데 24종은 『패림』과 『한고관외사』의 유사성을 확인할 수 있었기 때문에, 본래 『대동패림』에 수록되어 있었을 가능성이 높아 보인다.[21] 다만, 『삼관기』와 『공사문견록』 2종에 대해서는 본래 『대동패림』에

---

[20] 『패림』은 『공사문견록』(『한고관외사』)을 베끼지 않고, 다른 이본을 필사하여 수록하였다. 안대회, 앞의 논문, 2005, 316쪽에서는 이에 대해 필사의 일차적 대본이었던 『대동패림』에 『공사문견록』이 수록되어 있지 않았기 때문으로 추정했다.

[21] 실제 연세대에 소장된 동명의 『대동패림』(고서(I) 811.8 대동패 림)에는 『청강사제록』, 『학산초담』, 『간산우묵(艮山尤墨)』, 『자해필담(紫海筆談)』, 『오산설림』을 수록하고 있는데, 형태와 상략(詳略)의 차이는 있으나, 『자해필담』을 제외한 4종의 야사가 24종 중 포함되어 있다. 이를 통해서도 『대동패림』에 수록되어 있었던 야사가 더 있음을 추정할 수 있다.

수록되어 있었는지 여부에 대해 좀 더 고찰이 필요할 것으로 보인다.

2) 기타 저작을 통한 보완

현존하는 『대동패림』이 완질본完帙本이 아니라는 주장은 처음 스에마쓰 야스카즈에 의해서도 제기되었다. 먼저 스에마쓰 야스카즈는 그의 논문 「이조의 야사총서에 대하여」[22]에서

> 종래, 『대동패림』을 저록한 것은 시데하라 다이라씨幣原坦氏의 『한국정쟁지韓國政爭志』의 범례에 든 「참고서목參考書目」에 『대동패림』 이의철李宜哲, 집 사본集寫本 9책이라 하고, 아사미 린타로씨淺見倫太郎氏의 『조선법제사고朝鮮法制史稿』의 「참고자료목록參考資料目錄」에 '아아록我我錄 대동패림본사大東稗林本 寫 2책'이라 한 것 등이 알려져 있다. 시데하라씨의 사본寫本 9책은 동씨同氏에 의하여 동양문고에 기증寄贈되어 현재 동양문고에 소장되어 있다. 그것을 보면 각 책 수엽首葉의 제1행에 '大東稗林', 제2행에 '修書雜識 李宜哲 輯'으로 되어 있으며, 다음에 간단한 색인索引을 붙여 왕정王廷의 사건事件의 기사가 연대순으로 기록되어 있다. …… 정가당문고 『대동패림』은 그 책수가 단연 많지만, 완전치 않다는 것은 상기上記의 『아아록』이 보이지 않는 것에 의해서도 알 수 있다.

고 하였다. 현재 동양문고에 소장된 『수서잡지』[23] 9책을 확인할 수 있는데, 표지서명은 '大東稗林'으로 되어 있으며, 권수제면 역시 설명과 동일하다.

---

[22] 이 논문은 본래 1966년 입정출판인쇄사(笠井出版印刷社)에서 간행된 『청구사초』에 실려 있었으며, 번역되어 영신아카데미 한국학연구소 편, 『야사총서의 총체적 연구』, 영신아카데미, 1976, 104~114쪽에 수록되었다.
[23] 동양문고 소장 『수서잡지』의 서지사항은 다음과 같다. 李宜哲 輯, 筆寫本, [刊寫地未詳]: [刊寫者未詳], [刊寫年未詳], 不分卷9冊: 四周雙邊 半郭 21.2×15.2cm, 有界, 10行20字 註雙行, 上下內向二花紋魚尾; 28.9×20.3cm

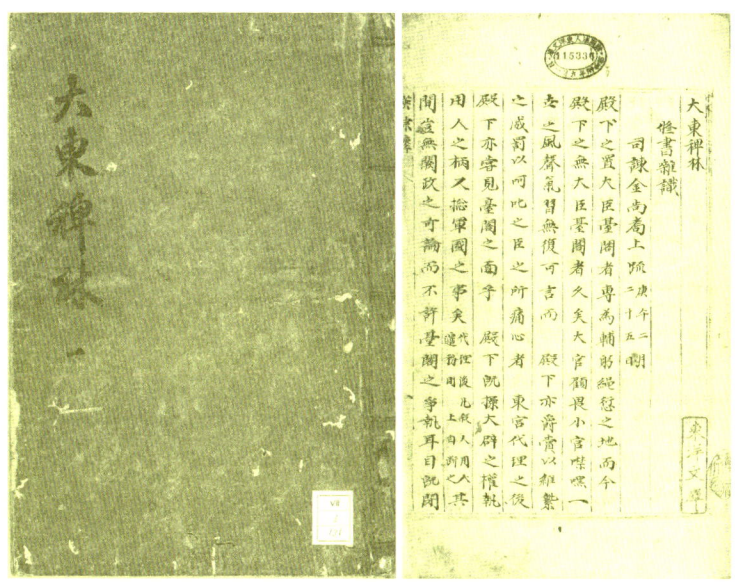

〈그림 5-9〉 동양문고본 『수서잡지』의 표지와 권수제면

그러나 본래 『대동패림』에 수록되어 있는 『수서잡지』가 러시아 상트페테르부르크 대학에 소장되어 있음을 확인했기 때문에, 동양문고 소장본은 원본 『대동패림』의 전사본임을 알 수 있다. 『한고관외사』와 같이 야사총서 전부를 전사한 사례는 없지만, 『대동패림』 중 일부가 전사되어 유통되었음을 확인할 수 있는 사례이다.

이와 마찬가지로, 아사미 린타로淺見倫太郎(1869~1943)가 그의 저서 『조선법제사고』의 「참고자료목록」에서 기재한 『아아록』의 존재는 아사미 린타로의 행적을 통해 확인할 수 있었다. 『아아록』[24]은 아사미 린타로의 소장본 중 하나로, 현재는 미국 버클리대학교 동아시아도서관에 소장되어 있다.[25]

---

[24] 버클리대학교 소장 『我我錄』의 서지사항은 다음과 같다. 南紀濟 撰, 筆寫本, [刊寫地未詳]:[刊寫者未詳], [刊寫年未詳], 不分卷2冊：四周雙邊 半郭 19.3×14.0㎝, 烏絲欄, 10行20字 註雙行, 無魚尾 ; 26.6×17.7㎝

[25] 동아시아도서관 아사미문고는 버클리대학교에서 1950년 미쓰이문고를 구입할 때 포함되어 있던 장서이다. 일제강점기에 경성에서 법무관을 지낸 아사미 린타로가 수집한 장서들로, 주로 정법류 (政法類) 서적이 많았으나, 아사미가 조선고서간행회의 창립 멤버였기 때문에 문집, 지도, 금석문,

『아아록』은 남기제南紀濟가 저술한 야사로, 정조때 노론老論의 입장에서 사색분당四色分黨과 사화, 왜란, 호란 등을 서술한 당론서黨論書이다. 제목인 '아아록我我錄'은 공자孔子의 '나를 알아주는 것도 오직 춘추요, 나를 죄주는 것도 오직 춘추다知我者其惟春秋乎 罪我者其惟春秋乎.'라는 말에서 유래한 것이다. 총 4권으로 구성되어 있는데, 권1, 2는 「용문문답龍門問答」으로, 사색당파의 대표들이 용문산龍門山 설암정사雪庵精舍에 모여 사색당파 간의 분당 과정을 대화체 형태로 기술한 것이다. 권3에서는 계유정난부터 신임사화에 이르기까지 12개의 사화[26]의 전말을 기사본말체 형식으로 서술했으며, 권4는 임진왜란과 병자호란에 관해 「임진사략壬辰事略」과 「병진사략丙子事略」을 실었다.

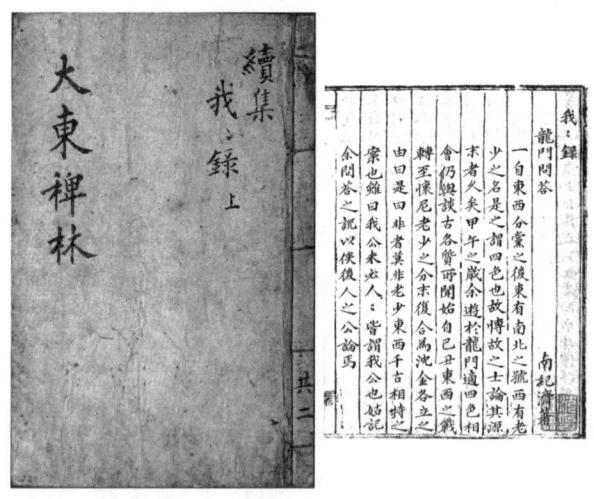

〈그림 5-10〉 버클리대본 『아아록』의 표지와 권수제면

역사서 등 다양한 분야의 서적도 수입하였다. 아사미에 의해 일본으로 반출되었던 자료들은 1920년 미쯔이재벌에 팔려 미쯔이재단 문고로 명명되다가, 1950년 버클리대학교로 넘어가게 되었다.

[26] 12개의 사화(士禍)는 단종대(端宗代)의 계유사화(癸酉士禍), 세조대(世祖代)의 병자사화(丙子士禍), 연산군대(燕山君代)의 무오사화(戊午士禍)와 갑자사화(甲子士禍), 중종대(中宗代)의 기묘사화(己卯士禍)와 신사사화(辛巳士禍), 명종대(明宗代)의 을사사화(乙巳士禍)와 정미사화(丁未士禍), 을유사화(乙酉士禍), 광해군대(光海君代)의 임자사화(壬子士禍)와 계축사화(癸丑士禍), 숙종대(肅宗代)의 기사사화(己巳士禍), 경종대(景宗代)의 신축사화(辛丑士禍)이다.

버클리대 소장 『아아록』은 그 존재를 확인할 수 있으나, 기존 『대동패림』이 필사에 효전당장서 인찰공책지를 사용했던 것을 생각하면, 이 역시 전사본임을 추정할 수 있다. 단, 동명의 다른 문헌일 가능성 역시 배제할 수 없기 때문에 이에 대한 확인이 필요할 것이다. 특히 표지 우측 상단에 기재된 '속집續集'이란 말은 본래 『대동패림』에 포함되어 있지 않던 것을 후인後人이 이어받아 편찬했다는 의미가 될 수 있기 때문이다.

다른 야사총서와 비교한 결과 『아아록』이 『패림』에 수록되어 있음을 확인할 수 있었다. 이에 따라 버클리대 소장 『아아록』과 『패림』 소재 『아아록』을 대조하면 다음과 같다.

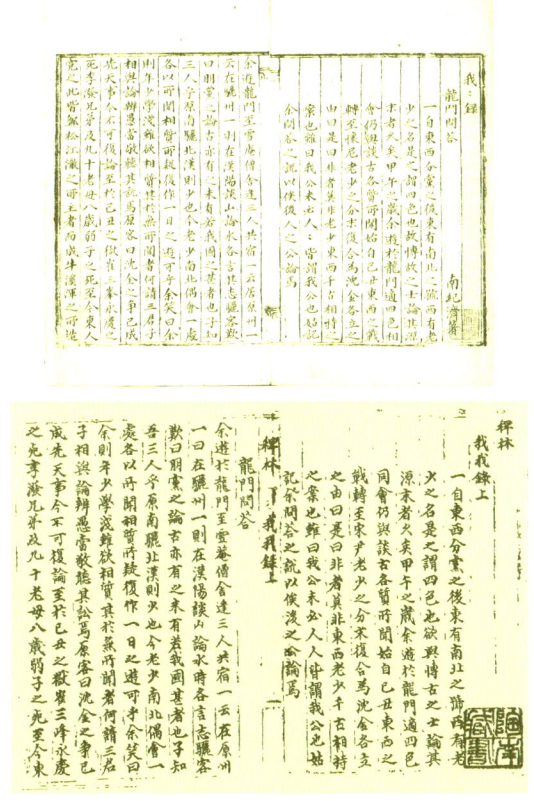

〈그림 5-11〉 버클리대본 『아아록』(위)과 영남대본 『패림』 『아아록』(아래) 권수 비교

위의 두 문헌을 대조했을 때, 우선 기본적인 체계상의 차이점이 있음을 알 수 있다. 버클리대 소장본은 「용문문답」에 '一自東西分黨之後'부터 '以俟後之公論焉'까지의 문단 포함되어 있는 반면, 『패림』에서는 문단 이후에 '용문문답龍門問答'이란 제목을 배치함으로써 서문의 성격을 띄고 있다. 또한, 버클리대 소장본은 권수제면 앞에 「아아록서我我錄序」[27]가 수록되어 있는 반면, 『패림』에서는 없다.[28]

『아아록』은 비교적 많이 유행하였는데, 단권의 필사본 형태로 남아있는 경우도 있고, 『아아록』의 일부인 「용문문답」만 필사되어 유통되기도 했는데,[29] 1927년과 1928년에 활자본으로 인쇄되기 전까지 주로 필사본으로 유통되었던 것으로 보인다. 현존하는 필사본들을 살펴보면, 본문에 앞서 목록이 수록되어 있는 경우도 있었고,[30] '一自東西分黨之後'부터 '以俟後之公論焉'까지의 문단이 생략되어 있는 문헌도 있었다.[31] 그러나 대체로 『패림』 수록 『아아록』과 유사한 체제로 되어 있다.

이를 미뤄볼 때, 버클리대 소장본과 『패림』 수록본 『아아록』 사이에는 영향 관계가 적을 것으로 예상된다. 결국 버클리대 소장본 표지의 내용과 같이 『아아록』은 『대동패림』 수록 야사라기 보다는 『대동패림』에 수록되지 않은 야사를 보완하는 차원에서 만들어진 문헌으로 보는 것이 옳을 것이다. 이를 뒷받침 하는 사유는 버클리대 소장본 권수제면 우측 하단의 「심종순인沈鍾舜印」이란 인장에서 찾을 수 있다.

---

[27] 제목은 '아아록서(我我錄序)'로 되어 있으나, 그 내용은 서문 작성자 자신이 『아아록』을 접하게 된 계기와 실제 『아아록』을 읽은 뒤의 감회 등에 대해 기술하고 있다.
[28] 버클리대 소장본과 동일한 구조의 필사본으로는 하버드 옌칭도서관 소장 『아아록』(TK3487-4226)이 있는데, 다른 점은 『아아록』 이후에 「기해악대(己亥幄對)」와 「효묘수찰(孝廟手札)」이 실려 있다. 이 책에는 '아아록서(我我錄序)'에 '세재기묘맹춘상한칠실자서(歲在己卯孟春上澣漆室子書)'라는 필사기(筆寫記)가 있어서 대략 1879년(高宗 16)에 필사되었음을 알 수 있다. 옥안(獄案)의 이면지를 필사에 활용하였다. 「기해악대」는 『악대설화』이며, 「효묘수찰」은 『송자대전습유(宋子大全拾遺)』 권수(卷首)에 수록되어 있는 「효종대왕밀찰(孝宗大王密札)」이다.
[29] 규장각 소장 『龍門問答』(一簑古951.05-Y8).
[30] 미 의회도서관 『我我錄』(B297-15), 국립중앙도서관 『我我錄』(古2156-17, 한고朝56-나1).
[31] 국립중앙도서관 『我我錄』(古2156-16).

심종순沈鍾舜(1858~?)은 심노숭의 동생인 심노암(1766~1811)의 손자로, 심노숭에게는 종손자從孫子가 된다. 심노숭의 몰년이 1837년(헌종 3)임을 감안한다면, 심종순과 만나지는 못했을 것이나, 같은 집안임을 감안한다면, 심노숭이 편찬한 『대동패림』을 접했을 가능성이 높다고 할 수 있다. 심노숭은 아우인 심노암이 요절하자, 심노암의 아들이자 자신의 조카인 심원열沈遠悅(1792~1866)에게 많은 관심과 애정을 쏟았다. 더구나 심노숭은 늦은 나이에야 아들인 심원신沈遠愼(1811~1844)을 얻게 되어 심노숭이 가졌던 뜻은 자연스레 심원열에게 이어졌을 것으로 보인다. 실제 버클리대에 소장된 심낙수의 문집인 『은파산고恩坡散稿』를 살펴보면, 『대동패림』을 필사할 때 사용한 효전당장서 인찰공책지를 사용하고 있으며, 총 8책 중 1~4책 권수제면 우측 하단에 「청송심노숭인靑松沈魯崇印」이, 권5~8책 권수제면 우측 하단에 「심종순인沈鍾舜印」이 함께 찍혀 있는 것을 알 수 있다. 또한, 규장각 소장 『은파산고』(全15680) 11책 뒷표지 이면에는 '소화사년일월일심종순장서등사昭和四年一月日沈鍾舜藏書謄寫'라는 글이 있이 있어서 『은파산고』 역시 심종순의 집안으로 전수되었음을 알 수 있다.[32]

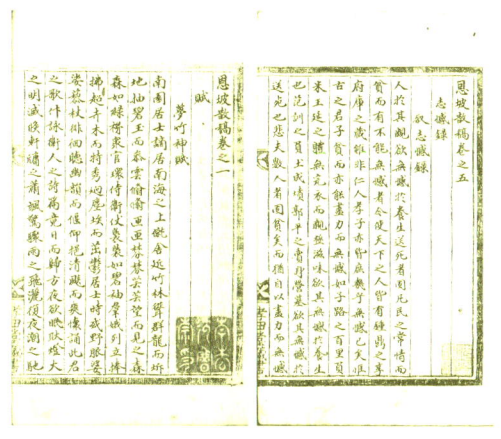

〈그림 5-12〉 버클리대본 『은파산고』 제1, 5책 권수제면

---

[32] 김수진, 「『은파산고』의 성립과 심노숭」, 『한국문화』 72집, 2015, 133~136쪽.

이처럼 심종순의 집안에는 심노숭의 저작과 편서들이 소장되어 있었다. 따라서 심종순은『대동패림』의 존재를 알고 있었을 것이고, 그 안에 수록된 개별 야사에 대해서도 파악하고 있었을 것이다. 그러므로『대동패림』에『아아록』이 포함되어 있었다면, 속집이라는 용어를 사용하지 않았을 것이고, 『패림』의『아아록』과도 유사한 체제로 구성되었을 것이다. 따라서『아아록』은『대동패림』에 수록되어 있지 않고,『패림』에 수록되어 있는 야사로 보는 것이 합당할 것이다.[33]

『대동패림』에 수록되었던 것으로 추정되는 야사로는『기사록』을 들 수 있다. 현재 장서각에는『간정기사』(K2-152)[34]가 소장되어 있는데, 그 내용을 살펴보면『기사록』과 동일한 내용임을 알 수 있다.『기사록』은 1689년(肅宗 15)의 기사환국과 1694년(숙종 20)의 갑술환국의 진행 과정을 편년체 형태로 기록한 야사이다. 총 2권으로 구성되어 있는데, 권1에는 1689년 1월 10일 원자元子 정호定號 발표로부터 5월 24일 삭훈削勳 반교문頒敎文까지 실려 있으며, 권2에는 박태보朴泰輔가 올린 상소와 그에 대한 치죄治罪 과정, 「갑술록甲戌錄」이 수록되어 있다.

『간정기사』를『대동패림』수록 야사로 추측하는 이유는 필사에 효전당장서 인찰공책지를 사용했기 때문이다. 효전당장서 인찰공책지는『대동패림』뿐만 아니라, 심노숭의 문집인『효전산고』, 심노숭의 아버지 심낙수의 문집인『은파산고』등을 편찬하는데 사용하였다. 비록 심노숭 집안의 인장은 없지만,[35] 필사에 심노숭의 사고지私稿紙를 사용했기 때문에, 심노숭 집안과 관련이 있을 것이라 추정된다. 다른 야사총서들과 수록 여부를 비교했을

---

[33] 하지만 심종순의 집안에 야사 저술이 이어지고 있음을 통해, 집안 내에서『대동패림』에 대한 관심이 이어져오고 있었음을 알 수 있다.
[34] 장서각 소장『艮廷記事』의 서지사항은 다음과 같다. [撰者未詳], 筆寫本, [刊寫地未詳] : [刊寫者未詳], [刊寫年未詳], 不分卷2冊 : 四周雙邊 半郭 19.7×13.8㎝, 烏絲欄, 10行20字 註雙行, 上下內向二葉花紋魚尾 ; 26.6×18.0㎝
[35] 장서각 소장『간정기사』에는 각 책의 본문 첫 장 우측 상단에「이왕가도서지장(李王家圖書之章)」만이 날인되어 있다.

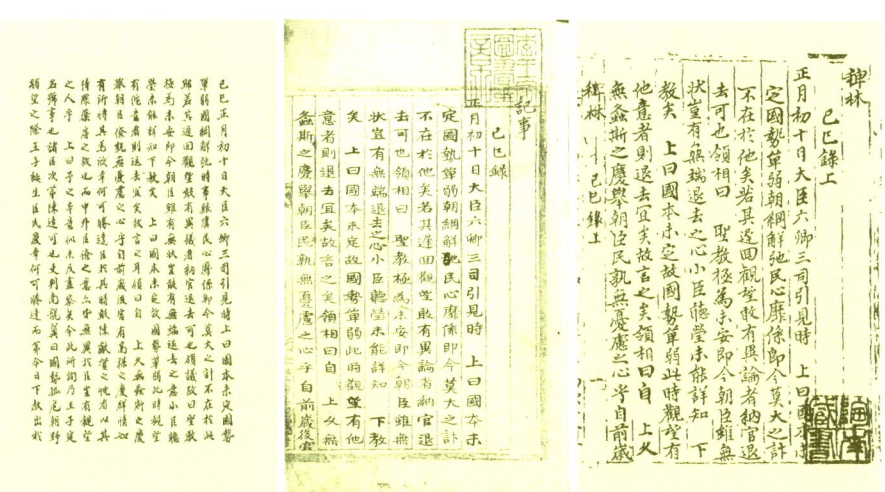

〈그림 5-13〉 국회도서관본 『아주잡록』(좌), 장서각본 『간정기사』(중), 영남대본 『패림』(우) 『기사록』 권수 제면 비교

때, 『기사록』은 『아주잡록』[36]과 『패림』에서 보인다. 3종 문헌의 권수제면을 비교하면 〈그림 5-13〉과 같다.

　필사 형태에 있어서 『간정기사』는 『아주잡록』보다는 『패림』과 유사하며, 먼저 『아주잡록』만이 제목을 기재하지 않고, 본문을 시작하고 있으며, 다음으로 첫 행을 다른 행에 비해 한 글자 높여 쓰는 방식 역시 『간정기사』와 『패림』이 유사하다.

〈표 5-8〉 『간정기사』와 『패림』, 『아주잡록』 내 『기사록』 내용 비교

행	『간정기사』, 『패림』	『아주잡록』
1행	正月初十日大臣六卿三司引見時上曰國本未	己巳正月初十日大臣六卿三司引見時上曰國本未
2행	定國勢單弱❶ 虜綱解弛民心疑保即今莫大之計	定國勢單弱❶ 兩綱解弛乃力弛疑民心疑保即今莫大之計
3행	不在於❷地若其退回觀望敢有異❸論者納官退	不在於❷此地若其退回觀望敢有異❸諸者納官退
4행	去可也領相曰聖教極爲允安即今朝臣雖無	去可也領相政曰聖教極爲允安即今朝臣雖 左無

---

[36] 『기사록(己巳錄)』은 현재 『아주잡록』 중 국회도서관 소장본과 국사편찬위원회본에 수록되어 있다.

5행	狀豈有無端退去之❹心小臣聽瑩未能詳知下敎	狀豈𣳪有無端退去之❹意小臣聽瑩未能詳知下敎
6행	矣上曰國本未定故國勢單弱此時觀望有他	矣上曰國本未定故國勢單弱此時觀望有他
7행	意者則退去宜矣故言之❺矣領𣳪曰自上久無	意者則退去宜矣故言之❺耳領曰自上久無
8행	盍斯之慶擧朝曰❻氏執無憂慮之心乎自前歲後官	盍斯之慶擧朝曰❻𣳪執無憂慮之心乎自前歲後官

본문의 내용 비교[37]에 있어서도 『아주잡록』의 내용이 더욱 풍부하지만, 일치성에 있어서는 『간정기사』와 『패림』의 모든 글자가 동일함을 알 수 있다. 비록 한 면을 비교한 것에 불과하지만, 『간정기사』와 『패림』의 유사성은 확인할 수 있다. 『간정기사』와 『패림』의 영향 관계를 살펴볼 수 있는 요소는 그 외에도 본문 상에 나타난다.

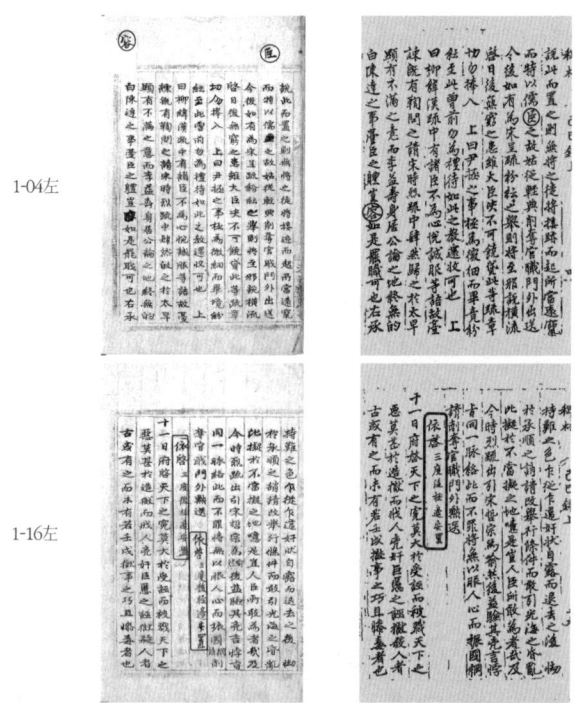

〈그림 5-14〉 장서각본 『간정기사』(좌)와 영남대본 『패림』 소재 『기사록』(우) 동일내용면 비교

---

[37] 비교를 편의성을 위해 『간정기사』의 행에 따라 『아주잡록』과 『패림』의 내용을 조정하였다. 글자 비교를 위한 것이므로, 띄어쓰기 등은 생략하였다. 그리고 글자의 상이함과 출입에 대해서는 밑줄과 기울임으로 표시하였다.

〈그림 5-14〉는 『간정기사』와 『패림』의 제1책 4장과 16장의 좌측면을 비교한 것이다. 먼저 4장을 살펴보면, 『간정기사』의 내용 중 일부의 글자를 검게 칠하고, 광곽 상단에 종이를 붙여 검게 칠한 부분에 들어갈 글자를 기재하였다. 그리고 『패림』의 본문을 보면, 『간정기사』의 수정 내용이 반영되어있는 것을 알 수 있다. 이는 16장에서 더욱 명확히 나타나는데, 『간정기사』의 6행과 7행에 '依啓【三度後極邊安置】'란 글이 동일하게 기재되어 있는데, 7행에는 글의 우측에 'ㄱ' 표시가 되어 있는 것을 알 수 있다. 이는 『패림』에서 6행에 있던 글자를 삭제하고, 7행의 글자만 남겨놓는 형태로 수정되었는데, 『간정기사』의 교정을 반영한 것이다. 결국 『간정기사』의 내용을 『패림』이 그대로 따르고 있는 모습이므로, 『간정기사』의 영향을 알 수 있다.

　여기서 의문점은 『간정기사』에는 왜 『대동패림』이란 표제가 없었는가 하는 것이다. 현존하는 『대동패림』은 표지의 좌측 상단에 '대동패림大東稗林'이란 총서명을 기재하고, 우측 상단에 해당 책에 수록된 개별 야사명과 권차 등을 기재하는 방식이었다. 그러나 『간정기사』의 표지에는 서명만이 기재되어 있다.

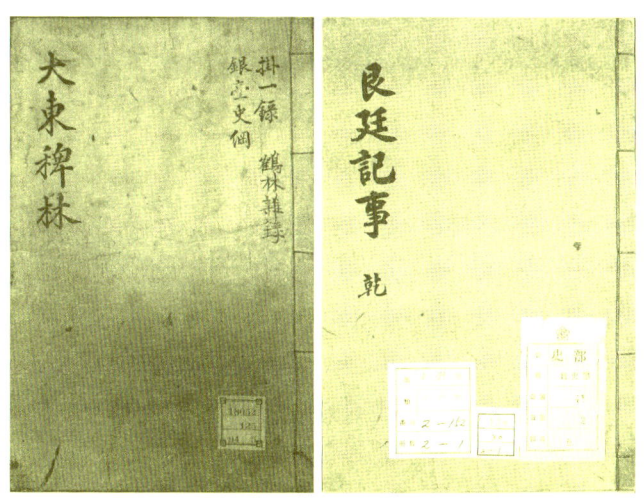

〈그림 5-15〉 정가당문고본 『대동패림』(좌)과 장서각본 『간정기사』(우) 표지 비교

이를 미뤄볼 때 『간정기사』는 『대동패림』의 일부는 아니지만, 『대동패림』을 구성하는 과정에서 『기사록』의 초고본이었을 것으로 추정된다. 『간정기사』를 필사한 후, 내용을 수정하여 『대동패림』의 『기사록』을 완성했고, 이렇게 완성된 『기사록』이 『패림』의 저본이 되었을 것이다. 따라서 지금은 비록 실전되었으나, 본래 『대동패림』 내에 『기사록』이 수록되어 있었을 것이다. 현재 버클리대학교에는 『아아록』 외에도 '대동패림大東稗林'이란 표제를 가진 문헌이 하나 더 존재하는데, 바로 『기사록』이다.[38]

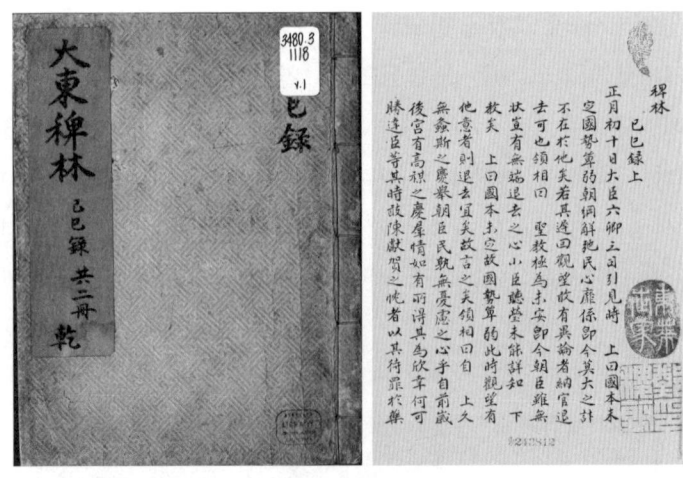

〈그림 5-16〉 버클리대본 『기사록』의 표지와 권수제면

이 책의 표제는 '대동패림大東稗林'으로, 기존의 『대동패림』과 표지 기재 방식이 유사하지만, 권수제면에는 '패림稗林'으로 기술되어 있어서, 『패림』과 『대동패림』을 동일한 총서로 오인했을 가능성이 있다. 그리고 실제 권수제면을 살펴 보았을때, 이는 행자수에 따른 차이는 있으나, 권수제와 본문

---

[38] 버클리대 소장 『기사록』에는 권수제면 우측 하단에 '동래세가(東萊世家)', '정직조인(鄭稷朝印)' 등의 인장이 날인되어 있다. 이를 통해 아사미 린타로에게 수집되기 이전에는 정직조(鄭稷朝, 1817~?)의 소장본이었음을 알 수 있으며, 정직조의 활동시기를 통해 대략 19세기 중엽에 필사되었을 것으로 추정된다.

의 필사 형태, 글자 배열 등이 『패림』과 유사하여 영향 관계가 있음을 알 수 있다.

이상과 같이 기록과 문헌들을 통해 현재 『대동패림』에서 실전되었으나, 본래 수록되어 있었을 것으로 추정되는 야사에 대해 살펴보았다. 그 결과 『한고관외사』와 『패림』의 비교를 통해 24종의 야사가, 기존 학자들의 언급과 『대동패림』을 표제로 하며 현재 남아 있는 책을 검토함으로써 『기사록』 1종이 더 수록되어 있었을 것으로 추정했다. 이에 따르면 기존의 82종 이외에도 총 25종 정도가 더 수록되어 있었을 것이다. 이로 미뤄본다면, 『대동패림』은 지금까지 연구된 것보다 더 많은 야사를 수록하고 있는 좀 더 큰 규모의 야사총서였음을 알 수 있다. 또한 기존 다른 야사총서들과의 영향 관계에 대해서도 좀 더 넓은 범위의 고찰이 이뤄질 수 있으리라 생각한다. 이는 기존에 김려의 야사총서와 『패림』 사이에서 비교적 주목받지 못했던 『대동패림』에 대해 그 가치를 다시금 고찰할 수 있는 계기가 될 수 있으리라 생각한다.

제 6 장

결론

이 책은 기존의 야사를 집대성하여 18~19세기에 형성된 야사총서에 대해 살펴보며, 그 가운데 『대동패림』이 갖는 이전 야사총서에 대한 수용과 이후 야사총서에 대한 대본으로서의 역할을 중심으로 고찰하였다. 이를 위해 제2장에서는 야사의 개념과 야사총서의 시대적 전개에 대해 살펴보았다. 야사는 그 용어 사용의 기원은 알 수 없으나, 잡기, 일록, 야승, 잡록, 야언 등 여러 서명으로 사용되며 생산되었다. 현재 연구에서는 야사를 비공식적 역사기술이자 관찬의 정사와 대칭되는 개념으로, 개인이 저술한 역사서로 규정하고 있다. 『조선왕조실록』을 살펴보면, 야사는 조선 초기에 뜻있는 선비가 재야에서 자신의 견문을 기술한 것으로 생각되었으나, 점차 그 의미가 변화하여 연산군 대까지는 지방의 역사에 대한 기록이란 성격으로 논의되어 중앙의 역사적 기록을 보조하는 수단으로 생각되었다. 중종대 이후에는 다시 개인이 지은 역사서로서 공식 기록인 정사에 대응하는 개념으로서 의미를 갖게 되었지만, 선조 대에는 정사를 보좌하는 역할로서 논의되기도 했다. 이후 조선 후기에 야사는 개인이 저술한 역사적 기록으로서 국사와 병칭되며 꾸준히 언급되었다. 현대에 개별 야사는 연구자들에 따라 자의적으로 분류되었는데, 이는 야사가 가진 복합적 성격에 기인한 것이다. 그러나 야사가 갖는 역사적 기록이라는 특징으로 인해 이를 대체할 수 있는 개념은 없었다. 또한, 실제 야사총서에 수록된 야사를 분석한 결과 결국 야사란 개인이 저술한 역사적 사실에 근간을 둔 기록물로서, 시화나 일화, 고문서, 평론집, 기행문, 일기 등 여러 종류의 잡박한 기록까지 포괄하는 넓은 범주 안에서 역사성을 기반으로 정의되어야 함을 알 수 있었다.

　야사의 형식은 기존의 문헌과 연구자들에 의한 야사의 문체 분류를 중심으로 논의하였다. 『보한집』, 『역옹패설』 등을 통해 볼 때, 고려시대까지는 종합적 성격을 가진 글로 분화되지 않았지만, 조선시대에 이르러 점차 글의 성격에 따라 야사, 시화, 소화 등으로 분류되었다. 현대의 야사는 역사서에서 분화되었다는 개념과 함께 필기나 잡기류의 하위 분류로 규정되기도 했으며, 수록을 토대로 발달했다고 주장되기도 했다. 그러나 가장 기본적인 개념은 '역사'와 관련되어 있기 때문에 다른 분류와 차별성을 갖는다는 점이다.

야사의 주제에 따른 범주는 크게 중국 서목과 조선시대 서목, 현대 서목에서 어떻게 분류되고 있는가를 살펴보았다. 중국 서목을 통해 살펴보면, 당대에는 크게 정사를 제외한 역사로서, 주로 사부의 잡사류로 분류되었는데, 이는 저자가 역사를 보완한다는 의식에서 기록에 목적을 두었기 때문이다. 송대에 이르러 본격적으로 야사란 용어가 사용되었는데, 주로 필기류 저작 중 역사적 사건과 인물의 기록을 가리켰다. 송대의 야사는 대부분 자부 소설류로 분류되었는데, 이는 당대와 달리 자신의 견문과 관점을 중심으로 저술했기 때문이다. 명대에는 서목 분류에 야사가 등장하기도 했는데, 이전 시대에 비하여 하나의 분류로 설정되었다는 점에서 인식적 발전이 이뤄졌다고 볼 수 있다. 그러나 실상 분류된 책이 역사서 보다는 문학작품에 가까워 이러한 시도 역시 자의적인 것으로, 명확한 하나의 분류로 인정받기에는 어려웠던 것으로 보인다. 청대의 야사는 금압책으로 인해 쇠퇴하게 되는데, 『사고전서』에 수록된 분류 기준을 살펴보면, 야사는 비체계적이고, 견문에 의한 것으로 정확성과 객관성을 보장할 수 없는 기록으로서 자부의 잡가류와 소설가류에 해당한다. 현대 중국에서 야사는 집성의 형태로 출판되고 있으며, 주로 명·청대 야사를 중심으로 간행되어, 연구 역시 이를 중심으로 진행되고 있음을 파악하였다.

또한, 『해동문헌총록』, 『연려실기술』, 『홍씨독서록』, 『증보문헌비고』, 『한국서지』를 통해 18~19세기 야사총서에 수록된 야사가 조선시대 서목에서 어떻게 분류되었는지 살펴보았다. 17~18세기 서목에 수록되어 있는 대부분의 야사는 역사서로 분류되었고, 『홍씨독서록』의 경우는 야사를 하나의 분류로 두고 있어서 야사에 대한 인식에 발전이 있었으나, 세부 분류까지는 미치지 못한 한계점이 있었다. 실제 분류에서는 사부와 자부로 분류에 있어 더욱 엄격해졌음을 알 수 있다. 반면 『증보문헌비고』에 수록된 야사들은 역사서보다는 잡찬류나 고실류 등으로 분류되어 국가편찬서에서 야사류에 대한 분류 기준이 정립되지 않았던 것으로 보인다. 『한국서지』에 수록된 야사들은 크게 문묵부와 사서부로 분류되었다. 이로 미뤄볼 때 시기와 관점에 따라 야사총서의 야사가 초기에는 개인의 역사 기록이라는 단순한 분류에서 점차 그 복합적 성격에 따라 역사서와 문학서 등으로 점차 세분화되어 가는 모습이 나타남을 알 수 있다.

현대 서목 분류에서 야사총서는 대개 사부의 잡사류로 분류되었는데, 『아주잡록』은 장서각에서 자부 잡가류로 분류되기도 했다. 『대동패림』의 경우는 소장처인 정가당문고에서 총서류로 분류하고 있다는 점에서 성격보다 형식에 주안했다는 점이 특이하다. 실제 개별 야사들도 사부 잡사류로 분류된 사례가 가장 많았는데, 자부나 집부로 분류되는 사례도 있고, 각 소장처마다 같은 야사를 다르게 분류하고 있는 사례도 있어서 야사의 복합적인 성격을 확인할 수 있었다.

야사총서의 시대적 전개는 조선시대 야사가 발아한 15세기를 전후한 시기부터 19세기에 여러 종류의 야사총서가 나타나게 된 과정을 살펴보았다. 15세기 역사서 편찬에 참여했던 서거정, 성현 등이 개인적으로 야사를 편찬하며, 조선시대 야사가 시작되었고, 이후 16세기 사림파가 정치적 주체가 되며 야사는 질적 전문화와 양적 팽창을 맞이하게 되었다. 이는 이후 16세기 『해동야언』을 비롯한 통사형 야사와 17세기 『소대수언』을 필두로 하는 야사총서가 편찬되는 계기가 된다. 18세기까지의 야사는 붕당정치와 밀접한 관계를 가지면서도 특정 정파의 경향성을 노출하지 않았으나, 18세기 말 이후 특정 당론의 영향을 받은 저술이 나타나며 이러한 야사의 경향성이 야사총서 편찬에도 영향을 미치게 된다.

제3장에서는 18~19세기 야사총서 편찬 양상을 살펴보기 위해 『대동야승』부터 『패림』에 이르는 7종의 야사총서에 대해 편찬 시기와 편찬자, 소수서목 등을 중심으로 각 야사총서가 가진 특징들에 대해 살펴보았다. 여기서는 기존에 고찰되지 않았던 『청구패설』이나 『아주잡록』 등에 대해서도 심층적으로 살펴보며, 이에 수록된 개별 야사의 목록을 제시하였다. 심노숭은 『대

동패림』을 편찬하며, 기존 야사총서의 영향을 받는 한편 야사의 창작에도 참여하여 야사의 편찬자가 단순 채집자의 역할에서 좀 더 주체적인 모습으로 변모하였다. 또한 기존 야사 채집이 개별 야사나 문집을 대상으로 했던 것에서 나아가 야사총서에 까지 확대함으로써 당시 유행했던 야사총서를 재정리하는 계기를 마련했다. 이러한 경향성은 『대동패림』뿐 아니라 『패림』의 형성에도 주된 영향을 미쳤다. 이렇듯 『대동패림』은 기존의 야사총서의 이후의 야사총서를 잇는 교량적 역할을 하는 동시에 기존 야사총서를 모아 재구성하여 발전시키는 역할을 했다.

이에 제4장은 『대동패림』을 중심으로, 각 야사총서와 구성체제와 내용을 비교 대조하였는데, 구성체제에서는 공통으로 수록하고 있는 개별 야사를 추출하고, 이 개별 야사가 각 야사총서에서 수록되어 있는 구성 체제에 대해 살펴보고, 이를 다시 내용과 필사 형태, 협주, 두주 등을 통해 영향 관계를 실증적으로 비교함으로써 『대동패림』이 각 야사총서들에게서 받은 영향에 대해 심층적으로 살펴보았다. 그 결과 『대동패림』의 편찬에 『한고관외사』에서 가장 많은 영향을 받았으며, 『아주잡록』, 『청구패설』, 『창가루외사』 등에서도 영향을 받았음을 알 수 있다. 『패림』과의 영향 관계에서는 『패림』과 『대동패림』이 함께 수록하고 있는 책 대부분을 『패림』이 『대동패림』을 전사한 것으로 확인되었다. 이와 더불어 야사총서 간의 상호 관련성을 『소문쇄록』을 통해 살펴보았는데, 처음 별책으로 간행된 야사가 야사총서에 수록되는 과정에서 어떠한 교정 과정을 거쳤는지, 또 각 야사총서가 이를 수용하는 양상의 차이에 대해 살펴보았다.

제5장은 『대동패림』의 집일학적 접근으로, 『한고관외사』, 『대동패림』, 『패림』이 갖는 서로 간의 영향 관계와 『대동패림』과 연관 있는 기타 저작을 바탕으로, 기존에 각 야사총서에서 실전되었던 야사를 다시 보완할 수 있는 방안을 제시하였다. 이를 통해 기존에 『한고관외사』에 수록되었던 것으로 알려졌던 야사뿐 아니라, 목록의 부재로 알 수 없으나, 『대동패림』에 수록되었을 것으로 추정되는 야사 25종을 제시함으로써 현재 남아 있는 야사총

서의 원형에 대한 재구성 및 확장 가능성을 제시하였다.

　이 책은 여러 종의 야사총서를 다루고 있기에, 그 범위가 너무 넓어서 전체를 다 아우르지 못한다는 단점이 있으나, 야사총서 가운데 일부 몇 종에 집중하여 논의되었던 야사총서에 대해 기존에 언급되지 못했던 새로운 야사총서들을 소개함으로써 새로운 연구를 진행할 수 있는 가능성을 제시하였다는 측면에서 의의를 갖는다. 또한, 이 책은 야사총서 간의 관계에 중점을 두고 살펴보았기 때문에 개별 야사에 대해서는 그 차이점과 공통점을 고찰하지 못했다는 한계점을 갖는다. 이에 대해서는 야사총서에 대한 연구를 바탕으로 개별 야사간의 관계에 대해서도 살펴 볼 수 있는 계기를 마련함으로써, 학계에 기여할 수 있도록 지속적인 연구를 진행하겠다.

부록

1. 야사총서 내 야사 수록 여부 비교
2. 『대동야승大東野乘』의 구성
3. 『아주잡록鵝洲雜錄』(경도대본)의 구성
4. 『청구패설靑丘稗說』의 구성
5. 『한고관외사寒皐觀外史』의 구성
6. 『창가루외사倉可樓外史』의 구성
7. 『대동패림大東稗林』의 구성
8. 『패림稗林』의 구성

1. 야사총서 내 야사 수록 여부 비교

순번	서명	저자(생몰년)	대동야승	아주잡록(경도)	아주잡록(장)
1	『看羊錄』	姜沆(1567~1618) 著			
2	『艮翁疣墨』	李堅(1522~1600) 著			
3	『艮齋漫錄』	崔奎瑞(1650~1735) 著			
4	『甲寅錄』	未詳			
5	『甲辰漫錄』	尹國馨(1543~1611) 著	○		
6	『江都錄』	未詳		○	○
7	『江都三忠傳』	李頤命(1658~1722) 著			
8	『疆域關防圖說』	李頤命(1658~1722) 著			
9	『江漢集』	黃景源(1709~1787) 著			
10	『遣閑雜錄』	沈守慶(1516~1599) 著	○		
11	『庚申日錄』	未詳			
12	『癸甲錄』	未詳			○
13	『癸甲時事錄』	辛喜業 輯			
14	『癸甲日錄』	禹性傳(1542~1593) 著	○	○	○
15	『谿谷漫筆』	張維(1587~1638) 著		○	
16	『癸未記事』	未詳	○		
17	『癸亥靖社錄』	未詳			
18	『孤山集』	尹善道(1587~1671) 著		○	○
19	『高霽峰檄倭書』	高敬命(1533~1592) 著			
20	『谷雲雜錄』	金壽增(1624~1701) 著			
21	『供辭』	未詳			
22	『公私聞見錄』	鄭載崙(1648~1723) 著		○	○
23	『孔子世系』	未詳			
24	『郭將軍傳』	金錫胄(1634~1684) 著			
25	『關北紀聞』	金時讓(1581~1643) 著			
26	『觀海集』	朴溉(1606~1626) 著			
27	『光海朝日記』	未詳	○		
28	『光海初喪錄』	未詳	○		
29	『掛一錄』	李肇敏(1541~?) 著		○	○
30	『構禍事蹟』	宋疇錫(1650~1692) 著			

아주잡록(국회)	아주잡록(국편)	청구패설	한고관외사	창가루외사	대동패림	패림	순번
		○					1
			○			○	2
			○			○	3
					○	○	4
			○		○	○	5
○	○				○	○	6
		○	○				7
		○	○				8
		○					9
							10
○	○						11
○	○				○	○	12
				○			13
○	○		○		○	○	14
○	○	○					15
			○				16
							17
○							18
		○					19
			○			○	20
		○					21
○	○		○			○	22
		○					23
		○					24
			○		○	○	25
	○						26
							27
							28
	○	○			○	○	29
		○			○	○	30

부록 263

순번	서명	저자(생몰년)	대동야승	아주잡록(경도)	아주잡록(장)
31	『國朝名臣錄』	李存中(1703~1761) 著			
32	『軍摠考』	未詳			
33	『權判書綰家藏文字』	未詳			○
34	『錦溪毁院收議』	未詳		○	
35	『錦城大君事蹟』	未詳			
36	『己庚小報』	未詳			
37	『己卯黨籍錄』	未詳			
38	『己卯錄別集』	未詳	○		
39	『己卯錄補遺』	安璐 著	○		
40	『己卯錄續集』	未詳	○		
41	『己卯八賢傳』	金堉(1580~1658) 著			
42	『己巳錄』	未詳			
43	『己巳日記』	未詳			
44	『畸菴集』	鄭弘溟(1582~1650) 著		○	○
45	『畸翁漫筆』	鄭弘溟(1582~1650) 著	○		
46	『寄齋史草』	朴東亮(1569~1635) 著	○	○	
47	『寄齋雜記』	朴東亮(1569~1635) 著	○		
48	『己丑記事』	安邦俊(1573~1654) 著			
49	『己丑錄』	黃赫(1551~1612) 著	○	○	○
50	『己丑錄續』	未詳	○		
51	『己丑獄事』	未詳		○	
52	『己亥服制』	未詳			
53	『銀臺日記』	李德悅(1534~1599) 著		○	○
54	『金將軍遺事』	李時恒(1672~1736) 著			
55	『羅金往復書』	羅良佐(1638~1710)等 著		○	○
56	『駱川尹公丙戊疏』	尹毅中(1524~1590) 著		○	○
57	『亂離日記』	南礏(1592~1671) 記		○	○
58	『爛餘』	金在魯(1682~1759) 著			
59	『亂中雜錄』	趙慶男(1570~1641) 著	○		
60	『南溪集』	朴世采(1631~1695) 著		○	○
61	『南冥集』	曹植(1501~1572) 著		○	○
62	『南遷日錄』	宋相琦(1657~1723) 著			
63	『南漢日記』	石之珩(1610~?) 著			

아주잡록(국회)	아주잡록(국편)	청구패설	한고관외사	창가루외사	대동패림	패림	순번
				○			31
		○					32
							33
	○						34
		○					35
○	○						36
			○		○	○	37
							38
							39
							40
		○					41
○	○					○	42
○	○						43
○	○						44
			○			○	45
○	○						46
		○	○		○	○	47
○	○						48
○	○		○				49
							50
○	○				○	○	51
		○					52
○	○				○		53
		○					54
○	○				○	○	55
○	○						56
○	○						57
		○					58
							59
○	○	○					60
○	○						61
			○			○	62
		○					63

부록

순번	서명	저자(생몰년)	대동야승	아주잡록(경도)	아주잡록(장)
64	『鷺梁江上錄』	申欽(1566~1628) 著			
65	『魯陵志』	尹舜擧(1596~1668) 著			
66	『魯西年譜』	尹宣擧(1610~1669) 著			○
67	『魯西遺稿』	尹宣擧(1610~1669) 著		○	
68	『鷺渚行狀』	未詳			
69	『農叟李公遺稿抄』	李聞政(1656~1726) 著			
70	『檀君記』	未詳			
71	『丹巖漫錄』	閔鎭遠(1664~1736) 著			
72	『大庵集』	朴惺(1549~1606) 著		○	
73	『東閣散錄』	金君錫(1602~1709) 著			
74	『東閣雜記』	李廷馨(1549~1607) 著	○		
75	『東岡講義』	金宇顒(1540~1603) 著			
76	『東岡集』	金宇顒(1540~1603) 著		○	
77	『東溪雜錄』	禹伏龍(1547~1613) 著			
78	『東臯集』	李浚慶(1499~1572) 著		○	
79	『童蒙筮告』	未詳		○	
80	『東槎錄』	金仁謙(1707~1772) 著			
81	『東史提綱』	洪萬宗(1643~1725) 著			
82	『桐巢漫錄』	南夏正(1678~1751) 著			
83	『同春答懷川書』	宋浚吉(1606~1672) 著		○	
84	『同春集』	宋浚吉(1606~1672) 著		○	○
85	『東漢節義』	未詳			
86	『東華傳世紀』	未詳			
87	『錄金貴千顚末』	未詳			
88	『忘憂堂集』	郭再祐(1552~1617) 著		○	
89	『梅溪叢話』	曺偉(1454~1503) 著			
90	『梅翁閒錄』	朴亮漢(1677~1746) 著			
91	『買還問答』	安邦俊(1573~1654) 著			
92	『明谷集』	崔錫鼎(1646~1715) 著		○	○
93	『明倫錄』	金天錫(1604~1673) 著			
94	『名山秘藏』	朴東亮(1569~1635) 著			
95	『明齋遺稿』	尹拯(1629~1714) 著		○	○
96	『明村雜錄』	羅良佐(1638~1710) 著		○	○

아주잡록(국회)	아주잡록(국편)	청구패설	한고관외사	창가루외사	대동패림	패림	순번
			○			○	64
		○					65
							66
○	○						67
○	○						68
						○	69
		○					70
						○	71
○	○						72
				○	○	○	73
			○		○	○	74
			○				75
	○						76
			○				77
○	○						78
○	○					○	79
		○					80
		○		○			81
					○		82
	○						83
							84
		○					85
		○					86
			○		○	○	87
	○						88
			○		○		89
		○	○			○	90
		○	○		○	○	91
○	○						92
		○					93
			○		○	○	94
○	○						95
○	○				○		96

순번	서명	저자(생몰년)	대동야승	아주잡록(경도)	아주잡록(장)
97	『慕堂集』	洪履祥(1549~1615) 著			○
98	『慕齋集』	金安國(1478~1543) 著		○	
99	『夢囈集』	南克寬(1689~1714) 著		○	○
100	『撫松小說』	金命時(1592~?) 著		○	
101	『戊戌辨評錄』	李廷龜(1592~1671) 著		○	○
102	『戊申逆亂』	未詳			
103	『戊申逆變事實』	未詳			
104	『戊申嶺南逆變大略』	未詳			
105	『戊午黨籍錄』	柳成龍(1542~1607) 錄			
106	『默齋日記』	安邦俊(1573~1654) 著	○		
107	『聞詔漫錄』	尹國馨(1543~1611) 著			
108	『眉叟記言』	許穆(1595~1682) 著		○	○
109	『眉巖日記』	柳希春(1513~1577) 著			
110	『朴參判三古傳』	未詳			
111	『白頭山記』	成海應(1760~1839) 輯			
112	『白沙集』	李恒福(1556~1618) 著			○
113	『白野記聞』	趙錫周(1641~1716) 著			
114	『白湖集』	林悌(1549~1587) 著		○	○
115	『竝觀錄』	未詳		○	○
116	『屛溪集』	尹鳳九(1683~1767) 著			
117	『丙子錄』	羅萬甲(1592~1642) 著			
118	『丙子後諸事』	未詳			
119	『丙辰丁巳錄』	任輔臣(?~1558) 著	○		
120	『報恩俗離山福泉寺事蹟』	未詳			
121	『奉敎嚴辨錄』	申晩(1703~1765) 著			
122	『涪溪記聞』	金時讓(1581~1643) 著	○	○	○
123	『釜山記事』	安邦俊(1573~1654) 著			
124	『北遷日錄』	鄭忠信(1576~1636) 著			
125	『沙溪集』	金長生(1548~1631) 著		○	○
126	『四郡考』	成海應(1760~1839) 輯			
127	『師友鑑戒』	安邦俊(1573~1654) 著			
128	『師友名行錄』	南孝溫(1454~1492) 著	○		
129	『師友淵源錄』	趙有善(1731~1809) 著		○	○

아주잡록(국회)	아주잡록(국편)	청구패설	한고관외사	창가루외사	대동패림	패림	순번
○	○						97
○	○						98
○	○						99
○	○						100
	○	○				○	101
		○					102
		○					103
		○					104
			○		○		105
							106
	○		○		○	○	107
							108
			○		○	○	109
		○					110
		○					111
○	○						112
			○			○	113
	○						114
○	○						115
		○					116
		○					117
○	○						118
			○		○		119
		○					120
		○					121
			○		○	○	122
		○					123
			○		○	○	124
	○						125
		○					126
		○	○		○	○	127
		○	○		○		128
							129

부록 269

순번	서명	저자(생몰년)	대동야승	아주잡록(경도)	아주잡록(장)
130	『思齋撫言』	金正國(1485~1541) 著			
131	『史禍顚末』	權文海(1534~1591) 著			
132	『山中獨言』	申欽(1566~1628) 著			
133	『三淵集』	金昌翕(1653~1722) 著		○	○
134	『三友言行』	安邦俊(1573~1654) 著			
135	『三寃記事』	安邦俊(1573~1654) 著			
136	『喪禮定式』	李頤命(1658~1722) 著			
137	『相臣傳』	申欽(1566~1628) 著		○	○
138	『象村記事』	李耔(1480~1533) 著			
139	『象村雜錄』	申欽(1566~1628) 著	○		
140	『象村集』	申欽(1566~1628) 著		○	
141	『象村推數』	申欽(1566~1628) 著			
142	『西溪集』	朴世堂(1629~1703) 著		○	○
143	『西郭雜錄』	李文興(1423~1503) 著		○	○
144	『西厓記事』	柳成龍(1542~1607) 著			
145	『西厓辨評錄』	未詳		○	○
146	『西厓集』	柳成龍(1542~1607) 著			○
147	『西洋國圖書器物』	未詳			
148	『石谷封事』	宋尙敏(1626~1679) 著			
149	『石潭日記』	李珥(1536~1584) 著	○	○	○
150	『石灘集』	李愼儀(1551~1627) 著		○	○
151	『璿源先系』	未詳			
152	『雪堅諛聞』	李大期(1551~1628) 著			
153	『謏聞瑣錄』	曺伸(1454~1529) 著	○		
154	『疎齋漫錄』	李頤命(1658~1722) 著			
155	『續雜錄』	趙慶男(1570~1641) 著	○		
156	『遜齋日記』	李濬 著			
157	『松江年譜』	未詳			
158	『松江日記』	鄭澈(1536~1593) 著			
159	『松江行錄』	金長生(1548~1631) 著			
160	『松溪漫錄』	權應仁(1510?~1558?) 著	○		
161	『松都記異』	李德泂(1566~1645) 著	○		
162	『宋門記述』	金鎭玉(1659~1736) 著			

주잡록(국회)	아주잡록(국편)	청구패설	한고관외사	창가루외사	대동패림	패림	순번
			○		○	○	130
			○		○		131
			○			○	132
○	○						133
		○					134
		○	○		○	○	135
			○				136
	○						137
		○					138
							139
	○	○					140
		○					141
○	○						142
○	○				○	○	143
		○					144
○							145
○	○	○					146
		○					147
		○					148
○	○		○	○	○	○	149
	○						150
		○					151
		○					152
			○		○	○	153
			○			○	154
							155
			○			○	156
		○					157
		○					158
			○		○	○	159
		○	○		○	○	160
							161
					○	○	162

순번	서명	저자(생몰년)	대동야승	아주잡록(경도)	아주잡록(장)
163	『松窩雜說』	李墍(1522~1600) 著	○	○	○
164	『隨聞錄』	李聞政(1656~1726) 著			
165	『修書雜志』	李宜哲(1703~1778) 著			
166	『睡隱集』	姜沆(1567~1618) 著			
167	『壽春雜記』	李廷馨(1549~1607) 著			
168	『純祖記事』	未詳			
169	『市南集』	兪棨(1607~1664) 著		○	
170	『是窩遺稿』	韓泰東(1646~1687) 著			
171	『時政錄』	鄭澈(1536~1593)家藏	○		
172	『詩話彙編』	洪重寅(1677~1752) 著			
173	『息庵遺稿』	金錫冑(1634~1684) 著			
174	『愼獨齋集』	金集(1574~1656) 著			○
175	『辛卯記事』	安邦俊(1573~1654) 著			
176	『辛壬紀年提要』	具駿遠(1755~1814) 著			
177	『瀋陽日記』	未詳			
178	『沈漁村行狀』	李之濂(1628~1691) 著		○	○
179	『我我錄』	南紀濟(1747~1813) 著			
180	『幄對說話』	宋時烈(1607~1689) 著			
181	『野譚』	未詳		○	○
182	『藥泉集』	南九萬(1629~1711) 著		○	○
183	『良役變通議』	李頤命(1658~1722) 著			
184	『良賤辨別記』	未詳		○	○
185	『陽坡年記』	鄭太和(1602~1673) 著			
186	『於于野譚』	柳夢寅(1559~1623) 著			
187	『歷代要覽』	趙慶男(1570~1641) 著	○		
188	『歷代派閥』	未詳			
189	『譯舌』	未詳			
190	『東學寺魂記釋』	成海應(1760~1839) 著			
191	『延平日記』	申翊聖(1588~1644) 著	○		
192	『燕行雜識』	李頤命(1658~1722) 著			
193	『列朝紀事』	李肯翊(1736~1806) 著			
194	『列朝使臣』	未詳			
195	『列朝詔使』	未詳			

주잡록(국회)	아주잡록(국편)	청구패설	한고관외사	창가루외사	대동패림	패림	순번
○	○		○		○	○	163
						○	164
					○	○	165
		○					166
			○			○	167
						○	168
	○						169
		○					170
			○				171
					○		172
	○	○					173
○	○						174
			○		○	○	175
						○	176
		○					177
○	○						178
						○	179
		○			○	○	180
○	○						181
○	○						182
			○			○	183
○					○	○	184
					○	○	185
		○					186
							187
		○					188
		○					189
		○					190
		○					191
			○			○	192
					○		193
		○					194
		○					195

순번	서명	저자(생몰년)	대동야승	아주잡록(경도)	아주잡록(장)
196	『寧陵御禮』	未詳			
197	『迎日縣事蹟』	未詳			
198	『英宗紀事』	未詳			
199	『禮說』	尹善道(1587~1671) 著			
200	『禮訟』	未詳		○	○
201	『梧里集』	李元翼(1547~1634) 著			○
202	『五山說林』	車天輅(1554~1615) 著	○		
203	『吳獄顚末』	未詳		○	○
204	『梧陰雜說』	尹斗壽(1533~1601) 著	○		
205	『王人姓名記』	申欽(1566~1628) 著			
206	『龍飛御天歌註釋』	未詳			
207	『慵齋叢話』	成俔(1430~1501) 著	○		
208	『龍洲集』	趙絅(1586~1669) 著		○	○
209	『龍泉談寂記』	金安老(1481~1537) 著	○		
210	『牛溪年譜後說』	尹宣擧(1610~1669) 著		○	○
211	『牛溪集』	成渾(1535~1598) 著		○	○
212	『愚潭集』	丁時翰(1625~1707) 著		○	○
213	『愚得錄』	鄭介淸(1529~1590) 著			
214	『愚得錄序』	鄭介淸(1529~1590) 著			
215	『愚伏集』	鄭經世(1563~1633) 著		○	○
216	『牛山問答』	安邦俊(1573~1654) 著			
217	『牛山集』	安邦俊(1573~1654) 著		○	○
218	『尤菴集』	宋時烈(1607~1689) 著		○	
219	『雲嚴雜錄』	柳成龍(1542~1607) 著	○	○	
220	『月沙集』	李廷龜(1592~1671) 著			○
221	『月汀漫筆』	尹根壽(1537~1616) 著	○		
222	『魏義士傳』	李廷馨(1549~1607) 著			
223	『柳於干事蹟』	未詳			
224	『留齋行年記』	李廷馣(1541~1600) 著			
225	『柳川箚記』	韓俊謙(1557~1627) 著	○		
226	『柳下集』	洪世泰(1653~1725) 著			
227	『尹推懷驪始末』	尹推(1632~1707) 著			
228	『栗谷集』	李珥(1536~1584) 著		○	○

아주잡록(국회)	아주잡록(국편)	청구패설	한고관외사	창가루외사	대동패림	패림	순번
		○					196
		○					197
						○	198
		○					199
○	○						200
○	○	○					201
			○			○	202
○	○						203
		○	○		○	○	204
			○				205
		○					206
		○					207
	○						208
			○		○	○	209
○							210
○	○						211
○	○						212
○					○	○	213
	○						214
	○						215
		○	○		○	○	216
○	○	○					217
○	○						218
○			○		○	○	219
○							220
		○	○		○	○	221
			○			○	222
		○					223
			○			○	224
			○		○	○	225
		○					226
					○	○	227
○	○						228

순번	서명	저자(생몰년)	대동야승	아주잡록(경도)	아주잡록(장)
229	『銀臺史綱』	趙持謙(1639~1685) 著		○	○
230	『隱峯野史別錄』	安邦俊(1573~1654) 著		○	○
231	『乙未錄』	南聖重 著			
232	『乙巳傳聞錄』	李中悅(1518~1547)子 著	○		
233	『陰厓日記』	李耔(1480~1533) 著	○		
234	『凝川日錄』	朴鼎賢(1561~1637) 著	○		
235	『二陵事蹟』	未詳		○	○
236	『李相國日記』	李元翼(1547~1634) 著			
237	『二旬錄』	具樹勳(1685~1757) 著			
238	『李氏西征錄』	李蕆(1376~1451) 著			
239	『李忠武公行錄』	李芬(1566~1619) 著			
240	『日本國皇來歷世系』	未詳			
241	『日本錄』	盛大中(1732~1809) 著			
242	『日本雜志』	未詳			
243	『逸史記聞』	未詳	○		
244	『日月錄』	李星齡(1632~?) 著		○	○
245	『壬丁事蹟』	安邦俊(1573~1654) 著			
246	『壬辰記事』	安邦俊(1573~1654) 著			
247	『壬辰遺聞』	閔鼎重(1628~1692) 著			
248	『壬辰遺事』	趙鏛(1595~?) 錄			
249	『紫巖柵中日錄』	李民宬(1573~1649) 著			
250	『紫海筆談』	金時讓(1581~1643) 著	○		
251	『潛谷筆談』	金堉(1580~1658) 著			
252	『莊陵謄錄』	未詳			
253	『莊陵配食錄』	未詳			
254	『長貧居士胡撰』	尹耆獻(1548~?) 著	○		
255	『再造藩邦志』	申炅(1613~1653) 著	○		
256	『接倭歷年考』	李孟休(1713~1751) 著		○	○
257	『靖陵志略』	愼師浚(1547~1613) 著			
258	『丁戊錄』	黃有詹 著	○		
259	『定辨錄』	沈樂洙(1739~1799) 著			
260	『征倭雜志』	申欽(1566~1628) 著			
261	『政院日記』	李再春 著			

아주잡록(국회)	아주잡록(국편)	청구패설	한고관외사	창가루외사	대동패림	패림	순번
○	○				○	○	229
○							230
		○					231
							232
		○	○		○	○	233
							234
○	○						235
				○	○	○	236
					○	○	237
			○				238
		○					239
		○					240
		○					241
		○					242
							243
○	○						244
		○	○		○	○	245
		○					246
		○					247
			○			○	248
		○					249
			○				250
		○					251
		○					252
		○					253
							254
				○			255
	○					○	256
			○				257
							258
					○		259
			○				260
		○					261

순번	서명	저자(생몰년)	대동야승	아주잡록(경도)	아주잡록(장)
262	『政院日記』	未詳			
263	『正宗記事』	未詳			
264	『諸公事蹟』	尹善道(1587~1671) 著			
265	『朝野記聞』	徐文重(1634~1709) 著			
266	『宗系辨誣』	未詳		○	○
267	『竹窓閑話』	李德泂(1566~1645) 著	1	○	○
268	『竹軒集』	金民澤(1678~1722) 著			
269	『重峯先生遺事』	安邦俊(1573~1654) 著			
270	『重峯集』	趙憲(1544~1592) 著		○	○
271	『芝村答問』	李喜朝(1655~1724) 著			
272	『晉陽誌』	未詳		○	○
273	『晉興君日記』	姜紳(1543~1615) 著		○	○
274	『懲毖錄』	柳成龍(1542~1607) 著			
275	『滄浪集』	成文濬(1559~1626) 著		○	○
276	『蒼雪齋集』	權斗經(1654~1725) 著		○	
277	『倡義錄』	未詳			
278	『天啓癸亥錄』	趙濈(?~1661) 著			
279	『哲宗記事』	未詳			
280	『淸江思齊錄』	李濟臣(1536~1583) 著	○		
281	『淸江笑叢』	李濟臣(1536~1583) 著	○		
282	『淸江瑣語』	李濟臣(1536~1583) 著	○		
283	『淸江詩話』	李濟臣(1536~1583) 著	○		
284	『靑白日記』	靑白堂 著	○		
285	『晴牕軟談』	申欽(1566~1628) 著			
286	『菁川日記』	姜緬(1552~1614) 著		○	○
287	『靑泉集』	申維翰(1681~1752) 著			
288	『靑泉海遊錄』	申維翰(1681~1752) 著			
289	『靑坡劇談』	李陸(1438~1498) 著	○		
290	『崔愼疏』	崔愼(1642~1708) 著		○	○
291	『秋江冷話』	南孝溫(1454~1492) 著	○		
292	『秋浦黃公行狀』	朴東亮(1569~1635) 著		○	
293	『春官誌』	李孟休(1713~1751) 著			○
294	『忠烈公實記』	未詳			

주잡록(국회)	아주잡록(국편)	청구패설	한고관외사	창가루외사	대동패림	패림	순번
		○					262
						○	263
			○		○	○	264
		○					265
○	○						266
○	○				○	○	267
		○					268
		○					269
○	○						270
					○	○	271
	○						272
	○				○	○	273
	○						274
○	○						275
							276
		○					277
		○					278
						○	279
			○			○	280
							281
			○			○	282
			○			○	283
							284
			○			○	285
	○				○	○	286
		○					287
		○					288
		○	○		○	○	289
○	○						290
		○	○		○		291
	○						292
○	○						293
		○					294

순번	서명	저자(생몰년)	대동야승	아주잡록(경도)	아주잡록(장)
295	『忠烈錄』	金應河(1580~1619) 著			
296	『忠愍公朴淳事蹟』	未詳			
297	『忠逆瓣』	李敏輔(1720~1799) 著			
298	『炭翁集』	權諰(1604~1672) 著		○	○
299	『澤堂家訓』	李植(1584~1647) 著		○	○
300	『澤堂集』	李植(1584~1647) 著		○	○
301	『擇里志』	李重煥(1690~1756) 著		○	○
302	『退溪言行錄』	權斗經(1654~1725) 著		○	
303	『退門諸子錄』	未詳		○	○
304	『退漁堂遺稿』	金鎭商(1684~1755) 著			
305	『退憂謾筆』	金壽興(1626~1690) 著			
306	『破睡雜記』	尹新之(1582~1657) 著			
307	『八道郵志』	未詳			
308	『稗官雜記』	魚叔權 著	○		
309	『編年通錄』	金寬毅 著			
310	『平安道擺撥二十站』	未詳			
311	『楓巖輯話』	柳光翼(1713~1780) 著			
312	『筆苑雜記』	徐居正(1420~1488) 著	○		
313	『荷谷粹語』	許篈(1551~1588) 著			
314	『荷潭破寂錄』	金時讓(1581~1643) 著	○	○	○
315	『河西言行述』	趙希文(1527~1578) 著			
316	『鶴林雜錄』	未詳			
317	『鶴山樵談』	許筠(1569~1618) 著			
318	『鶴村雜錄』	未詳		○	○
319	『寒岡集』	鄭逑(1543~1620) 著		○	○
320	『寒臛雜錄』	未詳		○	○
321	『韓城君李公諱垠破李施愛事蹟』	未詳			
322	『漢陰集』	李德馨(1566~1645) 著		○	○
323	『寒泉三官記』	李縡(1680~1745) 著			
324	『咸陵君行狀』	未詳		○	○
325	『海東樂府』	沈光世(1577~1624) 著	○		
326	『海東野言』	許筠(1551~1588) 著	○		
327	『海東雜錄』	權鼈(1589~1671) 著	○		

아주잡록(국회)	아주잡록(국편)	청구패설	한고관외사	창가루외사	대동패림	패림	순번
		O					295
		O					296
					O	O	297
	O						298
	O				O	O	299
	O						300
O	O						301
	O						302
	O						303
		O					304
			O			O	305
			O		O	O	306
		O					307
			O		O		308
		O					309
		O					310
					O	O	311
			O		O	O	312
		O					313
		O	O		O	O	314
			O				315
					O	O	316
		O	O			O	317
O	O	O					318
	O						319
	O						320
		O					321
	O						322
		O	O			O	323
O	O						324
		O	O				325
							326
							327

순번	서명	저자(생몰년)	대동야승	아주잡록(경도)	아주잡록(장)
328	『海槎錄』	未詳			
329	『香洞問答書』	李惟泰(1607~1684) 著		○	○
330	『憲宗記事』	未詳			
331	『玄洲懷恩錄』	尹新之(1582~1657) 著			
332	『湖南節義錄』	高廷憲(1735~?) 著			
333	『混定編錄』	尹宣擧(1574~1669) 著	○		
334	『花潭事』	未詳			
335	『黃江問答』	韓弘祚(1681~1712) 著			
336	『皇壇儀』	未詳			
337	『黃芝川行狀』	未詳			○
338	『黃兔記事』	李廷馨(1549~1607) 著			
339	『晦谷集』	曹漢英(1608~1670) 著			○
340	『懷尼往復書』	尹拯(1629~1714) 等 著		○	○
341	『晦隱瑣錄』	南鶴鳴(1645~1722) 著			
342	『晦隱集』	南鶴鳴(1654~1722) 著		○	○
343	『效颦雜記』	高尙顔(1553~1623) 著			
344	『後洞問答』	韓元震(1682~1751) 著			
345	『休翁自序』	沈光世(1577~1624) 著			

주잡록(국회)	아주잡록(국편)	청구패설	한고관외사	창가루외사	대동패림	패림	순번
		○					328
○							329
						○	330
		○	○		○	○	331
		○					332
							333
		○					334
		○			○	○	335
		○					336
	○				○	○	337
			○		○	○	338
							339
○							340
					○	○	341
○	○						342
			○		○	○	343
		○					344
			○				345

2. 『대동야승 大東野乘』의 구성

순번	서명	저자(생몰년)	권수	책차	특이사항
1	『慵齋叢話』	成俔(1430~1501) 著	10권	제1~2책	
2	『筆苑雜記』	徐居正(1420~1488) 著	2권		
3	『秋江冷話』	南孝溫(1454~1492) 著	1권	제3책	
4	『師友名行錄』		1권		
5	『謏聞瑣錄』	曺伸(1454~1529) 著	1권		
6	『丙辰丁巳錄』	任輔臣(?~1558) 著	1권		
7	『稗官雜記』	魚叔權 著	4권	제4책	
8	『五山說林草稿』	車天輅(1554~1615) 著	1권	제5책	
9	『海東樂府』	沈光世(1577~1624) 著	1권		
10	『靑坡劇談』	李陸(1438~1498) 著	1권		
11	『陰崖日記』	李耔(1480~1533) 著	1권	제6책	- 「與柳從龍書」, 「某偶見安圃樵所稱竝錄篇末」, 「祭西弘文館請還前柳子光翊戴勳錄疏」, 「尙友堂集跋」, 「自撰」 등 수록 - 「某偶見安圃樵所稱竝錄篇末」는 다른 야사총서에서 제목이 '偶見安圃樵所稱竝錄篇末'로 되어 있음 - 「祭西弘文館請還前柳子光翊戴勳錄疏」는 다른 야사총서에서 제목이 '請還前柳子光翊戴勳錄疏'로 되어 있음 - 「自撰」은 다른 야사총서에서 제목이 '自撰誌'로 되어 있음
12	『海東野言』	許篈(1551~1588) 著	3권	제7~9책	
13	『己卯錄補遺』	安璐 著	2권	제10책	
14	『己卯錄續集』	未詳	1권	제11책	
15	『己卯錄別集』	未詳	1권		
16	『乙巳傳聞錄』	李中悅(1518~1547)子 著	1권	제12책	
17	『龍泉談寂記』	金安老(1481~1537) 著	1권	제13책	
18	『遣閑雜錄』	沈守慶(1516~1599) 著	1권		
19	『石潭日記』	李珥(1536~1584) 著	2권	제14~15책	
20	『己丑錄』	黃赫(1551~1612) 著	2권	제16~17책	
21	『己丑錄續』	未詳	1권	제18책	
22	『海東雜錄』	權鼈(1589~1671) 著	6권	제19~23책	
23	『癸甲日錄』	禹性得(1542~1593) 著	1권	제24책	
24	『癸未記事』	未詳	1권	제25책	
25	『時政錄』	鄭澈家藏本	1권		- 제목이 '時政非'로 되어 있음
26	『象村雜錄』	申欽(1566~1628) 著	1권		

순번	서명	저자(생몰년)	권수	책차	특이사항
27	『亂中雜錄』	趙慶男(1570~1641) 著	4권	제26~29책	
28	『續雜錄』		5권	제30~34책	
29	『歷代要覽』		1권	제34책	
30	『再造藩邦志』	申炅(1613~1653) 著	6권	제35~39책	
31	『光海朝日記』	未詳	4권	제40~43책	
32	『荷川日錄』	朴鼎賢(1561~1637) 著	7권	제44~50책	
33	『光海初喪錄』	未詳	1권	제51책	
34	『長貧居士胡撰』	尹善蓋(1548~?) 著	1권		
35	『寄齋雜記』	朴東亮(1569~1635) 著	3권	제51~52책	
36	『寄齋史草』		2권		
37	『東閣雜記』	李廷馨(1549~1607) 著	2권	제53~54책	
38	『畸翁漫筆』	鄭弘溟(1592~1650) 著	1권	제54책	
39	『雲巖雜錄』	柳成龍(1542~1607) 著	1권	제55책	
40	『閒居漫錄』	尹國馨(1543~1611) 著	1권	제56책	
41	『甲辰漫錄』		1권		
42	『松窩雜說』	李墍(1522~1600) 著	1권		
43	『松溪漫錄』	權應仁(1510?~1558?) 著	2권		
44	『月汀漫筆』	尹根壽(1537~1616) 著	1권		
45	『梧陰雜記』	尹斗壽(1533~1601) 著	1권		
46	『淸江瑣語』	李濟臣(1536~1583) 著	1권	제57책	- 『淸江瑣語』는 『大東野乘』에서 제목이 '淸江先生鯷岑瑣語'로 되어 있음
47	『淸江思齊錄』				- 『淸江瑣語』에 附記되어 있음
48	『淸江詩話』				- 『淸江瑣語』에 附記되어 있음
49	『淸江笑義』				- 『淸江瑣語』에 附記되어 있음
50	『丁戈錄』	黃有詹 著	1권	제58책	
51	『逸史記聞』	未詳	1권		
52	『南臺日記』	申翊聖(1588~1644) 著	1권		
53	『延平日記』		1권		
54	『癸亥靖社錄』	未詳	1권	제59책	
55	『默齋日記』	安邦俊(1573~1654) 著	3권	제60~62책	
56	『混定編錄』	尹宣擧(1574~1669) 著	9권	제63~70책	
57	『柳川劄記』	韓俊謙(1557~1627) 著	1권	제71책	
58	『竹窓閑話』	李德泂(1566~1645) 著	1권		
59	『松都記異』		1권		

순번	서명	저자(생몰년)	권수	책차	특이사항
60	『紫海筆談』	金時讓(1581~1643) 著	1권	제72책	
61	『荷潭破寂錄』		1권		
62	『涪溪記聞』		1권		

3. 『아주잡록鵝洲雜錄』(경도대본)의 구성[1]

순번	서명	저자(생몰년)	책차	특이사항
1	『聞見錄』	未詳	제1책	
2	『東聘雜錄』	未詳		
3	『日月錄』	李星齡(1632~?) 著	제2책	
4	『栗谷集』	李珥(1536~1584) 著		
5	『牛溪集』	成渾(1535~1598) 著		- 제6책에도 『牛溪集』이 수록 되어 있음
6	『滄浪集』	成文濬(1559~1626) 著		
7	『荷潭破寂錄』[2]	金時讓(1581~1643) 著		
8	『涪溪記聞』			
9	『畸菴集』	鄭弘溟(1582~1650) 著	제3책	
10	『沙溪集』	金長生(1548~1631) 著		
11	『尤菴集』	宋時烈(1607~1689) 著		
12	『同春答懷川書』	未詳		
13	『市南集』	兪棨(1607~1664) 著		
14	『愚伏集』	鄭經世(1563~1633) 著		
15	『象村集』	申欽(1566~1628) 著		
16	『眉叟記言』	許穆(1595~1682) 著		- 제16책에도 『眉叟記言』이 수록 되어 있음
17	『炭翁集』	權諰(1604~1672) 著	제4책	
18	『白湖集』	林悌(1549~1587) 著		
19	『藥泉集』	南九萬(1629~1711) 著		
20	『孤山集』	尹善道(1587~1671) 著	제5책	
21	『大庵集』	朴惺(1549~1606) 著		
22	『魯西遺稿』	尹宣擧(1610~1669) 著		
23	『牛溪年譜後記』		제6책	- 제목이 '牛溪年譜說後'로 되어 있음 (고전번역DB에 따라 서명 수정, 2021.11.23)
	『牛溪集』	成渾(1535~1598) 著		- 제3책에도 『牛溪集』이 수록 되어 있음

---

[1] 『牛溪集』(3, 6책 중복), 『眉叟記言』(4, 16책 중복), 『澤堂集』(18, 19책 중복), 『重峯集』(24, 25책 중복), 『銀臺日記』(26, 27책 중복).

[2] 본래 서명은 '荷潭日記'이며, 『荷潭破寂錄』과 『涪溪記聞』의 내용이 혼재되어 있다. 여기서는 분리하여 2종으로 계산하였다.

부록   287

순번	서명	저자(생몰년)	책차	특이사항
24	『師友淵源錄』[3]	趙有善(1731~1809) 著	제7책	
25	『明齋遺稿』	尹拯(1629~1714) 著	제8책	
26	『懷尼往復書』	尹拯(1629~1714) 等 著	제9책	
27	『明村雜錄』	羅良佐(1638~1710) 著		
28	『羅金往復書』	羅良佐(1638~1710) 等 著	제10책	
29	『香洞問答書』	李惟泰(1607~1684) 著		
30	『崔愼疏』	崔愼(1642~1708) 著		
31	『銀臺史綱』	趙持謙(1639~1685) 著	제11책	
32	『松窩雜說』	李墍(1522~1600) 著		
33	『菁川日記』	姜絅(1552~1614) 著		
34	『石潭日記』	李珥(1536~1584) 著	제12 ~13책	- 3권으로 구성되어 있으며, 제목은 '石潭野史', '石潭日錄', '石潭日記'로 각기 다름.
35	『癸甲日錄』	禹性傳(1542~1593) 著	제13책	
36	『己丑錄』	黃赫(1551~1612) 著	제14책	
37	『己丑獄事』	未詳		
38	『掛一錄』	李肇敏(1541~?) 著	제15책	
39	『晉陽誌』	未詳		
40	『鶴村雜錄』	未詳		
41	『寒岡集』	鄭逑(1543~1620) 著		
42	『雲巖雜錄』	柳成龍(1542~1607) 著	제16책	
	『眉叟記言』	許穆(1595~1682) 著		- 제4책에도 『眉叟集抄』가 수록 되어 있음
43	『晦隱集』	南鶴鳴(1654~1722) 著		
44	『夢囈集』	南克寬(1689~1714) 著		
45	『公私見聞錄』	鄭載崙(1648~1723) 著	제17책	
46	『牛山集』	安邦俊(1573~1654) 著		
47	『同春集』	宋浚吉(1606~1672) 著		
48	『澤堂集』	李植(1584~1647) 著		- 제19책에도 『澤堂集』이 수록 되어 있음
49	『擇里志』	李重煥(1690~1756) 著	제18책	
50	『吳獄顚末』	未詳		
51	『撫松小說』	金命時(1592~?) 著		

[3] 『師友名行錄』의 이면에 『癸甲錄』이 기재되어 있으나, 필사 후 이면을 사용한 것으로 추정하여, 종수에 포함시키지 않았다.

순번	서명	저자(생몰년)	책차	특이사항
52	『寄齋雜記』	朴東亮(1569~1635) 著	제19책	
	『澤堂集』	李植(1584~1647) 著		- 제18책에도 『澤堂集』이 수록 되어 있음
53	『野謎』	未詳		
54	『童蒙堂告』	未詳		
55	『亂離日記』	南礏(1592~1671) 記	제20책	
56	『江都錄』	未詳		
57	『西郭雜錄』	李文興(1423~1503) 著		
58	『愚得錄』	鄭介淸(1529~1590) 著		
59	『晉興君日記』	姜紳(1543~1615) 著	제21책	
60	『尤菴別集』	宋時烈(1607~1689) 著		
61	『西溪集』	朴世堂(1629~1703) 著		
62	『明谷集』	崔錫鼎(1646~1715) 著		
63	『己丑記事』	安邦俊(1573~1654) 著	제22책	
64	『西厓辨誣錄』	未詳		- 제목이 '辨誣錄'으로 되어 있음
65	『宗系辨誣』	未詳		
66	『秋浦黃公行狀』	朴東亮(1569~1635) 著		
67	『南冥集』	曺植(1501~1572) 著		
68	『東岡集』	金宇顒(1540~1603) 著		
69	『禮訟』	未詳	제23책	
70	『退門諸子錄』	未詳	제24책	
71	『蒼雪齋集』	權斗經(1654~1725) 著		
72	『鍋溪書院收議』	未詳		
73	『慕齋集』	金安國(1478~1543) 著		
74	『退溪言行錄』	未詳		
75	『重峯集』	趙憲(1544~1592) 著		- 제25책에도 『重峯集』이 수록 되어 있음
76	『相臣傳』	申欽(1566~1628) 著		
77	『咸陵君行狀』	未詳		
78	『沈漁村行狀』	李之濂(1628~1691) 著		
79	『漢陰集』	李德馨(1566~1645) 著		
	『重峯集』	趙憲(1544~1592) 著	제25책	- 제24책에도 『重峯集』이 수록 되어 있음
80	『愚潭集』	丁時翰(1625~1707) 著		
81	『龍洲集』	趙絅(1586~1669) 著		
82	『二陵事蹟』	未詳		

순번	서명	저자(생몰년)	책차	특이사항
83	『澤堂家訓』	李植(1584~1647) 著	26책	
84	『竹窓閑話』	李德泂(1566~1645) 著		- 제목이 '竹泉日記'로 되어 있음
85	『銀臺日記』	南礏(1592~1671) 記		- 제목이 '吉昌君銀臺日記'로 되어 있음 - 다른 야사총서와 비교했을 때, 『銀臺日記』卷上에 해당함
86	『聞韶漫錄』	尹國馨(1543~1611) 著		
	『銀臺日記』	南礏(1592~1671) 記	제27책	- 제목이 '李承旨政院日記'로 되어 있음 - 다른 야사총서와 비교했을 때, 『銀臺日記』卷下에 해당함
87	『東皐集』	李浚慶(1499~1572) 著		
88	『三淵集』	金昌翕(1653~1722) 著	제28책	
89	『忘憂堂集』	郭再祐(1552~1617) 著		
90	『石灘集』	李愼儀(1551~1627) 著		
91	『接倭歷年考』	李孟休(1713~1751) 著		
92	『戊戌辨誣錄』	李廷龜(1592~1671) 著		
93	『駱川尹公丙戌疏』	尹毅中(1524~1590) 著		
94	『南溪集』	朴世采(1631~1695) 著	제29책	
95	『良賤辨別記』	未詳		
96	『隱峯野史別錄』	安邦俊(1573~1654) 著		

4. 『청구패설靑丘稗說』의 구성[45]

순번	서명	저자(생몰년)	책차
1	『慵齋叢話』	成俔(1430~1501) 著	제1~2책
2	『南漢日記』	石之珩(1610~?) 著	제3~4책
3	『李忠武公行錄』	李芬(1566~1619) 著	제5책
4	『辭大司憲兼陳勉戒書』	未詳	
5	『鄭判敎寧生墓表』	未詳	
6	『先祖文肅公墓表』	未詳	
7	『月谷禹公行狀』	未詳	
8	『許贊成墓碑』	未詳	
9	『讓寧大君年譜』	未詳	
10	『潛谷筆談』	金堉(1580~1658) 著	
11	『嘉善大夫禮曹參判同知經筵義禁府事尹(君/心)衡行狀』	未詳	
12	『宣武功臣贈左贊成行工曹判書諡忠毅權公應銖神道碑銘』	未詳	
13	『淮陽府使松巖金公鍊光墓誌銘』	未詳	
14	『贈嘉善大夫司憲府大司憲諡忠烈行義禁府都事通德郞權公墓碣銘』	未詳	
15	『明倫錄』	金天錫(1604~1673) 著	제6~7책
16	『丙辰疏』	尹善道(1587~1671) 著	제7책
17	『國是疏』		
18	『東漢節義』	未詳	
19	『供辭』	未詳	
20	『宣廟中興誌』	未詳	제8책
21	『西厓記事』	柳成龍(1542~1607) 著	제9책
22	『金將軍遺事』	李時恒(1672~1736) 著	
23	『李文雄等 復讐後 擬律輕重議』	金堉(1571~1648) 著	
24	『書表廷俊事』	未詳	

4 48책 중 45책은 성균관대학교 존경각에, 3책은 태동고전연구소에 소장되어 있다. 태동고전연구소 소장본은 冊次를 46~48책으로 임의로 부여하였다.
5 성균관대학교 존경각본의 목록은 김근수, 「靑丘稗說」, 『野史叢書의 總體的 硏究』, 永信아카데미 韓國學硏究所, 1976, 21~40쪽과 實査를 바탕으로 작성하였다. 그러나 소장처의 사정으로 그중 일부를 열람 할 수 없게 되었다. 이는 이후 추가 실사를 통해 목록을 다시 보완할 예정이다.

특이사항	순번
- 제2책은 木板本	1
- 「南漢日記後識」(李箕鎭), 「扈從錄」(金㙫) 포함	2
	3
	4
	5
	6
	7
	8
	9
	10
	11
	12
	13
	14
	15
	16
	17
	18
	19
	20
- 筆寫에 印札空冊紙 사용	21
	22
	23
	24

순번	서명	저자(생몰년)	책차
25	『掛一錄』	李肇敏(1541~?) 著	
26	『逸事狀』	李元翼(1547~1634) 著	
27	『鶴村雜錄』	未詳	
28	『日月錄』	李星齡(1632~?) 著	
29	『湖南節義錄』	高廷憲(1735~?) 著	제10~11책
30	『璿源先系』	未詳	
31	『列朝詔使』	未詳	
32	『列朝使臣』	未詳	
33	『譯舌』	未詳	
34	『朝野記聞』	徐文重(1634~1709) 著	
35	『忠淸道公州 東學寺魂記』	未詳	
36	『乙卯賢良科榜』	未詳	
37	『被薦賢良』	未詳	
38	『策問』	未詳	
39	『師友錄』	權鞸(1569~1612) 著	
40	『恩津九老峴傳錄』	未詳	
41	『縣監趙載溥祭文』	未詳	
42	『柳於于事蹟』	未詳	제12책
43	『宋生名行記』	權鞸(1569~1612) 著	
44	『皇明都御史楊公鎬去思碑銘幷序應製』	李廷龜(1564~1635) 著	
45	『有明朝鮮國賜國一都大禪師禪敎都摠攝扶宗樹敎普濟登階尊者西山休靜大師碑銘竝序』	未詳	
46	『忠翊府都事贈承政院左承旨尹公墓碣銘』	未詳	
47	『韓石峰墓碣銘竝序』	未詳	
48	『掌令鄭公墓碣銘竝序』	未詳	
49	『崇政大夫議政府左贊成兼判義禁府事知經筵春秋館事弘文館提學藝文館提學五衛都摠府都摠管 閔公行狀』	未詳	
50	『聞見別錄』	金世濂(1593~1646) 著	
51	『全羅道光陽縣玉龍寺』	崔惟淸(1095~1174) 著	
52	『康世爵傳』	南九萬(1629~1711) 著	
53	『楚冠堂記』	黃景源(1709~1787) 著	
54	『黃海監司金弘郁上疏』	朴東亮(1569~1635) 著	

특이사항	순번
	25
	26
	27
	28
	29
	30
	31
	32
	33
- 제13, 15, 18, 20, 22, 30, 32, 33, 34책에도 『朝野記聞』이 수록 되어 있음 - 「國朝年表」, 「廟堂被選」, 「館館錄」, 「典禮故事」, 「征討故事」, 「科試故事」, 「官方故事」, 「儀章故事」, 「制度故事」, 「經 營故事」, 「冀籠故事」 등 수록	34
- 제43책 중 『東學寺蛻記釋』의 목록으로 추정.	35
	36
	37
	38
	39
	40
	41
	42
	43
	44
	45
	46
	47
	48
	49
	50
	51
- 「康世爵自敍傳」(朴世堂), 「傳後跋」(李東郁), 「康世爵墓誌」(崔昆崙) 등 수록	52
	53
	54

순번	서명	저자(생몰년)	책차
	『朝野記聞』	徐文重(1634~1709) 著	제13책
55	『日本雜志』	未詳	제14책
56	『海槎錄』	未詳	
57	『乙未錄』	南聖重 著	
58	『日本錄』	盛大中(1732~1809) 著	
59	『靑泉海遊錄』	申維翰(1681~1752) 著	
60	『東槎錄』	金仁謙(1707~1772) 著	
	『朝野記聞』	徐文重(1634~1709) 著	제15책
61	『撫安君神道碑』	未詳	
62	『金自點伏法』	未詳	
63	『築城行錢』	崔錫鼎(1646~1715) 著	
64	『禁御營禁衛營建立』	安邦俊(1573~1654) 著	
65	『湖西賊柳濯伏誅』	未詳	
66	『儒將應』	未詳	
67	『黃池國陵』	未詳	
68	『大同法』	未詳	
69	『天啓癸亥錄』	趙濈(?~1661) 著	제16책
70	『象村集』	申欽(1566~1628) 著	
71	『幄對說話』	宋時烈(1607~1689) 著	
72	『寧陵御禮』	未詳	
73	『黃江問答』	韓弘祚(1681~1712) 著	
74	『瀋陽日記』	未詳	제17책
75	『宣祖大王宸製文字』	未詳	
76	『洪州牧使晚全先生南陽洪公淸難碑銘竝序』	未詳	
	『朝野記聞』	徐文重(1634~1709) 著	제18책
77	『政院日記』	李再春 著	
78	『錦城大君事蹟』	未詳	

특이사항	순번
- 제12, 15, 18, 20, 22, 30, 32, 33, 34책에도 『朝野記聞』이 수록 되어 있음 - 「國朝事實」, 「升妃廢議」, 「廢愼妃議」, 「福城獄事」, 「己卯士禍」, 「乙巳獄事」, 「辟書獄事」 등 수록	
- 「姜睡隱看羊錄抄」, 「東溟海槎錄抄」, 「東溟海槎日錄抄」, 「聞見雜錄」, 「黑崗列傳」, 「日本酋長來歷」, 「島上書扎」, 「韓使官職姓名」 등 수록	55
	56
- 「筆談」 수록	57
- 「筌常書鈴木傳藏事」, 「安册福事」 수록	58
	59
	60
- 제12, 13, 18, 20, 22, 30, 32, 33, 34책에도 『朝野記聞』이 수록 되어 있음 - 「西宮廢論」, 「章陵追崇」, 「丙子虜難」, 「己丑獄事」, 「貞陵復議」 등 수록	
	61
	62
	63
	64
	65
	66
	67
	68
	69
- 「耳目所及」 수록	70
- 제목이 '尤菴先生輕野'로 되어 있음	71
	72
- 제목이 '江上後錄'으로 되어 있음 - 「江上後錄」, 「江上後錄拾遺」 등 수록	73
- 「西行時侍講院日記」, 「西行日記」 등 수록	74
	75
	76
- 제12, 13, 15, 20, 22, 30, 32, 33, 34책에도 『朝野記聞』이 수록 되어 있음 - 「湖關定難」, 「壬辰兵事」, 「陵事蹟」, 「復昭復議」 등 수록	
- 「禁府文案」, 「問目」, 「吳斗寅原情」, 「李世華原情問目」, 「兪撼原情問目」, 「朴泰輔原情問目」, 「庭鞫參鞫諸臣」, 「吳判書原情外受刑時憶話」, 「李參判原情外受刑時憶話」, 「朴應敎原情外受刑時憶話」 등 수록	77
- 「行狀」, 「諡狀」, 「錦城大君諡號」, 「錦城坪記」, 「祭上坪文」, 「祭卜坪上女寃魂文」, 「大君祠堂告祭祝文」, 「夫人墓祝文」, 「錦城大君順興合享祠宇上樑文」, 「承恩亭記」, 「順興章甫上府使書」, 「錦城曾修築日記」, 「辛酉十二月初四日狀啓」, 「祭文」, 「常用祝文」, 「錦城贈題詠」, 「延諡錄」, 「國朝文科錄」, 「鄭忠壯公墓誌銘」, 「金節齋墓表」, 「永豐君夫人朴氏墓碑」, 「鶯陵和皇甫公墓」, 「大司諫朴公應溉墓誌」 등 수록	78

순번	서명	저자(생몰년)	책차
79	『戊申逆亂』	未詳	
80	『戊申逆變事實』	未詳	
81	『東華傳世紀』	未詳	
82	『疆域關防圖說』	李頤命(1658~1722) 著	제19책
83	『皇壇儀』	未詳	
84	『己亥服制』	未詳	제19~20책
85	『禮說』	尹善道(1587~1671) 著	
86	『西洋國圖書器物』	未詳	
	『朝野記聞』	徐文重(1634~1709) 著	
87	『尤齋上疏』	未詳	
88	『花潭事』	未詳	
89	『象村推數』	申欽(1566~1628) 著	제20책
90	『郭將軍傳』	金錫胄(1634~1684) 著	
91	『右議政鄭公行狀』	未詳	
92	『右議政鄭公墓表』	未詳	
93	『乙卯十月十一日忠州許渡原情』	未詳	
94	『高齋峰檄倭書』	高敬命(1533~1592) 著	
95	『戊申嶺南逆變大略』	未詳	
96	『龍飛御天歌註釋』	未詳	
97	『東史提綱』	洪萬宗(1643~1725) 著	제21책
98	『四郡考』	成海應(1760~1839) 著	
99	『紫巖柵中日錄』	李民寏(1573~1649) 著	
100	『孔子世系』	未詳	
	『朝野記聞』	徐文重(1634~1709) 著	
101	『祭物式』	未詳	제22책
102	『平安道擺撥二十站』	未詳	
103	『八道郵志』	未詳	
104	『軍摠考』	未詳	
105	『甲乙剩言』	胡應麟(明, 1551~1602) 著	
106	『尙白齋』	姚士麟(明, 1559~1644) 著	
107	『構禍事蹟』	宋疇錫(1650~1692) 著	

특이사항	순번
	79
	80
	81
	82
	83
- 『己亥服制』 上이 제19책에, 『己亥服制』 下가 제20책에 수록	84
	85
	86
- 제12, 13, 15, 18, 22, 30, 32, 33, 34책에도 『朝野記聞』이 수록 되어 있음 - 「丁卯虜難」, 「黃池事蹟」, 「朝野記聞跋」 등 수록	87
	88
- 「張順命」, 「金栢谷勁果」, 「崔陟諸」, 「恒娘」, 「南師古」, 「魯認」 등 수록	89
	90
	91
	92
	93
	94
	95
	96
- 제목이 '東國歷代摠目附地誌'로 되어 있음	97
- 徐榮輔輯으로 되어 있으나, 『研經齋全集』에 수록된 내용임을 통해 成海應의 저작임을 알 수 있음 - 「沿革第一」, 「山川第二」, 「關防第三」, 「設置議第四」, 「考誤第五」 등 수록	98
- 「建州見聞錄」, 「憂憤詩」, 「嘉善大夫刑曹參判紫巖李公行狀」, 「神道碑銘幷序」 등 수록	99
	100
- 제12, 13, 15, 18, 20, 30, 32, 33, 34책에도 『朝野記聞』이 수록 되어 있음 - 「文廟陞黜」 수록	
	101
	102
	103
	104
	105
	106
	107

순번	서명	저자(생몰년)	책차
108	『後洞問答』	韓元震(1682~1751) 著	제23책
109	『告沙溪先生文』	宋德相(1710~1783) 著	
110	『易簀時所記』	未詳	
111	『己酉擬書』	尹宣擧(1610~1669) 著	
112	『明季遺聞』	鄒漪 著	
113	『雪壑謏聞』	李大期(1551~1628) 著	제24책
114	『秋江冷話』	南孝溫(1454~1492) 著	
115	『師友名行錄』		
116	『海東樂府』	沈光世(1577~1624) 著	
117	『睡隱集』	姜沆(1567~1618) 著	제25책
117	『荷谷粹語』	許篈(1551~1588) 著	
118	『牛山集』	安邦俊(1573~1654) 著	
119	『壬丁事蹟』		
120	『三冤記事』		
121	『師友鑑戒』		
122	『三友言行』		
123	『釜山記事』		
124	『壬辰記事』		
	『牛山集』	安邦俊(1573~1654) 著	제26책
125	『己丑記事』		
126	『重峯先生遺事』		
127	『買還問答』		
128	『牛山問答』		
129	『梧陰雜說』	尹斗壽(1533~1601) 著	
130	『月汀漫筆』	尹根壽(1537~1616) 著	
131	『玄洲懷恩錄』	尹新之(1582~1657) 著	
132	『造木牛法』	未詳	제27책
133	『丙子錄』	羅萬甲(1592~1642) 著	
134	『擬祭申鍾城恦文』	未詳	
135	『迎日縣事蹟』	未詳	
136	『爛餘』	金在魯(1682~1759) 著	제28책
137	『靑坡劇談』	李陸(1438~1498) 著	제29책
138	『忠愍公朴淳事蹟』	未詳	

특이사항	순번
	108
	109
	110
	111
	112
-「癸酉錄」,「戊午錄」,「己卯錄」,「鄕約人」,「己巳錄」,「己酉錄」 등 수록	113
	114
	115
	116
	117
	117
- 제26책에도 『牛山集』이 수록 되어 있음	118
	119
	120
	121
	122
	123
	124
- 제25책에도 『牛山集』이 수록 되어 있음	
	125
	126
	127
	128
	129
- 제목이 '月汀漫錄'으로 되어 있음	130
- 제목이 '懷恩錄'으로 되어 있음	131
	132
-「羅德憲等賠通遠堡守將書」,「丙子錄跋」,「記江都事」,「記權孝元事」 등 수록	133
-「與申棘人命圭書別幅」 수록	134
	135
	136
	137
	138

부록   301

순번	서명	저자(생몰년)	책차
	『朝野記聞』	徐文重(1634~1709) 著	제30책
139	『看羊錄』	姜沆(1567~1618) 著	제31책
	『朝野記聞』	徐文重(1634~1709) 著	
140	『白頭山記』	成海應(1760~1839) 輯	
141	『南塘韓公元震行狀』	未詳	
142	『忠烈公實記』	未詳	
143	『政院日記』	未詳	
144	『贈職敎旨』	未詳	
145	『加贈敎旨』	未詳	
146	『贈諡敎旨』	未詳	
147	『貞夫人高靈申氏行錄』	未詳	
148	『貞夫人南氏行錄』	未詳	제32책
149	『遺衣服埋安告辭』	未詳	
150	『追和尹友成伯韻竝序』	未詳	
151	『帶方聞記』	趙慶男(1570~1641) 著	
152	『延陽行狀抄』	未詳	
153	『華鶻小說』	南橃(1561~1646) 著	
154	『宜拙目錄』	南二星(1625~1683) 著	
155	『安參議邦俊疏』	未詳	
156	『杞平君兪伯魯疏』	未詳	
157	『河正言潛疏』	未詳	
158	『樂靜家壯抄』	洪葳(1620~1660) 著	
159	『白江李敬興諡狀抄』	金錫冑(1634~1684) 著	
	『朝野記聞』	徐文重(1634~1709) 著	제33책
	『朝野記聞』	徐文重(1634~1709) 著	제34책
160	『寒泉三官記』	李縡(1680~1745) 著	제35책
161	『靑泉集』	申維翰(1681~1752) 著	제36책
162	『荷潭破寂錄』	金時讓(1581~1643) 著	제37책

특이사항	순번
- 제12, 13, 15, 18, 20, 22, 32, 33, 34책에도 『朝野記聞』이 수록 되어 있음 - 「追從祀議」, 「主夫國恤時除服」, 「答聖觀議」, 「換封朝科」 등 수록	
- 「賊中封疏」, 「倭國八道六十六州圖」, 「告孚人檄」, 「請承政院啓辭」, 「涉亂事迹」 등 수록	139
- 제12, 13, 15, 18, 20, 22, 30, 33, 34책에도 『朝野記聞』이 수록 되어 있음 - 「國朝大事記」, 「辨改宗系」, 「改易儲嗣」, 「西邊征討」, 「北邊征討」, 「乙亥獄事」, 「討平施愛」 등 수록	
- 「定界本末」, 「長坡事實」 등 수록	140
	141
	142
- 제18책 『政院日記』와는 내용이 다름	143
	144
	145
	146
	147
	148
	149
	150
	151
	152
	153
	154
	155
	156
	157
	158
	159
- 제12, 13, 15, 18, 20, 22, 30, 32, 34책에도 『朝野記聞』이 수록 되어 있음 - 「丙戌獄事」 수록	
- 제12, 13, 15, 18, 20, 22, 30, 32, 33책에도 『朝野記聞』이 수록 되어 있음 - 「辛巳獄事」 수록	
- 제목이 「三官記」로 되어 있음	160
- 「海游錄」, 「秋堂對策序」, 「抽懷賦並序」, 「淸香樓賦」, 「釋誦並序」, 「申孺人哀辭並跋」, 「南子章哀詞並跋」, 「擬赤壁賦」 등 수록	161
	162

순번	서명	저자(생몰년)	책차
163	『報恩俗離山福泉寺事蹟』	未詳	제38책
164	『魯陵志』	未詳	
165	『莊陵配食錄』	未詳	
166	『環翠亭記』	未詳	
167	『和陶淵明逃酒竝序』	金宗直(1431~1492) 著	
168	『韓城君李公諱塤破李施愛事蹟』	未詳	
169	『朴參判三古傳』	未詳	
170	『戊戌辨誣錄』	李廷龜(1564~1635) 著	제39책
171	『貶大妃尊號節目』	未詳	
172	『庭請終始不參秩』	未詳	
173	『庭請時堂下人員終始不參秩』	未詳	
174	『健元陵神道碑銘』	權近(1352~1409) 著	
175	『碑陰記』	卞季良(1369~1430) 著	
176	『忠烈錄』	金應河(1580~1619) 著	
177	『御將金公神道碑』	趙絅(1586~1669) 著	
178	『御營公墓誌銘』	洪良浩(1724~1802) 著	
179	『遼東伯傳』	朴希賢(1566~?) 著	
180	『題傳後』	柳夢寅(1559~1623) 著	
181	『寄密昌書』	未詳	
182	『祭文』	朴承宗(1562~1623) 著	
183	『贈遼東伯詔』	未詳	
184	『三藩紀事本末』	楊陸榮 著	제40책
185	『蜀亂』	未詳	
186	『鄭成功之亂』	未詳	
187	『嘉善大夫禮曹參判夏興公墓誌銘竝序』	未詳	
188	『有明朝鮮國通政大夫集賢殿副提學致仕曹公墓碣銘竝序』	未詳	
189	『忠臣豊川府使贈兵曹判書朴公行狀』	未詳	
190	『竹軒集』	金民澤(1678~1722) 著	
191	『贈領議政行統制使柳公諡狀』	未詳	
192	『贈刑曹判書行訓練院都正柳公諡狀』	未詳	
193	『正憲大夫議政府左參贊兼弘文館提學』	未詳	
194	『柳忠傑傳』	未詳	
195	『朝鮮國折衝將軍行龍驤衛副護軍安東鎭營將討捕使田公諱萬秋墓碣銘竝序』	未詳	

특이사항	순번
	163
	164
	165
	166
	167
	168
	169
-「皇朝覆題」,「兵部咨文」등 수록	170
	171
	172
	173
	174
	175
- 제목이 '己未深卜忠烈錄'으로 되어 있음	176
	177
	178
	179
	180
	181
	182
	183
	184
	185
	186
	187
	188
	189
-「列婦尙娘傳」,「成將軍佑吉傳」,「尙瑞院藏皇明符驗識」등 수록	190
	191
	192
	193
	194
	195

순번	서명	저자(생몰년)	책차
196	『送田節制奉皇明二語往萬東祠序』	未詳	
197	『廣平田氏族譜序』	未詳	
198	『廣平事蹟序』	未詳	
199	『是窩遺稿』	韓泰東(1646~1687) 著	
200	『鶴山樵談』	許筠(1569~1618) 著	
201	『松溪漫錄』	權應仁(1510?~1558?) 著	
202	『贈兵曹判書坡寧君尹公諡狀』	未詳	
203	『江都三忠傳』	李頤命(1658~1722) 著	
204	『重峯集』	趙憲(1544~1592) 著	
205	『南溪集』	朴世采(1631~1695) 著	
206	『西厓集』	柳成龍(1542~1607) 著	제41책
207	『退漁堂遺稿』	金鎭商(1684~1755) 著	
208	『息庵遺稿』	金錫冑(1634~1684) 著	
209	『己卯八賢傳』	金堉(1580~1658) 著	제42책
210	『歷代派閥』	未詳	
211	『東學寺魂記釋』	成海應(1760~1839) 著	
212	『成文靖公怡軒』	未詳	
213	『文肅公檜公』	未詳	
214	『校理公仁龜先生』	未詳	
215	『五忠存祀兩賢旋裦之疏』	未詳	
216	『參奉公文斗先生』	未詳	
217	『校理公靑宇齋』	未詳	
218	『造政大夫行東萊府使府君家狀』	未詳	제43책
219	『有明朝鮮國昌寧句溪成侍中院庭碑銘並序』	未詳	
220	『節孝公』	未詳	
221	『奉敎嚴辨錄』	申晩(1703~1765) 著	
222	『趙召史原情』	未詳	
223	『判承樞府朴公行狀』	未詳	
224	『壬辰遺聞』	閔鼎重(1628~1692) 著	
225	『編年通錄』	金寬毅 著	
226	『柳下集』	洪世泰(1653~1725) 著	

특이사항	순번
	196
	197
	198
-「執義時避嫌啓」,「辭執義疏」 수록	199
	200
	201
	202
	203
-「趙重峯墓佐門生同日死簡牘」 수록	204
-「都巡邊使申公傳」 수록	205
-「記癸巳冬司天使事」,「記關王廟」,「記亂後事」,「雜記」,「記明廟御筆」,「記李相丁卯年事」,「記許魏天使事」,「記仁廟御文昭殿事」,「記昪請李相識事」 등 수록	206
-「移拜注書辨韓詗構誣書」,「辨趙命頔構誣疏」 등 수록	207
-「以勘勳不審待罪疏」 수록	208
-木板本 -「己卯諸賢傳序」,「領議政鄭光弼」,「左議政安瑭」,「左贊成李長坤」,「判書金淨」,「大司憲趙光祖」,「大司成金湜」,「應敎奇遵」,「布衣申命仁」 등 수록	209
	210
	211
	212
	213
	214
	215
	216
	217
	218
	219
	220
-「奉敎編輯諸臣」,「奉敎纂辨錄英宗御製序」 등 수록	221
	222
	223
	224
-제목이 '金寬毅編年通錄'으로 되어 있음	225
-「金英哲傳」 수록	226

순번	서명	저자(생몰년)	책차
227	『江漢集』	黃景源(1709~1787) 著	
228	『檀君記』	未詳	
229	『倡義錄』	未詳	
230	『辨死』	未詳	
231	『日本國皇來歷世系』	未詳	
232	『舟川墓碣文』	未詳	
233	『晉陽郡柳公孝傑行狀』	未詳	
234	『五衛都摠府副摠柳公就章諡狀』	未詳	
235	『輸忠奮義翊贊景運開國功臣輔國崇祿大夫門下侍中贊成事同判都評議司事兼刑曹判義興三軍都節制使靑海伯襄烈李公神道碑銘竝序』	未詳	
236	『唐故奉常正卿平壤郡開國公食邑二千戶新羅國上將軍金公神道碑銘竝序』	未詳	
237	『明總兵官朝鮮國正憲大夫平安道兵馬節度使忠愍林公神道碑銘竝序』	未詳	
238	『折衝將軍忠淸道兵馬節度使贈崇祿大夫議政府左贊成兼義禁府事武愍黃公墓誌銘竝序』	未詳	
239	『明總兵官朝鮮國輔國崇祿大夫三道水軍統制使兼慶尙右道水軍節度使忠毅鄭公墓誌銘竝序』	未詳	
240	『徵士故朝散大夫氷庫別坐蔡公墓誌銘竝序』	未詳	
241	『通訓大夫唐津縣監洪州鎭管兵馬節制都尉宋公墓誌銘竝序』	未詳	
242	『折衝將軍淸州鎭營將兼討捕使贈議政府左贊成諡忠壯南公行狀』	未詳	
243	『嘉善大夫忠淸兵馬節度使贈議政府左贊成諡忠愍李公行狀』	未詳	
244	『嘉善大夫慶尙道觀察使兼兵馬水軍節度使巡察使大丘都護府使贈議政府左贊成諡忠烈黃公行狀』	未詳	제44책
245	『通政大夫司諫院大司諫李公言行述』	未詳	
246	『正憲大夫刑曹判書兼知訓鍊院事五衛都摠府都摠管崇政大夫議政府左贊成兼判義禁府事世子貳師李公諡狀』	未詳	
247	『嘉義大夫平安道兵馬節度使贈資憲大夫戶曹判書兼智義禁府訓鍊院事五衛都摠府都摠管白公諡狀』	未詳	
248	『嘉善大夫司憲府大司憲兼同知春秋館事贈資憲大夫吏曹判書兼知義禁府事弘文館大提學藝文館大提學知經筵成均館事五衛都摠府都摠管洪公諡狀』	未詳	
249	『皇朝御祭朝鮮國進賀陪臣嘉善大夫兵曹分司參判贈大匡輔國崇祿大夫議政府領議政兼經筵弘文館藝文春秋館觀象監事世子師李公諡狀』	未詳	
250	『資憲大夫漢城府判尹贈忠勤貞亮效節協策扈聖功臣崇政大夫議政府左贊成兼判禁府事知經筵春秋館事世子貳師密川君朴公諡狀』	未詳	
251	『移禮曹論毅宗黃帝廟號狀』	未詳	

특이사항	순번
- 제4책에도 『江漢集』이 수록 되어 있음 - 「上定思陵事狀」 수록	227
	228
- 「上章倡義錄序」 수록	229
	230
	231
	232
	233
	234
	235
	236
	237
	238
	239
	240
	241
	242
	243
	244
	245
	246
	247
	248
	249
	250
	251

순번	서명	저자(생몰년)	책차
252	『通訓大夫晉州牧使晉川鎭兵馬節制使贈資憲大夫兵曹判書兼知義禁府事忠毅張公墓誌銘竝序』	未詳	
253	『通訓大夫忠州牧使鎭兵馬節制使贈資憲大夫兵曹判書兼知義禁府事洪平李君公墓誌銘竝序』	未詳	
254	『贈嘉善大夫司憲府大司憲李公墓誌銘竝序』	未詳	
255	『贈嘉善大夫戶曹參判兼同知義禁府事五衛都摠府副摠管洪君墓誌銘竝序』	未詳	
256	『菊塘鄭君墓誌銘竝序』	未詳	
257	『嘉善大夫司憲府大司憲庾同知春秋館事徐公墓誌銘竝序』	未詳	
258	『申成甫墓誌銘竝序』	未詳	
259	『東鷄趙公墓誌銘』	未詳	
260	『李元靈墓誌銘竝序』	未詳	
261	『嘉善大夫全州府尹全州鎭兵馬節制使贈崇政大夫議政府左贊成兼判義禁府事弘文館大提學藝文館大提學知經筵春秋館成均館事五衛都摠府都摠管忠毅鄭公神道碑銘竝序』	未詳	
262	『通政大夫弘文館副提學知製敎兼經筵參贊官春秋館修撰官贈資憲大夫吏曹判書兼知經筵事弘文館大提學藝文館大提學知春秋館成均館事李公神道碑銘竝序』	未詳	
263	『嘉善大夫行承政院都承旨兼經筵參贊官春秋館修撰官藝文館直提學尙瑞院正贈資憲大夫吏曹判書兼知經筵事弘文館大提學藝文館大提學知春秋館成均館事任公神道碑銘竝序』	未詳	
264	『正憲大夫訓鍊院都正兼五衛都摠府都摠管宋公碣銘竝序』	未詳	
265	『輸忠竭誠揚武功臣資憲大夫平安道兵馬節度使完春君贈崇政大夫議政府左贊成兼判義禁府事忠襄李公墓碣銘竝序』	未詳	
266	『通訓大夫唐津縣監洪州鎭管兵馬節制都尉宋公墓誌銘竝序』	未詳	
	『江漢集』	未詳	
267	『梅翁閒錄』	未詳	
268	『莊陵謄錄』	未詳	제45책
269	『端宗實錄』	成海應(1760~1839) 著	
270	『於于野譚』	柳夢寅(1559~1623)	제46~47책
271	『松江年譜』	未詳	제47책
272	『松江日記』	鄭澈(1536~1593) 著	
273	『石谷封事』	宋尙敏(1626~1679) 著	
274	『寄齋雜記』	朴東亮(1569~1635) 著	제48책
275	『象村記事』	申欽(1566~1628) 著	

특이사항	순번
	252
	253
	254
	255
	256
	257
	258
	259
	260
	261
	262
	263
	264
	265
	266
- 제3책에도 「江漢集」이 수록 되어 있음 - 「悟修堂記」, 「螺蜂亭記」 등 수록	
	267
- 「實錄」, 「崇本」, 「配食」, 「褒贈」, 「綸書」 등 수록	268
- 「世祖實錄」, 「中宗實錄」, 「諸臣褒贈」, 「諡狀」 등 수록	269
- 제46책에 卷上, 제47책에 卷下 수록	270
	271
	272
	273
	274
	275

순번	서명	저자(생몰년)	책차
276	『谿谷漫筆』	張維(1587~1638) 著	
277	『陰厓日記』	李耔(1480~1533) 著	

특이사항	순번
	276
-「與柳從龍書」,「吳偶見安圓機所稱並錄篇末」,「癸酉弘文館請還削柳子光捕賊勳錄疏」,「尚友堂集跋」,「自撰誌」,「關西本使錄」,「記甲子士禍」,「記權達手被禍事」,「書日錄末」 등 수록	277

부록 313

5. 『한고관외사寒皐觀外史』의 구성[6]

순번	서명	저자(생몰년)	권차	책차	특이사항
1	『稗官雜記』	魚叔權 著	1~6	제1~3책	
2	『李氏西征錄』	李蔵(1376~1451) 著	7~8	제4책(缺本)	
3	『丙辰丁巳錄』	任輔臣(?~1558) 著	9	제5책(缺本)	
4	『戊午黨籍錄』	柳成龍(1542~1607) 錄			-『丙辰丁巳錄』에 附記되어 있음
5	『史禍顚末』(추정)	權文海(1534~1591) 著			-『丙辰丁巳錄』에 附記되어 있음
6	『筆苑雜記』	徐居正(1420~1488) 著	10~11	제5~6책 (缺本)	
7	『謏聞瑣錄』	曺伸(1454~1529) 著	12~15	제6~8책 (6冊 缺)	
8	『梅溪叢話』	曺偉(1454~1503) 著	14	제7책	-『謏聞瑣錄』卷3에 附記되어 있음
9	『龍泉談寂記』	金安老(1481~1537) 著	16~17	제8~9책	
10	『靑坡劇談』	李陸(1438~1498) 著	18~19	제9~10책	
11	『陰厓日記』	李耔(1480~1533) 著	20	제10책	-「與柳從龍書」,「某偶見安圃樵所稱立錄篇末」,「祭西弘文館請削柳子光翊戴勳錄疏」,「尙友堂集跋」,「自撰誌」 등 수록
12	『秋江冷話』	南孝溫(1454~1492) 著	21	제11책	
13	『師友名行錄』				-『秋江冷話』에 附記되어 있음
14	『思齋摭言』	金正國(1485~1541) 著	22~23	제11~12책	
15	『己卯黨籍錄』	未詳	23	제12책	-『思齋摭言』에 附記되어 있음
16	『淸江瑣語』[7]	李濟臣(1536~1583) 著	24	제12책	
17	『淸江思齊錄』		25	제13책	
18	『淸江詩話』				-『淸江思齊錄』에 附記되어 있음
19	『黃兎記事』	李廷馨(1549~1607) 著	26~28	제13~14책	
20	『錄金貴千顚末』	未詳	28	제14책	-『黃兎記事』에 附記되어 있음 -『黃兎記事』와 『黃兎記事跋』 사이에 수록되어 있음
21	『東閣雜記』	李廷馨(1549~1607) 著	29~33	제15~17책	
22	『時政錄』	鄭澈家藏本	34	제17책	

[6] 3장 18~19세기 야사총서 편찬 양상 4.『寒皐觀外史』·『倉可樓外史』에서는『한고관외사』내 수록된 야사를 86종으로 기재하였다. 그러나 5장에서 기술한 대로 제5책의『戊午黨籍錄』과『史禍顚末』2종이『한고관외사』에 포함되어 있을 것으로 추정하여, 여기서는 총 88종을 제시하였다.

[7] 『寒皐觀外史』에는 제목이 '鰲鯖瑣語'로 되어 있으나, '淸江思齊錄', '淸江詩話' 등과의 통일성을 위해 '淸江瑣語'로 지칭하였다.

순번	서명	저자(생몰년)	권차	책차	특이사항
23	『石潭日記』	李珥(1536~1584) 著	35~43	제18~22책	
24	『海東樂府』	沈光世(1577~1624) 著	44	제22책	
25	『休翁日序』				- 『海東樂府』에 附記되어 있음
26	『東溪雜錄』	禹伏龍(1547~1613) 著	45~48	제23~24책	
27	『靖陵志略』	愼師後(1547~1613) 著	48	제24책	- 『鶴林雜錄』에 附記되어 있음
28	『關北記聞』	金時讓(1581~1643) 著	49	제25책	
29	『白野記聞』	趙錫周(1641~1716) 著	50		
30	『癸未記事』	未詳	51	제26책	
31	『畸翁漫筆』	鄭弘溟(1592~1650) 著	52		
32	『山中獨言』	申欽(1566~1628) 著	53	제27책	
33	『檠窓江上錄』				- 『山中獨言』에 附記되어 있음
34	『晴恩軟談』		54		
35	『征倭雜志』		55	제28책	
36	『王人姓名記』		56		
37	『鶴山樵談』	許筠(1569~1618) 著	57	제29책	
38	『月汀漫筆』	尹根壽(1537~1616) 著	58~59	제29~30책	
39	『梧陰雜說』	尹斗壽(1533~1601) 著	59	제30책	- 『月汀漫筆』에 附記되어 있음
40	『玄洲懷恩錄』	尹新之(1582~1657) 著	59		
41	『五山說林』	車天輅(1554~1615) 著	60~61	제30~31책	
42	『松溪漫錄』	權應仁(1510?~1558?) 著	62~63	제31~32책	
43	『松窩雜說』	李墍(1522~1600) 著	64~65	제32~33책	
44	『聞韶漫錄』	尹國馨(1543~1611) 著	66~67	제33~34책	
45	『甲辰漫錄』		68	제34책	
46	『牛山問答』	安邦俊(1573~1654) 著	69	제35책	- 제목이 '牛山答問'으로 되어 있음
47	『師友鑑戒』				- 『牛山問答』에 附記되어 있음
48	『買蜑問答』				- 『牛山問答』에 附記되어 있음
49	『松江行錄』	金長生(1548~1631) 著	70		
50	『涪溪記聞』	金時讓(1581~1643) 著	71~72	제36책	
51	『紫海筆談』		73	제37책	
52	『荷潭破寂錄』		74~76	제37~38책	
53	『谷雲雜錄』	金壽增(1624~1701) 著	77	제39책	
54	『退憂漫筆』	金壽興(1626~1690) 著	77		
55	『效顰雜記』	高尙顏(1553~1623) 著	78~79	제39~40책	

순번	서명	저자(생몰년)	권차	책차	특이사항
56	『柳川劄記』	韓俊謙(1557~1627) 著	80	제40책	
57	『破睡雜記』	尹新之(1582~1657) 著			- 『柳川劄記』에 附記되어 있음
58	『疎齋漫錄』	李頤命(1658~1722) 著	81	제41책	
59	『燕行雜識』		82		
60	『江都三忠傳』				- 『燕行雜識』에 附記되어 있음
61	『喪禮定式』				- 『燕行雜識』에 附記되어 있음
62	『疆域關防圖說』				- 『燕行雜識』에 附記되어 있음
63	『良役變通議』				- 『燕行雜識』에 附記되어 있음
64	『公私見聞錄』	鄭載崙(1648~1723) 著	83~86	제42~43책	
65	『眉巖日記』	柳希春(1513~1577) 著	87~107	제44~54책	
66	『雲巖雜錄』	柳成龍(1542~1607) 著	108	제54책	
67	『北遷日錄』	鄭忠信(1576~1636) 著	109~110	제55책	
68	『諸公事蹟』	尹善道(1587~1671) 著	110		- 『北遷日錄』에 附記되어 있음
69	『南遷日錄』	宋相琦(1657~1723) 著	111	제56책	
70	『河西言行述』	趙希文(1527~1578) 著	112		
71	『寒泉三官記』	李縡(1680~1745) 著	113~116	제57~58책	
72	『己丑記事』	安邦俊(1573~1654) 著	117	제59책	
73	『辛卯記事』				- 『己丑記事』에 附記되어 있음
74	『壬丁事蹟』		118		
75	『三冤記事』				- 『壬丁事蹟』에 附記되어 있음
76	『東岡講義』	金宇顒(1540~1603) 著	119~121	제60~61책	
77	『艮翁尤墨』	李堅(1522~1600) 著	122~123	제61~62책	
78	『寄齋雜記』	朴東亮(1569~1635) 著	124~128	제62~64책	
79	『名山秘藏』		125	제63책	- 『寄齋雜記』 卷2에 附記되어 있음
80	『己丑錄』	黃赫(1551~1612) 著	129	제65책	- 저자를 '李壽慶'으로 기재
81	『癸甲日錄』	禹性傳(1542~1593) 著	130~133	제65~67책	
82	『留齋行年記』	李廷馪(1541~1600) 著	134~135	제68책	
83	『遜齋日記』	李潚 著	135	제68책	- 『留齋行年記』에 附記되어 있음
84	『壬辰遺事』	趙錡(1595~?) 錄	135	제68책	- 『留齋行年記』에 附記되어 있음
85	『壽春雜記』	李廷馨(1549~1607) 著	136	제68책	
86	『魏義士傳』			제68책	- 『壽春雜記』에 附記되어 있음
87	『艮齋漫錄』	崔奎瑞(1650~1735) 著	137~139	제69~70책	
88	『梅翁閒錄』	朴亮漢(1677~1746) 著	140	제70책	

6. 『창가루외사倉可樓外史』의 구성

순번	서명	저자(생몰년)	권차	책차	특이사항
1	『東史提綱』	洪萬宗(1643~1725) 著	1~2	제1책	- 舊名 『東國歷代總目』
2	『再造藩邦志』	申炅(1613~1653) 著	3~14	제2~7책(缺本)	
3	『石潭日記』	李珥(1536~1584) 著	15~23	제8~12책(缺本)	
4	『東閣散錄』	金君錫(1602~1709) 著	24~49	제12~25책	- 第12冊 缺
5	『李相國日記』	李元翼(1547~1634) 著	50~56	제25~28책	
6	『癸甲時事錄』	辛喜業 輯	57~85	제29~43책	- 第43冊 缺
7	『國朝名臣錄』	李存中(1703~1761) 著	86~148	제43~74책	- 第43, 45冊 缺

7. 『대동패림大東稗林』의 구성

순번	서명	저자(생몰년)	권수	책차	특이사항
1	『列朝紀事』	李肯翊(1736~1806) 著	28권	제1~28책(本30책)	- 舊名 『燃藜室記述』 - 零本(第4, 20冊 缺)
2	『定辨錄』	沈樂洙(1739~1799) 著	23권	제29~51책	
3	『東閣雜記』	李廷馨(1549~1607) 著	5권	제52~53책	
4	『東閣散錄』	金君錫(1602~1709) 著	13권	제54~66책	
5	『李相國日記』	李元翼(1547~1634) 著	6권	제66~69책	- 『李相國日記』 卷5 缺
6	『澤堂家訓』	李植(1584~1647) 著	1권	제70책	
7	『竹窓閑話』	李德泂(1566~1645) 著	1권		- 제목이 '竹泉日記'로 되어 있음
8	『銀臺日記』	李德悅(1534~1599) 著	2권	제70~71책	
9	『松溪漫錄』	權應仁(1510?~1558?) 著	2권	제72책	
10	『松窩雜說』	李墍(1522~1600) 著	2권	제72~73책	
11	『柳川劄記』	韓浚謙(1557~1627) 著	1권	제73책	
12	『破睡雜記』	尹新之(1582~1657) 著	1권		- 『柳川劄記』에 附記되어 있음
13	『聞韶漫錄』	尹國馨(1543~1611) 著	2권	제73~74책	
14	『甲辰漫錄』		1권	제74책	
15	『菁川日記』	姜緖(1552~1614) 著	2권	제75~76책	- 저자를 柳舜翼으로 誤記함
16	『良賤辨別記』	未詳	1권	제76책	- 제목이 '安家奴案'으로 되어 있음
17	『秋江冷話』	南孝溫(1454~1492) 著	1권	제77책	
18	『師友名行錄』		1권		- 『秋江冷話』에 附記되어 있음
19	『梅溪叢話』	曺偉(1454~1503) 著	1권		
20	『思齋摭言』	金正國(1485~1541) 著	2권	제77~78책	
21	『己卯黨籍錄』	未詳	1권	제78책	- 『思齋摭言』에 附記되어 있음
22	『龍泉談寂記』	金安老(1481~1537) 著	2권		
23	『二旬錄』	具樹勳(1685~1757) 著	2권	제79~80책	
24	『桐巢漫錄』	南夏正(1678~1751) 著	3권	제81~83책	
25	『稗官雜記』	魚叔權 著	3권	제84~86책	
26	『關北紀聞』	金時讓(1581~1643) 著	1권	제87책	
27	『涪溪記聞』		2권		
28	『明村雜錄』	羅良佐(1638~1710) 著	1권	제88책	

순번	서명	저자(생몰년)	권수	책차	특이사항
29	『掛一錄』	李肇敏(1541~?) 著	1권	제89책	
30	『鶴林雜錄』	未詳	1권		
31	『芝川吊狀』	未詳	1권		- 『鶴林雜錄』에 附記되어 있음
32	『銀臺史綱』	趙持謙(1639~1685) 著	1권		
33	『謏聞瑣錄』	曹伸(1454~1529) 著	3권	제90책	- 『謏聞瑣錄』 卷3 缺 - 卷3은 『梅溪叢話』로 別冊으로 처리됨
34	『筆苑雜記』	徐居正(1420~1488) 著	2권	제91책	
35	『丙辰丁巳錄』	任輔臣(?~1558) 著	1권		
36	『戊午黨籍錄』	柳成龍(1542~1607) 錄	1권		- 『丙辰丁巳錄』에 附記되어 있음
37	『史纉顚末』	權文海(1534~1591) 著	1권		- 『丙辰丁巳錄』에 附記되어 있음
38	『幄對說話』	宋時烈(1607~1689) 著	1권	제92책	
39	『忠逆辨』	李敏輔(1720~1799) 著	1권		
40	『構禍事蹟』	宋疇錫(1650~1692) 著	1권		
41	『黃江問答』	韓弘祚(1681~1712) 著	1권		
42	『尹推懷驪始末』	尹推(1632~1707) 著	1권		- 『黃江問答』에 附記되어 있음
43	『荷潭破寂錄』	金時讓(1581~1643) 著	3권	제93책	
44	『癸甲日錄』	禹性傳(1542~1593) 著	3권	제94책	
45	『雲巖雜錄』	柳成龍(1542~1607) 著	1권		
46	『陽坡年記』	鄭太和(1602~1673) 著	2권	제95책	
47	『寒圃逸』	金鎭玉(1659~1736) 著	2권	제96~97책	
48	『寄齋雜記』	朴東亮(1569~1635) 著	5권	제98~99책	
49	『名山秘藏』		1권	제98책	- 『寄齋雜記』 卷2에 附記되어 있음
50	『己丑記事』	安邦俊(1573~1654) 著	1권	제100책	
51	『辛卯記事』		1권		- 『己丑記事』에 附記되어 있음
52	『壬丁事蹟』		1권		
53	『三冤記事』		1권		- 『壬丁事蹟』에 附記되어 있음
54	『詩話彙編』	洪重寅(1677~1752) 著	4권	제101~104책 (本7冊)	- 零本(下篇1~3冊 缺)
55	『黃兔記事』	李廷馨(1549~1607) 著	3권	제105책	
56	『錄金貴千顚末』	未詳	1권		- 『黃兔記事』 附記 - 『黃兔記事』와 『黃兔記事跋』 사이에 수록되어 있음
57	『癸甲錄』	未詳	1권	제106~108책	
58	『眉巖日記』	柳希春(1513~1577) 著	15권	제109~111책	

순번	서명	저자(생몰년)	권수	책차	특이사항
59	『楓巖輯話』	柳光翼(1713~1780) 著	2권	제112책	
60	『北遷日錄』	鄭忠信(1576~1636) 著	2권	제113책	
61	『諸公事蹟』	尹善道(1587~1671) 著	1권		- 『北遷日錄』에 附記되어 있음
62	『甲寅錄』	未詳	1권	제114책	
63	『石潭日記』	李珥(1536~1584) 著	9권	제115~117책	
64	『晉興君日記』	姜紳(1543~1615) 著	1권	제118책	
65	『己丑獄案』	未詳	1권	제119책	
66	『江都錄』	未詳	1권	제120책	
67	『西郭雜錄』	李文興(1423~1503) 著	1권		
68	『愚得錄』	鄭介淸(1529~1590) 著	1권		
69	『牛山問答』	安邦俊(1573~1654) 著	1권	제121책	
70	『師友鑑戒』		1권		- 『牛山問答』에 附記되어 있음
71	『買還問答』		1권		- 『牛山問答』에 附記되어 있음
72	『松江行錄』	金長生(1548~1631) 著	1권		
73	『靑坡劇談』	李陸(1438~1498) 著	2권	제122책	
74	『陰崖日記』	李耔(1480~1533) 著	1권		- 「與柳從龍書」,「某偶見安圃樵所稱立錄篇末」,「祭西弘文館請還削柳子光豺戴勳錄疏」,「尙友堂集跋」,「自撰誌」 등 수록
75	『月汀漫筆』	尹根壽(1537~1616) 著	2권	제123책	- 卷下의 저자를 尹斗壽로 誤記
76	『梧陰雜說』	尹斗壽(1533~1601) 著	1권		- 『月汀漫筆』에 附記되어 있음
77	『玄洲懷恩錄』	尹新之(1582~1657) 著	1권		
78	『效矉雜記』	高尙顔(1553~1623) 著	2권	제124책	
79	『羅金往復書』	羅良佐(1638~1710)等 著	1권	제125책	- 제목이 '羅金往復'으로 되어 있음
80	『芝村答問』	李喜朝(1655~1724) 著	1권		
81	『晦隱瑣錄』	南鶴鳴(1645~1722) 著	1권		
82	『修書雜志』	李宜哲(1703~1778) 著	?	제126~131책	- 零本, 상트페테르부르크대 소장

8. 『패림稗林』의 구성[8]

순번	서명	저자(생몰년)	권차	특이사항
1	『英宗記事』[9]	未詳	제1권	
2	『正宗記事』	未詳	제2~12권, 제24~51권	- 第4卷 缺
3	『純祖記事』	未詳	제13~23권, 제52~63권	
4	『憲宗記事』	未詳	제64~73권	
5	『哲宗記事』, 『拾遺』	未詳	제74~84권, 제85권	
6	『謏聞瑣錄』	唐仲(1454~1529) 著	제86~87권[10]	
7	『筆苑雜記』	徐居正(1420~1488) 著	제88권	
8	『青坡劇談』	李陸(1438~1498) 著	제89권	
9	『思齋摭言』	金正國(1485~1541) 著	제90권	
10	『己卯黨籍錄』	未詳		- 『思齋摭言』에 附記되어 있음
11	『陰崖日記』	李耔(1480~1533) 著	제91권[11]	- 「與柳從龍書」, 「某偶見女圍燋所稱並錄篇末」, 「祭西廐文館講還劊柳子光擒戮致尊疏」, 「島友堂集跋」, 「自撰誌」 등 수록

---

[8] 현재 『稗林』에는 제4권, 제92권, 제154권이 결본이다. 이 때문에 이를 제외하고 기재하였다.

[9] 현재 『稗林』 영인본에는 제1권과 제85권에 해당하는 『英宗記事』, 『拾遺』가 수록되어 있지 않다. 다만, 영남대학교 중앙도서관 홈페이지의 일반주기에서 소장되어 있음을 확인할 수 있다. 이에 따라 이 책에서는 포함하여 기재하였다(검색일 : 2024.03.15). 『영종기사』의 경우는 개별 야사라 할 수 있으나, 『습유』는 앞의 내용에 대한 부연 기록으로 개별 야사로 보기에는 무리가 있을 것이다. 이에 따라 『습유』는 종수에 포함시키지 않고, 표에서도 생략하였다.

[10] 국립중앙박물관 소장 조선총독부박물관 문서 사이트(https://www.museum.go.kr/modern-history/main.do)에는 일제강점기 조선총독부 박물관에서 생산·보관하던 문서를 사진촬영과 스캔 등을 통해 디지털 데이터를 확보하고 이를 바탕으로 DB구축 및 공개 사업을 추진했다. 현재는 여러 분야별 조선총독부 박물관 문서를 공개하고 있는데, 그 가운데 '기타'항목에는 「『패림(稗林)』 목록 및 해제」(이하 「패림목록」으로 略稱)라는 문서가 포함되어 있다. 이 목록에는 권1~150까지의 『패림』 소수서목과 일부 야사의 해제를 수록하고 있는데, 현재 영남대학교에서 제공하고 있는 권차와 대부분 유사하지만, 몇몇 다른 부분이 있다. 그 중 하나가 영남대에서는 제86~87권에 『謏聞瑣錄』이 수록되어 있다고 했지만, 「패림목록」에는 제86권에 『秋江冷話』와 『梅溪叢話』가, 제87권에 『謏聞瑣錄』을 수록하고 있음을 기재하였다.

[11] 영남대학교에서는 제92권이 缺本으로 수록 야사에 대해 알 수 없으나, 「패림목록」에는 제92권을 『丙辰丁巳錄』으로 기재했다.

순번	서명	저자(생몰년)	권차	특이사항
12	『龍泉談寂記』	金安老(1481~1537) 著	제93권	
13	『眉巖日記』[12]	柳希春(1513~1577) 著	제94~96권[13]	
14	『石潭日記』	李珥(1536~1584) 著	제101~102권	
15	『月汀漫筆』	尹根壽(1537~1616) 著	제103~104권[14]	
16	『梧陰雜說』	尹新之(1582~1657) 著		- 『月汀漫筆』에 附記되어 있음
17	『玄洲懷恩錄』	車天輅(1554~1615) 著		
18	『癸甲錄』	未詳	제105~106권	
19	『癸甲日錄』	禹性傳(1542~1593) 著	제107권	
20	『雲巖雜錄』	柳成龍(1542~1607) 著		
21	『己丑獄案』	未詳	제108권	
22	『己丑記事』	安邦俊(1573~1654) 著	제109~110권	
23	『辛卯記事』			- 『己丑記事』에 附記되어 있음
24	『壬丁事蹟』			
25	『三冤記事』			- 『壬丁事蹟』에 附記되어 있음
26	『牛山問答』		제110권	
27	『師友鑑戒』			- 『牛山問答』에 附記되어 있음
28	『買還問答』			- 『牛山問答』에 附記되어 있음
29	『松江行錄』	金長生(1548~1631) 著		
30	『寄齋雜記』	朴東亮(1569~1635) 著	제111~112권	
31	『名山秘藏』			- 『寄齋雜記』卷2에 附記되어 있음
32	『菁川日記』	姜緄(1552~1614) 著	제113~114권	
33	『良賤辨別記』	未詳		- 제목이 '安家奴案'으로 되어 있음
34	『晋興君日記』	姜紳(1543~1615) 著	제115권	
35	『五山說林』	車天輅(1554~1615) 著	제116권	

---

[12] 영남대학교 중앙도서관 홈페이지 일반주기에서는 "제94~96권『眉巖日記』, 제97~100권『修書雜志』, 제101~102권『石潭日記』"로 안내하고 있으며, 동시에 "제193~200권『修書雜志』"로 안내하고 있어서, 혼동이 된다. 현재 영인본에는 『眉巖日記』 이후 『石潭日記』가 수록되어 있으며, 『修書雜志』는 마지막에 위치해 있다. 여기서는 영남대학교 중앙도서관 홈페이지 정보에 따라, 권차를 유지하되, 실제 『修書雜志』 참고할 때는 영인본에 따라 제193~200권에 해당되는 부분을 참고하겠다.

[13] 「패림목록」에는 제94~96권을 『眉巖日記』로, 제97~99권을 『稗官雜記』, 권100~102권을 『石潭日記』로 기재하고 있다.

[14] 「패림목록」에는 제103권을 『月汀漫筆』로, 제104~106권을 『癸甲錄』으로 기재하고 있다.

순번	서명	저자(생몰년)	권차	특이사항
36	『睡翁漫筆』	鄭弘溟(1592~1650) 著	제117권	
37	『淸江瑣語』[15]	李濟臣(1536~1583) 著		
38	『淸江思齊錄』		제118권	
39	『淸江詩話』			
40	『鶴山樵談』	許筠(1569~1618) 著		
41	『芑翁虎里』	李墍(1522~1600) 著	제119권	
42	『松溪漫錄』	權應仁(1510?~1558?) 著		
43	『松窩雜說』	李墍(1522~1600) 著		
44	『柳川箚記』	韓俊謙(1557~1627) 著	제120~122권	
45	『破睡雜記』	尹新之(1582~1657) 著		- 『柳川箚記』에 附記되어 있음
46	『聞韶漫錄』	尹國馨(1543~1611) 著		
47	『甲辰漫錄』			
48	『留齋行年記』	李廷馣(1541~1600) 著		- 제목이 '留齋日記'로 되어 있음
49	『薩齋日記』	李寯 著		- 『留齋行年記』에 附記되어 있음
50	『壬辰遺事』	趙翊(1595~?) 錄	제123권	- 『留齋行年記』에 附記되어 있음 - 저자가 趙翊로 되어 있음
51	『壽春雜記』	李廷馨(1549~1607) 著		
52	『魏義上傳』	未詳		- 『壽春雜記』에 附記되어 있음
53	『黃兎記事』	李廷馨(1549~1607) 著		
54	『錄金貴千種木』	未詳	제124권	- 『黃兎記事』에 附記되어 있음 - 『黃兎記事』와 『黃兎記戰』 사이에 수록되어 있음
55	『東閣雜記』	李廷馨(1549~1607) 著	제125~126권	
56	『李相國日記』	李元翼(1547~1634) 著	제127~130권	
57	『童蒙筮告』	未詳		
58	『接倭歷年考』	李孟休(1713~1751) 著	제131권	
59	『戊戌讒理錄』	李廷龜(1592~1671) 著		
60	『楓巖輯話』	柳光翼(1713~1780) 著	제132권	
61	『掛一錄』	李肇敏(1541~?) 著		
62	『鶴林雜錄』	未詳	제133권[16]	
63	『黃芝川行狀』	未詳		- 『鶴林雜錄』에 附記되어 있음
64	『銀臺史綱』	趙持謙(1639~1685) 著		

[15] 『稗林』에는 제목이 '鱗鱗瑣語'로 되어 있으나, '淸江思齊錄', '淸江詩話' 등과의 통일성을 위해 '淸江瑣語'로 지칭하였다.

[16] 「패림목록」에는 제133권에 『掛一錄』, 『銀臺史綱』만이 기재되어 있다.

순번	서명	저자(생몰년)	권차	특이사항
65	『效顰雜記』	高尙顔(1553~1623) 著	제134~135권[17]	
66	『山中獨言』	申欽(1566~1628) 著	제136권	
67	『鷺梁江上錄』			- 『山中獨言』에 附記되어 있음
68	『晴牕軟談』			
69	『北遷日錄』	鄭忠信(1576~1636) 著	권137권	
70	『諸公事蹟』	尹善道(1587~1671) 著		- 『北遷日錄』에 附記되어 있음
71	『澤堂家訓』	李植(1584~1647) 著	제138권	
72	『竹窓閑話』	李德泂(1566~1645) 著		- 제목이 '竹泉日記'로 되어 있음
73	『東閣散錄』	金君錫(1602~1709) 著	제139~150권	
74	『荷潭破寂錄』			
75	『關北紀聞』	金時讓(1581~1643) 著	제151~152권	
76	『涪溪記聞』			
77	『江都錄』	未詳	제153권	
78	『西郭雜錄』	李文興(1423~1503) 著		
79	『愚得錄』	鄭介淸(1529~1590) 著		
80	『陽坡年記』	鄭太和(1602~1673) 著	제155권	
81	『公私見聞錄』	鄭載崙(1648~1723) 著	제156~157권	
82	『甲寅錄』	未詳	제158권	
83	『己巳錄』	未詳	제159~160권	
84	『宋門記述』	金鎭玉(1659~1736) 著	제161~162권	
85	『幄對說話』	宋時烈(1607~1689) 著		
86	『忠逆辨』	李敏輔(1720~1799) 著		
87	『構禍事蹟』	宋疇錫(1650~1692) 著	제163권	
88	『黃江問答』	韓弘祚(1681~1712) 著		
89	『尹推懷驤始末』	尹推(1632~1707) 著		- 『黃江問答』에 附記되어 있음
90	『谷雲雜錄』	金壽增(1624~1701) 著		
91	『退憂漫筆』	金壽興(1626~1690) 著	제164권	
92	『白野記聞』	趙錫周(1641~1716) 著		
93	『羅金往復書』	羅良佐(1638~1710) 等 著		
94	『芝村答問』	李喜朝(1655~1724) 著	제165권	
95	『晦隱瑣錄』	南鶴鳴(1645~1722) 著		

---

[17] 「패림목록」에는 제134권을 『銀臺日記』로, 제135권을 『效顰雜記』로 기재하고 있다.

순번	서명	저자(생몰년)	권차	특이사항
96	『明村雜錄』	羅良佐(1638~1710) 著	제166권	
97	『艮齋漫錄』	崔奎瑞(1650~1735) 著	제167권	- 제목이 '病後漫錄'으로 되어 있음
98	『疎齋漫錄』	李頤命(1658~1722) 著	제168권	
99	『燕行雜識』			
100	『良役變通議』			- 『燕行雜識』에 附記되어 있음
101	『南遷日錄』	宋相琦(1657~1723) 著	제169권	
102	『丹巖漫錄』	閔鎭遠(1664~1736) 著	제170~171권	
103	『農叟李公遺稿抄』	李聞政(1656~1726) 著	제172권	
104	『隨聞錄』		제173~175권	
105	『寒泉三官記』	李縡(1680~1745) 著	제176~177권	- 제목이 '三官記'로 되어 있음
106	『二旬錄』	具樹勳(1685~1757) 著	제178~179권	
107	『我我錄』	南紀濟(1747~1813) 著	제180~181권	
108	『梅翁閒錄』	朴亮漢(1677~1746) 著	제182~183권	- 제목이 '梅翁閒錄'으로 되어 있음
109	『辛壬紀年提要』	具樊遠(1755~1814) 著	제184~192권	
110	『修書雜志』	李宜哲(1703~1778) 著	제97~100권, 제193~200권	

참고문헌

1. 原典

『世宗實錄』
『世祖實錄』
『睿宗實錄』
『燕山君日記』
『中宗實錄』
『宣祖實錄』
『宣祖修正實錄』
『仁祖實錄』
『正祖實錄』

『孟子』
『毛詩正義』
『禮記』

『郡齋讀書志校證』
『金澤榮全集』
『琴易堂集』
『茶山詩文集』
『大東野乘』
『大東稗林』
『薀庭遺藁』
『百川書志』
『補閑集』
『四庫全書總目』
『星湖先生全集』
『鵝洲雜錄』
『櫟翁稗說』
『燃藜室記述』
『淵泉集』

『慵齋叢話』
『龍泉談寂記』
『智水拈筆』
『增補文獻備考』
『倉可樓外史』
『青丘稗說』
『淸臺集』
『太平閑話滑稽傳』
『稗官雜記』
『稗林』
『筆苑雜記』
『寒皐觀外史』
『韓國書誌』
『海東文獻總錄』
『洪氏讀書錄』
『孝田散稿』

2. 단행본

溝口雄三・丸山松幸・池田知久, 김석근・김용천・박규태 옮김, 『中國思想文化事典』, 민족문화문고, 2003.

국외소재문화재재단 편, 『러시아와 영국에 있는 한국전적』1(자료편, 목록과 해제), 국외소재문화재재단, 2015.

_____, 『러시아와 영국에 있는 한국전적』2(연구편, 자료의 성격과 가치), 국외소재문화재재단, 2015.

_____, 『일본 세이카도문고 소장 한국전적』, 서울, 국외소재문화재재단, 2018.

김동인, 『韓國野談史話集成』1, 東國文化社, 1959.

김준형, 『한국패설문학연구』, 보고사, 2004.

末松保和, 「李朝の野史の叢書について」, 『靑丘史草』, 笠井出版印刷社, 1966.

모리스 꾸랑, 李姬載 譯, 『韓國書誌』, 일조각, 1994.

余慶蓉・王晉卿 共著, 南台祐・宋日基 共譯, 『中國目錄學思想史』, 태일사, 2009.

연세대학교 중앙도서관, 『(延世大學校中央圖書館) 古書目錄』, 서울, 연세대학교 중앙도서관, 1977.

永信아카데미 韓國學硏究所 編, 『野史叢書의 個別的 硏究』, 永信아카데미 韓國學硏究所, 1973.

_____, 『野史叢書의 總體的 硏究』, 永信아카데미 韓國學硏究所, 1976.

劉葉秋, 『歷代筆記槪述』, 木鐸出版社, 1980.
유지기, 오항녕 역, 『史通』, 역사비평사, 2012.
이우성, 『한국의 역사상』, 창작과 비평, 1997.
임형택, 『한국문학사의 시각』, 창작과 비평사, 1984.
前間恭作, 『古鮮冊譜』, 서진북스, 2011.
조동일, 『한국문학통사』 3, 지식산업사, 2007.
曹伸, 李佑成 編, 『謏聞瑣錄』, 亞細亞文化社, 1990.
韓國學中央硏究院 國學振興硏究事業推進委員會 編, 『寒皐觀外史』, 韓國精神文化硏究院, 2002.
홍석주, 리상용 역주, 『역주 홍씨독서록』, 아세아문화사, 2012.

3. 학위논문
김엘리, 「19세기 초 孝田 沈魯崇의 流配生活 硏究 -『南遷日錄』을 중심으로」, 중앙대학교 박사학위논문, 2016.
김영진, 「孝田 沈魯崇 文學 硏究 : 散文을 中心으로」, 고려대학교 석사학위논문, 1996.
김은슬, 「조선에 유입된 중국 총서의 서지학적 연구」, 한국학대학원 박사학위논문, 2021.
윤정희, 「『龍泉談寂記』 硏究」, 동아대학교 석사학위논문, 2001.
이강옥, 「조선초·중기 일화의 형성과 변모과정 연구 : ≪大東野乘≫ 所載 자료를 중심으로」, 서울대학교 박사학위논문, 1993.
이혜림, 「조선조 문헌의 평가를 위한 비교연구」, 이화여자대학교 석사학위논문, 1999.
임완혁, 「조선전기 필기연구」, 성균관대학교 석사학위논문, 1991.

4. 학술논문
김경수, 「朝鮮後期『國朝編年』을 통해 본 當代史 意識」, 『역사와 담론』 25집, 1998, 103~126쪽.
_____, 「朝鮮前期 野史 編纂의 史學史的 考察」, 『실학사상연구』 19·20집, 2001, 151~179쪽.
김길운, 「조선전기 상류계층의 음악향유 양상에 관한 연구 : 『大東野乘』에 基하여」, 『藝術論文集』 18집, 2004, 105~127쪽.
김수진, 「『恩坡散稿』의 성립과 沈魯崇」, 『한국문화』 72집, 2015, 131~163쪽.
김영진, 「조선 후기 실학파의 총서 편찬과 그 의미」, 『한국 한문학 연구의 새 지평』, 소명출판, 2005, 949~983쪽.
_____, 「유배인 심노숭의 孤獨과 文筆로써의 消愁 - 유배일기 『南遷日錄』을 중심으로」, 『漢文學論集』 37輯, 2013, 79~108쪽.
노경희, 「상트페테르부르크·도쿄·버클리의 조선 고서들」, 『문헌과 해석』 86호, 2020, 67~95쪽.
박인호, 「장서각 야사류의 소장 경위와 특징」, 『조선사연구』 13집, 2004, 153~173쪽.
박준원, 「金鑢의 野史類 편집의식」, 『한문고전의 문화해석』, 1999, 37~53쪽.

신상필, 「조선조 야사의 전개와 『한고관외사』의 위상」, 『대동한문학』 22집, 2005, 203~231쪽.
안대회, 「大東稗林에 대하여」, 『(靜嘉堂本) 大東稗林』 1권, 國學資料院, 1991, 1~14쪽.
_____, 「조선후기 야사총서 편찬의 의미와 과정」, 『민족문화』 15집, 1992, 129~155쪽.
_____, 「『패림』과 조선후기 야사총서의 발달」, 『남명학연구』 20집, 2005, 299~327쪽.
_____, 「김려의 야사 정리와 『한고관외사』의 가치」, 『문헌과 해석』 39권, 2007, 136~159쪽.
_____, 「이중환의 『택리지』 개정과 이본의 형성」, 『민족문화연구』 79호, 2018, 195~222쪽.
안예선, 「宋代 문인의 野史 편찬 배경 고찰」, 『중국어문논총』 46집, 2010, 275~298쪽.
유정열, 「형제 관계 속에서 본 심노숭(沈魯崇)의 문학 활동 -청년기를 중심으로」, 『민족문학사연구』 第59輯, 2015, 245~274쪽.
윤호진, 「『稗林』의 構成과 그 價値」, 『열상고전연구』 22권, 2005, 211~232쪽.
이경수, 「김려의 생애(生涯)와 「단량패사(丹良稗史)」의 문학적(文學的) 성격(性格)」, 『국어국문학』 92집, 1984, 87~108쪽.
이래종, 「'筆記'의 槪念에 관한 몇몇 문제에 대하여」, 『대동한문학』 8집, 1996, 141~162쪽.
_____, 「『靑坡劇談』의 文獻的 檢討」, 『大東漢文學』 34집, 2011, 213~234쪽.
이인영, 「『대동야승』과 미술;『대동야승』과 조각」, 『강좌미술사』 5집, 1993, 5~20쪽.
이태진, 「조선시대 야사 발달의 추이와 성격」, 『史學論叢 : 又仁金龍德博士停年紀念』, 1988, 105~118쪽.
이희재, 「모리스 꾸랑과 『韓國書誌』에 관한 考察」, 『論文集』 28집, 1988, 325~364쪽.
임미정, 「許筠 編著의 現況과 課題」, 『語文研究』 47권 4호, 2019, 379~409쪽.
임영걸, 「조선 후기 『擇里志』의 읽기 방식 - 서발문 및 관련 저작을 중심으로」, 『어문연구』 172호, 2016, 265~290쪽.
임완혁, 「조선전기 筆記의 전통과 稗說」, 『大東漢文學』 24집, 2006, 69~108쪽.
정만조, 「『燃藜室記述』의 編纂體裁에 대한 再考察」, 『한국학논총』 17집, 1994, 53~85쪽.
정병모, 「『대동야승』과 미술;『대동야승』과 회화」, 『강좌미술사』 5집, 1993, 21~49쪽.
정용수, 「『寒皐觀外史』의 체제와 일실된 작품들의 존재」, 『南冥學研究』 23집, 2007, 391~419쪽
정우봉, 「沈魯崇의 『南遷日錄』에 나타난 내면고백과 소통의 글쓰기」, 『韓國漢文學研究』 52집, 2013, 261~305쪽.
_____, 「沈魯崇의 自傳文學에 나타난 글쓰기 방식과 자아 형상」, 『民族文化研究』 62집, 2014, 89~118쪽.
정출헌, 「조선전기 잡록과 『추강냉화』, 남효온의 깊은 슬픔과 시대정신」, 『민족문학사연구』 54권, 143~183쪽.
정형우, 「『倉叮樓外史』의 篇目」, 『史學會誌』 17·18합집, 1971, 223~226쪽.
_____, 「『稗林』과 『大東野乘』의 異同 - 所收書目 相互比較 -」, 『圖書館學』 2집, 1971. 12, 79~102쪽.
조윤제, 「稗林解題」, 『稗林』 제1책, 探求堂, 1970, 2쪽.

한새해, 「효전(孝田) 심노숭(沈魯崇) 도망문(悼亡文)에 대한 일고(一考)」, 『漢文古典研究』 32집, 2016, 225~253쪽.
韓永愚, 「朝鮮初期의 歷史敍述과 歷史認識」, 『韓國學報』 3권2호, 1977, 2~61쪽.
함복희, 「『대동야승』의 문화콘텐츠화 방안 연구」, 『語文論集』 73집, 2018, 87~129쪽.
허경진, 「『倉可樓外史』 해제」, 『연세대학교 중앙도서관 소장 고서해제』 IV, 평민사, 2005, 328~356쪽.
_____, 「『창가루외사』의 편찬 의도와 내용에 대하여」, 『人文科學』 41집, 2008, 27~54쪽.
허준구, 「「寒皋觀外史題後」 분석을 통해 본 金鑢의 野史編纂과 認識」, 『石牛 金敏一博士 華甲紀念國語國文學論叢』, 1997, 319~331쪽.
현혜경, 「16세기 雜錄 연구 - 『陰崖日記』 『龍泉談寂記』 『遣閑雜錄』을 대상으로 -」, 『한국고전연구』 6집, 59~92쪽.

5. 웹자료
고려대학교 해외한국학자료센터(http://kostma.korea.ac.kr/)
서울대학교 규장각 한국학연구원(https://kyu.snu.ac.kr/)
승정원일기(http://sjw.history.go.kr/main.do)
연세대학교 학술정보원(https://library.yonsei.ac.kr/)
조선왕조실록(http://sillok.history.go.kr/main/main.do)
한국고전적종합목록시스템(https://www.nl.go.kr/korcis/)
한국고전종합DB(https://db.itkc.or.kr/)
한국학중앙연구원 디지털 장서각(https://jsg.aks.ac.kr/)
KRpia(https://www.krpia.co.kr/)

찾아보기

ㄱ

『간옹우묵艮翁疣墨』 108, 113, 123, 230~232, 262, 316, 323

『간정기사艮廷記事』 116, 246~250

『갑인록甲寅錄』 116, 123, 182, 191, 200, 201, 262, 320, 324

『갑진만록甲辰漫錄』 14, 53, 87, 108, 111, 112, 116, 123, 134, 135, 139, 142, 163, 169, 181, 188, 199, 262, 285, 315, 318, 323

『강도록江都錄』 53, 77, 92, 116, 123, 144, 148, 182, 191, 201, 262, 289, 320, 324

계갑록癸甲錄 196

『계갑록癸甲錄』 53, 66, 92, 116, 123, 180, 186, 195, 196, 200, 201, 262, 288, 319, 322

『계갑시사록癸甲時事錄』 109, 112, 262, 317

『계갑일록癸甲日錄』 51, 53, 62, 66, 77, 87, 92, 108, 110, 116, 123, 134, 138, 140, 141, 143, 146, 152, 164, 172, 175, 176, 180, 186, 200, 262, 284, 288, 316, 319, 322

『계미기사癸未記事』 53, 77, 87, 108, 262, 284, 315

『곡운잡록谷雲雜錄』 18, 108, 123, 230~232, 262, 315, 324

『공사문견록公私聞見錄』 14, 18, 59, 69, 230, 238, 239

『관북기문關北紀聞』 108, 110, 112, 116, 123, 163, 168, 182, 191, 199, 262, 315, 318, 324

관찬사서官撰史書 11, 26, 45, 46

『광사廣史』 13, 14, 19, 84, 226, 229

『괘일록掛一錄』 53, 66, 92, 101, 116, 123, 143, 146, 148, 154, 155, 158, 181, 189, 200, 262, 288, 294, 319, 323

『구화사적構禍事蹟』 66, 101, 116, 123, 154~156, 158, 182, 191, 200, 262, 298, 319, 324

『국조명신록國朝名臣錄』 66, 70, 109, 112, 264, 317

『기사록己巳錄』 67, 93, 116, 123, 246~248, 250, 251, 264, 301, 324

『기재잡기寄齋雜記』 53, 60, 62, 67, 87, 101, 108, 110, 112, 115, 116, 123, 134, 138, 141, 154, 157, 159, 160, 164, 171, 175, 181, 187, 196, 200, 264, 285, 289, 310, 316, 319, 322

『기축기사己丑記事』 53, 62, 93, 101, 108, 112, 123, 144, 147, 152~154, 156, 159, 164, 171, 173, 181, 186, 200, 264, 289, 300, 316, 319, 322

김경선金景先 115, 176

김려金鑢 12, 15~17, 37~39, 78~80, 84, 105, 107, 109~111, 113, 115, 118, 121, 125, 128~130, 179, 212, 218, 223, 237, 251

김제남金悌男 17, 105

찾아보기 **331**

김조순金祖淳 105, 115, 118
김휴金烋 50

ㄴ

『나김왕복서羅金往復書』 93, 116, 123, 143, 145, 149, 150, 182, 192, 201, 264, 288, 320, 324

『남천일록南遷日錄』 108, 123, 230~232, 264, 316, 325

ㄷ

『담정유고潭庭遺藁』 38, 106, 107, 111, 112, 130, 179, 225, 226

『대동야승大東野乘』 12, 14~16, 18, 19, 20, 53, 64, 78, 83, 85~89, 107, 110, 128, 129, 133~135, 139~142, 144, 160, 198, 199, 203, 205, 257, 262, 264, 266, 268, 270, 272, 274, 276, 278, 280, 282, 284, 285

『대동패림大東稗林』 13, 14, 17, 18, 20, 21, 39, 53, 55, 65, 68, 79, 80, 84, 110, 114~122, 125~130, 133~135, 139~145, 147~155, 158~166, 172~180, 182, 183, 186, 192~199, 201, 202, 204~207, 215, 218, 223~230, 237~241, 243~246, 249~251, 255, 257, 258, 263, 265, 267, 269, 271, 273, 275, 277, 279, 281, 283, 318

『동각산록東閣散錄』 17, 67, 109, 116, 123, 124, 165, 179, 182, 190, 193, 194, 199, 266, 317, 318, 324

『동각잡기東閣雜記』 51, 53, 62, 67, 77, 87, 108, 116, 124, 134, 138, 140, 141, 163, 168, 175, 181, 188, 193, 199, 224, 225, 228, 229, 266, 285, 314, 318, 323

『동사록東史錄』 14, 19

『동소만록桐巢漫錄』 53, 67, 69, 79, 116, 201, 266, 318

『동야수언東野稡言』 14, 19

ㅁ

『매계총화梅溪叢話』 51, 62, 108, 116, 125, 163, 166, 167, 177, 178, 183, 199, 205~207, 211, 212, 218, 219, 228, 266, 314, 318, 319, 321

『매옹한록梅翁閒錄』 67, 70, 101, 108, 124, 230, 235, 236, 266, 310, 316, 325

『매환문답買還問答』 101, 108, 112, 117, 124, 154, 156, 159, 163, 164, 169, 181, 187, 201, 266, 300, 315, 320, 322

『명촌잡록明村雜錄』 32, 67, 93, 117, 124, 143, 145, 148, 182, 192, 200, 266, 288, 318, 325

모리스 꾸랑Maurice Courant 50, 61, 63

『무오당적록戊午黨籍錄』 51, 62, 117, 118, 202, 226, 229, 268, 314, 319

『문소만록聞詔漫錄』 53, 87, 93, 108, 117, 124, 134, 135, 138, 144, 147, 163, 169, 181, 188, 199, 268, 285, 290, 315, 318, 323

『미암일기眉巖日記』 18, 53, 62, 108, 117, 124, 164, 170, 180, 184, 200, 268, 316, 319, 322

ㅂ

『백야기문白野記聞』 108, 124, 230~233, 268, 315, 324

『병진정사록丙辰丁巳錄』 117, 118, 134, 136, 141, 163, 166, 172, 178, 200, 201, 224~226, 229, 268, 284, 314, 319, 321

『부계기문涪溪記聞』 53, 62, 77, 88, 94, 108, 117, 124, 134, 139, 140, 143, 145, 152, 164, 169, 182, 191, 199, 268, 286, 287, 315, 318, 324

『북천일록北遷日錄』 53, 60, 67, 109, 117, 124, 164, 171, 181, 189, 200, 268, 316, 320, 324

사

『사대부가거처士大夫可居處』 91, 95, 96
『사우감계師友鑑戒』 102, 109, 117, 124, 154, 156, 159, 163, 164, 169, 181, 187, 201, 268, 300, 315, 320, 322
『사우명행록師友名行錄』 53, 58, 74, 88, 102, 109, 117, 134, 136, 142, 154, 156, 159, 163, 167, 174, 199, 268, 284, 288, 300, 314, 318
『사재척언思齋摭言』 12, 51, 53, 60, 62, 75, 109, 117, 124, 163, 167, 180, 184, 199, 270, 314, 318, 321
『사통史通』 42, 43
『사화전말史禍顚末』 117, 118, 202, 226, 229, 270, 314, 319
『석담일기石潭日記』 53, 55, 57, 60, 62, 67, 88, 94, 109, 110, 117, 124, 134, 137, 140, 143, 144, 146, 152, 163, 165, 168, 179, 180, 185, 194, 200, 270, 284, 288, 315, 317, 320, 322
『설해說海』 14, 19, 61
『소대수언昭代粹言』 12, 14, 53, 62, 76~78, 80, 83, 85, 127, 257
『소문쇄록謏聞瑣錄』 12, 18, 21, 36, 51, 53, 62, 75, 88, 109, 117, 124, 125, 134, 136, 140, 163, 166, 177, 178, 180, 183, 200, 202~207, 211~219, 224, 225, 227 ~229, 258, 270, 284, 314, 319, 321
소설가류小說家類 46, 47, 48, 256
『소재만록疎齋漫錄』 109, 124, 230, 237, 270, 316, 325
소화笑話 37, 40, 41, 85, 255
『송계만록松溪漫錄』 51, 53, 62, 88, 102, 109, 117, 124, 134, 135, 139, 141, 154, 157, 159, 163, 169, 181, 188, 199, 270, 285, 306, 315, 318, 323
『송와잡설松窩雜說』 53, 62, 88, 92, 108, 110, 112, 113, 117, 124, 134, 135, 139, 140, 143, 145, 152, 163, 169, 181, 188, 199, 272, 285, 288, 315, 318, 323
『수서잡지修書雜志』 62, 67, 69, 70, 115, 117, 124, 182, 192, 193, 198, 201, 240, 241, 272, 320, 322, 325
『순조기사純祖記事』 17, 67, 70, 124, 125, 182, 272, 321
스에마쓰 야스카즈末松保和 13, 14, 19, 76, 240
시화詩話 25, 33, 35, 37~41, 129, 255
시화집詩話集 37, 39, 111, 204
『시화휘편詩話彙編』 39, 114, 116, 129, 201, 202, 272, 319
심낙수沈樂洙 114, 129, 245, 246
심노숭沈魯崇 17, 20, 79, 80, 114, 115, 118~121, 127, 128, 129, 133, 143, 176, 202, 218, 245, 246, 257
심종순沈鍾舜 245, 246

아

아사미 린타로淺見倫太郎 240, 241, 250
『아아록我我錄』 17, 68, 116, 123, 240~244, 246, 250, 272, 325
『아주잡록鵝洲雜錄』 12, 14, 17, 19, 20, 50, 64, 65, 78, 79, 83, 84, 90~92, 94~97, 103, 110, 114, 121, 129, 130, 143~145, 147~153, 155, 158, 198, 201, 247, 248, 257, 258, 262~283, 287
『악대설화諤對說話』 62, 103, 116, 123, 154, 155, 159, 182, 191, 200, 202, 244, 272, 296, 319, 324
야담野談 25, 35, 37, 41

야사野史　11~21, 25~42, 44~55, 57~60, 62~66, 69~80, 83~90, 92~95, 98~100, 102~107, 109~114, 116~118, 121, 123, 125~130, 133~135, 140~145, 148, 149, 151, 153~155, 158, 162~166, 172, 176, 178~180, 182, 183, 193, 198, 199, 201, 202, 204~206, 218, 223, 224, 228~231, 234, 235, 237~239, 242, 244, 246, 249, 251, 255~259, 262, 314, 321

야사총서野史叢書　12~21, 26, 31, 36~39, 44, 49~53, 55, 58, 60~66, 68~71, 77~ 80, 83~89, 94, 95, 101, 103~107, 109~ 111, 113~115, 117, 118, 121, 125~130, 133, 135, 140~142, 144, 148, 149, 151, 152, 154, 155, 158, 160, 163, 165, 172, 174, 175, 178, 193, 194, 198, 199, 201~205, 207, 218, 219, 223, 225~227, 232, 235, 238, 240, 241, 243, 246, 251, 255~259, 262, 284, 290, 314

야사총서군野史叢書群　17, 84, 113, 118, 128

『양천변별기良賤辨別記』　39, 92, 104, 116, 123, 144, 147, 148, 181, 187, 199, 272, 290, 318, 322

『연려실기술燃藜室記述』　15, 16, 50, 52, 53, 55, 63, 68, 85, 86, 89, 121, 127, 128, 174, 256, 318

『열조기사列朝紀事』　53, 55, 57, 60, 68, 116, 121, 125, 126, 201, 272, 318

『오산설림五山說林』　53, 62, 83, 108, 111, 123, 230~232, 239, 274, 315, 322

『오음잡설五陰雜說』　142

『용재총화慵齋叢話』　12, 32, 33, 35, 51, 53, 55, 59, 60, 62, 63, 68, 72, 73, 75, 83, 87, 98~101, 103, 274, 284, 292

『용천담적기龍泉談寂記』　14, 32, 33, 35, 36, 53, 62, 74, 87, 108, 116, 123, 134, 137, 140, 163, 167, 180, 184, 193, 199, 274, 284, 314, 318, 322

『운암잡록雲巖雜錄』　32, 53, 87, 93, 108, 110, 116, 123, 134, 138, 142, 144, 147, 152, 164, 171, 180, 186, 200, 274, 285, 288, 316, 319, 322

『월정만필月汀漫筆』　18, 53, 60, 87, 101, 108, 116, 123, 134, 139, 140, 142, 154 ~156, 159, 163, 168, 180, 183, 186, 201, 274, 285, 300, 315, 320, 322

『유천차기柳川劄記』　53, 87, 108, 116, 123, 134, 139, 142, 164, 170, 181, 188, 199, 274, 285, 316, 318, 323

『은대사강銀臺史綱』　93, 116, 123, 143, 145, 149, 151, 181, 189, 200, 276, 288, 319, 323

『은대일기銀臺日記』　62, 93, 144, 147, 148, 199, 264, 287, 290, 318, 324

『은파산고恩坡散稿』　245, 246

『음애일기陰厓日記』　14, 32, 53, 62, 87, 101, 107, 108, 116, 123, 134, 135, 137, 139, 140, 142, 154, 157, 159, 160, 163, 167, 173, 180, 182, 184, 193, 194, 201, 276, 284, 312, 314, 320, 321

이규상李奎象　98, 99, 129

이긍익李肯翊　52, 53, 85, 121

『이상국일기李相國日記』　68, 109, 116, 123, 165, 179, 181, 188, 193, 199, 276, 317, 318, 323

『이씨서정록李氏西征錄』　108, 224~226, 228, 229, 276, 314

이익李瀷　90, 95, 96

이장재李長載　78, 98, 99, 129

인찰공책지印札空冊紙　103, 115, 243, 245, 246, 293

자

『자해필담紫海筆談』　53, 62, 68, 77, 87, 108, 239, 276, 286, 315

잡가류雜家類 48, 65, 256, 257
잡록雜錄 15, 31~33, 38, 45, 255
잡사류雜史類 44, 46~48, 65, 69, 256, 257
『재조번방지再造藩邦志』 53, 55, 57, 60, 62, 63, 68, 83, 87, 109, 276, 285, 317
『접왜역년고接倭歷年考』 93, 96, 124, 276, 290, 323
정도응鄭道應 76, 80
『정변록定辨錄』 117, 118, 121, 126, 127, 201, 202, 276, 318
정사正史 16, 25, 41, 43, 46, 49, 57, 65, 71, 72, 78, 105, 255, 256
『정종기사正宗記事』 17, 68, 70, 124~126, 182, 278, 321
제후문題後文 16, 38, 79, 80, 87, 110, 111, 113, 125, 223, 237
『증보문헌비고增補文獻備考』 16, 50, 59, 60, 63, 64, 83, 256
집일학輯佚學 21, 223, 258
『징비록懲毖錄』 53, 55, 57, 58, 60, 62~64, 68, 83, 93, 278

차

『창가루외사倉可樓外史』 13, 14, 16~18, 20, 37, 61, 79, 84, 101, 105~107, 109, 110, 113, 129, 130, 162, 164, 165, 179, 198, 201, 218, 258, 263, 265, 267, 269, 271, 273, 275, 277, 279, 281, 283, 317
『철종기사哲宗記事』 70, 123~125, 278, 321
『청구패설靑丘稗說』 13, 14, 20, 50, 53, 65, 78, 83, 84, 87, 97~100, 103~105, 110, 119, 121, 129, 130, 153~155, 158 ~162, 198, 201, 257, 258, 263, 265, 267, 269, 271, 273, 275, 277, 279, 281, 283, 292
『청운잡총靑韻襍叢』 14, 19
『청창연담晴窓軟談』 37, 111, 231
『청파극담靑坡劇談』 33, 51, 53, 60, 62, 74, 83, 88, 102, 108, 117, 124, 134, 135, 137, 140, 154, 156, 161, 163, 167, 180, 184, 201, 278, 284, 300, 314, 320, 321
『총사叢史』 14, 19
『추강냉화秋江冷話』 12, 32, 35, 51, 53, 60, 62, 68, 75, 88, 102, 108, 117, 123, 134, 136, 141, 142, 154~156, 159, 163, 167, 174, 199, 206, 207, 211, 212, 278, 284, 300, 314, 318, 321
『춘추春秋』 11, 56

타

『택리지擇里志』 15, 53, 60, 62, 68, 70, 91, 94, 280, 288

파

패관소설稗官小說 25, 36, 38, 41
『패관잡기稗官雜記』 12, 25, 35, 36, 51, 53, 62, 75, 83, 88, 109, 112, 117, 134~136, 140, 141, 163, 166, 199, 280, 284, 314, 318, 322
『패림稗林』 13, 14, 17, 18, 20, 65, 70, 79, 84, 89, 109, 110, 118, 121, 122, 123, 125~130, 155, 165, 180, 182, 183, 193~198, 201, 204~207, 218, 223~231, 233~239, 243, 244, 246~251, 257, 258, 321, 323
패사소품稗史小品 83
패설稗說 31, 33~35, 37, 41, 79
『풍암집화楓巖輯話』 53, 68, 117, 124, 181, 189, 197, 200, 201, 280, 320, 323
필기筆記 16, 31, 33, 35, 37, 41, 42, 255
『필원잡기筆苑雜記』 12, 25, 31~33, 35, 40, 51, 53, 60, 62, 68, 72, 73, 75, 83, 88, 109, 117, 124, 134, 135, 140, 163, 166, 178, 180, 183, 200, 224, 225, 227, 229,

280, 284, 314, 319, 321

ㅎ

『하담파적록荷潭破寂錄』 94, 110, 140, 143, 145, 152, 154, 156, 161, 162, 204, 287, 302

『한고관외사寒皐觀外史』 12~14, 16~18, 20, 37, 65, 79, 84, 87, 105~111, 113, 115, 117, 118, 121, 125, 128~130, 133, 162~166, 172~179, 183, 193, 194, 198, 201, 203, 205~207, 211~218, 223~231, 233~239, 241, 251, 258, 314

『한국서지韓國書誌』 50, 61~64, 256, 257

『한천삼관기寒泉三官記』 53, 60, 102, 109, 112, 124, 230, 238, 239, 280, 302, 316, 325

『해동문헌총록海東文獻總錄』 50, 51, 63, 256

『해동악부海東樂府』 53, 60, 68, 70, 88,
102, 109, 111, 280, 284, 300, 315

『해동야언海東野言』 51, 53, 68, 74, 75, 77, 80, 88, 204, 257, 280, 284

『헌종기사憲宗記事』 69, 70, 124, 125, 182, 282, 321

『현주회은록玄洲懷恩錄』 18, 102, 109, 117, 124, 142, 154~156, 159, 163, 169, 180, 183, 186, 201, 282, 300, 315, 320, 322

홍석주洪奭周 54, 55, 57, 58

『홍씨독서록洪氏讀書錄』 50, 54~59, 63, 64, 256

홍중인洪重寅 20, 78, 79, 90, 91, 94~97, 114, 129, 143, 202

효전당장孝田堂藏 115

효전당장서孝田堂藏書 115, 243, 245, 246

『효전산고孝田散稿』 114, 115, 119, 129, 130, 176, 246

『휘총彙叢』 14, 19